인류의 위대한 지적유산

HANGIL
GREAT BOOKS
195

모랄리아 2
플루타르코스에게 배우는 역사

플루타르코스 지음 | 윤진 옮김

한길사

Plutarchos
Moralia 2
History from Plutarchos

Translated by Yoon Jin

Published by Hangilsa Publishing Co. Ltd., Korea, 2025

강의 신상

플루타르코스가 생존해 있던 하드리아누스 황제
시기에 만들어진 강의 신상이다.
원작은 그리스의 작품이고 이 작품은 로마 시대의 모작이다.
현재는 바티칸 박물관에 보존되어 있다.

리시포스가 제작한 알렉산드로스의 흉상

기원전 4세기 알렉산드로스의 조각가인 리시포스는
머리를 한쪽으로 살짝 기울인 채 하늘을 올려다보는
알렉산드로스의 모습을 조각으로 묘사했다.
알렉산드로스는 리시포스만이 자신의 조각상을
만들 수 있도록 명령을 내렸다.
이 흉상은 로마 시대에 만들어진 모작이다.

두 개의 얼굴을 지닌 야누스 신상
야누스 신은 경계선의 신으로서 외부를 경계했다.
평화로운 시기에 야누스 신전의 이중문은 늘 닫혀 있었다.
한편 전쟁 시기에는 야누스 신이 돌아다니며
감시해야 하므로 야누스 신전의 이중문이 열려 있어야 했다.

판테온 신전 정면

로마인은 다른 민족과 싸우기 전에 '불러내기'(*evocatio*)라는
의식을 행했다. 적이 모시고 있는 신에게 고하는 의식으로서 만약
로마가 정복하더라도 그 신을 잘 모시겠다는 약속이었다.
이런 신이 매우 많았으므로 로마인은 만신전인 판테온을 세워
여러 신을 한꺼번에 모셨다.

HANGIL GREAT BOOKS 195

모랄리아 2
플루타르코스에게 배우는 역사

플루타르코스 지음 | 윤진 옮김

한길사

모랄리아 2

역사의 탐구자 플루타르코스 | 윤진 • 13

로마인의 운명에 관하여 • 23
알렉산드로스의 덕과 운명에 관하여 • 63
그리스와 로마의 대비 일화 • 139
로마에 관한 의문들 • 187
그리스에 관한 의문들 • 299

옮긴이의 말 • 349
찾아보기 • 351

일러두기

1. 이 책은 플루타르코스의 『모랄리아』(*Moralia*) 전체 78편 중 그리스·로마 역사와 관련된 다섯 편을 옮긴 것이다. 판본은 1572년에 출간되어 오늘날까지 주로 읽히는 스테파누스의 편집본을 사용했다.
2. 그리스어나 라틴어 일반명사는 이탤릭체로 표기했다.
3. 전설이나 신화 속 인물을 그리스와 로마가 공유한 경우, 상황에 맞추어 그리스어 발음과 로마어 발음을 각기 사용했다. 예를 들어 그리스와 관련된 부분에서는 '헤라클레스', 로마와 관련된 부분에서는 '헤르쿨레스' 등이다.
4. [ ] 안은 옮긴이가 내용을 보충한 것이다.
5. 모든 주는 독자의 이해를 돕기 위해 옮긴이가 넣었다.

역사의 탐구자 플루타르코스

윤진 충북대학교 교수·사학과

로마 치하 속주인 그리스 카이로네이아(Chaironeia) 출신의 플루타르코스(Plutarchos)는 46년에 태어나 119년 이후의 어느 때(아마도 120년)에 사망한 저술가다. 그가 활동했던 1세기 후반에서 2세기 초는 로마의 국력이 지중해를 넘어 힘있게 뻗어가던 시기였다. 그리스가 로마의 식민지인 속주가 된 것은 기원전 146년이었으니, 그는 이미 로마의 지배를 받은 지 200년이 넘어가는 식민지 출신의 지식인이었다.

카이로네이아의 명문 출신인 플루타르코스는 유복한 환경에서 교육받은 플라톤학파의 제자였고, 고향에 대한 애착도 강했다. 동시에 그는 로마 제국의 힘이 만들어낸 지중해 세계의 평화와 질서에 순응했다. 그의 로마에 대한 존중과 고향에 대한 사랑은 로마와 그리스가 같은 뿌리를 두고 있어서 같은 민족이나 마찬가지라는 합리화로 이어졌다. 그리스에서 예전에 이탈리아로 건너간 이들이 로마 문명을 일구어냈다는 전승들에 주목했던 것이다.

이를 가장 잘 보여주는 작품이 『플루타르코스 영웅전』으로 흔히 알려진 작품 『대비 열전』(*Paralelloi Bioi*)이다. 『대비 열전』에 나오는 전기는 비슷한 성향과 업적을 보이는 그리스와 로마의 영웅을 짝지어 '대비'시켜놓은 것들이다. 그에게는 그리스와 로마가 모두 애착을 갖고 충심으로 섬길 대상이었기 때문이다.

이러한 그의 성향은 『모랄리아』의 여러 소론에서도 잘 나타나는데, 이 책에서 소개하는 다섯 편의 소론이 대표적이다. 우선 로마의 운명에 대한 글, 그리스 문명 최고의 영웅인 알렉산드로스의 운명에 대한 글이 하나의 짝을 이룬다. 그리고 그리스와 로마의 일화들을 『대비 열전』과 마찬가지로 병기해 써놓은 「그리스와 로마의 대비 일화」가 있다. 이 소론은 그 자체로 하나의 짝이라 할 만하다. 마지막으로 그리스와 로마의 여러 관습, 특히 종교적 관습들을 각기 그리스와 로마에 관한 의문들이라는 주제로 짝을 지어 서술한다.

로마인의 운명에 관하여

이 소론과 다음에 소개하는 「알렉산드로스의 덕과 운명에 관하여」 1, 2부는 로마에서의 공개 연설 대본으로 쓰였다. 비슷한 제목과 주제로 보아, 한데 묶인 세 번의 연설 원고였을 것이다.

여기서 주목할 점은 첫 연설은 로마인이라는 '민족'이 주제이고, 나머지 두 번의 연설은 알렉산드로스라는 영웅 '개인'을 대상으로 삼는다는 것이다. 이는 플루타르코스가 이미 그리스를 로마와 같은 수준으로 보고 있지 않다는 것을 시사한다.

『대비 열전』의 경우는 그리스와 로마의 '개별' 영웅들을 같이 비교한 것이고, 「그리스와 로마의 대비 일화」 역시 비슷한 일화들을 나란히 엮은 글이다. 그리스는 이미 로마의 속주가 되었고, 이를 인정하고 있는 그에게 남은 방법은 그리스가 배출한 최고의 영웅 알렉산드로스를 반대편 저울추에 올려놓는 것밖에 없었을 것이다.

그렇다면 알렉산드로스에 대한 연설이 로마에 관한 연설보다 분량이 두 배 많은 것은 왜인가? 이는 당연히 청중의 관심을 의식했기 때문이다. 로마의 청중은 자신들이 잘 아는 주제인 로마의 성공보다는 신선한 주제인 알렉산드로스에 대해 더 흥미를 느낄 것이었다.

「로마인의 운명에 관하여」는 로마가 영광의 자리에 올라간 여정에 대해 과장된 어투로, 때로는 연극조로 찬미한다. 그런데 이 글은 '로마'의 운명에 관해 서술한 것이 아니라, '로마인'의 운명에 관해 서술한다. 국가 전체의 운명은 그의 관심사도, 청중의 관심사도 아니다. 로마가 제국이 된 것은 이미 알려진 사실이며, 굳이 되풀이할 필요가 없는 것이다. 대신 그는 청중의 관심을 끌 수 있는 저명한 '가문'과 '씨족' 그리고 그들이 배출한 로마의 '영웅들'이 어떻게 로마를 위대하게 만들었는지에 대해 힘있게 찬미한다. 그리고 그는 구체적으로 로마의 청중이 듣고 싶어 하는 말을 들려주는 '작전'을 펼친다. 로마는 운이 좋아서가 아니라, 로마인에게 덕이 있어서 성공했다는 것이다.

플루타르코스는 연설을 시작하면서 '덕의 여신'과 '운명의 여신'을 역사의 주역으로 삼는다. 물론 신관이기도 했던 그가 운명의 여신을 대놓고 욕보이지는 않는다. 오히려 그는 제2장에서 "운명의 여신과 덕의 여신께서 … 힘을 합한다고 추측하는 것이 옳다고 믿는다"라면서 "인간이 이룩한 일 중에서 가장 아름다운 것", 즉 로마가 제국이 된 일에는 두 여신의 협력이 있었다고 전제한다. 그리고 제3장에서는 두 여신이 "서로 경쟁하여 판결받는 것처럼" 나아간다며 덕과 운명 중에 어느 것이 큰 역할을 했는지에 대해 말하고 있다.

한편 그는 바로 이어서 로마의 성공 주역이 누구였는지를 구체적으로 열거하면서 사람들의 흥미를 돋운다. 여러 가문과 씨족, 구체적인 영웅들에 대한 이야기를 풀어놓으며 그리스와 트로이아, 페르시아, 이집트 등의 전설적인 왕들과 영웅들의 이야기를 비교한다. 청중은 자신들이 잘 아는 이름들이 예전의 위대한 문명들에서 일어났던 일들과 비교되는 것을 들으며 흡족하게 여겼을 것이다. 그는 연설의 마지막 부분에서 '운명의 여신의 자비로움'을 말하지만, 연설을 들은 누구도 로마인이 '덕'을 쌓아서가 아니라 '운명'의 가호에 의해서 제국이 되었다고 생각하지는 않았을 것이다.

플루타르코스는 연설을 끝맺으면서 알렉산드로스의 죽음과 운명에 대해 말하겠다고 소개한다. 다음 연설을 기대하라는 예고였을 것이다. 그는 호메로스의 시구를 인용하며 갑작스럽게 글을 마무리 짓는다. 이는 「알렉산드로스의 덕과 운명에 관하여」에서도 마찬가지로 쓰이는 방법으로, 차분한 결론을 짓는 대신 청중의 마음을 고양시키는 기법이라고 할 수 있다.

알렉산드로스의 덕과 운명에 관하여

이 소론 역시 「로마인의 운명에 관하여」와 비슷하게 이야기를 진행한다. 알렉산드로스가 위업을 성취하는 데 있어서 덕의 여신과 운명의 여신 중 누구의 지분이 더 큰지 논해보자는 식이다. 특히 그의 정복 사업이 운명의 여신의 총애 덕분이라는 주장에 대한 반론의 형식으로 연설을 시작한다. 그 과정에서 눈에 띄는 것은 알렉산드로스가 철학을 배웠기 때문에 그의 정복지 통치가 공정했으며 인류의 번영에 유익했다는 주장이다.

알렉산드로스의 어렸을 때 가정교사가 철학자 아리스토텔레스였음은 확실하지만, 즉위한 이후 알렉산드로스의 행보는 사실 철학이나 도덕률과는 거리가 멀었다. 플루타르코스가 그 점을 모르는 것은 아니었다. 그는 『대비 열전』의 「알렉산드로스전」에서 알렉산드로스에 대해 장점과 단점을 열거하며 칭찬과 비판을 적절히 배합하고 있다. 특히 그는 알렉산드로스가 "술을 좋아하고 걸핏하면 화를 내는" 사람이었다고 쓰고 있다. 한편으로는 이 연설처럼 아리스토텔레스에게 교육받았다는 점을 강조하기도 한다.

전체적으로 보아 플루타르코스는 『대비 열전』에서 알렉산드로스에 대해 호의적인 서술을 하지만, 은근한 반감을 드러내고 있기도 하다.[1] 이는 그가 그리스 출신으로서 그리스 문명이 내놓은 최대의 영웅 알렉산드로스에 대해 높이 평가해야 할 이유를 갖기도 했지만, 동시에 그의 고향에서 가까운 테바이를 멸망시킨 이가 알렉산드로스이기 때문이기도 했다.

그는 이렇게 알렉산드로스에 대해 이중적 감정을 가졌다고 볼 수 있다. 하지만 이 소론에서는 오로지 찬양 일변도의 내용이 거듭된다. 이 소론에서 그는 알렉산드로스가 "아시아의 비문명적이고 야만적인 삶의 방식을 바꾸어놓았다"고 단언한다. 그러면서 "수많은 부족의 야만적인 본성을 바꾸었음을 보여주었으므로, 알렉산드로스야말로 매우 위대한 철학자로 간주"되어야 한다고 강변한다.

사실 이 소론은 후대의 유럽인들이 알렉산드로스에게 갖는 위대한 영웅이라는 이미지를 만드는 데 크게 기여했다. 그리고 그의 페르시아 정복과 그 결과로 나타난 헬레니즘 문명이 동서 문화의 융합이며 이후의 인류사에 기여했다는 유럽중심주의적 사고를 강화하기도 했

---

1) 플루타르코스의 알렉산드로스 평가에 대해서는 옮긴이의 논문인 「알렉산드로스를 보는 세 가지의 시선 : 플루타르코스, 퀸투스 쿠르티우스 루푸스, 아리아노스의 저작에 나타난 알렉산드로스 대왕」, 『서양고대사연구』(한국서양고대역사문화학회) 제28집, 2011년 6월, 117-142쪽 참조.

다. 어쩌면 이 소론은 오늘날까지 알렉산드로스에 대해 이야기할 때, 그의 업적과 젊은 나이, 그의 사후에 만들어진 국제적인 문화를 높이 평가하는 근본적인 근거가 될 것이다.

그리스와 로마의 대비 일화

이 소론은 그리스에서 일어났던 일화들이 로마에서도 흡사하게 일어났다며 41가지의 예를 들어 서술한다. 플루타르코스 스스로도 소론을 시작하면서 "내포된 믿을 수 없는 요소들" 때문에 "창작이고 허구"라고 볼 것이라는 점에 대해 언급한다. 그래서 그는 "내 나름의 전거도 기록했다"고 스스로를 변호한다.

옮긴이가 보기에도 이 소론이 역사적 내용 그대로를 엄밀하게 고증하고, 검증하면서 썼다고 보기 힘들다. 그보다는 앞서 출간한 『모랄리아』 제1권의 「7현인의 저녁식사」처럼 창작과 역사적 내용이 섞인 장르의 글이라고 해야 할 것이다. 실제로 그가 전거라고 제시한 책들이 거의 현존하지 않는다는 점에서도 그렇다. 어떤 점에서는 마치 '대체역사 소설'이라는 장르의 글 같기도 하다.

바로 이런 점 때문에라도 이 소론은 플루타르코스의 친로마적 성향을 가장 잘 보여준다. '식민지 출신의 엘리트'로서의 플루타르코스가 가지는 정체성이 집약되었기 때문이다. 그는 이미 당대인에게 허구라고 비난받을 것을 각오하고, 그리스와 로마는 같은 운명의 길을 걷고 있으며, 둘이 아닌 하나라고 힘주어 말하고 있는 것이다. 적어도 그가 보기에, 그리고 그 시대의 그리스 지식인들이 보기에 이미 로마 제국의 성세는 그야말로 '운명의 여신'이 가호하는 것이었고, 그 조류에 반하는 것은 그리스인에게도 좋지 않다고 확신했기 때문이다.

이 소론에서 말하는 터무니없는 일화들을 모두 플루타르코스가 만들어낸 것은 아니다. 그는 그리스와 로마의 여러 역사적 사건을 섭렵하고 있던 석학이었고, 그래서 유사한 사건들을 맞추어 배열할 수 있었다. 다만 사소한 부분들을 살짝 비틀거나 창작하여 그 유사성을 강조하고 있다. 이런 점에서 역사가의 사료(史料)로 쓰이기에는 부족하다고 할 수 있다.

하지만 분명한 것은 그가 역사가는 아니라는 점이다. 오늘날에도 그를 평가할 때 가장 먼저 나오는 분류는 전기작가다. 또 『모랄리아』라는 제목으로 후대에 엮인 여러 글은 매우 다양한 장르가 뒤섞여 있고, 그중에 엄밀한 비판과 검증을 중시한 글은 실제로 많지 않다. 말하자면 그는 아카데믹한 학자라기보다는 대중적 작가였다.

이 소론은 그의 글을 읽는 독자인 그리스인과 로마인 모두에게 흥미를 유발할 수 있는 재료들을 모아놓은 것이다. 이는 우리에게도 마찬가지다.

로마에 관한 의문들/그리스에 관한 의문들

「로마에 관한 의문들」은 앞의 글과 다르게 역사적 사료로서 매우 큰 가치를 지닌다. 여기서는 로마의 113가지 관습에 대해서 확실한 전거를 가지고 설명하고 있기 때문이다. 특히 대부분의 관습은 종교적인 것으로서 로마에 관해 정통하지 않으면 알 수 없는 종류의 것이며, 이제는 전해지지 않는 여러 자료를 바탕으로 쓰였기 때문에 로마인의 삶을 깊이 있게 들여다보는 기회를 우리에게 제공한다.

우리는 이 소론 곳곳에서도 로마의 그리스적 기원에 대해서 서술하는 플루타르코스의 노력을 찾아볼 수 있다. 특히 헤라클레스와 에우안드로스[2]를 일부 로마 관습의 시작점으로 삼은 점이 바로 그렇다.

플루타르코스는 「그리스에 관한 의문들」에서도 그리스인의 여러 관습이나 관습적인 용어들에 관한 59가지의 의문을 설명하려고 애쓰고 있다. 그는 주로 역사적으로 설명하려 하는데, 아주 오래전으로 거슬러 올라가는 경우도 많다. 그중 여러 옛 도시국가의 정치체제에 관한 것들 상당수는 아리스토텔레스의 작품에 전거를 두고 있다. 이 소론에 나오는 내용 중 소수는 플루타르코스의 다른 작품들에서도 찾아볼 수 있지만, 그렇지 않은 경우가 더 많다.

플루타르코스는 이 소론을 "~은 ~때문이다"라고 확정하지 않는다. 오히려 그는 "~때문일 것이다. 혹은 ~때문일 수도 있다"라는 식으로 의문에 대한 여러 가지 대답을 논리적으로 제시하려고 애쓰고 있다. 그러면서 어느 하나만이 정답이라고 단정하지 않는 것이 대부분이다. 오히려 우리는 이런 점 때문에 그의 서술을 더 신뢰할 수 있다.

---

2) 그리스 아르카디아 출신으로 판테온과 법률, 알파벳을 로마에 전했다고 알려진 인물로서 라틴어로는 에완데르라고 표기한다.

모랄리아 2

"세상에서 가장 강력한 국가들도
운명의 여신의 의지에 휘둘리며 서로 충돌해왔다.
어떤 국가도 최강의 국력을 갖지는 못했기 때문이다.
하지만 모든 국가는 최강의 국력을 갖기를 원했고,
모든 민족은 구제책도 없이 계속해서
움직이고, 떠돌며, 바뀌어나갔다.
결국에는 로마가 발전하여 힘을 얻게 되었다."

로마인의 운명에 관하여

1. 덕(德)의 여신[1]과 운명의 여신[2]은 여러 대단한 논쟁에 참가해 왔고, 현재 진행 중인 가장 활발한 논쟁에도 함께하고 계신다. 로마가 패권을 잡을 때 어떤 역할을 했는지, 어느 분이 이러한 강대국을 만들어냈는지를 판단하는 결정을 놓고 두 분이 이 논쟁에서 겨루고 있기 때문이다. 이 경쟁에서 승리한다는 것은 그저 그런 칭찬이 아니라 비난에 대한 변호이기도 하다. 왜냐하면 덕의 여신께서는 공평하지만 무익하다고 비난받는다. 한편 운명의 여신께서는 변덕스럽지만 도움이 된다고들 한다. 그래서 일반적으로 사람들은 덕의 여신의 활동은 결과물이 없으며, 운명의 여신의 선물은 믿을 만한 것이 되지 못한다고 말한다.

로마의 성장에 두 경쟁자 중 하나의 공로가 더해졌다고 하자. 만약

---

[1] 덕의 여신인 아레테(Arete)는 개념으로도, 여신으로도 나타난다. 여기서는 덕이라고 번역했지만, 아레테는 '뛰어남', '훌륭함'의 뜻도 있다. 여신으로는 정의의 여신인 프락시디케(Praxidike)의 딸로 나타난다.
[2] 운명의 여신 티케(Tyche)는 아프로디테와 제우스 혹은 헤르메스 사이에서 태어난 딸로 나타난다.

덕의 여신께서 로마의 훌륭한 이들에게 장점을 만들어주었다고 한다면, 가장 기여도가 높다고 할 때, 누가 아니라고 말하겠는가? 혹은 행운이 아주 오랫동안 로마인에게 부여되어 일찍부터 그 행운을 보존해왔다고 하면, 그것이 가장 든든한 일이었다고 할 때, 누가 아니라 하겠는가?

시인 이온[3]은 자신의 작품에서 운명[4]과 지혜[5]는 서로 많이 다른 것이지만 매우 비슷한 결과를 낳는다고 읊은 적이 있다. 두 가지 모두 사람들에게 명예를 가져다주고 더해주며, 드높은 명성·권력·영토를 갖도록 이끌어준다는 것이다. 이 점에 대해 많은 실례를 열거하여 지루하게 만들 필요가 있을까? 사람을 위해 만물을 생성하고 산출하는 자연조차, 어떤 이들은 운명이라고, 또 다른 이들은 지혜라고 생각한다. 그러므로 우리가 육지나 바다, 하늘과 별들에 대해 무엇 덕분인지 의문을 제기하는 것처럼, 로마가 현재 상태가 된 것이 운명 덕분이었는지, 심모원려(深謀遠慮) 덕분이었는지 의문을 가지게 된다면, 지금 말하는 화제로 인해 얼마간의 정당하고 바람직한 존엄성이 로마에 부여된다.

2. 나 스스로는, 운명의 여신과 덕의 여신께서 직접 그리고 계속 서로 다투며 화합하지 못한다고 하나, 적어도 영토와 권력이 서로 융합되는 것처럼 상호 적대를 멈추고 힘을 합한다고 추측하는 것이 옳다고 믿는다. 인간이 이룩한 일 중에서 가장 아름다운 것[6]을 마무리하

---

3) Ion. 기원전 490/480년경~420년경의 인물로, 그리스의 극작가이자 서정시인이다. 그는 키오스(Chios) 출신이며, 작품들은 현재 단편들만 남아 있다.
4) 여기서는 운명의 여신이 아니라 그저 운명이라는 개념으로 사용했을 것이다.
5) 여기서 플루타르코스는 덕과 지혜를 동일시하고 있다.
6) 로마가 제국으로 발돋움하는 것을 말하는 것이다.

면서 협력하여 힘을 합함으로써 말이다.

플라톤은 다음과 같이 주장했다. 전 우주는 첫 번째 필수 요소들인 불과 흙에서 생겨났다. 흙은 무게와 안정성을 주어 우주를 가시화·실체화했고, 불은 색과 형태, 운동성을 우주에 부여했다. 중재적 요소들인 물과 공기는 불과 흙이라는 양극단의 차이를 순화하고 억눌러서 두 가지를 융합시키고, 그것들을 통해 물질의 복합적 본질을 이끌어냈다는 것이다.

나는 로마에 대해서도 마찬가지라고 생각한다. 즉 시간이 신의 도움을 받아 로마라는 국가의 기초를 놓았고, 운명과 덕[7]의 독특한 성질을 취해 하나로 만들고 모든 인류를 위해 화로의 여신[8]을 만들었다. 화로의 여신께서는 진실로 성스럽고 자비로우며, 든든한 밧줄이고 영속하는 원칙이시다. 그리하여 부침하는 인간사에서, 데모크리토스[9]가 말하듯이, "파도와 조류 속의 정박지"가 된다.

자연철학자들은 이렇게 주장했다. 즉 옛날에는 세계가 질서정연하지 않았으며, 원자들이 스스로 엉겨 붙고 섞여서 자연에 보편적인 형태를 부여하지는 않았다. 매우 작고 여기저기에 생겨난 원자들은 섞이고 얽히는 것을 피하려 했다. 그중 좀더 크고 가까이에 붙은 원자들은 이미 자신들 사이의 대단한 충돌과 분란에 엮여 있어서 던져지고 뒤섞였다. 돌아다니는 원자들이 뭉쳐서 커짐으로써 흙이 어느 정도 영구적으로 고정되었고, 그 스스로와 주변을 돌아다니는 다른 원소들

---

[7] 여기서도 운명과 덕을 신격이 아니라 개념으로 이야기하고 있다.
[8] 로마의 웨스타(Vesta) 여신을 말하는 것이다. 웨스타는 화로와 가정의 여신이다. 그리스인과 로마인은 가정의 중심이 화로(혹은 불자리, 벽난로)라고 보았다.
[9] Demokritos. 기원전 460년경~360년경의 인물로, 그리스의 자연철학자다. 트라키아의 압데라(Abdera)에서 출생했고, 원자론을 주창하여 과학의 비조(鼻祖)로까지 여겨진다.

을 위한 영구적 거처를 마련했던 그때까지는 모든 것이 완성되어 있지 않고 흘러 다니며 흩어져 있는 상황으로 가득 찼다는 것이다.

그와 마찬가지로 세상에서 가장 강력한 국가들도 운명의 여신의 의지에 휘둘리며 서로 충돌해왔다. 어떤 국가도 최강의 국력을 갖지는 못했기 때문이다. 하지만 모든 국가는 최강의 국력을 갖기를 원했고, 모든 민족은 구제책도 없이 계속해서 움직이고, 떠돌며, 바뀌어 나갔다. 결국에는 로마가 발전하여 힘을 얻게 되었다. 로마는 자신의 반경 내에 여러 국가와 민족을 합병했을 뿐 아니라, 바다 건너에 있는 외래 민족들의 왕국들마저도 합해버렸다. 이리하여 이 광대한 제국에서 일어나는 일들은 안정과 안전을 확보하게 되었다. 누구도 전복할 생각조차 하지 못할 지고(至高)한 통치로 인해 질서 있고 단일한 평화의 시대가 왔기 때문이다. 비록 이런 일을 해낸 이들에게 모든 형태의 덕이 선천적으로 있기도 했지만, 거기에는 대단한 행운도 함께했다. 이는 앞으로 이야기를 진행해가는 중에 드러나게 될 것이다.

3. 이제 연구 중인 자료들을 가지고서 높은 곳에서 보는 것처럼 생각해보니, 운명의 여신과 덕의 여신께서는 서로 경쟁하여 판결받는 것처럼 나아가고 있다는 것을 파악할 수 있다. 덕의 여신께서는 서두르지 않으면서 흔들림 없이 앞을 주시하고 계신다. 하지만 야심으로 인해 나타난 얼굴의 홍조는 그분의 얼굴에 경쟁에 관한 일종의 암시가 서려 있음을 보여준다. 운명의 여신께서는 매우 서둘러 가고 있지만, 덕의 여신께서는 멀찍감치 떨어져 군중 속에서 일을 처리하며 자신의 사람들을 지키고 있다.

"피로 얼룩진 갑옷을 입은 영웅들이 싸움에서 베어지네."[10]

---

10) 호메로스, 『오딧세이아』 11권 41행.

그들은 피와 땀이 섞여 흘러내리며, 부서진 전리품을 짓밟고 있으면서, 몸의 전면에 난 상처로 더럽혀졌다. 그대는 이들이 누구인지 찾아보고 싶은가? 그들은 스스로 파브리키우스 씨족,[11] 카밀루스 가문,[12] 데키우스 씨족,[13] 킨키나투스 가문,[14] 파비우스 막시무스[15]의 가문 사람들, 클라우디우스 마르켈루스[16]의 가문 사람들, 스키피

---

11) Fabricius. 라틴어로 겐스 파브리키아(*gens Fabricia*)라고 불리는 씨족이다. 역사적으로 이름을 남긴 이 씨족의 첫 번째 인물은 가이우스 파브리키우스 루스키누스(Gaius Fabricius Luscinus)로서 에페이로스의 왕 피로스(Pyrrhos)와의 싸움에서 이름을 떨쳤다. 한편 로마인은 대부분 세 가지 이름을 갖는데, 첫 번째 이름이 개인명, 두 번째가 씨족명, 세 번째가 가문명이다.
12) Camillus. 카밀루스 가문에서 가장 유명한 인물은 마르쿠스 푸리우스 카밀루스(Marcus Furius Camillus)다. 그는 기원전 5세기 말과 4세기 초에 활약한 인물로서 네 번의 개선식을 치렀고, 독재관도 역임한 바 있다. 플루타르코스는 이 인물을 떠올리며 카밀루스 가문을 언급했을 것이다.
13) Decius. 데키우스 씨족은 기원전 5세기 말 이후, 로마 역사에 남을 여러 명의 명사를 배출했다. 가장 먼저 거명되는 마르쿠스 데키우스(Marcus Decius)는 기원전 495년 로마 평민들이 귀족들에게 항의하는 뜻으로 성산(聖山, *mons sacra*)으로 행진할 때, 귀족들의 아성인 원로원으로 파견된 평민 대표들 중 하나다.
14) Cincinnatus. 루키우스 퀸크티우스 킨키나투스(Lucius Quinctius Cincinnatus)가 이 가문의 가장 유명한 인물이다. 그는 기원전 5세기 중반 자신의 작은 농장에서 밭을 갈고 있다가 조국이 위기에 처하자, 독재관이 되어 위기를 막았다. 그후 바로 관직을 사임함으로써 로마의 소박한 덕과 청렴함, 권력을 탐하지 않는 애국심을 보여주는 상징적 인물이 되었다. 그의 이름을 딴 도시가 현재 미국의 신시내티(Cincinnati)다.
15) 퀸투스 파비우스 막시무스 웨루쿠소스(Quintus Fabius Maximus Verucusos). 쿤크타토르(*Cunctator*, 지연시키는 자)라는 존칭을 얻었다. 기원전 280년경에 태어나 203년에 죽었다. 제2차 로마-카르타고 전쟁(통칭 한니발 전쟁)에서 한니발에 맞서 지연전을 펼쳐 효과적으로 한니발을 막았다. 전통적으로 로마 최고 영웅 중 한 명으로 꼽힌다.
16) 마르쿠스 클라우디우스 마르켈루스(Marcus Claudius Marcellus). 기원전 268년경에 태어나 208년에 죽었다. 로마 공화정 최고의 관직인 집정관을 다섯 차례나 지냈으며, 갈리아와의 전쟁과 제2차 로마-카르타고 전쟁에서 활약했다.

오[17]) 가문 사람들이라고 밝힌다. 또 가이우스 마리우스[18]가 운명의 여신께 분노를 표출하고, 저 무키우스 스카이올라[19]는 불타는 오른손을 내보이며 소리쳤다.

"그대들은 이것 역시 운명의 여신 덕이라고 정중하게 칭하겠는가?"

티베르강 전투의 영웅인 마르쿠스 호라티우스[20]는 에트루리아인[21]들의 창 자루들에 짓눌렸고, 깊은 물속에서 큰 상처를 입은 팔과 다리를 내보이며 울부짖었다.

"그러면 나 역시 운명의 여신의 의지에 따라 신체의 손상을 입었는가?"

그런 인물들은 덕의 여신을 찬양하는 이들의 명단에 들어간다.

---

17) Scipio. 이 가문 사람 중에서 가장 유명한 이는 푸블리우스 코르넬리우스 스키피오(Publius Cornelius Scipio)로서 기원전 202년의 자마(Zama) 전투에서 한니발을 이겼기에, 한니발의 조국이 있던 북아프리카 일대를 정복한 자라는 의미의 아프리카누스(Africanus)라고 불린다. 당시 로마인에게 아프리카는 지중해에 연한 북아프리카를 의미했다.
18) Gaius Marius. 기원전 157년에 태어나 기원전 86년 1월 13일에 죽었다. 일곱 차례나 집정관을 지냈는데, 이는 전무후무한 일이었다.
19) Mucius Scaevola. 원래 이름은 가이우스 무키우스 코르두스(Gaius Mucius Cordus)다. 로마 시민의 용기와 애국심을 보여주는 전설적인 인물이다. 전설에 따르면 기원전 508년, 로마가 에트루스키(Etrusci)인의 도시 클루시움(Clusium)과 전쟁할 때 자원하여 적의 왕인 포르세나(Porsena)를 암살하려 했다. 그는 암살에 실패하여 잡혔고, 자신 이외에도 300명의 로마 시민이 그를 죽이기 위해 대기하고 있다고 하며 불에다 손을 집어넣고 자신의 오른손을 태우며 용기를 과시했다. 포르세나는 감명을 받고, 로마와 평화 조약을 추진했다. 이 일로 그는 '왼손'이라는 뜻의 스카이올라라는 별명이 붙었고, 그의 후손들은 스카이올라를 가문명으로 삼았다.
20) Marcus Horatius. 푸블리우스 호라티우스 코클레스(Publius Horatius Cocles)를 말한다. 그 역시 포르세나왕이 쳐들어 왔을 때, 로마시 앞을 흐르는 좁은 다리를 마지막까지 지키고 싸우다가 자신을 개의치 말고 다리를 끊으라고 하며 끝까지 적을 저지했다. 그리고 물속으로 뛰어들었다고 한다.
21) 이탈리아 중북부에 살았던 민족으로 로마는 초창기에 이들의 지배를 받았다.

"무장한 불굴의 경쟁자요, 적들에게는 재앙이리니."

4. 하지만 운명의 여신의 발걸음은 가볍고, 정신은 대담하며, 희망은 가장 드높다. 운명의 여신께서는 덕의 여신을 바로 가까이에서 앞지르고 계신다. 운명의 여신께서는 불안정하고 머뭇거리는 자세를 잡으며 가벼운 날개 끝으로 스스로 허공에 띄우지 않고, "구체(球體) 위에서 발끝으로 균형을 잡으며" 앞서 나가지 않고 시야에서 떠나버리신다. 하지만 아프로디테 여신께서 에우로타스강[22]을 건널 때, 거울과 장신구, 마법의 허리띠를 치워놓고서 창과 방패를 쥐고 리쿠르고스[23]를 기쁘게 하도록 꾸몄다고 스파르타인들은 말한다. 이와 마찬가지로 운명의 여신께서는 페르시아인과 아시리아인을 버려두고서,[24] 마케도니아 위에 가볍게 날아올라 알렉산드로스를 빠르게 뒤흔들어놓았고, 이집트와 시리아를 거쳐 왕권을 이곳저곳으로 실어 나르셨다.[25] 운명의 여신께서는 몸을 돌려 카르타고인들을 높이 올려주곤 하셨다.[26]

하지만 운명의 여신께서 팔라티누스[27] 언덕에 다가서고, 티베르강을 건너자, 여신께서는 날개를 접고 샌들을 벗어 놓으며, 종잡을 수

---

22) Eurotas. 스파르타에 있는 강이다.
23) Lykurgos. 스파르타의 전설적인 입법자로서 상무 정신과 소박, 강건함을 강조하는 정치가였다. 여기서는 미의 여신 아프로디테조차 스파르타에서는 몸을 꾸미지 않고 무장했다는 의미로 쓰였다.
24) 페르시아와 아시리아는 예전의 영광을 간직한 제국의 대명사로 쓰인다.
25) 마케도니아의 알렉산드로스가 운명의 여신의 선택을 받아 정복 활동을 했고, 그 결과로 나타난 헬레니즘 세계에서 이집트와 시리아가 강대국이었던 것을 말한다.
26) 지중해에서 카르타고가 일대 해상 제국으로 위세를 떨쳤던 것을 의미한다.
27) Palatinus. 로마에 있는 일곱 개의 언덕 중 하나로서 아우구스투스 이래 로마 황제의 거처가 자리를 잡고 있어 제국의 대명사처럼 쓰이기도 한다.

없고 불안정한 장갑을 포기하신 것으로 보인다. 이렇게 운명의 여신은 머무르려는 의도를 가진 것처럼 로마에 들어가셨고, 그런 태도는 지금도 마찬가지인데 마치 〔경쟁의〕 판결을 맞을 준비를 하시는 것 같다. "그녀는 완고하지 않으시니, 사용하는 배의 키가 둘이 아니로다"라는 핀다로스[28]의 시 구절을 생각하게 한다. 하지만 알크만[29]이 운명의 여신의 계보에 대해 읊은 것도 떠오른다.

"질서와 신념의 누이요, 예지(豫知)의 딸이로다."

운명의 여신께서는 저 유명한 풍요의 뿔[30]을 손에 쥐고 있는데, 거기에는 영원히 한창때인 과일들이 가득 차 있고, 모든 땅과 바다, 강과 광산, 항구들의 산물이 있으며, 여신께서는 이것들을 무제한으로 쏟아부으신다. 다음에 거명하는 적지 않은 훌륭하고 고귀한 인물들이 그분의 일행이다. 여신께서는 사비네(Sabine) 땅에서 온 누마 폼필리우스[31]와 타르퀴니우스 왕가의 프리스쿠스,[32] 즉 타지에서 온 외국인 왕들을 로물루스[33]의 옥좌에 앉히셨다. 페르세우스와 마케도니아군에게서 피해를 보지 않고 군대를 물린 아이밀리우스 파울루스[34]는 피해를 보지 않고 승리를 거두어 운명의 여신을 찬미했다. 연로(年老) 카이킬리우스 메텔루스 마케도니쿠스(Caecilius Metellus Macedonicus)

---

28) Pindaros. 기원전 5세기 초에 활동한 그리스 테바이 출신의 서정시인이다.
29) Alkman. 기원전 7세기에 활약했던 스파르타의 시인이다.
30) 고대의 대표적인 풍요의 상징으로서 보통 넓은 뿔 형태를 취하고 거기에서 곡식과 과일이 무한하게 떨어져 내린다고 한다.
31) Numa Pompilius. 기원전 715~673년 동안 재위했다고 전해지는 로마의 두 번째 왕으로서 역사적이라기보다는 전설적 인물이다.
32) Priscus Tarquinius. 기원전 616~579년 동안 재위했다고 전해지는 로마의 다섯 번째 왕이다.
33) Romulus. 로마 전설 속의 건국왕이다.
34) Aemilius Paullus. 기원전 229년경에 태어나서 160년에 사망했다. 제3차 로마-마케도니아 전쟁을 승리로 이끌어 마케도니아를 로마에 복속시켰다.

역시 여신을 찬미했다. 그는 죽기 전까지 집정관급인 네 명의 아들인 퀸투스 발레아리쿠스(Quintus Balearicus), 루키우스 디아데마투스(Lucius Diadematus), 마르쿠스 메텔루스(Marcus Metellus), 가이우스 카프라리우스(Gaius Caprarius)를 두었고, 역시 집정관급인 두 사위를 두었으며, 대단한 업적을 성취하고 〔그에 걸맞은〕 관직을 지낸 손자들을 보았다.

운명의 여신은 신인(新人, novus homo)인 아이밀리우스 스카우루스를 미천한 처지와 가문에서 끌어올려 그를 원로원에 들어간 〔그의 가문에 있어〕 첫 번째 사람으로 만드셨다.[35)]운명의 여신은 코르넬리우스 술라(Cornelius Sulla)를 정부(情婦)인 니코폴리스(Nicopolis)의 품에서 잡아채 들어올리셨다.[36)]그리하여 그를 킴브리아(Cimbria) 전쟁[37)]의 승자이며 일곱 차례나 집정관을 지낸 마리우스보다 높은 위치인 군주적 권한을 지닌 독재관 자리에 앉게 하셨다. 술라는 자신의 업적과 함께 그 자신이 운명의 여신의 양자가 되었다고 공공연하게 내세우곤 했는데, 그러면서 소포클레스[38)]의 「오이디푸스왕」에 나

---

35) Aemilius Scaurus. 이는 플루타르코스의 실수다. 아이밀리우스 씨족은 로마의 오래된, 명망 있는 씨족이었다. 비슷한 이름의 인물들이 있지만, 여기서 언급하는 사람은 마르쿠스 아이밀리우스 스카우루스(Marcus Aemilius Scaurus)로 기원전 115년에 집정관을 지냈던 인물일 것이다. 그의 부친은 대단하지 않은 상인이었기 때문이다. 여기서 '신인'이라는 말은 평민 출신으로서 원로원에 들어가서 처음으로 귀족의 반열에 든 사람을 말한다.
36) 플루타르코스, 『대비 열전』, 「술라전」 2장 4절에 따르면, 술라는 젊었을 적에 방탕하게 살았고, 부유한 여성인 니코폴리스의 정부(情夫)였다. 니코폴리스는 죽으면서 유산을 그에게 모두 넘겼다.
37) 기원전 113~101년 사이에 있었던 게르만족 계열의 킴브리족, 테우토네스족, 암브로네스족 그리고 갈리아족 일파인 티구리니족과 로마 사이에 있었던 전쟁을 말한다.
38) Sophokles. 기원전 497/6년에 태어나 406/5년에 죽은 그리스의 비극작가다. 「안티고네」, 「오이디푸스왕」, 「엘렉트라」 등이 대표작이다.

오는 대사를 크게 읊조렸다.

"나는 스스로 운명의 여신의 아들이라고 간주하노라."

그는 라틴어로는 펠릭스(Felix)[39]라고 불렸는데, 그리스인들에게는 자신의 이름을 루키우스 코르넬리우스 술라 에파프로디투스[40]라고 썼다. 카이로네이아에 있는 내 집의 전승 기념품들과 미트리다테스[41] 전쟁의 전승 기념품들에는 모두 그렇게, 즉 웨누스투스라고 새겨져 있는데, 아주 적절한 말이다. 메난드로스(Menandros)[42]가 썼듯이, "밤의 여신이 아니라 운명의 여신께서 아프로디테 여신에게 더 많은 몫을 가지고 있"기 때문이다.[43]

5. 그렇다면 이상의 글을 적절한 서두(序頭)로 내놓은 후이니, 성공을 덕의 여신보다는 운명의 여신 덕분이라고 여기는 까닭으로 운명의 여신의 편에 선 증인으로서의 로마인을 한번 화제에 올려볼 만하지 않은가? 적어도 스키피오 누만티누스[44]가 로마에 덕의 여신의 성

---

39) *felix*는 행운이라는 뜻이므로, '행운아' 정도의 의미가 된다.
40) Epaphroditus. 아프로디테 여신의 사랑을 받은 자라는 의미다. 라틴어로는 웨누스(Venus, 영어식 발음으로는 비너스)의 사랑을 받은 자인 웨누스투스(Venustus)가 된다.
41) Mithridates. 기원전 120년경부터 63년까지 통치했던 폰토스의 왕 미트리다테스 6세를 말한다. 미트리다테스 대왕으로도 알려져 있으며, 로마 공화국의 만만찮은 적수였다. 그는 세 번에 걸쳐 로마 공화정 후기의 가장 유명한 장군들 세 명(술라, 루쿨루스, 폼페이우스)과 싸웠다.
42) 기원전 342/1년에 태어나 290년경 죽은 그리스 극작가로서 희극을 주로 썼다.
43) 일반적으로 사랑의 여신이므로 '밤'을 떠올리기 쉬우나, 사랑이 가지고 있는 '운명적'인 면을 강조한 것으로 생각할 수 있다.
44) 푸블리우스 코르넬리우스 스키피오 아이밀리아누스 아프리카누스 누만티누스(Publius Cornelius Scipio Aemilianus Africanus Numantinus). 기원전 185년에 태어나 129년에 죽었다. 그는 아이밀리우스 파울루스(Aemilius Paullus)의 아들이었지만, 한니발을 격파했던 스키피오 아프리카누스의 양자가 되었다.

역을 건설한 것은 로마 창건 후 아주 오랜 세월이 흐른 뒤였고, 최근의 일일 뿐이었다. 그보다 뒤에[45] 마르켈루스[46]는 덕과 명예의 신전이라고 불리는 건물을 지었다. 킴브리아 전쟁 시기에 살았던 아이밀리우스 스카우루스는 정신(精神)의 여신의 성역이라고 불리는 곳을 건설했는데, 이는 이성(理性)의 신전이라고도 한다. 왜냐하면 이 시기에 수사학, 궤변, 변론이 이미 로마시에 소개되었기 때문이다. 사람들은 그와 같은 것들을 더욱더 추구하기 시작했다. 하지만 오늘날까지도 지혜나 분별 혹은 관대나 절조(節操) 혹은 절제의 성역은 없다. 그러나 운명의 여신께 바쳐진 성역들은 호사하면서도 오래되어, 로마시의 첫 건축물들과 사실상 같은 시대의 것들이다.

운명의 여신의 신전을 건축한 첫 번째 사람은 누마왕의 손자인 안쿠스 마르키우스(Ancus Marcius)로서 로물루스부터 세어서 네 번째의 왕이었다. 아마 그가 운명의 여신께 '용기'[47]라는 칭호를 덧붙인 사람이었을 것이다. 왜냐하면 승리를 얻을 때, 운명의 여신께서 하신 역할 중 가장 큰 것이 씩씩한 용기이기 때문이다. 로마인은 카밀루스[48]

제3차 로마-카르타고 전쟁에서 카르타고시를 포위하고 함락시킨 후, 그 도시를 완전히 파괴했다. 이 공로로 아프리카누스라는 별명을 얻었고, 누만티아 전쟁을 승리로 이끈 공로로 누만티누스라는 별명도 얻었다.
45) 플루타르코스가 착각한 것이다. 마르쿠스 클라우디우스 마르켈루스(Marcus Claudius Marcellus)는 스키피오 누만티누스보다 이전 시기의 인물이다.
46) 기원전 268년경에 태어나 208년에 죽었다. 집정관을 다섯 번이나 지냈으며, 제2차 로마-카르타고 전쟁에서 활약했다. 그는 기원전 222년에 있었던 클라스티디움(Clastidium) 전투에서 갈리아족의 족장이자 왕인 위리도마루스(Viridomarus)를 일대일 전투로 죽여서 로마 지휘관이 얻을 수 있는 최고의 영예인 '스폴리아 오피마'(*spolia opima*)를 얻었다. 스폴리아 오피마는 '풍족한 전리품'이라는 의미로 전투에서 적장을 일대일로 꺾었을 때, 적의 시신에서 벗겨낸 무구 일체를 말한다.
47) 라틴어로는 포르티스(Fortis)다.
48) 제3장에 나오는 마르쿠스 푸리우스 카밀루스를 말한다.

의 시기 이전에 포르투나 물리에브리스⁴⁹⁾ 신전을 건립했는데, 여성들의 역할로 인해 월스키(Volsci)족을 이끌고 로마와 싸우던 마르키우스 코리올라누스⁵⁰⁾를 퇴각하도록 만든 때였다. 여성 대표단은 그의 어머니 및 아내와 함께 코리올라누스를 찾아가서 〔철군을〕 간청했고, 그는 청을 받아들여서 로마시를 더 공격하지 않고 외국 군대를 이끌고 물러났다. 이 시기, 운명의 여신의 신상이 봉헌되었을 때, 신상이 이렇게 말했다고 한다.

"로마의 여성들이여, 그대들이 로마의 신성한 법에 따라 내게 봉납했노라."

푸리우스 카밀루스는 갈리아족이 일으킨 대화재를 진화하고, 갈리아족의 왕 브렌누스(Brennus)와 무게를 달아서 로마의 가치를 재고 있을 때, 그 저울에서 무게추들을 치웠다.⁵¹⁾ 그때도 카밀루스는 '훌륭한 조언'이나 '용기'의 성역을 세우지 않고, 신도로(新道路) 옆에 '소식과 소문'의 성역을 세웠다. 로마인의 말에 따르면, 전쟁 전에 마르

---

49) Fortuna Muliebris. '여성의 운명'이라는 의미다.
50) 가이우스 마르키우스 코리올라누스(Gaius Marcius Coriolanus)는 기원전 5세기에 살았다고 전해지는 로마의 장군이다. 그는 로마가 월스키족의 도시 코리올라(Coriola)를 포위 공격했을 때, 빼어난 용맹을 보여주어 코리올라누스라는 별명을 얻었다. 그 뒤에 그는 로마에서 추방되었고, 이번에는 월스키족을 이끌고 로마를 포위 공격했다. 그때, 로마의 다른 부인들과 함께 코리올라누스의 어머니와 부인은 그의 두 아들을 데리고 그에게 가서 퇴각을 간청했고, 그는 군을 물렸다. 로마는 이 여성들의 헌신을 존중하여 운명의 여신의 신전을 건립했다고 한다.
51) 로마의 시가지를 점령한 갈리아족과 협상할 때, 로마에서 철수하는 조건으로 저울에 금을 달아서 주기로 했고, 브렌누스는 금을 달던 무게추에 자신의 칼과 허리띠를 던져 올리며 "피정복자들의 비애로다"라고 말했다고 한다. 그때 병사들을 이끌고 도착한 카밀루스는 저울에 자신의 칼을 던지며 "나는 금이 아니라 철로 조국을 되찾을 것이다!"라고 말하며 싸워서 적을 격파했다고 한다. 이 전공으로 카밀루스는 로마의 제2의 건국자라는 칭찬을 받았다.

쿠스 카이디키우스(Marcus Caedicius)가 그 성역이 세워지게 되는 자리를 지나다가 곧 갈리아와의 전쟁이 일어날 것이라고 말하는 목소리를 들었다고 한 것이 사실이다.

로마인은 티베르강 가에 신전이 세워진 운명의 여신을 '포르티스'(Fortis)라고 부르는데, 강력하다, 용맹하다, 혹은 씩씩하다는 뜻이다. 이는 여신께서 모든 것을 정복하는 힘을 가졌기 때문이다. 로마인은 카이사르[52]가 로마 인민에게 유증(遺贈)한 공원 내에 운명의 여신의 신전을 건립했다. 그들은 카이사르 스스로가 입증했듯이, 그 역시도 행운이 따라서 가장 고귀한 지위에 이르렀다고 믿었기 때문이다.

6. 하지만 가이우스 카이사르 스스로가 이것에 대해 입증하지 않았다면, 나는 그가 행운 덕분에 가장 고귀한 지위에 올라섰다고 말하는 것을 주저했을 것이다. 왜냐하면 1월 14일, 카이사르가 폼페이우스[53]를 추격하는 도중 브룬디시움(Brundisium)에서 그를 몰아낼 때가 동지였음에도 그는 안전하게 바다를 건넜기 때문이다. 운명의 여신께서 계절을 늦추신 것이다. 하지만 폼페이우스는 육지에 많은 군대를 빽빽하게 늘어세워 놓았고, 바다에는 대함대를 배치했다. 그의 군대는 도랑을 파서 방어선을 잘 구축해놓았다.

---

52) 가이우스 율리우스 카이사르(Gaius Julius Caesar)는 기원전 100년 7월 12일에 태어나 44년 3월 15일에 죽었다. 로마 공화정 말기 가장 극적인 전투와 승리들을 기록하고 종신독재관에 올랐으며, 왕권을 가지고자 한다는 명분을 들어 일단의 원로원파 의원들이 그를 암살했다. 그의 유언장에 따라 양자가 된 옥타위아누스가 내전을 종식했고, 스스로는 공화정의 수호자로 자처했지만, 후대의 역사가들은 아우구스투스라는 존칭으로 불린 옥타위아누스를 로마 제국의 초대 황제로 인정한다.
53) 그나이우스 폼페이우스 마그누스(Gnaeus Pompeius Magnus). 기원전 106년에 태어나 기원전 48년에 죽었다. 크라수스, 카이사르와 함께 제1차 삼두정치를 시행했던 인물이다. 집정관을 세 번 역임했고, 개선식도 세 차례 치렀다.

한편 카이사르의 군대는 몇 배나 적었는데, 안토니우스[54]와 사비누스[55]가 이끄는 군대의 도착이 늦었기 때문이다. 카이사르는 용기를 내어 하인의 복장을 하고 작은 배에 올라 바다로 나갔다. 배의 선장과 키잡이는 그의 정체를 눈치채지 못했다. 하지만 강물에서 마주칠 수 없던 큰 파도에 맞닥뜨리게 되자, 선원들은 격렬한 동요를 보였다. 키잡이가 배의 방향을 돌리는 것을 알게 된 카이사르는 머리까지 덮고 있던 망토를 벗고 자신을 드러내며 외쳤다.

"계속 가게. 좋은 친구여. 용기를 가지고 무엇도 겁내지 말게. 그저 돛을 운명의 여신께 맡기고, 그분의 바람을 자신 있게 받아들이게. 그대는 카이사르와 카이사르의 운명의 여신을 모시고 있으니."

이렇게 그는 운명의 여신께서 항해와 여행, 전투와 지휘 시에 함께 하신다는 것을 확신했다. 운명의 여신께서는 바다를 잔잔하게 하시고, 겨울 날씨를 여름 날씨로 바꾸셨으며, 가장 느린 병사들의 속도를 높이셨고, 사기가 매우 떨어진 이들에게는 용기를 주셨다. 더 놀라운 일은 폼페이우스를 도망치게 하시고, 손님으로 온 폼페이우스를 프톨레마이오스에게 살해하게 하셨던 일이다. 그리하여 폼페이우스는 몰락할 수밖에 없었고, 카이사르는 피의 오점을 피할 수 있었다.

7. 그다음은 어떤가? 처음으로 아우구스투스라 칭해졌으며, 54년간 통치했던 카이사르의 아들이 자신의 손자를 전장에 보내면서 신

---

54) 마르쿠스 안토니우스(Marcus Antonius). 기원전 83년에 태어나 기원전 30년에 죽었다. 카이사르 휘하의 장군이었다가 그의 사후, 옥타위아누스 및 레피두스와 함께 제2차 삼두정치의 주역이 되었다. 후일 옥타위아누스에게 패하고 자결했다.
55) 퀸투스 티투리우스 사비누스(Quintus Titurius Sabinus)는 카이사르가 갈리아 총독으로 전쟁을 치르고 있었을 때부터 그를 따른 휘하 장군이었다. 기원전 54년에 전사했다.

들께 스키피오의 용기, 폼페이우스의 인기, 그리고 자신과 함께했던 운명의 여신을 내려달라고 기원했다. 그럼으로써 그는 자신이 건립한 위대한 기념건축물에 예술가로 자신의 이름이 새겨졌던 바로 그런 것처럼, 운명의 여신을 자신의 창조자로 기록하지 않았던가? 운명의 여신께서는 그에게 키케로,[56] 레피두스,[57] 판사,[58] 히르티우스,[59] 마르쿠스 안토니우스를 위압하게 하셨고, 그들의 용기·업적·승리·함대·전쟁·군대의 과시를 통해 그를 로마의 제1시민[60]으로 높이 올리셨다. 여신께서는 그들을 넘어뜨리셨고, 그가 그들 위에 올라서게 하심으로써 그가 홀로 통치하게 하셨다.

사실 키케로가 집정관으로서 국가를 통치했던 일, 레피두스가 군을 지휘한 일, 판사가 정복한 일, 히르티우스가 몰락한 일, 안토니우스가 제멋대로 굴었던 일이 모두 그를 위해서였다. 나는 심지어 클레

---

56) 마르쿠스 툴리우스 키케로(Marcus Tullius Cicero). 기원전 106년에 태어나 기원전 43년에 죽었다. 기원전 63년 집정관을 지낸 로마의 정치가이자 법률가·철학자·연설가로서 명문장으로 유명하다.
57) 마르쿠스 아이밀리우스 레피두스(Marcus Aemilius Lepidus). 기원전 89/88년경에 태어나, 13/12년에 죽었다. 옥타위아누스, 안토니우스와 함께 제2차 삼두정치를 폈다. 그전에는 카이사르의 가까운 동맹자였다.
58) 가이우스 위비우스 판사 카이트로니아누스(Gaius Vibius Pansa Caetronianus). 카이사르가 죽은 지 1년 후인 기원전 43년에 집정관을 지냈으며, 같은 해에 죽었다. 내전 동안에는 카이사르 편이었지만, 카이사르가 죽은 후에는 공화정을 복원하려고 했다. 원로원파가 안토니우스와 싸웠던 포룸 갈로룸(Forum Gallorum) 전투에서 상처를 입고 죽었다.
59) 아울루스 히르티우스(Aulus Hirtius). 기원전 90년경에 태어나 43년에 죽었다. 집정관직을 지냈으며, 군사 문제에 관한 글들을 쓰기도 했다. 카이사르 휘하에서 일했으며, 카이사르 사후에는 판사와 함께 기원전 43년의 집정관직을 맡았다. 그해, 안토니우스와 전투에서 전사했다.
60) 라틴어로 프린켑스(*princeps*)라고 하는 제1시민은 로마 원로원의 시민 명부에 첫 번째로 기록되는 사람에 대한 칭호였고, 대단히 명예로운 것이었다.

오파트라조차도 카이사르[61]의 운명의 여신의 일부라고 간주하기 때문이다. 저 대단한 지휘관인 안토니우스마저도 마치 모래톱이나 되는 것처럼 그녀에게 얹혀 난파되고, 결국 카이사르 홀로 통치할 수 있게 되었다.

카이사르[62]에 대한 다음의 이야기도 있다. 그들이 아주 친밀하고 가깝게 지냈을 적에, 그들은 종종 공놀이나 주사위 놀이, 심지어 메추라기나 수탉 같은 애완용 새들의 싸움을 하는 데 남는 시간을 많이 썼다. 안토니우스는 항상 져서 놀던 곳에서 빠져나갔다. 자신이 점을 잘 친다는 데 자부심을 가졌던 안토니우스의 어떤 친구는 안토니우스에게 종종 편하게 말하면서 권고하곤 했다는 이야기도 있다.

"친구여, 이 젊은 친구(아우구스투스)와 무슨 일을 하는가? 그를 피하게. 자네가 명성이 더 높고, 나이도 많으며, 더 많은 사람을 통제하고, 더 많은 전쟁을 치렀고, 경험도 더 많네. 하지만 자네를 수호하는 영(靈)[63]은 이 사람의 영을 두려워하네. 자네와 함께하는 운명의 여신께서는 스스로 강력하시지만, 그의 앞에서는 스스로 낮추시네. 자네가 그에게서 멀리 떨어져 지내지 않으면, 자네의 운명의 여신께서는 자네를 떠나 그에게로 갈 것이네."

---

61) 여기서 말하는 카이사르는 일반적으로 지칭되는 율리우스 카이사르가 아니라, 훗날 아우구스투스로 불리게 되는 그의 양자 옥타위아누스를 말한다. 당연히 그도 카이사르라는 가문명을 이어받았기 때문이다. 옥타위아누스 이래 '카이사르'라는 말은 종종 황제의 대명사처럼 쓰이기도 했다(아우구스투스라는 말 역시 마찬가지였다).
62) 마찬가지로 옥타위아누스다.
63) 그리스어 다이몬(*daimon*)을 번역한 것이다. 이 단어는 '영'(靈)만이 아니라, '신', '신과 같은 존재', '힘', '운명' 등으로 다양하게 번역된다. 고대 그리스나 헬레니즘 시대 후기의 철학이나 종교에서는 다이몬을 일종의 수호령이나 낮은 신격으로 보았다.

8. 이제 충분하다. 운명의 여신은 자신을 뒷받침해줄, 여신의 증인들에게 나온 이같이 중요한 증거들을 가지고 계시기 때문이다. 하지만 역사에서 일어났던 바로 그 사건들의 증거들도 소개해야겠다. 그 진술의 시작으로 로마 창건을 들겠다. 먼저 로물루스의 탄생, 보호,[64] 양육, 발전을 말하면서, 운명의 여신께서 로마의 기초를 놓았지만, 덕의 여신께서 마무리하셨다는 것에 대해 누가 즉각적으로 아니라고 하겠는가? 그러면 먼저 로마를 창건하고 건설한 바로 그 사람들[65]의 혈통과 탄생을 둘러싼 상황을 보면 엄청난 행운이 깃들었던 것 같다. 그들의 어머니는 신과 교접(交接)했다고들 한다. 또 심지어는 헤라클레스에게 일어난 것과 같은 일이 일어났다고도 전해진다. 즉, 자연에 반하여 낮이 지체되고 태양이 늦게 나타나서, 헤라클레스가 긴 밤 동안 수태되었다는 일을 말하는 것이다.

이와 마찬가지로, 로물루스의 수태와 탄생에 관하여, 마르스 신께서 필멸자인 실위아[66]와 교접하던 바로 그때, 태양이 달과 정확하게 합하게 되어 일식이 일어났다[67]고 기록되어 있다. 또 전해지는 기록에 의하면, 로물루스가 삶을 끝내고 신으로 변화하는 순간에도 같은

---

[64] 로물루스와 레무스는 어쩔 수 없는 상황에서 버려졌지만, 암컷 늑대의 보호를 받아 살아남았다.
[65] 로물루스와 레무스를 말한다.
[66] 레아 실위아(Rea Silvia 혹은 Rhea Silvia). 전설에 따르면, 알바 롱가(Alba Longa)라는 도시의 왕인 누미토르(Numitor)의 딸이며, 아이네아스(Aeneas)의 후손이다. 누미토르의 동생인 아물리우스(Amulius)가 왕권을 찬탈하고 왕세자를 죽인 다음, 누미토르를 유폐하고 실위아는 웨스타 여신의 성역에 보내 30년 동안 독신을 서원하는 여사제가 되도록 했다. 그러나 마르스 신에 의해 실위아는 임신하여 로물루스와 레무스 쌍둥이를 낳는다.
[67] 플루타르코스의 『대비 열전』, 「로물루스전」 27장 6절에서는 "햇빛이 사라지고 밤이 덮였지만, 고요하고 평화롭지는 않았고, 무서운 천둥소리와 사방에서 비를 몰아오는 광풍이 휘몰아쳤다"라고 묘사한다.

일이 일어났다고 한다. 즉 로물루스는 카프라티네 노네스[68]의 바로 그날에 일식이 일어나는 동안 사라졌다는 것이다. 현재도 이날에 로마인은 성대한 축제를 개최한다.

아이들이 태어난 후, 찬탈자가 갓난아이들을 죽이라고 명하자, 운명의 여신께서 명을 내려 야만적이고 미개하지 않은 자비롭고 친절한 하인이 그들[69]을 받아들였다. 그 결과 그 찬탈자는 그들을 죽이지 못했다. 녹색의 풀밭에 접해 있고, 낮은 관목들이 주변에서 그늘을 드리우는 강가, 한 야생 무화과나무 아래에 그 하인은 그들을 놓아두었다. 훗날, 사람들은 그 장소에 루미날리스(Ruminalis)라는 이름을 붙였다. 그리고 막 새끼를 낳았지만, 죽어버렸기 때문에 젖꼭지가 부풀어 있고 젖이 흘러나오고 있던 암컷 늑대가 그 젖을 풀어버리려는 느낌을 강하게 받아서 갓난아이들 주변을 돌다가 그들에게 젖을 빨게 했다. 그리함으로써 두 번째의 산통(産痛) 같은 젖몸살의 고통을 덜려고 했다. 딱따구리라고 불리는 마르스 신의 신조(神鳥)가 그들을 찾아와, 살며시 내려앉더니 발톱으로 아이들의 입을 차례로 벌려 각자 먹을 만큼의 양을 나누어 먹도록 해주었다.

암컷 늑대가 나무 옆에 웅크리고 아이들에게 젖을 주었던 젖꼭지[70]에서 이름을 따와서 그 야생 무화과나무를 루미날리스라고 부르게 되었다. 이 근방에 살았던 이들은 오랫동안 갓난아이들을 밖에 내보이지 않는 관습을 지켜왔지만, 이후로 모든 아이를 내보여 양육했다. 이는 로물루스의 경험과 아이들의 경우가 유사한 점을 기념하기 위함이었다.

---

68) *Capratine Nones*. 7월 7일을 말한다.
69) 로물루스와 레무스를 말한다.
70) 젖꼭지는 라틴어로 루마(*ruma*)다.

사실 아이들[71]은 가비우스시[72]에서 드러나지 않게 양육되고 교육 받았다. 그들이 실위아의 자식이며, 누미토르왕의 손자라는 사실은 알려지지 않았는데, 이는 운명의 여신께서 은밀하고도 빈틈없는 계획에 따라 이루신 일이 확실한 듯하다. 그리하여 그들은 자신들의 과업을 수행하기 전에 혈통 때문에 죽임당하지 않을 수 있었고, 그들이 성공하고 나서야 고귀한 혈통을 인정하게 해주는 징후인 귀족적인 특질이 눈에 띄게 되어서 〔혈통이〕 알려지게 되었다.

이 시점에서 나는 위대하고 분별 있는 장군인 테미스토클레스[73]의 말이 떠오른다. 그는 자신을 따라서 아테나이에 봉사했던 장군 중 일부에게 다음과 같은 말을 했는데, 그들은 자신들이 테미스토클레스보다 더 높이 평가받을 가치가 있다고 생각하던 자들이었다. '축제 다음 날'이 '축제 당일'과 싸우면서, '축제 당일'은 피곤한 업무와 노동을 잔뜩 해야 하지만, '축제 다음 날'에는 사람들이 조용히 이미 준

---

71) 로물루스와 레무스를 말한다.
72) Gabius. 로마 동쪽 18킬로미터 정도 떨어진 곳에 있었던 고대 이탈리아의 도시다.
73) Themistokles. 기원전 524년경~459년. 기원전 493년 아테나이 최고 행정관인 아르콘 중 하나로 선출된 그는 아테나이 해군력을 증강하는 것을 주도했다. 기원전 490년에 있었던 페르시아의 제1차 그리스 침공 당시 마라톤 전투에 장군의 일원으로 참여했을 것으로 보인다. 기원전 483년 아테나이가 200척의 삼단노선을 증강하도록 민회를 설득했고, 기원전 480~479년의 페르시아 재침공 당시 테르미시온(Termision), 살라미스(Salamis) 전투에서 그리스 연합 함대를 주도했다. 이 전쟁이 끝난 후, 아테나이에서 가장 유력한 정치가가 되었지만, 스파르타와 사이가 좋지 않았고 오만한 모습을 보여서 결국 기원전 472년 혹은 471년에 아테나이에서 추방되었다(아테나이 민주정에서는 독재의 가능성이 보이는 인물에 대해 투표를 실시하여 10년간 해외로 추방하는 도편추방 제도가 있었다). 추방된 그는 아르고스에 가 있었는데, 스파르타의 파우사니아스의 반역죄에 연루되어 결국 그리스에서 떠나야 했다. 그는 마케도니아에 잠시 머물렀다가, 결국 페르시아의 아르타크세륵세스 1세에게 몸을 의탁했다. 그는 페르시아의 마그네시아(Magnesia) 지역 태수로 여생을 보냈다.

비된 모든 것을 즐기기만 한다고 말했다. 그러자 '축제 당일'이 "네 말이 옳다. 하지만 내가 그렇게 하지 않았다면 네가 어찌 그럴 수가 있나?"라고 대꾸했다는 것이다. 테미스토클레스는 "그러니 페르시아인들과의 전쟁 시기에 내가 없었다면, 지금 당신들의 이득이 어디 있겠소?"라고 말했다. 바로 그 점이 로물루스의 덕의 여신께 운명의 여신께서 하신 말씀이라고 나는 생각한다.

"그대의 업적은 훌륭하고 대단하다. 혈통과 출생에서 신성함을 입증한 것도 정말로 맞다. 하지만 그대가 나보다 얼마나 뒤떨어져 있는지를 보았는가? 그가 태어났을 적에 내가 도움이 되는 친절한 외양을 하고 그와 함께 있지 않고, 유아들을 버리고 포기했다면, 그대가 그런 영광을 어디서 끌어내어 갖출 수 있겠는가? 그때 유아들이 젖이 부풀어 올라 부담이 될 정도의 암컷 짐승을 만나지 않았더라면, 그리고 그 짐승이 먹고사는 것에 굴복하지 않고 어떤 생명에게 〔젖을〕 먹일 필요를 느끼지 않았다면 어떠했겠는가? 대신에 아주 잔인하고 먹이를 찾아다니는 어떤 짐승이 있었으면 어떠했겠는가? 지금의 멋진 궁전들, 신전들, 극장들, 산책 장소들, 광장들, 공공건물들이 알바[74]나 에트루리아,[75] 라티움[76]의 어떤 이를 왕으로 섬기고 충성을 바치는 목동의 오두막집들 혹은 양치기의 우리가 되었을 것이다."

---

[74] Alba. 알바 롱가를 말한다. 로물루스의 외조부 누미토르가 다스리던 라티움의 도시. 기원전 7세기에 로마에 흡수되었고, 지금의 로마 남동쪽 19킬로미터 정도에 위치했다.
[75] Etruria. 이탈리아 중부에 넓게 자리 잡았던 에트루리아인이 있었던 지역으로서, 로마도 초기에는 에트루리아의 지배를 받았다. 초기 일곱 명의 왕 중 마지막 3명의 이름은 확실히 에트루리아인이었음을 보여준다. 에트루리아 지역은 시대에 따라 달라졌기 때문에 짧은 지면에서는 정확히 설명하기 어렵다.
[76] Latium. 이탈리아 중서부 지역으로서 초창기 로마도 라티움 지역 도시 중 하나로 시작했다. 로마의 언어도 이 지역의 것인 라틴어다.

모두가 알고 있듯이, 모든 일에서는 시작이 가장 중요한 법인데, 특히 도시의 창건과 건설에는 더욱 그렇다. 운명의 여신께서는 창건자를 보존하고 보호해주었기 때문에, [로마의] 시작을 제공해주신 것이다. 덕의 여신께서는 로물루스를 위대하게 만드셨지만, 운명의 여신께서는 위대해질 때까지 위험에서 그를 지켜주셨기 때문이다.

9. 놀라울 정도로 훌륭한 운명의 여신께서 그리도 오랫동안 지속했던 누마의 통치를 인도하셨다는 것은 모두가 인정하는 사실이다. 그리고 에게리아(Egeria)라는 이름의 나무의 요정[77]이자 현명한 신격이 그와 사랑에 빠져 사귀었고, 그가 국가를 통치하는 데 필요한 제도들을 제정하고 형성하는 일을 도와주었다는 이야기도 있는데, 이는 그다지 믿을 만하지 않다. 신과 결혼하고 여신의 사랑을 받았다는 다른 필멸자들, 즉 펠레우스,[78] 안키세스,[79] 오리온,[80] 에마티온[81] 같은 사람들은 만족스럽거나 적어도 고통 없는 삶을 전혀 살지 못했기 때

---

[77] 드리아데스(*dryades*, 영어로는 dryad)는 나무의 요정 혹은 숲의 요정이라고 번역할 수 있다.
[78] Peleus. 그리스 신화 속의 인물로서 피티아(Pithia)의 왕이다. 그는 바다의 요정 테티스(Thetis)와 결혼하여 영웅 아킬레우스(Achilleus)를 낳았다.
[79] Anchises. 그리스-로마 전설에서 트로이아의 왕족이었으며, 아프로디테 여신과 사랑에 빠졌고, 둘 사이에서 영웅 아이네아스(Aeneas)가 나왔다. 로물루스는 아이네아스의 후손이다.
[80] Orion. 그리스 신화 속에서 유명한 사냥꾼이다. 그에 대한 이야기는 여러 버전이 있다. 크레테섬에서 아르테미스(Artemis) 여신의 총애를 받고, 함께 사냥했다는 점에서는 대부분 일치한다. 사후에 하늘의 별자리가 되었다고 한다.
[81] Emathion. 그리스 신화에서는 네 명의 에마티온이 나타난다. 그중 여기서 언급하고 있는 것으로 추정되는 인물은 새벽의 여신 에오스(Eos)와 트로이아의 왕자 티토노스(Tithonos) 사이의 아들이며, 에티오피아의 왕이었지만 헤라클레스에게 살해되었다. 다만 여신의 사랑을 받았다는 것으로 보아 에마티온의 아버지인 티토노스와 착각하는 것은 아닐까 하는 의심이 든다.

문이다.

그와 반대로, 누마는 훌륭한 운명의 여신을 진정한 반려자, 상담자, 동료로 맞았던 것 같다. 운명의 여신께서는 주변의 부족들과 인근 사람들의 적대감과 공격 행위들 사이에서 험한 바다의 사나운 파도 사이에 있는 것처럼 이리저리 밀려가던 도시를 맡으셨다. 당시 도시 내에서는 수없는 갈등과 불화가 불처럼 타오르고 있었다. 여신께서는 감정과 시샘을 가지고 서로 싸우던 이들을, 그들이 마치 한바탕 바람이기라도 한 것처럼 잠잠하게 만드셨다. 바다가 폭풍 속에서 물총새[82] 무리를 받아들여 안전하게 보호하고 그들의 양육을 도와주는 것처럼, 운명의 여신께서는 도시 일대를 감싸고 둘러싸시고 로마의 상황을 안정시키셔서 전쟁, 유행병, 위험, 공포에서 안전하게 만들어주셨다. 그 결과로 새로 이주한, 크게 동요된 사람들이 뿌리를 내릴 기회를 제공하셨고, 그들의 도시가 조용하고 안전하게, 그리고 방해받지 않고 성장할 수 있는 든든한 기반 위에 설 수 있도록 해주셨다.

맹렬한 힘으로 때려가며 만들어지고, 그 과정에서 망치와 못, 나사와 톱, 도끼로 두들겨진 상선 혹은 삼단노선은 완성되고 나면, 배의 결합부가 탄탄하고 조인 부분들이 잘 붙어 있는 동안은 적절한 시간 동안 안정적으로 계속 유지된다. 하지만 결합부들이 여전히 습기 차 있고 미끈거리는 상태에서 배를 진수시키면, 파도에 시달리는 동안, 이 결합부들이 느슨해지게 될 것이고, 배는 바다에 가라앉게 될 것이다. 그런 것처럼, 로마의 첫 번째 통치자이자 창건자는 억센 용골(龍

---

[82] 그리스 신화에서 트라키아의 왕 케익스(Ceyx)가 물에 빠져 죽자 비탄에 빠진 아내 알키오네(Alcyone)를 보고 여신들이 케익스와 그녀를 함께 물총새로 변하게 하여 짝을 짓게 했다는 신화가 있다. 그 이후 물총새(halcyon)는 고대 그리스에서 거친 바다를 잠재우는 힘을 가지고 매 12월에 둥지를 트는 평화와 안정, 가정을 상징하는 단어로 사용한다.

骨)로 배를 만들듯이, 농부와 목동들을 데리고 도시를 조직하면서 스스로 적지 않은 노력을 기울였고, 당연히 매 순간 로마의 창건과 탄생에 적대하는 사람들을 막아내며 전쟁과 위험들을 견디어냈다.

하지만 국가를 넘겨받은 두 번째 사람[83]은 행운으로 로마의 확장을 확실하게 해주고 보장해주는 시간을 벌었다. 로마는 오랜 평화와 평온을 얻었기 때문이다. 하지만 이 시기에 포르센나 같은 자가 로마를 강하게 압박하고, 에트루리아식의 방책(防柵)과 군진(軍陣)을 새로 세워서 아직 물기도 안 마르고 불안정한 [로마의] 성벽 옆에 세웠으면 어찌 되었을까? 혹은 마르시족[84]에서 어떤 호전적인 광포함을 갖춘 족장이 나와 반란을 일으켰다면 어땠을까? 그도 아니면, 질시와 투쟁심에 고무된, 그래서 호전적이고 다투기 좋아하는 어느 루카니아[85]인이, 말하자면 사전에 약속된 신호를 올려 이탈리아 전체를 무장시켜 [공격]했다면 어땠을까? 마치 훗날의 무틸루스[86]나 대담한 실로[87] 혹은 술라의 마지막 대적자인 텔레시누스[88]처럼 말이다.

이들 중 하나라도 지혜를 사랑하는 누마가 희생제를 올리고 기도하고 있을 때, 공격 나팔을 울렸다면, 이제 막 시작되었던 로마는 그

---

83) 누마를 말한다.
84) Marsi. 중부 이탈리아의 한 지역에 살던 종족으로서, 이 지역은 오늘날의 마르시카(Marsica)다.
85) Lucania. 남부 이탈리아의 한 지역이다.
86) 가이우스 파피우스 무틸루스(Gaius Papius Mutilus)는 기원전 91~88년 동안 진행되었던 이탈리아의 내전, 즉 동맹시 전쟁 동안에 로마군에 대항하여 남부의 반란을 주도했던 삼니움(Samnium)족의 귀족이다.
87) 퀸투스 포파이디우스 실로(Quintus Poppaedius Silo)는 동맹시 전쟁 동안 로마에 대항하여 싸웠던 반란군 지도자 중 한 명이며, 마르시족의 지도자였다. 포파이디우스가 아니라 폼파이디우스(Pompaedius)라고 기록된 자료도 있다.
88) 기원전 82년, 술라와 마리우스 일파와의 최후 전투였던 콜리네(Colline) 성문 전투에서 술라와 대적하여 싸웠던 삼니움족의 지휘관인 폰티우스 텔레시누스(Pontius Telesinus)를 말한다.

런 강력한 공격과 타격에 견디어낼 수 없었을 것이고, 많은 훌륭한 시민을 보유할 만큼 커지지도 못했을 것이다. 말하자면, 누마의 평화로운 통치란 로마가 앞으로 맞아야 할 전쟁들에 대한 준비였던 셈이다. 시민들은 로물루스 시기의 경쟁들 뒤에 오는 43년이라는 기간 동안 운동선수처럼 조용히 스스로 갈고닦았으며, 훗날 그들과 맞서 싸우려 대열을 짓고 있는 이들과의 전투에서 대처할 수 있을 만큼 충실한 힘을 기르고 있었다. 왜냐하면 그 시기 동안에는 기근, 역병, 흉작이 일어나지 않았을 뿐 아니라 여름이나 겨울이나 계절에 안 맞는 일도 일어나지 않았다고 전해지기 때문이다. 이 중대한 시기 동안에 마치 현명한 이의 인간적인 권고로 인해서 로마가 지켜진 것이 아니라, 신성한 운명의 여신께서 로마를 지켜주신 것 같았다.

따라서 그 시기 동안 로마인이 전쟁의 문이라고 부르는 야누스(Ianus) 신전의 이중문은 닫혀 있었다. 이 문은 전쟁 시기에는 열려 있고, 평화가 도래하면 닫히기 때문이다.[89] 하지만 누마가 사망한 후, 이 문은 열렸다. 알바와 전쟁이 터졌기 때문이었다. 수없는 다른 전쟁이 계속 일어났고, 480년이 지난 후에야 로마-카르타고 전쟁 이후에 평화가 찾아와 그 문이 닫혔다. 가이우스 아틸리우스[90]와 티투스 만리우스[91]가 집정관직을 수행하고 있을 때였다.[92] 이해가 지난 후에

---

89) 두 개의 얼굴을 가진 야누스 신은 경계선의 신으로서 외부를 경계했다. 전쟁 시기에는 야누스 신이 돌아다니며 감시해야 하므로 열려 있어야 하고, 평화 시기에는 그럴 필요가 없으므로 닫힌다.
90) 가이우스 아틸리우스 불부스(Gaius Atilius Bulbus)를 말한다. 그는 245년과 235년에 집정관을 역임했다.
91) 티투스 만리우스 토르쿠아투스(Titus Manlius Torquatus)는 기원전 235년과 224년에 집정관을 역임했고, 231년에는 감찰관을 지냈으며, 208년에는 독재관까지 지냈다.
92) 기원전 235년을 말한다.

그 문은 다시 열렸고, 카이사르[93]가 악티온(Aktion)에서 승리[94]할 때까지 전쟁이 계속되었다. 그후, 한동안 로마가 무기를 사용할 일이 없었지만, 그것도 그리 오래가지는 않았다. 칸타브리(Cantabri)인들과 갈리아인들이 일으킨 폭동들이 일어났고, 같은 시기에 게르만족도 폭동을 일으켜서 평화를 어지럽혔기 때문이다. 이러한 사실들을 누마의 행운의 증거로서 기록에 더할 수 있다.

10. 누마의 뒤를 잇는 왕들은 심지어 운명의 여신을 로마의 지도자이자 양부모처럼 여겼고, 핀다로스가 말하듯이 진실로 '국가의 버팀목'처럼 여겼다. 특히 세르위우스 툴리우스[95]는 모든 왕 중에서 시민의 권한을 가장 늘려준 왕이다. 또 그는 잘 정리된 통치 제도를 도입했으며, 선거와 군대〔소집〕절차를 질서정연하게 만들었다. 그 밖에도 시민들의 삶과 예절을 감독하는 첫 번째 감찰관[96]이자 감독자가 되었으며, 용맹과 지혜에서 최고라는 평판을 얻었다. 그는 스스로 주도하여 자신을 운명의 여신께 맡겼고, 자신의 국가도 여신께 단단히 묶어놓았다. 그 결과, 사람들이 운명의 여신께서 특정 창문을 통해 그의 침실로 내려오셔서 그와 동침하신다고 생각하기까지 했다. 이 창문은 지금 포르타 페네스텔라[97]라고 불린다.

---

93) 아우구스투스를 말한다.
94) 라틴어로는 악티움(Actium)이다. 아우구스투스로 불리게 되는 옥타위아누스는 기원전 31년 9월 2일 악티온 전투에서 안토니우스와 클레오파트라의 함대를 꺾었고, 내전의 최종 승리를 거두었다.
95) Servius Tullius. 로마의 여섯 번째 왕으로서 기원전 575~535년 동안 통치했다고 전한다.
96) censor. 원로원 의원 중에서 5년에 한 번 선출되며 임기는 1년 반이다. 인구 및 재산 조사를 담당하며(즉, 징병 명부를 작성), 국가의 사업이 있을 때 민간인과 계약하는 역할도 한다. 그밖에 시민들의 풍기 및 사치 등도 감찰한다.
97) Porta Penestella. 포르타는 문(門), 페네스텔라는 창문이라는 의미다. 다만 통

따라서 그는 카피톨리누스 언덕에 운명의 여신의 신전을 지었는데, 그곳은 현재 포르투나 프리미게니아(Fortuna Primigenia) 신전 그리고 포르투나 옵세쿠엔스(Fortuna Obsequens) 신전이라고 불린다.[98] 프리미게니아는 '처음 태어난'이라고 번역할 수 있고, 옵세쿠엔스는 '순종적인'을 의미한다고 보기도 하고, '자비로운'이라고 보기도 한다. 하지만 나는 라틴어 명명법을 내려놓고, 운명의 여신의 성역에 있는 다른 기능들을 그리스어로 열거하는 데 집중하련다. 사실 팔라티누스 언덕에는 '개인적 운명의 여신'의 성역이 있고, '들새 사냥꾼인 운명의 여신'의 성역도 있다. 이 이름이 우습게 보이지만, 잘 생각해보면 은유적인 근거가 있다. 운명의 여신께서는 마치 아주 멀리서부터 대상을 유혹하시고, 그 대상과 접촉하게 되면 단단하게 묶어두시는 것 같기 때문이다. 그 옆에는 소위 '이끼가 낀 샘'이 있는데, '처녀이신 운명의 여신'의 신전이 아직도 있다.

에스퀼리누스(Esquilinus) 언덕에는 '주의 깊은 운명의 여신'의 성역이 있다. 안기포르투스 롱구스[99]에는 '바람직한 희망의 운명의 여신'의 제단이 있다. 또 '발에 날개가 달린 웨누스 여신'[100]의 성역 옆에도 '남성들의 운명의 여신'의 성역이 있다. 그밖에 다른 명칭과 경칭들을 가진 운명의 여신[의 성역들]이 수없이 있는데, 세르위우스가 그 대부분을 설립했다. 왜냐하면 그는 "운명은 매우 중요한데, 말하자면 인간사의 모든 것"[101]이라는 것을 알았기 때문이다. 특히 그 자신

상적으로 떠올리는 창문이 아니라 벽에 난 구멍 같은 것이라고 보면 된다.
98) 내용상 두 개의 신전을 지은 것으로 해석할 수 있다.
99) Angiportus Longus. 길고 좁은 거리라는 의미다. 고대 로마의 특정 지명인 것 같다.
100) 웨누스 에피탈라리아(Venus Epitalaria)를 말한다.
101) 아테나이의 연설가이자 정치가인 데모스테네스(Demosthenes)의 『올린토스(Olynthos) 문제에 관한 두 번째 연설』(*Olynthiakos B*)의 22절의 내용 중

이 행운 덕분에 포로의 가족에서 왕으로까지 [신분이] 올라갔기 때문이기도 하다.

코르니쿨룸(Corniculum)시가 로마에 점령되었을 때, 포로로 잡힌 처녀 오크리시아(Ocrisia) ― 운명으로 인해 그녀의 아름다움과 성품이 드러났다 ― 는 타르퀴니우스왕의 비(妃)인 타나퀼(Tanaquil)의 노예가 되었다.[102] 로마인이 클리엔테스[103]라고 부르는 피보호자 중 한 명이 그녀를 아내로 맞았다. 세르위우스는 이 부모 아래서 태어났다. 하지만 다른 이들은 이 말을 부정하면서 다른 주장을 했다. 즉 오크리시아는 첫 수확물을 담당하던 처녀였고, 왕실 식사 때는 언제나 헌주를 맡아 벽난로에 봉헌물을 가져갔다. 한번은 우연히 여느 때처럼 봉헌물을 불에 던졌는데, 갑자기 불꽃이 사그라지면서 남근(男根)

에서 인용한 것이다. 인용한 원문은 다음과 같다. "왜냐하면 운명은 규모 면에서 진실로 대단히 중요하기 때문이다. 나는 차라리 운명이 인간사의 모든 것이라고 말할 수도 있을 것이다."

102) 이 부분에 대해서는 할리카르나소스의 디오니시오스(Dionysios)가 쓴 『로마의 고대(古代)』(Antiquitates Romanae) 4권 1상에 관련 내용이 있다. "필사는 툴리우스의 가족에 관해서 다음의 내용을 가장 긍정적으로 본다. 즉 라틴족의 한 도시인 코르니쿨룸에 툴리우스라는 왕족 젊은이가 살았다. 그는 코르니쿨룸의 여성들 중에서 가장 아름답고 정숙한 오크리시아라는 여성과 결혼했다. 이 도시가 로마에 점령되었을 때, 툴리우스는 전사했고, 타르퀴니우스왕은 전리품 중에서 임신 중이었던 그녀를 선택하여 왕비에게 선물로 주었다. 이 여성에 관한 이야기를 모두 들어 알게 된 왕비는 얼마 후에 그녀를 해방시켜주었고, 다른 여성들보다 더 친절하게 대하고 존중해주었다. 오크리시아는 아직 노예 신분이었을 때 아이를 낳았고, 아이가 분만실을 떠나게 되자 아이에게 아버지의 가문명을 따라 툴리우스라는 가문명을 붙여주었다. 이는 아이의 정당한 가문명이었기 때문이다. 그리고 자신의 상황에 따라 세르위우스(Servius)라는 개인명을 붙여주었다. 아이를 낳았을 때 그녀가 노예였기 때문이다. 세르위우스는 그리스어로 번역한다면, 둘리오스(doulios, 노예의 위치인)에 해당할 것이다."

103) *clientes*. 로마는 초창기부터 귀족들이 보호자, 평민 중 일부가 피보호자가 되는 보호-피보호 관계를 사회적 관습으로 가지고 있었다.

이 벽난로 밖으로 숫아 나왔다. 대단히 놀란 처녀는 타나퀼에게만 이 일을 말했다. 타나퀼은 지적이고 사려분별이 있는 여성이었기에, 그 처녀에게 신부가 되는 것처럼 장식을 해주었다. 그 불가사의한 현상이 일어난 방에 그녀를 들어가게 하고 문을 닫았다. 그녀는 이 일을 신이 관련된 현상이라고 생각했기 때문이다.

어떤 사람들은 집안의 '라르'[104]가 나타나서 사랑을 표현한 것이라고도 하고, 다른 이들은 울카누스[105]가 나타난 것이라고도 한다. 어쨌거나 그 결과로 세르위우스가 태어났다. 그가 아직 아이였을 때, 그의 머리가 마치 번개의 섬광처럼 빛났다. 하지만 안티아스[106]와 그의 학파 사람들은 그렇게 말하지 않는다. 그들에 따르면, 세르위우스의 부인 게가니아(Gegania)가 죽어갈 때, 그의 어머니도 함께 있었다. 세르위우스가 낙담과 슬픔에 빠져 잠들었을 때, 그의 얼굴이 불빛에 둘러싸여 있는 것을 주위의 여성들이 목격했다는 것이다. 이는 그가 불에서 태어났다는 상징이었고, 그가 예상치 못하게 왕위에 오르게 될 것을 보여주는 특별한 징후였다.

세르위우스는 타르퀴니우스의 사후 타나퀼의 열성적인 지지에 힘입어 왕좌에 올랐다. 그는 타고난 성품상 모든 왕 중에서 가장 군주에 적합하지 않은 인물이라고들 했기에 왕의 자리에서 내려오려고 마음먹었지만, 그렇게 하지 못했다. 죽어가던 타나퀼이 그에게 계속 왕의 자리에 있을 것과 조상으로부터 내려오는 로마의 통치 체제

---

[104] Lar. 고대 로마에서 믿던 수호신격이다. 영웅이었던 조상이 라르가 되기도 하고, 들판이나 벽난로(혹은 화로)의 수호신들을 일컫기도 한다. 로마인은 때로는 그것들이 융합된 것으로 보기도 한다. 복수는 라레스(Lares)로서, 보통은 복수로 많이 쓰인다. 집안의 수호신 역할을 주로 한다.
[105] Vulcanus. 고대 로마의 불의 신이자 대장장이의 신이다. 고전 라틴어 발음으로는 울카누스이고, 현재 일반적으로는 불카누스라고 한다.
[106] Antias. 안티아스는 기원전 1세기에 활동했던 로마의 연대기 작가다.

를 바꾸지 않을 것을 맹세하라고 시켰기 때문인 듯하다. 이리하여 세르위우스가 왕이 된 것은 온전히 운명의 여신 덕분이고, 그는 자신의 예상과 반대로 왕권을 받아들였으며, 의지에 반하여 왕권을 유지했다.

11. 그러나 계몽과 명료한 증명에서 어두운 장소 같은 어슴푸레한 과거로 물러나지 말아야 할 것 같으므로, 이제 이야기를 왕들에서 가장 고귀한 업적들과 가장 유명한 전쟁들로 옮기기로 하자. 이런 전쟁들에서 큰 용기와 대담함이 필요하다는 점을 누가 인정하지 않겠는가? 이는 마치 티모테오스[107]가 "싸우는 용맹한 동료를 위해서인가?"[108]라고 읊었던 것과 같다. 일련의 사건들과 빠른 추진력 덕분에 로마는 권력과 팽창의 정점으로까지 높이 올라갈 수 있었다. 바르게 추론할 수 있는 자라면 누구라도 이는 인간이 해내고 밀어붙인 것이 아니며, 운명의 여신의 신성한 돌보심과 밀어주심 덕분이었음을, 그리하여 빠르게 그 길을 갈 수 있었다는 점을 보고 알 수 있다. 전승기념물 위에 전승기념물이 더해지고, 승리에 승리가 더해지며, 아직 온기를 잃지 않은 로마인의 무기에 묻은 첫 번째 피는 두 번째 피에 의해 덮어지며 씻겨 나갔다.

로마인은 자신들의 승리를 시신과 전리품으로 계산하지 않는다. 그들은 노획한 왕국들과 노예로 만든 민족들, 그리고 강력한 자신

---

107) Timotheos. 밀레토스 출신의 티모테오스는 기원전 446년경 태어나 357년에 죽었다. 그리스의 음악가이자 시인으로서 리라에 현(絃)을 하나 추가한 것으로 유명하다.
108) 티모테오스의 시(詩)인 「페르시아인들」(Persai)의 한 구절이다. 인용한 구절의 원문은 다음과 같다. "그리스를 위해 위대하고 영광스러운 자유의 장신구를 만들고 있노라. 싸우는 영광의 동료인 명예를 숭배하라. 아레스 신께서 왕이로다. 그리스는 황금을 두려워하지 않느니."

들의 영토에 더해진 섬과 육지들로 계산한다. 필리포스[109]는 한 번의 전투로 마케도니아를 잃었으며, 한 번의 타격으로 안티오코스(Antiochos)는 아시아에서 쫓겨나야 했고, 한 번의 패배로 카르타고인들은 아프리카를 잃었다.[110] 오직 한 사람이 한 번 전투를 치러 빠른 공격으로 아르메니아(Armenia), 폰토스(Pontos), 흑해(Euxine), 시리아, 아라비아, 알바니아(Albania)인들, 이베리아인들, 카우카소스(Caucasos)와 히르카니아(Hyrcania)의 영역 내에 있는 모든 이들을 로마의 영토에 더해놓았다.[111] 사람들이 사는 세상을 둘러싸고 있는 대양[112]은 그가 승리한 것을 세 번이나 목격했다. 즉 그는 아프리카에서 누미디아[113]인들을 남쪽 해안가까지 밀어버렸기 때문이다.[114]

필리포스는 심지어 세르토리우스[115]의 광기에 합류한 이베리아반도를 대서양에 이르기까지 정복했다.[116] 또 알바니아인의 왕들을 카스피해 근처에 이르기까지 추격하기도 했다. 그는 로마 공화국에서 〔가호하는〕 운명의 여신의 보살핌을 만끽하며 이 모든 일을 성취했

---

109) Philippos. 기원전 221~179년 동안 재위했던 마케도니아의 필리포스 5세를 말한다. 두 번에 걸쳐 로마-마케도니아 전쟁에서 패했고, 재위 말년에는 로마의 맹방이 되어 로마-셀레우코스(시리아) 전쟁에 참여했다. 그의 아들인 페르세우스(Perseus)가 마케도니아의 마지막 왕이다.
110) 이 언급은 상당히 과장되어 있다.
111) 플루타르코스, 『대비 열전』, 「폼페이우스전」 45장 2절 참조.
112) 지중해를 말한다.
113) Numidia. 누미디아는 현재의 알제리, 그리고 튀니지와 리비아의 일부를 포괄하는 고대 왕국이다. 베르베르어로는 이누미덴(Inumiden)이라고 부른다.
114) 플루타르코스, 『대비 열전』, 「폼페이우스전」 12장 4~5절 참조.
115) 퀸투스 세르토리우스(Quintus Sertorius)를 말한다. 그는 기원전 1세기 초의 로마 장군이자 정치가였으며, 마리우스를 지지하는 민중파(*populares*)의 일원이었다. 그는 이베리아 반도에서 여러 해 동안 술라와 원로원에 대항하여 반란을 주도했고, 기원전 72년에 죽었다.
116) 플루타르코스, 『대비 열전』, 「폼페이우스전」 18~21장 참조.

지만, 그후 자신의 숙명에 의해 거꾸러졌다.

하지만 로마의 위대한 영께서는 [로마에] 유리한 산들바람을 보내주셨다. 이 바람은 마케도니아처럼 절정에 이르기까지 짧게 불고 끝난 것도 아니요, 스파르타처럼 육연풍(陸軟風)도 아니며, 아테나이처럼 그저 해연풍(海軟風)에 불과한 것도 아니고, 페르시아처럼 늦게 분 것도 아니요, 카르타고[117])처럼 빠르게 멎은 것도 아니어서, 하루아침에 멎지 않았다. 영께서는 처음 탄생한 이래 성숙해지고, 힘을 가지며, 로마와 정치 체제와 함께하셨고, 육지와 바다에서, 전쟁과 평화 시에, 이민족 및 그리스인들과 대적할 때, 계속 로마에 충실했다. 마치 산골짝 계곡의 급류처럼 카르타고인 한니발을 이탈리아의 경계 안에서 흩어지게 하고 지치게 만드신 이도 영이시다. 한니발은 질시와 정치적 반목으로 고국으로부터 새로운 지원을 전혀 받지 못했기 때문이다.

킴브리(Cimbri)족과 테우토네스족[118])의 군대들을 시간과 공간적으로 크게 떨어뜨려 놓은 것도 영께서 하신 일이었다. 그리하여 마리우스가 이를 이용하여 그 군대들과 차례로 싸울 수 있었고, 30만 명의 막을 수도 무너뜨릴 수도 없는 병사들이 동시에 이탈리아를 침공하여 기가 꺾이는 일이 없게 되었다. 또 영께서 작용한 덕분에, 로마가 필리포스와 전쟁을 치르는 동안 안티오코스의 주의를 완벽하게 딴 곳으로 끌 수 있었다. 안티오코스가 모험적인 행동[119])을 하는

---

117) 원문은 카르케도니아(Karchedonia)여서 주석가들은 카르타고로 교정하여 해석하기도 하고, 콜로폰(Kolophon)으로 해석하기도 한다. 콜로폰은 이오니아해에 있던 고대 그리스의 도시국가다.
118) Teutones. 영어로는 튜튼인이라고 부르는 테우토네스족은 로마 사료에서는 게르만족을 통칭하는 칭호로 나온 적이 많다. 기원전 2세기 말 로마가 킴브리아 전쟁을 치를 때 침공한 것으로 유명하다.
119) 안티오코스 4세가 기원전 170년경 코일레-시리아 지역을 탈환하기 위해 이

동안, 로마는 필리포스를 정복하고 몰락하게 했다. 로마와 마르시족과의 전쟁[120]이 격화되었을 때, 미트리다테스는 사르마티아[121] 및 바스타르나이족[122]과 전쟁을 치르느라고 경황이 없었다. 티그라네스[123]는 미트리다테스가 화려하게 잘나가는 동안에는 그를 의심과 질시의 눈으로 보았지만,[124] 오직 그가 패했을 때 그를 멸망하게 하려는 목적으로 그와 동맹을 맺었다.

12. 로마가 엄청난 위험들에 처했던 때에도 운명의 여신께서 마찬가지로 구원해주셨다는 것을 인정하지 않는 이유는 무엇인가? 갈리

집트 프톨레마이오스 왕조에 선전포고하고, 기원전 168년에는 두 번째로 침공했던 것을 가리키는 것 같다.
120) 보통은 동맹시 전쟁 혹은 이탈리아 전쟁이라고 부르지만, 이 전쟁에서 마르시(Marsi)족이 로마와 싸우는 이탈리아 동맹시들을 주도했기 때문에 마르시 전쟁이라고도 한다. 기원전 91~88년 동안 진행되었다. 이 전쟁에서 로마가 승리하긴 했지만, 전쟁 후에는 이탈리아의 동맹시들을 회유하기 위해 그들에게도 로마 시민권을 부여했다. 마르시족은 현재 마르시카(Marsica)라고 불리는 지역에 살던 부족이다.
121) Sarmatia. 넓은 의미에서 스키티아 문화를 공유하던 이란계 유목민족 연합체다.
122) Bastarnai. 카르파티아산맥과 드니에프르강 사이에 살던 민족이다.
123) Tigranes. 일반적으로는 티그라네스 대왕으로 알려진 티그라네스 2세를 말한다. 기원전 145년에 태어나 55년에 죽은 그는 아르메니아(Armenia)의 왕이었다. 그는 제1차 미트리다테스 전쟁(기원전 89~85년)으로 알려진 폰토스의 왕 미트리다테스 6세와 로마 사이의 전쟁에서 미트리다테스를 지원하긴 했지만, 직접 개입하지는 않았다. 미트리다테스 6세의 공주인 클레오파트라와 결혼하고 폰토스와 강력한 동맹을 맺었다. 제3차 미트리다테스 전쟁에 참여한 그는 티그라노케르타(Tigranocerta) 전투에서 로마의 루쿨루스에게 대패했다. 이 전쟁은 로마의 승리로 끝났고, 티그라네스는 굴복하여 로마의 속국 왕이 되었다.
124) 티그라네스의 아르메니아 왕국과 미트리다테스의 폰토스 왕국은 국경을 맞대고 있는 국가였기 때문이다.

아족이 카피톨리누스 언덕 주위에 진을 치고 요새를 포위해 공격하고 있었을 때, "그녀는 적의 무리에 역병을 내리셨고, 사람들이 죽어가노라".[125] 갈리아족이 야간 기습을 했을 때, 누구에게도 들키지 않았음에도 불구하고, 운명의 여신과 기회[126]가 [기습을] 발견했다.

갈리아족의 이 습격에 관해서 짧게나마 추가로 자세히 묘사한다고 해서 시기가 나쁘지는 않을 것이다. 로마가 알리아[127]강 가에서 대패한 이후, 도망친 사람 중 일부는 로마로 피신했다. 사람들은 당황함과 공포에 사로잡혀 더 멀리, 넓게 흩어져 도망치게 되었다. 하지만 소수의 사람은 카피톨리누스 언덕으로 가서 포위 공격을 버틸 준비를 했다. 패배 직후에 웨이이[128]에 모인 병사들은 푸리우스 카밀루스를 독재관으로 지명[129]했다. 예전에 부유하고 자존심 높은 사람들은 그에게 유죄 판결을 하고 독재관직[130]을 사임하게 했던 적이 있다. 카밀루스가 공공 재산 착복 소송에 휘말린 적이 있었기 때문이다.[131] 하지만 이제 패배로 인해 겁먹고 비루해진 사람들은 그를 다시 불러서 누구

---

125) 호메로스, 『일리아스』(*Illias*), 1권 10행의 구절이다. 호메로스의 서사시에서는 아폴론이 역병을 보냈던 것을 읊고 있다. 여기서는 플루타르코스가 운명의 여신으로 바꾸어서 인용한 것 같다.
126) 플루타르코스는 여기서 기회를 여신으로 묘사하지 않았다.
127) Allia. 알리아강은 로마에서 18킬로미터쯤 떨어진 곳을 흐르는 작은 강으로 티베르(오늘날의 테베레)강으로 합류한다. 알리아 전투는 기원전 390년경에 일어났다. 세노네스가 이끄는 갈리아족이 승리했고, 그 이후 갈리아족은 로마를 약탈했다.
128) Veii. 로마에서 북북서로 16킬로미터 떨어진 도시로 오늘날 베이오(Veio)다.
129) 두 번째로 독재관에 지명된 것이다.
130) 이전에 로마가 웨이이와 싸우면서 첫 번째 독재관에 임명되었던 때다.
131) 이 문제에 대한 자세한 정보는 플루타르코스, 『대비 열전』, 「카밀루스전」 12절에서 찾아볼 수 있다. 그 결과 그는 망명해야 했고, 궐석 재판에서 벌금형을 선고받았다.

에게도 해명할 필요가 없는 최고 지휘권을 제안했다. 그는 〔국가의〕 위기 때문에 관직을 얻었다고 사람들이 생각하게 하고 싶지 않았고, 합법적으로 그렇게 된 것으로 생각하게 만들고 싶었다. 그는 마치 로마의 모든 희망이 날아가버린 듯이 뿔뿔이 흩어져 방황하던 패잔병들의 권유에 따라 선출되고 싶지도 않았다.

카피톨리누스 언덕에 있는 원로원 의원들이 병사들의 결정에 대해 보고받은 다음, 그 문제를 결정해야 했다. 이때, 가이우스 폰티우스(Gaius Pontius)라는 이름의 한 용감한 이가 이 결정을 원로원에 알리겠다고 자원했다. 이는 대단히 위험한 일이었다. 보초병들과 목책으로 요새를 둘러싼 적진 한복판을 뚫고 가야 했기 때문이다. 따라서 그는 밤중에 강[132]에 가서 가슴 바로 아래쪽에 폭이 넓은 나무 속껍질 조각을 묶고, 이 보조 도구의 부력에 몸을 맡긴 채, 강물 속으로 몸을 던졌다. 그는 천천히 몸을 하류로 보내주는 완만한 흐름을 만나게 되어 반대편 강둑에 무사히 올라섰다. 강둑을 기어올라 빠져나온 그는 어둡고 조용하므로 아무도 없을 것이라고 추론하고서 빛이 없는 구역으로 전진했다. 깎아지른 것 같은 절벽에 달라붙어서, 그는 경사지고 구불구불한 길에서 발받침으로 삼거나 붙잡을 수 있는 바위의 거친 표면의 도움을 받아, 암벽의 맨 위에 이르렀다. 보초들이 그를 받아들여주었다. 그는 군의 결정을 알렸고, 원로원의 훈령을 받아 다시 카밀루스에게 돌아갔다.

다음 날, 이민족 중 하나가 이 장소 근처에서 빈둥거리며 돌아다니다가 한 장소에서 발자국과 미끄러진 자국들을 발견했다. 다른 장소에서는 절벽에 있는 흙에서 자란 풀들이 꺾이고 밟힌 것을 보았고, 갈지자 모양으로 몸을 끌고 올라간 자국들도 발견했다. 그는 이를 다

---

132) 카피톨리누스 언덕 바로 옆을 흐르는 티베레강을 말한다.

른 사람들에게 알렸다. 적들이 지나간 길을 발견했다고 생각한 그들은 적들과 경쟁을 해보기로 했다. 그들은 한밤중까지 기다렸다가 그 암벽을 등반했다. 그들은 로마의 보초들뿐만 아니라, 경비 업무를 분담하고 전초(前哨)를 구성하고 있던 개들에게도 들키지 않았다. 그때는 경비병과 개들이 모두 잠들어 있었기 때문이다.

로마의 운명의 여신께서는 그런 대단한 불운을 드러내고 밝힐 수 있는 목소리가 없지 않으셨다. 유노(Iuno) 여신의 신전 근처에는 여신의 시중을 들기 위한 신성한 거위들을 기르고 있었다. 이 거위들은 본능적으로 소리에 쉽게 놀라고 불안해한다. 이때, 수비대의 극단적인 곤궁 때문에 거위들은 보살핌을 받지 못해서 설핏 잠이 들었고, 먹이를 먹지 못해 불편하던 참이었다. 그 결과 거위들은 적들이 절벽 가장자리 위로 모습을 드러내자마자 바로 알아차렸다. 거위들은 적들을 보며 울었고, 맹렬하게 그들에게 달려들었으며, 무기들을 보자 더 흥분했다. 그 장소는 날카롭고 시끄러운 소리가 가득 찬 북새통이 되어버렸다. 로마인들은 이 소란으로 잠을 깼고, 무슨 일이 일어났는지를 알아차리자 적을 몰아붙여 절벽에서 던져버렸다. 오늘날까지도 이 사건을 기념하여 엄숙한 행렬이 이루어진다. 이 행렬에는 말뚝에 매놓은 개 한 마리가 있고, 가마에 값비싼 이불을 깐 다음 거위 한 마리를 앉혀둔다.

이 구경거리는 운명의 여신의 권능을 보여준다. 여신께서 바쁘게 일하시고 상황을 통제하시면, 이성적이지도 않고 분별력도 없는 것들[133]에게 지성을, 겁 많은 것들에게 용감함과 대담함을 심어주셔서 모든 위급 상황에 대해 예상치 못한 자원으로 대비해주신다. 누가 진정으로 놀라고 감탄하지 않겠는가? 보잘것없던 로마의 예전과 현재

---

133) 거위들을 말한다.

의 번영을 감안해본다면 말이다. 화려한 신전들, 풍성한 신전의 봉납 물품들, 다른 곳들과 경쟁하는 예술과 공예품들, 예속 도시들의 열성적인 노력, 예속왕들의 왕관들을 보아도 그렇다. 게다가 이곳을 꾸미기 위해 우아한 모습들 속에 있는 아름다움을 경쟁하는 세상의 공물들, 즉 바다, 섬, 대륙, 강, 나무, 생물, 들판, 산맥, 광산, 그리고 모든 것의 첫 과실들을 본다면 말이다.

그러고 나면 이런 생각이 든다. 이 모든 것이 창조되지도 않고, 전혀 존재하지도 않을 뻔했다는 것이다! 모든 것이 전부 화재와 무서운 암흑에 먹혔을 때, 이민족의 칼과 잔인한 맹위에 먹혀버렸을 때, 불쌍하고 분별도 없으며 겁이 많은 생물들이 도시를 구하기 시작하는 데 기여했다. 그리고 만리우스 씨족, 세르윌리우스 씨족, 포스투미우스 씨족,[134] 파피리우스 씨족,[135] 미래에 이름을 드러낼 가문의 기초를 세운 이들의 죽음을 면하게 했다. 이렇게 거위들은 로마와 로마의 선조들의 신을 위해 방어할 수 있도록 경비병들을 깨웠다. 폴리비오스[136]

---

[134] Postumius. 포스투미우스 씨족(*gens Postumia*)은 로마의 주요 혈통귀족으로서, 이 씨족에서 처음 고위 행정관을 지낸 인물은 기원전 505년에 집정관을 지낸 푸블리우스 포스투미우스 투베르투스(Publius Postumius Tubertus)였다.

[135] Papirius. 파피리우스 씨족(*gens Papiria*)은 로마의 왕정 시기부터 두각을 나타낸 씨족이다. 루키우스 파피리우스 무길라누스(Lucius Papirius Mugilanus)는 기원전 444년에 집정관이 되었다. 그는 이 씨족 최초의 집정관이다.

[136] Polybios. 폴리비오스는 기원전 208년경에 태어나서 기원전 125년경에 죽은 역사가다. 그리스 아카이아(Achaia) 연방의 정치가이자 장군이었던 그는, 로마와의 전쟁에서 진 다음 아카이아의 다른 유력 인사 1,000명과 함께 로마에 인질로 끌려갔다. 로마에서 스키피오 가문에 수용된 그는 로마의 빠른 성장에 지적 호기심을 갖고 『역사』(*Historiai*)를 쓰기 시작했다. 전체 40권으로 구성된 이 작품은 앞의 여섯 권만 비교적 온전하게 남아 있고, 제7권부터는 일부만 남아 있거나 다른 저술에서 인용된 부분들만이 남아 있다. 『역사』는

가 『역사』 제2권에서 기록[137]했듯이, 이때 로마를 점령했던 갈리아 족은 고향에 있는 자신들의 영역에 대한 갑작스러운 소식을 들었다. 인근의 이민족이 자신들의 땅을 침공하고 점령하여, 그들에게 영역이 넘어갈 위기에 처했다는 것이다. 그래서 그들은 카밀루스와 평화조약을 맺고 철군했다. 이 일이 사실이라면, 로마 보존의 원인이 운명의 여신이 아니라는 주장은 성립할 수 없다. 여신께서 적을 혼란스럽게 하거나 아니면 적어도 전혀 예상치 못한 방식으로 로마에서 적을 빼내셨기 때문이다.

13. 하지만 이런 문제들을 논할 때 필요한 것이 무엇인가? 리위우스[138]가 기록[139]했듯이, 로마 역사에서 일어났던 일들에 대해 혼동하

기원전 264~146년에 초점을 맞추어 지중해 세계의 전반적인 상황을 서술했다. 한 나라나 지역의 역사가 아니라 문명 세계의 변화와 발전을 전체적으로 보아야 한다는 그의 역사관으로 인해 이 작품은 최초의 거시적 역사 서술이 되었다. 로마와 한니발의 전쟁인 제2차 로마-카르타고 전쟁의 가장 주요한 사료이기도 하다. 특히 제6권의 경우는 로마 공화정의 체제를 자세히 서술하여 로마 공화정 체제를 연구하는 데 가장 중요한 사료가 되었다.

137) 폴리비오스, 『역사』 제2권 2~3절. "얼마 후, 그들(갈리아인)은 로마와 로마의 동맹군을 정당한 전투로 패배하게 하고 도망병들을 쫓으면서 전투가 끝나고 3일 후에 카피톨리누스 언덕을 제외한 로마 전체를 점령했다. 그러나 자신들의 땅에 베네티인이 침공하여 회군하게 되어 로마와 조약을 맺고 도시를 비운 뒤 돌아갔다."

138) 티투스 리위우스(Titus Livius)는 기원전 1세기 후반에서 서기 1세기 초에 살았던 로마의 역사가다. 그는 『로마 창건 이래의 역사』(Ab Urbe Condita Libri)에서 로마 창건 시기 이전의 전설에서부터 당대인 아우구스투스 시기까지의 로마사를 서술했다.

139) 리위우스의 『로마 창건 이래의 역사』 6권 1장 2절에는 다음과 같은 내용이 있다. "필자가 앞선 다섯 권에서 설명한 것들은 불분명한 문제들을 다룬 것이다. 그 모호함은 이 문제들이 대단히 오래되었고 거의 기록이 남아 있지 않았다는 이유 때문만이 아니라, 그 시기에는 지나간 사건들에 대한 기억을 지켜주는 단 하나의 경호원인 기록의 효용성이 매우 낮게 평가되었고, 제사장

고, 당대의 연대기들이 없어져버려서 확실하거나 명확한 자료를 제공해주지 못하는 지금에 말이다. 확실히 그보다 후대의 사건들을 보면 더 분명하고 명쾌하여 운명의 여신의 자비로움을 잘 알 수 있다.

  나는 운명의 여신에 대해 알렉산드로스(Alexandros) 대왕의 죽음을 소재로 글을 쓰겠다. 그는 엄청난 행운과 빛나는 성공을 맛보았고, 자신이 가진 무적의 용맹과 드높은 열망의 결과로 마치 유성처럼 동에서 서까지 세계를 빠르게 제패했다. 그는 자신의 무기를 이탈리아에 빛나게 하려고 했다. 몰로소스(Molossos)인 알렉산드로스[140]가 판도시아(Pandosia) 근처에서 브루티이(Bruttii)족과 루카니(Lucani)족에게 살해된 일을 구실로 알렉산드로스가 전쟁을 일으키려 했기 때문이다. 하지만 실제로 그가 전 인류를 상대하려고 하도록 몰아간 것은 명예에 대한 사랑이었다. 이는 통치권(제국)에 대한 욕망과 디오니소스(Dionysos) 및 헤라클레스의 원정[141]의 한계와 겨뤄 넘어서려는 소망을 포괄하는 것이기도 하다.

  그는 로마의 힘과 용기가 단단히 구축된 전열(戰列)처럼 이탈리아를 방어하기 위해 배열되었다는 점을 알았다. 수많은 투쟁으로 철저하게 단련된 운동선수들 같은 로마 명망가들의 이름과 명성에 관한 이야기들을, 그도 종종 전해 들었기 때문이다. "나는 이 문제가 피

    의 실록이나 여타 공사 문서들이 로마의 전란 때문에 거의 모두 없어져버린 탓이기도 하다."
140) 에페이로스의 왕인 알렉산드로스 1세를 말한다. 기원전 343/2~331년 동안 재위했다. 그는 알렉산드로스 대왕의 모후인 올림피아스(Olympias)의 남동생이기도 하다.
141) 디오니소스 신은 헤라 여신에 의해 광기에 휩싸이게 되어 방랑하게 되는데, 그 방랑에는 인디아 원정도 있다. 제우스와 알크메네(Alkmene) 사이에서 태어난 헤라클레스도 세상 곳곳을 떠돌아다녔다. 스스로 제우스의 아들이라고 선전하기도 했던 알렉산드로스는 디오니소스와 헤라클레스의 위업과 겨루어 그들을 능가하려 했다.

를 뿌리지 않고는 해결되지 않는다고 간주하노라"[142]라는 구절은 정복된 적이 없는 이 두 민족[143]이 무적의 무기를 들고 서로 부딪치려 하는 크나큰 열망을 보여준다. 이 시기 로마인의 수는 적어도 13만 명이었으며, 그들 모두가 호전적이고 두려움을 몰랐다. 즉, "말 위에서 사람들과 전투하는 법을 알았노라. 필요하다면, 말에서 내려서도."[144]

---

142) 호메로스, 『오딧세이아』 18권 149행의 구절이다.
143) 로마인과 마케도니아인을 말한다.
144) 호메로스, 『오딧세이아』 9권 49~50행의 구절이다.

알렉산드로스의 덕과 운명에 관하여

제1부

1. 이 내용은 알렉산드로스야말로 스스로 만드신 작품이라고 주장하시는 운명의 여신의 이야기다. 하지만 그 주장에 대한 어떤 반응은 철학의 편에서 왔을 수도 있고, 아니면 적어도 알렉산드로스의 편에서 왔을 수도 있다. 만약 알렉산드로스가 거듭되었던 많은 피와 상처를 대가로 성취했던 패권이 운명의 여신의 손에 의해서라고 해도, 그저 선물로 주어진 것이라고 여겨진다면 그는 짜증이 나고 화가 솟구쳤을 테니까 말이다.

> 많은 밤을 그는 잠 못 이루고 보냈으며,
> 끊임없는 전투 속에서 수많은 유혈(流血)의 낮을 지냈노라.[1]

---

1) 호메로스, 『일리아스』 9권 325~326행의 구절로서 아킬레우스가 말하는 내용이다. 따라서 '그는'은 '나는' 대신 삽입된 것이다.

그는 압도적인 군세와 수많은 부족과 싸웠으며, 넘을 수 없는 강들, 화살도 정상에는 닿을 수 없는 산의 요새들을 상대하여 현명한 권고들, 굳건한 목표 의식, 씩씩한 용기, 분별력을 바탕으로 나아갔기 때문이다.

2. 생각건대, 운명의 여신께서 당신의 이름을 알렉산드로스의 성공 위에 새기려고 애쓰신다면, 그는 여신께 이렇게 말했을 것 같다.

"저의 가치를 비방하지 마시고, 비난으로 제 정당한 명성을 훼손하려 하지도 마십시오. 다레이오스[2]는 당신이 만든 사람입니다. 그는 노예였고, 왕의 시중을 들던 자였지만, 당신께서는 그를 페르시아의 강력한 지배자로 만드셨지요. 또 사르다나팔로스[3]가 자주색 모직물을 짜는 데 시간을 보냈음에도, 그의 머리에 왕의 머리띠를 씌우셨습니다. 하지만 저는 아르벨라(Arbela)의 승리[4]를 바탕으로 수사(Susa)

---

[2] 고대 페르시아의 마지막 왕인 다레이오스(Dareios) 3세를 말한다. 원래 이름은 아르타샤타(Artashata)였다. 기원전 380년경에 태어났고, 336년에 즉위했으며, 330년에 죽었다. 그는 아르타크세륵세스(Artaxerxes) 4세가 암살된 후 왕위에 올랐다. 그는 기원전 404~358년 동안 재위했던 아르타크세륵세스 2세의 아들인 오스타네스(Ostanes)와 딸인 시시감비스(Sisygambis) 사이에서 태어났다(근친혼은 당시 페르시아 왕가의 전통 중 하나였다). 그는 적통은 아니었지만 왕가의 일원이었다. 하지만 고대의 역사가들, 특히 그리스 역사가들은 그가 천출이었다고 왜곡하는 기록을 남긴 적이 많다.

[3] Sardanapalos. 기원전 5세기의 그리스 역사가 크테시아스(Ktesias)는 그를 아시리아의 마지막 왕이라고 기록했으나, 실제로 마지막 왕은 아슈르우발리트(Ashurubalit) 2세였다. 그리스와 로마의 작가 중 상당수는 그를 매우 나태하고 사치스러운 인물이자, 여성의 옷을 즐겨 입었던 자로 묘사한다.

[4] 로마의 역사가 퀸투스 쿠르티우스 루푸스(Quintus Curtius Rufus)는 『알렉산드로스 대왕 전기』(Historiae Alexandri Magni Macedonis, 윤진 옮김, 충북대 출판부, 2010) 제4권 9장 9절에서 가우가멜라에서 전투가 벌어진 것이 아니라 아르벨라에서 벌어졌다고 묘사한다. 아마도 아르벨라가 로마인이 듣기에는 더 그럴듯하게 들리는 이름이었기 때문에 그렇게 알려졌을 가능성이 있다(라틴어로

에 이르렀습니다. 또 킬리키아(Cilicia) 지역에서의 승리[5]로 인해 이집트로 가는 길을 넓게 열어젖혔습니다. 게다가 킬리키아로 가기 위해서 저는 미트리다테스[6]와 스피트리다테스[7]의 시신을 다리 삼아 그라니코스강[8]을 건너야 했습니다.

긍지 높으신 운명의 여신이시여, 당신께서는 상처 입은 적도 없고 피 한 방울 흘려본 적도 없는 왕들에 대한 지배를 자랑하시며 스스로 장식하십니다. 그 왕들은 여신의 총애를 받은 자들이지요. 오코스[9]와 아르타크세륵세스처럼 태어나면서부터 당신께서 키로스[10]의 왕좌에 앉힌 자들 말입니다. 하지만 제 몸에는 제 편도 없이 운명의 여신께 저항했던 것을 보여주는 수많은 징표가 있습니다. 먼저 일리리아(Illyria)인들과 싸우면서, 저는 머리에는 돌을, 목에는 곤봉을 맞아 상처를 입었습니다.[11] 그라니코스 전투에서는 적의 단검에 머리

벨룸 *bellum*은 전쟁이라는 의미이고, 복수형은 벨라다).
5) 기원전 333년에 있었던 이소스(Issos) 전투의 승리를 말한다.
6) Mithridates. 다레이오스 3세의 사위다.
7) Spithridates. 당시 페르시아의 리디아와 이오니아 지역을 다스리던 태수다.
8) 그라니코스(Granikos)강은 이다산에서 발원하여 프로폰티스(Propontis)로 흘러 들어간다. 그라니코스강 전투는 기원전 334년 5월에 벌어진 것으로 추정되며, 알렉산드로스와 페르시아가 치렀던 첫 번째 전투였다.
9) Ochos. 기원전 423~404년 동안 재위했던 페르시아의 왕 다레이오스 2세, 358~338년 동안 재위했던 페르시아의 왕 아르타크세륵세스 3세 모두 오코스(바빌로니아어로는 우마쿠스)라고 불렸다.
10) Kyros. 보통 키로스 대왕으로 알려진 사람으로서 아케메니드 왕조 페르시아의 창건자다. 고(古)페르시아어로는 쿠루스 혹은 쿠로쉬라고 불렸다.
11) 일리리아인과 싸우면서 입었던 상처에 대해서는 다른 사료에 언급되지 않는다. 아리아노스(Arrianos)의 『알렉산드로스 대왕 원정기』(*Alexandrou Anabasis*, 윤진 옮김, 아카넷, 2017), 제1권 1장에서 트라키아 지역에서 트리발로스(Tribalos)인, 일리리아인과의 전투 이야기를 서술하지만, 승리한 부분에 대해서만 서술되어 있다.

가 상했으며, 이소스 전투에서는 넓적다리가 칼에 관통되었습니다.[12] 가자(Gaza) 공략전[13]에서는 발목에 화살을 맞아 상처를 입었고, 어깨가 탈구되었으며, 세게 얻어맞아 빙글빙글 돌아야 했습니다.[14] 마라칸다[15]에서는 화살을 맞아 다리뼈가 쪼개져 벌어질 정도였습니다. 끝을 향해 가던 저를 기다리고 있던 것은 인디아 지역에서 치러야 했던 고투(苦鬪)와 극심한 식량 부족이었습니다.[16] 아스파시아(Aspasia)인과 싸울 때에는 화살을 맞아 어깨에 상처를 입었고,[17] 간드리다이(Gandridai)인과 싸울 때에는 다리에 화살을 맞았습니다.[18] 말리아(Malia)인과 싸울 때[19]에는 화살대가 가슴 깊이 박혀서 촉까

---

12) 다른 사료에서는 없지만, 카레스(Chares, 알렉산드로스와 동시대인인 그리스 역사가) 『알렉산드로스의 생애』 20장에서는 다레이오스 3세가 칼을 찔러 관통시켰다고 한다. 카레스의 저술은 일부 단편만이 남아 있다.

13) 오늘날 팔레스타인 가자 지구를 말한다. 가자를 공략하기 위해 알렉산드로스는 기원전 332년 8~9월 두 달 정도를 공략에 매달렸다.

14) 아리아노스, 『알렉산드로스 대왕 원정기』 제2권 27장에서는 알렉산드로스가 투석기의 돌에 맞아 방패와 흉갑이 부서지고 어깨에 상처를 입었다고 묘사한다.

15) Marakanda. 오늘날의 사마르칸트(Samarcand)다. 옛 실크로드의 중심도시 중의 하나였으며 현재 우즈베키스탄 제2의 도시다. 도시 전체가 유네스코 문화유산으로 등재되어 있다. 아리아노스, 『알렉산드로스 대왕 원정기』 제3권 30장에서 알렉산드로스가 적의 화살을 맞아 종아리뼈가 깨졌다고 기록하고 있다.

16) 아리아노스, 『알렉산드로스 대왕 원정기』 제6권 24, 25장에서 이때의 어려움을 자세히 묘사한다.

17) 아리아노스, 『알렉산드로스 대왕 원정기』 제4권 23장에서는 "흉갑을 관통한 화살 때문에 어깨에 부상을 입기는 했지만, 적을 한 번의 공격으로 성안으로 쫓겨 들어가게 했다. 흉갑 덕분에 화살이 정확하게 어깨를 관통하지 못했기 때문에 상처는 그리 대단치 않았다"라고 묘사한다. 한편 퀸투스 쿠르티우스 루푸스도 『알렉산드로스 대왕 전기』 제8권 3장에서 같은 사건을 언급한다.

18) 다른 사료에서는 언급된 바 없다. 간드리다이인은 강가리다이(Gangaridai, Gangaridae)라고도 불리는 인디아의 한 부족이다.

19) 아리아노스, 『알렉산드로스 대왕 원정기』 제6권 9~10장, 퀸투스 쿠르티우스 루푸스도 『알렉산드로스 대왕 전기』 제9권 4~5장에서 이 싸움을 묘사한다.

지 살에 파묻혔고,[20] 성에 걸쳐져 있던 공성용 사다리가 무너졌을 때는 목에 곤봉을 맞았습니다.

운명의 여신께서는 그런 위업을 저명한 대적자들이 아니라 비천한 이민족에게 허락하시어 저를 홀로 포위당하게 하셨습니다. 만약 프톨레마이오스[21]가 방패를 내 위로 들어 막지] 않았더라면,[22] 또 림나이오스[23]가 제 앞에 버티고 서서 일만 발의 화살의 과녁이 되어 [대신] 죽지 않았다면, 그리고 제 마케도니아 병사들이 용기를 가지고 힘을 결집하여 성벽을 무너뜨리지 않았더라면, 그 외국의 이름 없는 마을이 알렉산드로스의 무덤이 되어버렸을 것이 틀림없습니다."

3. 그밖에도 전투 자체에 따라붙는 시련들이 있었다. 즉 폭풍, 한발, 깊은 강들, '새도 없는 높은 산',[24] 괴물 같은 모습의 사나운 짐승들,

---

20) 아리아노스는 "화살은 흉갑을 관통하여 바로 가슴 윗부분에 꽂혔고, 프톨레마이오스의 말에 따르면 공기가 섞인 피가 솟아나왔다"라고 기록한다.
21) Ptolemaios. 알렉산드로스의 절친한 친구이자 왕족인 프톨레마이오스 1세를 말한다. 그는 알렉산드로스 사후 소위 '디아도코이'(*diadokoi*, 후계자들) 중 하나였으며, 이집트에서 왕조를 개창했다.
22) 아리아노스는 이때 방패로 막아준 이가 페우케타스(Peuketas)라고 서술한다.
23) Limnaios. 아리아노스는 레오나토스(Leonatos)라고 전한다. 관련 부분은 다음과 같다. "페우케스타스는 트로이아에서 가지고 온 방패를 앞에 들고 알렉산드로스의 몸 위에 버티고 섰고, 레오나토스는 그 반대편에 자리를 잡고 섰다."
24) 아리아노스, 『알렉산드로스 대왕 원정기』 제4권 28장에서 묘사하는 바위산으로서 대단히 험한 산이었다고 한다. 아리아노스에 따르면 이 산의 이름은 아오르노스(Aornos)이고 헤라클레스도 정복하지 못했던 산이다. 아우렐 스테인 경(Sir Aurel Stein, 『인더스강까지의 알렉산드로스의 여정을 따라서』 *On Alexander's track to the Indus*, London, 1929, p.129)에 따르면, 아오르노스산은 오늘날의 피르사르(Pir-Sar)산으로서 평평한 정상은 해발 2,000미터 이상에 위치하며, 아톡 북쪽으로 120킬로미터 정도에 있어서 인더스강을 내려다볼 수 있다.

이민족의 야만적인 생활상, 약소왕[25]들이 끊임없이 나타나고 그들이 계속해서 배반하는 일들이다. 또 원정을 시작하기 전에도 어려운 일들이 있었는데, 그리스인은 아직도 필리포스와의 전쟁으로 헐떡이고 있었다. 즉 몰락한 후 발끝부터 흔들렸던 테바이(Thebai)는 카이로네이아[26]의 먼지를 무기에서 떨어버리려 하고 있었고, 아테나이는 테바이와 연합하기 위해 손을 뻗치고 있었다. 마케도니아 전역은 반란으로 곪고 있는 상황이었으며, 마케도니아인은 아민타스[27]와 아이로포스[28]의 자식들에게 눈을 돌리고 있었다. 일리리아인은 다시 반란을 일으키고 있었고, 마케도니아와 인접해 있는 스키타이(Skythai)인과도 갈등의 소지가 있었다. 스키타이인들은 정치적 변화의 혼란에 빠져 있었다.

페르시아는 각지에 있는 민중 지도자들을 통해 금화를 마구 쏟아붓고, 펠로폰네소스반도의 사람들이 봉기하는 것을 돕고 있었다. 필리포스[29]가 남긴 재원도 거의 바닥났을 뿐 아니라, 오네시크리토

---

[25] 소규모 부족장들 혹은 지역 지배자들을 말한다.
[26] Chaironeia. 기원전 338년 마케도니아의 필리포스 2세는 테바이와 아테나이가 주축이 된 그리스 연합군을 이곳에서 물리쳤다. 그리스의 전성기를 끝냈던 전투로 유명하다.
[27] Amyntas. 필리포스 2세 휘하의 마케도니아의 장군이었으며, 필리포스 사후 페르시아의 보호령인 에페이소스로 망명했다. 알렉산드로스와의 적대감에 대해서는 사료상 찾아볼 수 없다.
[28] Airopos. 카이로네이아 전투에서 지휘관이었으며, 그의 아들들인 아라바이오스(Arrabaios)와 헤로메네스(Heromenes)는 필리포스 2세에 대한 음모를 꾸민 혐의로 기소되었다.
[29] 아민타스(Amyntas) 3세의 셋째 아들이었던 마케도니아의 왕 필리포스 2세는 기원전 382년에 태어났고, 359~336년 동안 재위했다. 젊은 시절 테바이에 유학 겸 인질로 가 있던 그는 그곳에서 그리스의 전술 및 전략을 습득했고, 특히 테바이의 천재적 전략가인 에파메이논다스(Epameinondas)가 창안한 사선진(斜線陣)은 그를 통해 아들인 알렉산드로스에게 전해졌다. 알렉산드로스는 대

스[30)]의 기록에 따르면, 200탈란톤(*talanton*)[31)]의 빚까지 지고 있었다. 그렇게 곤궁과 불확실한 상황에 둘러싸인 가운데, 이제 막 소년의 티를 벗은 풋내기가 바빌론과 수사를 점령하겠다는 담대한 희망을 품고 있었다. 그에 더하여 그저 자신이 거느린 3만 명의 보병과 4,000명의 기병에 의지하여 세상 전부를 지배하겠다는 계획을 갖고 있었다. 아리스토불로스[32)]에 따르면, 그 수는 가진 병력의 전부였다. 하지만 프톨레마이오스왕은 병력이 3만 명의 보병과 5,000명의 기병이라고 하고, 아낙시메네스[33)]는 4만 3,000명의 보병과 5,500명의 기병이라고 한다. 운명의 여신께서 그를 위해 준비하신 대단하고 영광스러운 군자금은, 아리스토불로스가 말하듯이 달랑 70탈란톤이었다. 심지어 두리스[34)]는 그 군자금이 단 30일간 준비해서 모은 것이라고 한다.

규모 평원 전투에서 사선진을 사용하여 페르시아에 결정적 승리를 거두었다.
30) Onesikritos. 기원전 360년경에 태어나 290년경에 죽었다고 알려진 작가이자 철학자다. 아리아노스, 『알렉산드로스 대왕 원정기』 제6권 2장에서는 다음과 같이 서술한다. "오네시크리토스는 알렉산드로스에 대한 회상록을 썼는데, 그 안에는 거짓말이 많았고, 그중에는 자신이 함대의 제독이었다는 이야기도 있었다. 하지만 그는 제독이 아니었고, 그저 키잡이였을 따름이었다."
31) 탈란톤은 시대와 지역에 따라 다르게 쓰인 무게 단위이면서 화폐단위다. 고전기 아테나이의 경우 1탈란톤은 대략 25.8킬로그램(혹은 26킬로그램)이다. 은 1탈란톤은 당시 숙련공의 9년 치 임금에 해당했다.
32) Aristobulos. 카산드레이아(Kassandreia) 출신으로 알렉산드로스를 따라 종군한 전문가 그룹의 하나이고, 원정 기록을 남겼다고 하지만, 지금은 남아 있지 않다.
33) Anaximenes. 기원전 380년경에 태어나 320년에 죽은 수사학자이자 역사가다. 알렉산드로스의 스승 중 하나였으며, 원정에도 종군했다.
34) Duris. 기원전 350년경에 태어나 281년 이후 사망한 그리스의 역사가이고, 한때 사모스의 참주이기도 했다. 기원전 371~281년 사이에 그리스와 마케도니아에서 일어난 일들을 다루는 역사서를 썼다고는 전해지지만, 작품은 현재 남아 있지 않다.

4. 그렇다면 알렉산드로스는 그런 대단치 않은 자원을 가지고 저 대단한 제국을 얻기 위해 출발할 만큼 경솔하고 조급했던가? 전혀 그렇지 않다. 누가 알렉산드로스보다 더 대단하고 완전한 준비를 갖추고 일에 착수할 수 있었겠는가? 그는 위대한 영혼, 날카로운 지성, 자제력, 씩씩한 용기를 갖추고 있었다. 이 모든 것은 출정을 위해 철학을 배워서 생긴 것이다. 그렇다. 그가 아시아로 떠날 때 갖추었던 준비에는 부왕인 필리포스보다 스승인 아리스토텔레스가 더 많이 기여했다. 알렉산드로스는 한때, 자신의 원정 준비물로 『일리아스』와 『오딧세이아』를 가지고 다녔다는 이야기를 했다고 기록한 사람들이 있다. 우리는 호메로스를 존경하기 때문에, 그렇게 기록한 사람들이 그럴만 했다고 본다. 그렇지만 알렉산드로스가 호메로스의 작품들을 가지고 다닌 것은 수고한 후의 위안이나 달콤한 여가를 위한 기분 전환 거리로 여겨서이고, 그의 진정한 준비물은 철학적 가르침, 그리고 대담함, 용기, 자제심, 영혼의 위대함에 대한 글들이었다고 주장하는 자가 있다면, 우리는 그자를 경멸할 것인가? 당연히 알렉산드로스는 삼단 논법이나 공리(公理)를 주제로 글을 쓴 적도 없고, 리케이온[35]에서 제자가 되어 함께 걸었던 기회를 가진 적도 없으며, 아카데메이아[36]에서 명제를 논하지도 않았다. 이런 기준들로 철학을 정의하는 사람들은, 철학을 실질적이라기보다는 이론적인 것으로 간주한다.

하지만 심지어 피타고라스도 전혀 글을 쓴 적이 없었고, 소크라테

---

[35] Lykeion. 기원전 334년 아리스토텔레스가 창건한 학교다. 그 지역에 아폴론 리케이오스(Apollon Lykeios, 늑대신 아폴론) 신전이 있었기에 붙여진 이름이다.

[36] Akademeia. 기원전 387년 플라톤이 창건한 학교다. 이 학교가 세워진 장소의 원래 이름은 헤카데미아(Hekademia)였는데, 기원전 5세기경부터는 아카데메이아로 바꿔 불리게 되었다.

스, 아르케실라오스,[37] 카르네아데스[38] 역시 그랬다. 이들이야말로 철학자 중에 가장 저명한 이들인데도 말이다. 이 철학자들은 계속해서 엄청난 전쟁들을 수행하거나, 이민족의 왕들에게 문명을 전파하거나, 야만적인 민족들 사이에서 그리스 도시들을 세우거나 하지 않았다. 제어할 수 없고 예의도 모르는 부족들을 법과 평화라는 원칙을 가지고 가르치지도 않았다. 그들은 설사 여가가 있다고 해도, 철학에 관한 글을 쓰는 일은 소피스테스(sophistes)[39]에게 양보했다.

그렇다면 우리는 왜 이들을 진정한 철학자라고 믿는가? 그들이 말한 것이나 그들이 이끌었던 삶의 방식, 혹은 가르쳤던 원칙들 때문인 것이 확실하다. 이런 기준들을 알렉산드로스에게도 적용해 판단해보자. 그의 말과 행동, 그가 전한 가르침으로 판단해보면, 그가 진정한 철학자였음이 드러날 것이다.

5. 청중께서 원하신다면, 일반적인 믿음과 완전히 반대인 문제를 고려해보자. 그리고 알렉산드로스의 가르침을 받은 자들을 플라톤, 소크라테스의 제자들과 비교해보도록 하자. 플라톤과 소크라테스는 같은 언어를 사용하는, 천부적인 훌륭한 재능을 가진 제자들을 가르쳤다. 그 결과, 그 제자들이 어떤 것도 이해하지 못했단 치더라도,

---

[37] Arkesilaos. 기원전 316/5~241/0년에 살았던 철학자다. 아이올리스(Aiolis) 지역의 피타네(Pitane) 출신인 그는 기원전 264년경부터 플라톤이 세운 아카데메이아의 6대 학장으로서 학생들을 가르쳤다.
[38] Karneades. 기원전 214/3~129/8년에 살았던 철학자다. 그 역시 아카데메이아의 학장을 지냈고, 기원전 155년에는 로마에서 여러 강연을 하여 유명해졌다.
[39] 보통 영어식 발음으로 소피스트(sophist)라고 번역하지만, 여기서는 그리스어 발음으로 옮겼다. 기원전 5~4세기에 그리스에서 철학, 수사학 등 인문학의 뿌리가 되는 내용을 가르치는 사람들이었다. 소피아(sophia)가 지혜이므로 '지혜를 가르치는 자' 혹은 '지혜를 추구하는 자' 정도의 의미가 된다.

그들은 적어도 그리스어는 이해했다. 심지어 플라톤과 소크라테스는 많은 이를 설득하여 가르칠 필요도 없었다. 하지만 그들의 제자 중에 크리티아스,[40] 알키비아데스,[41] 클레이토폰[42] 같은 이들은 구속구를 찬 말처럼 좋은 가르침은 들으려 하지 않고, 다른 방향으로 고개를 돌렸다.

하지만 청중께서 알렉산드로스의 가르침의 결과를 검증해보고 싶으시다면 다음에 열거하는 결과를 보실 수 있을 것이다. 즉 그는 히르카니아인이 결혼 서약을 존중하게 했고, 아라코시아[43]인에게 경작을 가르쳤으며, 소그디아[44]인이 부모를 죽이지 않고 부양하도록 설득했고, 페르시아인이 어머니와 결혼하지 않고 존중하도록 했다.[45]

---

40) Kritias. 기원전 460년경에 태어나 403년에 죽었다. 아테나이의 정치가이자 작가다. 플라톤의 어머니인 페릭티오네(Periktione)의 4촌 형제의 아들이다. 후에 아테나이인에게 미움을 받는 소위 '30인 참주' 중 하나가 되었고, 소크라테스와 친밀했기에 그 점도 소크라테스의 죽음에 한몫했다.

41) Alkibiades. 기원전 450년경에 태어나 404년에 죽었다. 그의 외가는 알크마이온(Alkmaion) 가문으로 민주 정치를 시작한 것으로 유명한 테미스토클레스도 이 가문 소속이다. 아테나이 민주정의 지도자로 유명했던 페리클레스(Perikles)가 알키비아데스의 후견인이었으며, 스스로는 철학자 소크라테스가 사랑하는 제자이기도 했다. 대단한 미남으로 소문난 그는 정계에 화려하게 데뷔했으며, 쉽게 주도권을 잡았다. 그러나 술과 여성을 좋아하는 성품 때문에 스캔들을 여러 번 일으켰고, 결국 두 번이나 망명해야 했다. 펠로폰네소스 동맹과의 전쟁에서 아테나이가 패한 책임의 상당 부분이 그에게 있다고 할 만하고, 소크라테스가 재판에서 사형을 선고받는 데도 그와의 관계가 크게 영향을 미쳤을 것이다.

42) Kleitophon. 기원전 5세기의 아테나이 과두주의 정치가였다. 플라톤의 작품 『폴리테이아』(Politeia)에도 등장한다. 『폴리테이아』는 보통 『국가론』으로 번역한다.

43) Arachosia. 오늘날 아프가니스탄 남부의 아르간다브(Arghandab) 계곡을 중심지로 하는 지역이다.

44) Sogdia. 오늘날 우즈베키스탄, 타지키스탄, 카자흐스탄, 키르기즈스탄의 국경들이 얽혀 있는 지역이다.

철학적 가르침의 위대한 힘이여! 인디아인이 그리스의 신들을 경배하게 했으며, 스키티아인이 시신을 먹지 않고 매장하게 했구나! 카르네아데스의 능력을 존중하지 않을 수 없다. 그는 카르타고인으로 태어나 하스드루발(Hasdrubal)이라고 불렸던 클레이토마코스[46]가 그리스의 삶의 방식을 받아들이게 했기 때문이다. 제논[47]의 인품도 존중한다. 그는 바빌로니아인 디오게네스[48]를 철학자로 만들었기 때문이다.

하지만 알렉산드로스가 아시아[49]를 문명화하자, 그곳에서는 호메로스의 시가 널리 읽혔다. 페르시아인, 수시아[50]인, 게드로시아(Gedrosia)인의 자식들은 소포클레스(Sophokles)와 에우리피데스[51]

---

45) 페르시아인에 대한 이야기는 과장된 면이 있지만, 후대의 왕이 선왕의 하렘에 있는 후궁들 일부를 취하는 것은 실제로 있었던 일이다. 다른 나라에서도 가끔은 있었던 일이므로 굳이 지어낸 이야기로 볼 필요는 없다. 다만 모든 페르시아인이 따랐던 풍속은 아닌 것이 확실하다.
46) Kleithomachos. 기원전 187/6년에 태어나 110/109년에 죽었다. 카르타고 출신으로서 기원전 163/2년에 아테나이에 와서 카르네아데스 밑에서 철학을 배웠다. 기원전 127/6년경에는 아카데메이아의 학장이 되었다.
47) Zenon. 기원전 334/3년경에 태어나 262/1년경에 죽었다. 키티온(Kition) 출신이고 페니키아 계통의 인물이다. 스토아학파의 창시자이며 기원전 300년경부터 아테나이에서 철학을 가르쳤다.
48) Diogenes. 디오게네스 라에르티오스의 『저명한 철학자들의 삶』 제6권 81장에서는 디오게네스라는 이름의 철학자 다섯 명을 소개하면서 그중 네 번째로 스토아 철학자 디오게네스를 거명한다. "네 번째로 셀레우키아(Seleucia)에서 태어난 스토아 철학자가 있다. 그는 바빌로니아인이라고도 불렸는데, 셀레우키아가 바빌론에 가깝기 때문이다." 그는 기원전 3세기 후반의 스토아 철학자인 크리시포스(Chryssipos)의 제자다. 다만 제논이 스토아학파를 창설했으므로 제논의 먼 제자뻘이라고 할 수 있다.
49) 페르시아를 말한다.
50) Susia. 현재 이란의 나자비 호라산주에 있는 고대 도시다.
51) Euripides. 기원전 480년경에 태어나 406년경에 죽었다. 소포클레스, 아이스킬로스와 함께 고전기 아테나이의 3대 비극작가에 속한다.

의 비극들을 배워 읊게 되었다. 그리고 비록 소크라테스가 외국의 영들[52]을 들여왔다는 혐의로 고발당하여 아테나이인을 현혹했던 고발자들로 인해 대의를 잃었지만, 알렉산드로스 덕분에 박트리아와 카우카소스 지방은 그리스의 신들을 숭배하는 방법을 배웠다. 플라톤은 이상적인 정치 체제에 대한 책[53]을 썼지만, 그 책의 내용을 실행하기 어렵게 하는 요소 때문에 누구도 그 체제를 선택하게 설득하지 못했다. 하지만 알렉산드로스는 야만 부족들 사이에 70개가 넘는 도시들을 세웠고,[54] 아시아 전체에 그리스 행정관들을 배치함으로써 아시아의 비문명적이고 야만적인 삶의 방식을 바꾸어놓았다. 우리 중에 플라톤의 『법률론』을 읽은 사람은 별로 없지만, 수십만 명의 사람들이 알렉산드로스가 만든 법률들을 따랐고, 계속 따르고 있다.

알렉산드로스에게 정복당했던 이들이, 그의 손을 피했던 이들보다 지금 더 행복하다. 후자는 존재하면서 겪는 비참함을 아무도 떨쳐버리지 못했지만, 그 정복자는 전자에 해당하는 사람들을 행복한 삶으로 이끌었다. 따라서 테미스토클레스가 말한 경구(警句)를 알렉산드로스에게 정복된 민족들에게 적용하는 것은 정당하다. 테미스토클레스는 망명[55] 중에 페르시아의 아르타크세륵세스로부터 엄청난 선물을 받았다. 연공(年貢)을 바칠 도시도 3개나 받았다. 도시 하나는 그에게 빵을 제공하고, 다른 하나는 포도주를, 세 번째 도시는 고기를

---

52) 플라톤의 『소크라테스의 변명』 24B에서는 "국가에서 인정하는 신들을 믿지 않고 따로 영들(daimonia)을 믿는다"라고 고발의 요지가 적혀 있다.
53) 『폴리테이아』를 말한다.
54) 알렉산드로스가 세운 도시들의 이름은 대다수가 알렉산드리아였다. 물론 그의 애마 부케팔로스가 죽은 뒤에 그 말을 기념하여 세운 부케팔리아라는 도시 같은 것들도 있다.
55) 테미스토클레스는 기원전 472/1년에 도편추방제로 아테나이를 떠나야만 하게 되어 아르고스로 망명했다.

제공하게 되어 있었다. 테미스토클레스는 자식들에게, "얘들아, 전에 파멸하지 않았더라면, 지금 파멸하겠구나!"라고 소리쳤다고 한다. 이와 마찬가지로 알렉산드로스의 새로운 신민이 된 이들은 전에 정복되지 않았더라면, 문명화되지 않았을 것이다.

다시 말해 이집트에는 알렉산드리아가, 메소포타미아에는 셀레우케이아[56]가, 소그디아나에는 프로프타시아(Prophtasia)가, 인디아에는 부케팔리아[57]가, 카우카소스 바로 근접한 곳에는 그리스 도시[58]가 없었을 것이다. 이 지역들에 여러 도시를 창건함에 따라 야만성이 제거되었고, 더 나은 요소들을 잘 알게 되면서 나쁜 요소는 그 영향을 받아 변화했다. 그러므로 철학자가 인간성의 제어하기 힘들고 조야한 요소들을 문명화하고 개조할 수 있게 만드는 데 가장 큰 자부심을 갖는다고 하면, 알렉산드로스가 수많은 부족의 야만적인 본성을 바꾸었음을 보여주었으므로, 알렉산드로스야말로 매우 위대한 철학자로 간주될 이유가 충분하다.

6. 게다가 스토아학파의 창시자인 저 유명한 제논의 『국가론』[59]은 다음과 같은 주요 원칙 하나로 요약할 수 있다. 우리가 사는 이 세계의 모든 주민은 각자의 정의에 대한 규정에 따라 제각각의 도시와 공

---

[56] Seleukeia. 기원전 305년에 알렉산드로스의 후계 장군 중 하나인 셀레우코스 1세 니카토르(Nikator)가 자신의 왕국 수도로 정하고, 확장했던 도시로서 고대에는 가장 번성한 도시 중 하나였으나, 현재는 유적만 있다.
[57] Bukephalia. 알렉산드리아 부케팔루스(Alexandria Bukephalous), 부케팔라(Bukephala)라고도 불린다. 기원전 326년 5월 인더스강 동편, 히다스페스(Hydaspes, 오늘날의 젤룸 Jhelum)강 변에 세워진 도시다.
[58] 이집트의 알렉산드리아와 같은 알렉산드리아라는 이름의 도시다.
[59] 플라톤의 『국가론』과 마찬가지로 원제가 폴리테이아(정치 체제)이므로 『폴리테이아』로 번역할 수도 있다.

동체로 구별을 지어 살아야 하는 것이 아니다. 오히려 우리는 모든 사람이 하나의 공동체, 하나의 국가에 소속되어야 한다고 간주해야만 한다. 우리는 모두 같이 먹고 공통의 들판에서 목초지를 서로 나누는 짐승 무리처럼 같은 삶을 누려야 하고, 공통의 질서를 따라야 한다. 제논은 잘 조직되고 철학적인 사회에 대한 꿈, 혹은 말하자면 아련한 구상에 형태를 부여하며 그렇게 글을 썼다. 하지만 알렉산드로스는 그 개념에 영향을 주었다. 아리스토텔레스는 알렉산드로스에게 그리스인들에 대해서는 지도자처럼, 다른 민족들에게는 주인처럼 다루라고 충고했지만, 알렉산드로스는 그 충고를 따르지 않았기 때문이다.[60] 즉 그리스인들은 친구와 친척처럼 간주하지만, 다른 민족들에 대해서는 그들이 마치 식물이나 동물인 것처럼 행동하라는 것이다. 그런데 그 충고를 따르게 되면, 수많은 전투와 추방, 골치 아픈 난동 때문에 그의 지도력이 손상될 것이었다.

하지만 알렉산드로스는 자신이 모든 사람에게 하늘이 내려준 지배자로서, 전 세계를 위한 중재자로서 왔다고 믿었기 때문에, 그에게 병합되라고 설득할 수 없는 자들은 무기의 힘으로 정복했다. 말하자면 사람들의 삶, 성품들, 결혼 방식, 삶의 모든 습관을 연회에서 쓰는 커다란 친목의 잔에 함께 섞어버리면서, 모든 곳에 있는 사람을 하나로 묶어놓았다.[61] 그는 사람이 사는 전 세계를 조국으로, 그의 병영을 그

---

60) 스트라본(Strabon), 『지리지』(*Geographika*) 제1권 4장 9절에서 "에라토스테네스는 책의 말미에서 인류를 그리스인과 이민족으로 나누는 체계에 대해서, 또 마찬가지로 그리스인을 친구로, 이민족을 적으로 대하라고 알렉산드로스에게 충고했던 사람들에 대해서도 비난했다"라는 내용이 있다.
61) 아리아노스, 『알렉산드로스 대왕 원정기』 제7권 11장에는 이런 내용이 있다. "알렉산드로스는 관례대로 신들께 희생제를 올리고 큰 연회를 베풀었다. 이 자리에서 마케도니아인은 모두 그를 둘러싸고 앉았고, 다음으로 페르시아인, 여타 민족 중에서 지위가 높거나 다른 특별한 공적이 있는 자들이 앉았다. 알

들의 요새이자 보호처로, 모든 좋은 사람을 친척으로, 그리고 사악한 자만을 이민족으로 간주하라고 모두에게 명령했다. 그래서 그들은 그리스식 망토와 방패 혹은 언월도(偃月刀)와 저고리로 그리스인과 이민족을 구분해서는 안 되었다. 그리스인을 구분하는 징표는 덕에서, 이민족을 구분하는 징표는 사악함에서 찾아야 했다. 그들은 혈통과 자식이라는 결속물로 하나로 뒤섞여, 의복과 음식, 결혼과 삶의 방식을 모두에게 공통적인 것으로 간주해야 했다.

7. 필리포스의 친한 친구였던 코린토스인 데마라토스(Demaratos)는 수사에서 알렉산드로스를 보게 되었을 때, 기쁨의 눈물을 터뜨렸다. 그 시간 이전에 죽은 그리스인은 그렇게 큰 기쁨을 누릴 수 없었는데, 그들은 알렉산드로스가 다레이오스의 옥좌에 좌정한 것을 보지 못했기 때문이다. 하지만 단언컨대, 나는 그 광경 때문에 부러움을 느끼지는 않는다. 이는 그저 운명의 여신의 작품일 뿐이고, 다른 많은 왕 역시 마찬가지이기 때문이다.

하지만 생각건대, 알렉산드로스가 금으로 만든 닫집 덮개를 한 천막에 100명의 페르시아 신부들과 100명의 마케도니아와 그리스 신랑들을 공통의 화로와 식탁으로 엮어주면서 함께 데리고 왔을 때, 그 멋지고 성스러운 결혼 의식을 목격했다면 기뻤을 것이다.[62] 그 스스

렉산드로스는 둘러앉은 사람들과 같은 잔으로 술을 마시고 함께 헌주했다."
62) 아리아노스, 『알렉산드로스 대왕 원정기』 제7권 4장에서는, 알렉산드로스도 이때 같이 결혼한다. 그는 다레이오스왕의 장녀 바르시네(Barsine), 오코스(Ochos)의 막내딸 바리사티스(Barysatis)를 신부로 맞았다. 아리아노스는 이때 신랑의 수가 80명이라고 전한다. 플루타르코스는 이 결혼식을 성스럽다고 칭송하지만, 옮긴이의 사견으로는 이 합동결혼식이 그리 좋아 보이지는 않는다. 정복자 남성들과 피정복자 여성들의 결혼식이었기 때문이다. 오늘날에도 이 합동결혼을 동서 문화 융합의 상징이라고 추켜올리는 경우가 있는데, 식민

로는 화관을 쓰고, 가장 위대하고 강력한 두 민족(마케도니아인과 페르시아인)의 결합에 대해 가장 진실한 우의의 노래를 부르는 것처럼 결혼 축가를 부를 때 가장 먼저 일어났다. 왜냐하면 그는 하나하나 처녀인 신부를, 동시에 그녀들의 상대자인 모든 신랑을 아버지이자 중재자로서 혼인의 결합으로 맺어주었기 때문이다. 내가 정말로 이 광경을 보았더라면, 기쁨에 소리쳤을 것이다.

"멍청한 크세륵세스[63]여! 헬레스폰토스 해협을 건너기 위해 그리도 쓸모없는 수고를 하다니, 당신은 멍청한 바보로다. 바로 이것이 현명한 왕이 아시아와 유럽을 결합하는 방식이요. 이는 들보나 판자도 아니고, 생명도 없고 무감각한 차꼬로 이루어진 것도 아니라오. 합법적인 사랑과 순결한 결혼, 민족들을 함께 엮어주는 아이들에게서 나오는 공통의 기쁨으로 이루어진 것이요."

8. 이 상황을 주의 깊게 고려해보았을 때, 알렉산드로스는 메디아[64]식 의복보다는 페르시아식 의복을 선호했다. 페르시아식 의복이 더 단순하기 때문이었다. 그는 보석 박은 관과 긴소매가 달린 저고리와 바지 같은 것들, 즉 이민족의 진기하고 과장된 종류의 치장품을 좋아하지 않아서, 에라토스테네스[65]가 기록했듯이, 페르시아와

시대를 겪은 우리 입장에서 강압적으로 이루어졌을 것이 확실해 보이는 이 합동결혼식을 과연 좋게 보아야 할까?
63) Xerxes. 기원전 486~465년 동안 재위한 페르시아 제4대 왕이다. 고페르시아어로는 크사야르사(Xsayarsa)라고 부른다. 크세륵세스는 그리스 기록에서 칭하는 이름이다. 그는 기원전 480년에 그리스를 침공했지만, 결국 살라미스(Salamis) 해전과 플라타이아(Plataia) 전투의 패전으로 그리스에서 철수해야 했다.
64) Media. 오늘날 이란의 북서부 지방에 해당한다. 페르시아 제국 직전에 메소포타미아 지역의 패권을 장악한 강국이었다.
65) Eratosthenes. 기원전 276년경에 태어났고, 195년 혹은 194년 즈음에 죽었다.

마케도니아식 옷매무새를 뒤섞은 옷을 입었다.[66] 철학자로서의 그는 입는 것에 별 관심이 없었다. 하지만 두 민족의 지배자이자 자비로운 왕으로서의 그는 피정복자의 의상을 존중한다는 것을 보여줌으로써 그들의 호의를 사려고 애썼다. 그리하면 피정복자도 통치자인 마케도니아인들에게 계속해서 애정을 가질 것이고, 적으로서 증오감을 느끼지 않을 것이기 때문이다. 반대로 말해서, 같은 색으로 차려입은 망토에 크게 경탄한다든가, 자주색 단을 댄 키톤[67]에 불쾌해하는 것은 현명하지 못하고 허영심 가득한 일이다. 유모가 차려입혀준 조국의 전통적 의복에 집착하는 부조리한 어린아이처럼, 전자를 경멸하고 후자에 대한 경탄에 충격을 받는 것도 마찬가지다.

사람은 야생동물을 사냥하면 사슴 가죽을 입고, 새를 잡으러 다니면 깃털로 장식된 키톤을 입는다. 붉은색 옷을 입으면 황소의 눈에 띄지 않도록 조심하고, 흰색으로 차려입으면 코끼리를 조심한다. 이런 짐승들은 그런 특정한 색채를 보면 자극을 받아 사나워지기 때문이다. 하지만 위대한 왕이 있어서, 마치 짐승을 다루는 것처럼 고집세고 서로 싸우는 민족들을 복종시키고 달랠 때, 그들에게 익숙한 복장을 하고, 그들에게 습관적인 삶의 방식을 따름으로써 그들을 달래고 만족시키는 데 성공한다고 하자. 그리하여 그들의 거친 천성을 누

그리스의 키레네(Kyrene) 출신의 학자이며 다방면에 정통했다. 그는 최초로 지구 둘레를 계산한 수학자로 잘 알려졌지만, 지리학자이기도 했고, 시인·천문학자·음악이론가이기도 했다.

[66] 관련 내용은 디오도로스 시쿨루스(Diodoros Siculus), 『역사 도서관』(*Bibliotheke Historike*), 제17권 77장 5절에 나와 있다. "그(알렉산드로스)는 페르시아의 띠 모양 왕관을 쓰고, 흰 예복과 페르시아식 장식 띠를 하고, 바지와 긴소매 저고리 복식을 제외한 다른 것들을 걸쳤다."

[67] *chiton*. 주로 짧은 원피스 형태에 허리띠로 졸라매는 형식의 옷으로서 고대 그리스에서는 키톤, 로마에서는 투니카(*tunica*)로 불렸다.

그러뜨리고, 부루퉁한 표정을 순화시킨다면, 사람들이 그를 비난하겠는가? 그저 복장을 슬쩍 고쳐 입음으로써 아시아 전체에서 인기 있는 지도자가 되고, 무기로 육체를 정복했지만 복장으로 그들의 영혼을 자기편으로 끌어들였으니, 오히려 그의 지혜에 놀라야 하지 않겠는가?

사람들은 소크라테스의 제자인 아리스티포스[68]가 낡은 망토를 입든 멋진 밀레토스식 예복을 입든, 고상함을 유지하는 데 놀라움을 표하면서도 알렉산드로스를 비난한다. 알렉산드로스가 조국의 의복에는 온당한 존중을 표했지만, 광대한 제국의 기초를 놓으면서 피정복민의 의복을 경멸하지 않았다는 이유로 말이다. 그는 훗날 한니발이 이탈리아를 급습했던 일, 혹은 예전에 트레로이족[69]이 이오니아(Ionia) 지역에 쳐들어갔던 일, 스키타이족이 메디아를 쳐들어갔던 일의 방식을 따르지 않았다. 그는 아시아를 마치 예상치 못한 행운으로 얻은 전리품이나 약탈품처럼 취급하여, 강도처럼 침략해 들어가지도 않았고, 그 땅을 찢어 나누려고 마음먹지도 않았다. 오히려 알렉산드로스는 땅 위에 사는 모든 사람을 같은 이성의 법칙, 같은 정부 형태에 예속시키고 싶어 했고, 세상의 모든 사람이 한 민족이라는 점을 드러내고 싶었다.

바로 이 목적을 위해서 알렉산드로스는 자신을 피정복민의 관습에 적응시킨 것이다. 만약 알렉산드로스의 영혼을 우리가 사는 이 세상에 보내주셨던 신께서 그의 영혼을 재빨리 거두어가지 않으셨더라

---

[68] Aristippos. 기원전 435년경에 태어나 356년경에 죽었다. 소크라테스의 제자이지만 소크라테스와는 다른 철학적 견해를 가졌다. 그는 개인적 상황에 따라, 역경과 번영의 균형을 잡음으로써 행복을 추구하는 것이 인생의 목표라고 가르쳤다. 그는 키레네(Kyrene) 출신으로서 키레네학파를 창설했으며, 후에 그의 견해를 윤리적 쾌락주의라고 칭하기도 한다.

[69] Treroi. 트라키아의 한 부족 이름이다.

면, 인류 전체는 하나의 법률로 통치되었을 것이다. 인류 모두는 마치 공통된 빛의 근원[70]을 바라보는 것처럼, 정의로운 하나의 통치를 바라보고 있었을 것이다. 하지만 현 상황에서, 알렉산드로스를 보지 못했던 지역은 햇빛[71]을 보지 못하고 있다.

9. 따라서 제일 먼저 거론할 것은, 알렉산드로스 원정의 참된 계획과 의도다. 그로 인해 그는 철학자가 되었다. 그는 자신을 위해 사치스럽고 흥청대는 삶을 살려고 하지 않았고, 모든 인류를 위해 화합과 평화, 이해의 일치를 달성하는 것을 목표로 했다.

다음으로는 그의 말 역시 검증해보자. 다른 왕들과 주권자들[의 영혼] 또한 언설(言說)로써 성품을 가장 잘 드러내기 때문이다. 연로(年老) 안티고노스[72]는 정의에 관한 소책자를 자신에게 바친 어떤 소피스테스에게 이렇게 말했다.

"내가 다른 민족의 도시들을 쳐부수는 것을 보고도, 정의에 관해서 무언가를 말하다니, 자네는 바보일세."

참주 디오니시오스[73]는 이렇게 말했다.

---

70) 태양을 말하는 것 같다.
71) 알렉산드로스의 통치 혜택을 받은 헬레니즘 세계는 햇빛을 보는 것처럼 이성적 통치 아래에서 밝게 지내고 있고, 그렇지 못한 지역들은 문명의 빛이 없이 어둡다는 의미로 썼다. 역시 플루타르코스의 유럽중심주의적 사고방식에서 나온 글이다. 이는 제국주의 시대에 서유럽 열강이 아시아와 아프리카를 침략할 때, 개화시킨다는 명목을 내세웠던 것과 같은 맥락이다.
72) 안티고노스(Antigonos) 1세 모노프탈모스(Monophtalmos, 외눈의)를 말하는 듯하다. 기원전 382년에 태어나 301년에 죽었다. 필리포스 2세와 알렉산드로스 휘하에서 활약했던 장군이다. 알렉산드로스 사후에는 후계 장군 중에서 가장 앞서 나갔으며, 기원전 306년에는 왕을 자처하며 안티고노스 왕조를 세웠다.
73) Dionysios. 시칠리아섬에 있던 그리스 식민도시 시라쿠사(Syracusa)의 참주였

"어린애는 주사위로 속여야 하지만, 어른은 맹세로 속여야 한다네."[74]

사르다나팔로스[75]의 묘비에는 이렇게 새겨져 있다.

이것들은 아직 내 것이로다.
내가 먹은 것, 나의 성적 욕망에 따라 놀아난 것.

이런 여러 말들이 사르다나팔로스의 성적 욕망, 디오니시오스의 불경함, 안티고노스의 불의함과 탐욕을 드러내준다는 것을 누가 인정하지 않겠는가? 하지만 알렉산드로스의 말에서 그의 왕관, 아문[76] 신과의 관계, 고귀한 태생을 덜어낸다면, 소크라테스나 플라톤 혹은 피타고라스의 언설을 찾아볼 수 있을 것이다. 그러니 시인들이 알렉산드로스의 절제가 아닌 그의 권력을 묘사하기 위해 〔써놓은 글들을〕 있는 그대로 주의 깊게 살펴보면서, 그들이 그의 초상화와 조각상에 새긴 자부심 넘치는 자랑들에는 관심을 기울이지 말도록 하자.

그 청동상은 고개 들어 제우스를 응시하면서

던 인물로, 디오니시오스 1세 혹은 연로(年老) 디오니시오스라고도 한다. 기원전 432년경에 태어나 367년에 죽었다.
74) 플루타르코스, 『모랄리아 1』(윤진 옮김, 한길사, 2021), 「스파르타인들의 어록」 '리산드로스 편의 4번'에서는 리산드로스가 한 말로 묘사한다. "4. 또 다른 이들은 그가 밀레토스에서 맺었던 맹약을 어겼다고 하여 그를 비난했다. 그러자 그는 '아이들을 속일 때는 공기놀이에 쓰는 공깃돌이면 되지만, 어른에게는 맹약이 쓰이지요'라고 답변했다."
75) 고대 그리스의 작가 크테시아스(Ktesias)는 아시리아의 마지막 왕을 사르다나팔로스라고 했지만, 실제로는 아슈르우발리트(Ashuruballit) 2세(기원전 612~605년 재위)다.
76) Amun. 이집트의 최고신이다.

말하고 싶어 하는 듯하다.
"저는 세상을 발아래 두었습니다.
제우스여, 그대는 올림포스를 지키소서."

또 다른 시인은 알렉산드로스에 대해 〔그가 이렇게 말하는 것처럼〕 새겨놓았다.
"나는 제우스의 아들이로다."[77]
내가 앞서 말했듯이, 시인들은 알렉산드로스의 행운에 대해 아첨하느라고 이런 표현을 한 것이다.

이제는 진심에서 우러난 알렉산드로스의 언설을 살펴보자. 제일 먼저 보아야 할 것은 어렸을 때 한 말들이다. 어렸을 때 그는 또래 남자아이 중에서 가장 발이 빨랐으므로, 친구들은 올림피아 제전에 나가라고 부추겼다. 그는 경쟁자들이 왕이냐고 물었고, 친구들이 그렇지 않다고 답했다. 그러자 그는 "그 경쟁은 공정하지 않네. 승리한다고 해도 평민을 상대로 이긴 것뿐이지만, 지게 되면 왕의 패배가 되는 것이잖나"라고 말했다.

그의 부왕 필리포스는 트리발리아인과 싸우다가 창에 넓적다리가 관통되었다. 필리포스는 비록 목숨은 건졌지만, 다리를 절게 된 것에 대해 언짢아했다. 알렉산드로스는, "아버님, 기운 내시고 기뻐하면서 계속 나가셔요. 발걸음을 내디딜 때마다 아버님의 용맹을 상기하실 수 있으시니까요."[78]

---

77) 플루타르코스, 『대비 열전』, 「알렉산드로스전」 27장 3~4절에서는 알렉산드로스가 이집트에서 아문의 성역에 찾아가는 장면이 묘사된다. 그곳에서 아문의 대사제는 신을 대리하여 그에게 아버지로서의 인사를 건넨다. 그리스인은 이집트 최고신 아문을 자신들의 최고신 제우스와 동일시했다.
78) 플루타르코스, 『모랄리아 1』, 「스파르타 여성들의 어록」 '이름이 알려지지 않

이는 진정한 철학적 정신에서 나온 말들이 아닌가? 그저 육체적 장애에 불과한 것에 대해 반기를 들면서, 고귀한 행동에 기뻐하고 있으니 말이다. 청중 여러분, 생각해보시라. 한 나라를 정복하고, 승리를 얻고, 도시들을 함락시키며, 왕들을 굴복시켰던 결과로 인한 그의 몸 각 부분을 되새겨보면서,[79] 그는 자기 몸의 상처들을 얼마나 자랑스럽게 여겼던가? 그는 상처들을 덮거나 가리지 않고, 덕과 씩씩한 용기의 상징적 표현이 몸에 새겨진 것이라고 여기며 그것들을 내놓고 다녔다.

10. 마찬가지로, 쉴 때나 연회에서 호메로스의 시 구절을 비교하며, 각자 자신이 좋아하는 행을 고를 때에 알렉산드로스는 항상 이 구절이 가장 훌륭하다고 판단했다.

   이 두 가지가 모두 그로다. 훌륭한 왕이며, 강력한 전사.[80]

쓰일 당시에는 다른 사람을 칭했던 이 구절에 대해, 알렉산드로스는 자신을 규정한 것이라고 생각했다. 그는 호메로스가 이 같은 구절 속에서 아가멤논(Agamemnon)의 씩씩한 용기를 칭송했으며, 자신의 용기를 예언했다고 말했다. 따라서 그는 헬레스폰토스 해협을 건넜을 때, 자신이 그곳에서 영웅적 행위를 했다고 상상하면서 트로이

  은 스파르타 여성들 편 13번'에서는 같은 내용을 소개한다. "13. 한 어머니가 다리를 저는 아들이 전장에 나갈 때 같이 나갔다. '아들아, 발걸음을 디딜 때마다 네 용기를 기억하거라'라고 말했다." 다른 자료에서 알렉산드로스의 이 일화가 나타나지 않은 것으로 보아, 여기서 알렉산드로스가 말하는 부분은 플루타르코스가 스파르타 여성의 이야기를 집어넣은 듯하다.
79) 2장에서 알렉산드로스가 자신이 입었던 상처들에 대해 말했던 것을 가리킨다.
80) 호메로스, 『일리아스』 제3권 179행으로서, '그'는 아가멤논을 말한다.

아[81])의 유적을 보러 갔다. 그 지방의 원주민 한 명이 그에게, 원한다면 파리스[82])의 수금(竪琴)을 주겠다고 약속하자, 그는 이렇게 말했다. "나는 그의 수금이 필요하지 않다. 나는 이미 아킬레우스[83])가 일하고 쉴 때, 수금과 함께했던 것을 가지고 있으니.

그는 영웅들의 유명한 행위들을 노래했노라.[84])

하지만 파리스의 수금은 그의 사랑 노래에나 어울리는 아주 연약하고 여성적인 가락만을 발할 뿐이다."
지혜를 사랑하고, 지혜로운 자를 가장 존중하는 것은 진정 철학적인 정신의 상징이다. 그리고 이런 점에서는 다른 어떤 왕들보다 알렉산드로스가 더 특별했다. 아리스토텔레스에 대한 그의 태도에 관해서는 이미 언급한 바 있다. 여러 작가는 다음의 일들을 기록했다. 즉 그는 음악가 아낙사르코스[85])를 가장 소중한 친구로 여겼고, 엘리스

---

81) 보통은 영어식 표현인 트로이로 알려져 있다. 고대 그리스인들은 트로이아 (Troia), 일리온(Illion), 일리오스(Illios)라고 불렀고, 로마인은 트로이아, 일리움(Ilium)이라고 불렀다. 히타이트어로는 윌루사 혹은 트루위사라고 발음된다. 소아시아(오늘날 튀르키예)의 북서쪽, 다르다넬스 해협 어귀의 남쪽, 이다(Ida)산의 북서쪽에 있던 고대 도시다.
82) Paris. 알렉산드로스라고도 불린다. 트로이아의 왕 프리아모스(Priamos)와 왕비 헤쿠바(Hecuba) 사이에서 태어났으며, 그가 스파르타의 왕비 헬레네 (Helene)를 유혹해서 도망친 행위가 트로이아 전쟁을 촉발하는 계기가 되었다.
83) Achilleus. 트로이아 전쟁에서 활약한 영웅으로 그리스 전사 중 최고의 무용을 자랑했다. 어머니는 바다의 요정(네레이스, *nereis*)인 테티스(Thetis)이고 아버지는 프티아(Phthia)의 왕 펠레우스(Peleus)다.
84) 호메로스, 『일리아스』 제9권 189행에서는 "이 악기로 그는 마음을 달래며 전사들의 명성을 노래하고 있었노라"라고 되어 있다.
85) Anaxarchos. 기원전 380년경에 태어나 320년경에 죽었다. 데모크리토스

(Elis)의 피론[86]을 처음 만났을 적에는 그에게 금 조각 1만 개를 하사했다. 또 그는 플라톤의 친구인 크세노크라테스[87]에게는 선물로 50탈란톤을 주었고, '개'라 불린[88] 디오게네스[89]의 제자인 오네시크리토스를 함대의 수석 키잡이로 삼았다.

하지만 그가 코린토스에서 디오게네스 본인과 이야기하게 되었을 때, 디오게네스의 삶과 가치에 대해 경외감과 놀라움을 품게 되어서 그 철학자를 떠올릴 때마다 이렇게 말하곤 했다.

"내가 알렉산드로스가 아니라면, 디오게네스가 되고 싶다."

이 말은 "내가 실제로 철학을 실천하지 못한다면, 철학의 이론적 탐구에 나를 바칠 것이다"라는 의미다. 그는 "내가 왕이 아니라면, 디오

(Demokritos)학파에 속하는 철학자다. 그는 알렉산드로스의 원정에 참여했다. 그는 알렉산드로스가 신의 아들이라는 주장을 비웃었다는 이야기도 있다. 철학자이지만, 음악에도 조예가 있었기에 플루타르코스가 음악가라고 부른 듯하다.

86) Pyrrhon. 기원전 360년경에 태어나 270년경에 죽었다. 첫 번째 회의주의자로 알려진 철학자다.

87) Xenokrates. 기원전 396/5년에 태어나 314/3년에 죽었다. 칼케돈 출신이며, 철학자이자, 수학자였고, 기원전 339/8~314년에는 아카데메이아의 학장직을 수행했다.

88) '통 속의 철학자'라고 불린 디오게네스의 별명은 '개'(kyno)였다. 그는 자연에 따라서 살아야 한다고 주장하며, 세속의 윤리를 부정했기 때문이다. 예를 들어 그는 사람이 많은 광장에서 소변이 급하자, 사람들이 보는 앞에서 싸버린 적도 있었다.

89) 앞서 동명의 다른 철학자들이 많다고 역주를 단 적이 있지만, 디오게네스라는 이름의 철학자 중에 가장 유명하다. 시노페(Sinope) 출신이며, 기원전 412년 혹은 404년에 태어나 323년 코린토스에서 죽었다. 키니코스학파(견유학파라고도 한다)의 창설자 중 한 명이다. 그는 재산을 버리고 광장에 놓아둔 커다란 도기 항아리에서 종종 잠을 자고, 구걸하며 먹고 살았다고 한다. 알렉산드로스가 코린토스로 갔을 때, 그를 만나러 가서, 원하는 바를 묻자, 햇볕을 쬐게 비켜달라고 했다는 일화는 유명하다. 플루타르코스가 그 일화를 소개하고는 있지만 그다지 신빙성이 있지는 않다.

게네스가 되고 싶다"라든가, "내가 부유하고, 아르게아다이 왕가[90]의 일원이 아니라면"이라고 말했던 것은 아니다. 그는 운명을 지혜보다 높게 보고 있는 것도 아니었으며, 왕관이나 왕의 자주색 의복을 철학자의 바랑이나 다 떨어진 겉옷보다 높이 평가한 것도 아니었기 때문이다. 하지만 그는 "내가 알렉산드로스가 아니라면, 디오게네스가 되고 싶다"고 말했다. 이 말은 다음과 같이 해석해야 한다.

"만약 외국과 그리스의 만사(萬事)를 한데 묶고, 모든 대륙을 횡단해 가서 문명화시키며, 땅과 바다의 가장 끝부분까지 탐사하고, 마케도니아의 국경을 가장 먼 대양까지 확대하며, 그리스의 정의와 평화를 모든 나라에 보급하고 적시는 것이 나의 목적이 아니라면, 나는 게으르게 권력의 사치를 누리며 조용히 앉아 만족하기보다는 디오게네스의 검약을 배우겠소. 하지만 디오게네스여, 용서하시오. 현 상태로 보아, 나는 헤라클레스를 본받고, 페르세우스(Perseus)를 모방하며, 우리 가문의 신적인 창시자이자 선조인 디오니소스[91]의 발걸음을 따르겠소. 나는 승리한 그리스인들이 다시 인디아에서 춤추고, 카우카소스산맥 저 너머의 야만적인 산악 종족들 사이에서 박코이[92]의 술잔치가 재현되기를 원하오. 심지어 그곳(인디아)에는 매우 경건한 이들이 있는데, 그들은 스스로의 규정을 따르며 엄격하게 나체 수행을 하고 자신들의 시간 전부를 신에게 바친다고 하오.[93] 그들은 바

---

90) Argeadai. 마케도니아 왕가의 이름이다.
91) 이 책, 「로마인의 운명에 관하여」 제13장의 역주를 참조하라. 알렉산드로스는 디오니소스와 헤라클레스를 제우스의 핏줄을 이은 선조로 본다.
92) *bakchoi*. 디오니소스 신을 섬기는 성직자들을 말한다. 때로는 디오니소스를 따르는 신도들을 말하기도 한다.
93) 고대 그리스 작가들은 음식과 옷이 사고를 깨끗하게 하는 데 방해가 된다고 생각하며, 나체로 고행하며 수도하는 인디아 지역의 철학자들을 '나체의 현자들'이라는 의미로 김노소피스타이(*gymnosophistai*)라고 불렀다. 여기

랑도 필요 없기에 디오게네스보다 더 검박하다오. 그들은 땅에서 나는 신선한 녹색 채소를 따서 먹으므로, 음식을 비축하지 않기 때문이라오. 그들은 흐르는 강에서 물을 마시고, 떨어진 잎들과 잔디가 있는 땅에서 누워 잔다오. 내 생각에는, 이 먼 땅의 현자들조차도 디오게네스에 대해 알았을 것이고, 디오게네스도 그들을 알았을 것이오. 나 역시 디오게네스처럼[94] 주화의 기준을 바꾸어,[95] 그리스 통치의 각인으로 이민족의 나라들에 자국을 내야만 하겠소."[96]

11. 좋다! 그러면 알렉산드로스의 행동들로 인해 우리는 운명의 여신의 변덕, 전쟁의 격렬함, 정복의 강력함을 알게 되는가? 아니면, 침착하고 분별 있는 판단력을 가지고 모든 일을 처리했던 사람의 위대한 용기와 정의, 대단한 자제심과 온화함, 그리고 점잖은 행동과 지성을 알게 되는가? 신들에게 맹세코, 나는 그의 여러 행위를 구분하여, 이것은 그의 용기를, 저것은 그의 박애를, 그것은 자제심을 나타낸다고 말하지 못하겠다. 그가 행한 모든 일은 모든 덕의 총합의 결과인 것 같기 때문이다. 현자가 행하는 모든 행위는 모든 덕과 조화되는

서는 그들을 언급하고 있다. 플루타르코스, 『대비 열전』, 「알렉산드로스전」 64~65장에서 자세히 다룬다.
94) 원문에는 '디오게네스처럼'이라는 말이 없다.
95) 디오게네스 라에르티오스, 『저명한 철학자들의 삶』 제6권 20장에서는 다음과 같은 내용이 나온다. "디오게네스는 시노페 출신이며 금융업자인 히케시오스(Hikesios)의 아들이었다. 디오클레스(Diokles)에 따르면, 그의 아버지가 나라에서 돈을 위탁받았는데, 주화에 저질 금속을 섞었기 때문에 추방당했다고 한다. 하지만 에우불리데스(Eubulides)는 디오게네스에 관해 쓴 책에서 디오게네스 자신이 그런 일을 했고, 아버지와 함께 고향에서 추방되었다고 한다." 플루타르코스는 아마 이 내용을 상기하고 쓴 듯하다.
96) 이때의 주화는 거푸집에 녹인 금속을 부어 넣는 식으로 정교하게 만들지 않고, 금속 덩어리를 둥글게 만든 다음, 달구고 무늬가 있는 판을 대고 망치 등으로 내리쳐 무늬를 넣는 형식이었다.

행동이라고 선언하는 스토아학파의 원칙이 옳다고, 그가 확신했기 때문이기도 하다. 또 어떤 특정한 덕이 모든 행위에서 주요한 역할을 하는 것으로 보일지라도, 그 덕은 다른 덕들을 고무하여 목적을 향해 가도록 인도하는 것이다.

확실히 사람들이 보기에, 알렉산드로스가 호전적이면서도 인간적이고, 온화하면서도 씩씩하며, 자유로우면서도 신중하고, 성미가 급하면서도 관대하고, 호색하면서도 절제하며, 긴장을 풀지만 게으르지는 않고, 일하면서도 오락을 하지 않는 것은 아닌 면들이 있을 것이다. 알렉산드로스 외에 누가 있어서 전쟁과 축제, 전투와 술잔치, 디오니소스를 섬기는 의식과 결혼식, 결혼식 축가와 공성 및 전장(戰場)을 함께 엮어 치르겠는가? 누가 그보다 더, 나쁜 짓을 한 자들에게는 적대적이며, 불운한 자들에게는 친절하게 대하겠는가? 누가 그보다 더, 적대자들에게는 엄격하게, 청원하는 자들에게는 관대하게 대하겠는가?

여기서 나는 그가 포로스[97]와 만났을 때의 일을 소개하고자 한다. 포로스가 사로잡혀 알렉산드로스 앞에 끌려왔을 때, 알렉산드로스는 그를 어떻게 대했으면 좋겠냐고 물었다. 그러자 포로스는, "알렉산드로스여, 왕답게"라고 답했다. 알렉산드로스가 더 할 말이 없느냐고 다시 묻자, 그는 "없소. 그 말에는 모든 것이 다 들어 있소"라고 답했다.[98] 당연히 나는 알렉산드로스의 행동들 하나하나에 대해서 "철

---

97) Poros. 오늘날 인도 펀자브 지방의 젤룸강과 케납(Chenab, 고대에는 아케시네스)강 사이의 지역을 다스렸던 왕으로서, 용맹이 뛰어났다고 한다. 기원전 326년, 히다스페스 전투에서 알렉산드로스에게 패했다.
98) 아리아노스, 『알렉산드로스 대왕 원정기』 제5권 19장에서는 전말을 자세히 전한다. "포로스는 키가 210센티미터가 넘고 잘생겼으며, 외관에서 굴하지 않는 강인한 면모를 보였다. 그는 자신의 왕국을 위해 다른 왕과 훌륭하게 싸운 다음, 회합을 하고 있는 명예로운 인물이었다. 알렉산드로스는 먼저 그에

학자처럼!"이라고 소리치고 싶은 생각이 든다. 이 말에는 모든 것이 다 들어 있기 때문이다. 알렉산드로스는 옥시아르테스[99]의 딸 록사네[100]가 포로로 잡힌 처녀들 사이에서 춤추었을 때, 그녀에게 반하게 되었다. 하지만 그는 그녀를 강제로 취하지 않고, 왕비로 삼았다.[101]

"철학자처럼!"

그는 투창들에 관통된 다레이오스를 보았을 때,[102] 긴 전쟁이 끝났음을 알리는 희생제나 승리의 찬가를 부르지도 않았다. 오히려 그는 왕들의 운명을 기다리는 신의 응보를 가리려는 듯이, 자신의 망토를

    게 말을 걸면서, 자신과 함께하고 싶은 일이 있는지 말해보라고 권했다. 포로스는 다음과 같이 대답했다. '알렉산드로스여, 나를 왕으로 대접해주시오.' 알렉산드로스는 그 대답에 기꺼워하며 답했다. '포로스여, 내 그렇게 하리다. 스스로를 위해 원하는 바는 없소? 청해보시오.' 포로스는 '그 하나의 요청 속에 모든 것이 포함되어 있소'라고 대답했다. 알렉산드로스는 이 대답에 더욱 기꺼워하며 포로스에게 예전의 통치권을 돌려주었을 뿐 아니라, 예전보다 더 큰 영토를 얹어주었다. 이렇게 포로스는 왕다운 자부심을 갖고 행동했고, 알렉산드로스는 이후로 포로스를 완전히 신뢰하게 되었다."

99) Oxyartes. 고페르시아어로는 훅사트라(Huxathra)라고 한다. 박트리아의 귀족으로서 알렉산드로스에게 저항했으나, 패했다.
100) Roxane. 고페르시아어로는 라옥쉬나(Raoxshna)라고 한다.
101) 아리아노스, 『알렉산드로스 대왕 원정기』 제4권 19장에서는 다음과 같이 나와 있다. "포로 중에는 여러 인물의 부인과 아이들이 있었는데, 그중에 옥시아르테스의 부인과 딸들도 있었다. 그 딸들 중에 록사네라는 이름의 처녀가 있었다. 그녀는 알렉산드로스의 시중을 들었던 사람들의 말에 따르면 다레이오스의 왕비를 제외하고는 아시아에서 가장 사랑스러운 여인이었다. 알렉산드로스는 그녀를 보자마자 사랑에 빠졌다. 그는 강한 열정에 휩싸였지만 그녀를 전쟁 포로 취급하여 강제로 범하지 않고, 그녀와 결혼하기 위해 점잖게 굴었다."
102) 다레이오스 3세는 가우가멜라 전투에서 패하고 난 후 알렉산드로스가 진군해오자, 박트리아로 퇴각하여 그곳에서 다시 군대를 모으기로 했다. 그 와중에 베소스(Bessos)와 나바르자네스(Nabarzanes)가 반란을 일으켜 그를 죽였다. 알렉산드로스의 군대가 왔을 때, 다레이오스는 투창에 맞아 죽어 있었다고 한다.

벗어 시신을 덮어주었다.

"철학자처럼!"

또 한번은 그의 모후(母后)가 보낸 내밀한 서한을 읽고 있을 때, 종종 그랬듯이 옆에 앉아 있던 헤파이스티온[103]이 대놓고 그 서한을 같이 읽었다. 알렉산드로스는 그를 제지하지 않고, 그저 자신의 도장반지를 그의 입술에 갖다 대어 친구의 내밀한 일에 대해 침묵을 지키도록 봉인하는 시늉을 했다.

"철학자처럼!"

만약 이런 행동들이 철학자의 행동들이 아니라면, 다른 어떤 것이 철학자의 행동인가?

12. 그러면 철학자라고 인정받는 이들의 행동과 비교해보도록 하자. 소크라테스는 알키비아데스와 같이 밤을 보낼 때, 행동을 삼갔다.[104] 한편, 소아시아 섬들의 태수였던 필록세노스[105]는 알렉산드로스에게, 이오니아 지방에 한창 때이며, 미모가 누구와도 비교할 수 없는 한 젊은이가 있으니, 그 소년을 보내드리면 어떨까 하고 묻는 편지를 썼다. 알렉산드로스는 다음과 같이 신랄한 답장을 보냈다.

"이 비열한 사람아. 그대가 도대체 언제 나의 내밀한 생활에 관여

---

103) Hephaistion. 알렉산드로스의 가장 친한 친구이고, 보통은 그의 '연인'으로 여기고 있다. 한편 알렉산드로스 휘하에서 매우 유능한 장군이었으며, 알렉산드로스는 그를 공공연하게 신뢰하는 모습을 보였다.

104) 디오게네스 라에르티오스, 『저명한 철학자들의 삶』 제2권 31장에서는 "어떤 이들에 따르면, 그(소크라테스)는 알키비아데스의 미모를 신경 쓰지 않았다고 한다"라고 되어 있다. 알키비아데스는 당대 최고의 미소년으로 이름 높았다.

105) Philoxenos. 알렉산드로스 휘하 장군 중 하나였으며, 그의 사후에는 '후계자들의 전쟁'에 뛰어든 사람이기도 했다.

한 적이 있다고 이제 와서 그런 쾌락을 제공한답시고 아첨을 하는 건가?"

　우리는 알렉산드로스가 제공한 50탈란톤이나 되는 돈을 선물로 받는 것을 거절했다고 하여 크세노크라테스를 존경한다. 하지만 그 선물을 한 행위를 존경하지 말아야 하는가? 아니면, 선물을 기꺼이 받아들이지 않는 이와 선물을 증여한 이가 돈을 별것 아니라고 여긴다는 점에서 의견이 일치하지는 않는다고 생각해야 하는가? 크세노크라테스는 철학 때문에 재화가 필요 없었고, 알렉산드로스도 철학 때문에 재화가 필요 없어서, 그런 이들(철학자들)에게 돈을 아낌없이 쓰려고 했던 것이다. 알렉산드로스가 빗발치듯 떨어지는 화살과 투석 속에서 공격을 감행할 때, 이 말을 얼마나 많이 했는가?[106] 하지만 우리는 모든 사람이 올바른 판단을 할 능력을 타고났다고 믿는다. 자연은 그 자체로 인간을 선(善)으로 이끄는 경향이 있기 때문이다. 하지만 철학자들은 위험을 마주할 때, 강하고 굳건한 판단력을 가진다는 점에서 일반인과 다르다. 일반인은 다음과 같은 관념들로 〔마음을〕 강하게 하지 못하기 때문이다. "조국의 대의가 최고의 징조라네",[107] 그리고 "죽음은 모든 사람에게 종언이다".[108] 하지만 위기는

---

[106] 아리아노스, 『알렉산드로스 대왕 원정기』 제7권 8~10장에서는 늙거나 다쳐서 고향에 돌려보내려는 병사들이 자신들이 버려졌다고 여겨 술렁거리자, 알렉산드로스가 연설하는 내용이 나온다. 특히 10장에서는, 이 부분과 연관 있는 내용이 있다. "내 몸에는 등 뒤를 제외하고는 상처가 없는 곳이 없다. 나는 근접전에서 칼로 베였으며, 화살에 관통당했고, 투석기로 상처를 입었다. 또 돌과 몽둥이에 맞은 적도 많다. 이 모든 것이 누구를 위한 일이었는가? 그대들의 영광과 부를 위해서였다." 즉 내가 애써 싸운 것은 다른 이들, 특히 부하들에게 영광과 부를 가져다주기 위함이었다는 것이다.

[107] 호메로스, 『일리아스』, 제12권 243행에서 인용했다. 그 원문을 보면, "용감한 이는 조짐이 없어도 칼을 뽑고, 조국의 대의 외에는 징조가 필요없노라"라고 되어 있다.

위험이 닥쳤을 때 사람의 계산을 모두 무너뜨리고, 코앞에 닥친 위험에 대한 터무니없는 상상은 판단력을 없앤다. 왜냐하면 철학이 한데 묶어놓지 않는다면, 투키디데스[109]가 말하듯이, "공포는 기억을 몰아내버릴"[110] 뿐 아니라, 모든 목적과 야심, 충동조차 몰아내버리기 때문이다.

---

108) 아테나이의 연설가이자 정치가인 데모스테네스의 연설들 중에서 「화관(花冠)에 대하여」, 97에 관련 구절이 있다. "비록 사람들이 골방에 몸을 숨길지라도, 모든 사람에게 죽음은 인생의 목표점이다. 하지만 용감한 사람들은 희망의 방패를 앞에 내세우고, 운명의 여신께서 배정해주신 것이 무엇이든 간에 용감하게 감내하며, 모든 고귀한 일에 착수해야만 한다."
109) Thukydides. 기원전 460년경에 태어나 400년경에 죽은 아테나이의 역사가이자 장군이다. 아테나이를 필두로 하는 델로스(Delos) 동맹과 스파르타를 중심으로 하는 펠로폰네소스 동맹과의 전쟁에 대한 역사를 썼다.
110) 투키디데스, 『역사』, 제2권 87장 4절에 있는 내용이다. "공포는 아는 것도 기억하지 못하게 만들고, 용기가 없는 기술은 아무짝에도 쓸모가 없다."

제2부

1. 어제[1] 나는 알렉산드로스가 살았던 시대가 대단한 업적들과 엄청난 재능을 지닌 이들이 많이 나왔던 시기라는 점을 언급하지 않았던 것 같다. 그렇지만 이는 알렉산드로스의 행운의 일부가 아니라, 그들의 성공을 가장 잘 판단할 수 있고, 그들에게 저술 등으로 가장 풍부하게 보답할 수 있는 사람으로서, 그 업적을 증인이자 목격자로서 볼 기회를 얻었던 예술가들의 행운일 것이다. 어쨌거나 이런 말도 있다. 알렉산드로스보다 후대에 태어난 시인 아르케스트라토스[2]는 완성된 시인이었지만 가난과 냉대 속에서 삶을 보내고 있었다. 그때 누군가 그에게 이렇게 말했다.

"그대가 알렉산드로스의 시대에 태어났더라면, 그대가 쓴 모든 시의 대가로 알렉산드로스가 그대에게 키프로스섬이나 페니키아 지방을 주었을 겁니다."

나는 그 시기에 최상급의 예술가들이 그렇게 나타난 이유가 그들이 알렉산드로스의 시대에 살았기 때문이 아니라, 알렉산드로스가 그들을 위해 해준 일들 때문이라고 생각한다. 좋은 날씨와 맑은 주변 대기는 풍성한 수확을 만들기 때문이다. 마찬가지로 왕이 보여주는 호의, 존중, 자비는 예술과 재능 있는 사람들을 길러낸다. 한편 반대로, 군주들이 질투와 인색함 혹은 샘을 내며 경쟁심을 보인다면, 모든 예술 활동은 식어버리고, 사라지고 만다.

그리하여 전해지는 이야기에 따르면, 시라쿠사의 참주 디오니시오스는 유명한 하프 연주자의 연주를 들으면서, 그에게 1탈란톤을 주

---

[1] 이 원고는 로마에서 플루타르코스가 강연했던 내용을 옮긴 것이다. 따라서 1부와 2부는 하루 간격을 두고 강연한 것이다.
[2] Archestratos. 기원전 4세기 중반에 활동했던 시칠리아섬 출신의 시인이다.

겠다고 약속했다. 다음 날, 그 연주자가 약속을 지키시라고 요청했을 때, 디오니시오스는 이렇게 말했다.

"어제, 나는 그대의 연주에 즐거웠고, 그대가 노래하는 동안 나 역시 희망으로 그대를 기쁘게 해준 것일세. 그래서 바로 그 순간에 그대 역시 즐거웠으므로, 그대가 준 즐거움에 대해 충분한 보수를 받고 있던 것이지."

페라이(Pherai)의 참주 알렉산드로스[3] ― 페라이의 참주라는 이 말이 그의 유일한 호칭이 되어야 한다. 그가 알렉산드로스의 이름을 더럽히도록 해서는 안 되기 때문이다 ― 는 한 비극 배우의 연기를 관람할 때, 연기 감상을 통해 동정심에 마음이 크게 동요되는 것을 느꼈다. 그러자 그는 튀어 오르는 것처럼 일어나서, 많은 시민을 학살할 때, 헤카베[4]와 폴릭세나[5]의 고난을 보고 우는 것이 사람들에게 목격되었다면 끔찍한 일이 되었을 것이라고 소리 지르며, 빠른 발걸음으로 극장 밖으로 나갔다.[6] 심지어 그는 그 배우가 자신의 마음을 불 속의 쇠처럼 부드럽게 만들었다고 하여, 처벌했다고 한다.

아르켈라오스[7]는 총애하는 사람들에게도 다소 인색하게 굴었다고

---

3) 기원전 369~356년경 동안에 테살리아 지역의 도시 페라이를 통치했던 참주로서 알렉산드로스 대왕과는 동명이인이다.
4) Hekabe. 그리스 전설 속의 인물로서, 트로이아 전쟁 당시 트로이아의 프리아모스왕의 왕비. 헥토르, 파리스, 카산드라 등의 어머니다. 비극들에서 전쟁 중에 자식들이 죽는 슬픔을 맛본 비극적 여주인공으로 많이 나온다.
5) Polyxena. 프리아모스와 헤카베 사이에서 태어난 막내딸이다. 트로이아 전쟁이 그리스의 승리로 끝나자, 그리스군은 영웅 아킬레우스의 무덤 앞에서 그녀를 희생 제물로 바친다.
6) 플루타르코스는 잔인한 참주인 그가 눈물 흘리는 것을 사람들에게 들킬까봐 도망친 것으로 보고 있는 듯하다.
7) 기원전 413~399년 동안 통치했던 마케도니아의 아르켈라오스(Archelaos) 1세를 말한다.

한다. 티모테오스는 종종 이런 후렴구를 노래 불러서 인색함에 대해서 넌지시 알리고 싶어 했다.

대지가 낳은 은(銀) 위에서 그대는 칭찬하시네요.

하지만 재치 있던 아르켈라오스는 이렇게 대꾸하며 노래 불렀다.

바로 그것이 자네가 갈망하는 것이지.

스키티아의 왕 아테아스[8]는 피리 연주자인 이스메니아스(Ismenias)를 포로로 잡고, 한 연회에서 그에게 연주하라고 명령했다. 사람들은 모두 즐거워하며 환호했으나, 아테아스는 애마의 울음소리가 더 달콤하게 들린다고 확언했다. 그는 무사이[9]께서 자기 귀에 머물지 못하게 멀리 보내고, 자기 영혼을 여물통에 머물도록 했나 보다. 차라리 말 울음이 아니라 당나귀 울음이 더 좋게 들리도록 할 것이지! 이런 군주들의 궁정에서 뛰어난 예술이나 시, 그리고 음악에 대한 존중이나 발전이 어찌 있겠는가? 또, 이러한 예술 공연자들과 맞서고, 악의와 적의로 진정한 예술가들을 억누르려고 하는 이들의 궁정에서 예술적 열정이 타오를 수 없다. 그런 군주로, 시인 필록세노스[10]를 채석

---

8) Ateas. 기원전 429년경부터 339년까지 통치했다고 전해지는 스키티아의 왕이다. 그리스의 자료에서는 아테이아(Ateia), 아타이아스(Ataias), 아테우스(Atheus)라고 전해지기도 한다.
9) Musai. 예술을 관장하는 아홉 명의 여신들, 영어식으로는 뮤즈들(Muses)이라고 한다.
10) Philoxenos. 기원전 435년경에 태어나 380년경에 죽은 키테라(Kythera) 출신의 시인이다. 참주 디오니시오스의 부인 갈라테이아(Galateia)를 유혹했다가 채석장 절벽에서 던져지는 벌을 받았다는 이야기도 있고, 디오니시오스가

장에 던졌던 디오니시오스—그를 다시 〔악한 군주의〕 예로 든다—가 있었다. 디오니시오스는 필록세노스에게 자신이 쓴 비극을 고쳐 달라고 명했으나, 필록세노스는 맨 처음부터 마지막 절정에 달하는 작품 전체를 삭제해버렸기 때문이다.

필리포스는 인생 후반기에 지식을 쌓았기에, 그 역시 젊었을 적에는 이런 면에서 좀 쩨쩨하고 유치한 면이 있었다. 그래서 이런 이야기도 있다. 필리포스가 한번은 어떤 하프 연주자와 악기 다루는 법에 대해 논쟁을 벌였고, 심지어 자신이 그 연주자를 논파했다고까지 생각했다. 그러자 그 하프 연주자는 부드럽게 미소 지으며, 이렇게 말했다.

"전하, 이런 문제에 대해서 저보다 더 많이 안다고 하실 정도까지 몰락하시지 않기를 빕니다."

2. 그러나 어떤 일들에서 그가 단순히 구경꾼이자 청자가 되는지, 그리고 어떤 일에서 주요한 역할을 할 수 있는지를 잘 알고 있던 알렉산드로스는 무기를 들고 있을 때 뛰어난 이가 될 수 있도록 언제나 스스로 갈고닦았다. 아이스킬로스[11]의 말을 빌리면, 다음과 같다.

무장한 불굴의 경쟁자요, 적들에게는 재앙이려니.[12]

쓴 별 볼 일 없는 시를 칭찬하지 않았다고 하여 그런 벌을 받았다는 이야기도 있다.
11) Aischylos. 기원전 525년경~455년경. 그리스의 비극 작가로서 '비극의 아버지'라고 불린다. 그의 작품은 79편에 달했다고 하지만, 현재는 오직 일곱 편만이 전해진다. 『오레스테이아』(Oresteia) 3부작이 대표적인 작품이다.
12) 이 책, 「로마인의 운명에 관하여」 3장에서도 같은 문구를 인용한다.

그는 선조인 아이아키다이[13] 가문 사람들과 헤라클레스[14]로부터 이 기예[15]를 물려받았다. 그는 다른 기예들에 대해서는 그 가치와 뛰어난 예술성에 따라 질시를 보이지 않고 아낌없이 존중을 보였다. 하지만 그 기예들을 즐기느라고, 그것들을 모방하느라고 애쓰면서 시간을 쉬이 흘려보내지는 않았다. 알렉산드로스 당대의 비극 배우 중에서 테탈로스[16]와 아테노도로스(Athenodoros)가 가장 뛰어났다. 이 두 사람이 경연을 벌였을 때, 키프로스섬의 왕은 공연의 비용을 부담했고, 알렉산드로스 휘하에서 가장 저명한 장군들이 심사를 맡았다. 아테노도로스가 승리했을 때, 알렉산드로스는 "테탈로스가 지는 것을 보느니 내 왕국의 반을 잃는 편이 나았을 것을"이라고 말했다. 하지만 그는 심사에 간여하거나, 판정에 흠을 잡지는 않았다.[17] 그는 자신이 사람들보다는 위에 있지만, 정의에 복종해야 한다고 느꼈기 때문이다.

알렉산드로스 당대의 희극 배우 중에서는 스카르페이아(Skarpheia)의 리콘(Lykon)이 가장 뛰어났다. 리콘이 희극을 공연하면서 돈을 달라는 가사를 삽입해 연기하자 알렉산드로스는 그에게 10탈란톤을 주었다.[18]

---

13) Aiakidai. 아이기나(Aigina)섬의 전설적인 왕 아이아코스(Aiakos)의 후손들을 말한다. 그중에는 트로이아 전쟁의 영웅 아킬레우스가 있다. 알렉산드로스의 모후 올림피아스가 이 가문의 후손이다.
14) 알렉산드로스 가문은 헤라클레스를 가문의 선조라고 주장한다.
15) 전투 혹은 전쟁 기술을 말한다.
16) Thettalos. 플루타르코스는 『대비 열전』, 「알렉산드로스전」 제29장 2절에서 '테살로스'(Thessalos)라고 표기하고 있다.
17) 플루타르코스, 『대비 열전』, 「알렉산드로스전」 제29장 1~2절에서 이 내용을 조금 더 자세히 다루고 있다.
18) 플루타르코스, 『대비 열전』, 「알렉산드로스전」 제29장 3절에서는 리콘이 10탈란톤을 달라는 구절을 삽입해서 연기했다고 전한다.

여러 하프 연주자도 그의 친구였다. 그중에 아리스토니코스(Aristonikos)는 어떤 전투에서 알렉산드로스를 도우러 와서 명예롭게 싸우다가 전사했다.[19] 그래서 알렉산드로스는 한 손에 수금을 들고, 다른 손에는 창을 내밀고 있는 자세의 동상을 델포이에 세워주라고 명령했다. 그럼으로써 알렉산드로스는 이 특별한 사람뿐 아니라 음악에도 경의를 표한 것이었다. 음악이 진정한 남자를 만들어내고, 특히 음악으로 제대로 키워낸 아들에게 영감과 충동을 가득 채우기 때문이다. 한번은, 안티게니데스(Antigenides)가 태양신의 전차 송가를 피리로 연주할 때, 알렉산드로스는 그 연주에 도취했고 흥분하여 자리에서 뛰어올라 근처에 놓여 있던 무기에 손을 대었다. 이리하여 다음과 같이 노래하던 스파르타인들의 증언이 확인되었다.[20]

하프 연주자의 멋진 연주는 칼에 필적하노라.

화가 아펠레스[21]와 조각가 리시포스[22]도 알렉산드로스와 동시대인이었다. 아펠레스는 「번개를 부리는 알렉산드로스」를 아주 생생하고 자연스럽게 표현했으며, 두 명의 알렉산드로스 중에 필리포스의 아들은 무적이지만, 아펠레스가 그린 알렉산드로스는 비길 데 없다고 말했다. 리시포스는 하늘을 향해 얼굴을 들고 올려다보는 모습 — 알렉산드로스는 실제로 머리를 한쪽으로 살짝 기울인 채 종종

---

19) 아리아노스, 『알렉산드로스 대왕 원정기』 4권 16장에서는 박트리아에서 일어났던 전투라고 기록하고 있다.
20) 플루타르코스, 『대비 열전』, 「리쿠르고스전」 21장 4절에서는 스파르타에 초빙된 시인 핀다로스가 읊은 구절로 묘사된다.
21) Apelles. 코스(Kos)섬 출신으로 기원전 4세기의 유명 화가다.
22) Lysippos. 스코파스(Skopas), 프락시텔레스(Praxiteles)와 함께 고전기, 헬레니즘 시대를 통틀어 그리스 3대 조각가로 꼽힌다.

그렇게 〔하늘을〕 보았다—을 묘사하는 알렉산드로스의 첫 번째 조각상을 만들 때, 누군가가 다음의 시 구절을 그 조각상에 새겼는데 상당히 그럴듯했다.

> 그 청동상은 고개 들어 제우스를 응시하면서
> 말하고 싶어 하는 듯하다.
> "저는 세상을 발아래 두었습니다.
> 제우스여, 그대는 올림포스를 지키소서."[23]

알렉산드로스는 리시포스만이 자신의 조각상을 만들도록 명령을 내렸다.[24] 리시포스야말로 알렉산드로스의 성품을 청동으로 드러내고, 그의 형태를 만들 때 그가 가지고 있는 덕들까지도 묘사하는 유일한 사람인 듯했기 때문이다. 다른 조각가들은 알렉산드로스의 구부린 목이나 애수 어린 것 같으면서 투명하게 맑은 눈동자들을 모방하려 했지만, 리시포스의 씩씩하고 당당한 표현을 담아내지는 못했다.

알렉산드로스의 궁정에 있던 다른 예술가 중에 조각의 대가인 스타시크라테스[25]가 있다. 그는 보기에 화려하거나 유쾌한 혹은 생생

---

23) 이 책, 「알렉산드로스의 덕과 운명에 관하여」 1부 9장에 같은 내용의 시 구절이 있다.
24) 아리아노스, 『알렉산드로스 대왕 원정기』, 제1권 16장에 다음의 내용이 있다. "마케도니아 측에서는 종사단에서 25명 정도가 첫 번째 돌격에서 전사했다. 그들의 청동 조각상이 디온(Dion)에 세워져 있다. 알렉산드로스는 자신의 모습을 조각할 수 있는 유일한 조각가로 선정한 리시포스에게 이 조각상들을 세우라고 명했다." 이 조각상들은 그라니코스강 전투에서의 사망자들을 묘사한 것이다. 기원전 146년에 메텔루스 마케도니쿠스가 이 조각상들을 로마로 옮겼다고 웰레이우스(Velleius)는 전한다.(『로마사』, 1권 2장)
25) Stasikrates. 데이노크라테스(Deinokrates), 케이로크라테스(Cheirokrates)라

한 것들을 만들려고 하지 않고, 왕의 아낌없이 주는 면에 어울리는 장대한 제작품이나 설계를 하는 일에 매달렸다. 그는 알렉산드로스를 따라 아시아로 갔고, 알렉산드로스를 묘사한 그림, 조각, 주물로 만든 조상(彫像)들에서 흠을 발견했다. 소심하고 비천한 예술가들이 만든 작품이라는 점이었다. 그는 이렇게 말했다.

"전하, 하지만 저는 전하의 상을 자연 그대로인 불멸의 재료로 만들어 세울 계획을 생각하고 있습니다. 그 상은 영구적으로 땅에 뿌리를 내리고 있으며, 움직이거나 흔들리지 않는 무게를 갖고 있습니다. 트라키아에서 아토스(Athos)산은 가장 높고 눈에 띄는 봉우리입니다. 이 산은 표면이나 높이가 균형이 잘 잡혀 있고, 인간 형태의 사지나 관절들, 비율을 보여주고 있습니다. 이곳을 적절하게 파고 형태를 갖추도록 만들면, 산 자체를 대왕의 상으로 만들 수 있을 것입니다. 그 상의 토대는 바다에 세워지고, 왼손은 1만 명의 주민이 사는 도시를 감싸안을 것입니다. 오른손은 헌주용 잔을 잡고 계속 흐르는 강물을 바다에 쏟게 될 것입니다. 금이나 청동, 상아, 목재, 염료로 하찮은 조상들을 만들면, 그것들은 사들여지고, 팔리며, 도둑질당하고, 녹여지게 될 것이니, 그것들을 모두 무시해버립시다!"

알렉산드로스는 그의 말을 경청했고, 그 예술가의 고상한 계획과 대담함을 칭찬했다. 하지만 감사 표시와 함께 정중히 거절했다. 그는 이렇게 말했다.

"그렇지만 아토스산은 원래대로 남아 있게 하세. 그 산은 한 왕의 오만함을 기억하게 만드는 것으로 족하네.[26] 나의 인상은 카우카소

고도 하며, 알렉산드로스 휘하에서 건축이나 기술 관련 자문을 많이 했다. 에페이소스의 아르테미스 신전 재건축, 이집트의 알렉산드리아 도시 설계 등을 했다고 알려져 있다.
26) 페르시아의 크세륵세스 1세는 기원전 5세기에 북부 그리스 칼키디키의 아토

스산과 에모다산맥,[27] 타나이스강,[28] 카스피(Caspi)해가 보여줄 것이네. 그것들이 내 위업의 상(像)이 될 것이야."

3. 그러나 바라건대 그런 작업이 완결되어 사람들의 눈에 보이게 되었다고 상상해보라. 그것을 바라보면서 그 형식과 배치, 외양이 운명 혹은 우연에 의해 만들어졌다고 생각하는 사람이 있겠는가? 내 생각에는, 아무도 없다. 아펠레스가 그린 「번개를 부리는 이」는 어떤가? 창에서 그 이름을 딴 조각상[29]은 어떤가? 금과 청동, 상아와 많은 귀금속을 운명이 아낌없이 제공해주었더라도, 예술의 도움 없이는 하나의 훌륭한 조각상을 만들어낼 수 없다는 것을 우리가 인정해야 하는가? 또 한 위대한 인물 혹은 이제까지 살았던 누구보다 위대한 인물이라고 쳐도, 그가 덕의 도움 없이, 그저 운명이 제공한 무기와 자금, 보병과 기병을 통해 완벽해지는 일이 가능한가? 이러한 것들의 사용법을 배우지 못한 사람에게 그것들은 그저 위험일 뿐이고, 힘이나 부유함이 아니며, 그가 약하고 시시하다는 것을 증명하는 수단일 따름이다. 따라서 안티스테네스[30]가 말한 바가 옳다.

"우리는 적이 용기를 제외한 모든 좋은 것을 구비하기를 기원해야 한다. 그렇게 되면, 이 좋은 것들은 소유주들이 아니라 그들을 정복

스반도에 있는 아토스산 토대 부분에 운하를 만들었다. 지금도 유럽에 남아 있는 페르시아의 몇 안 되는 유적 중 하나이며, 길이는 2킬로미터, 폭은 30미터다.

27) Emoda. 인도 북서부에 있는 산맥이다.
28) Tanais. 러시아의 돈(Don)강을 말한다. 플루타르코스에 의하면 전설상의 아마존 부족이 이 강 유역에 살았다고 한다.
29) 이 소론의 2장에서 말하는 아리스토니코스의 동상을 언급하는 것 같다.
30) Antisthenes. 기원전 446년경에 태어나 366년경에 죽었다. 소크라테스의 제자인 철학자다.

한 이들에게 속하게 될 것이기 때문이다."

그러므로 자연은 모든 짐승 가운데서 가장 겁이 많은 사슴에게 방어를 위해 크기가 우람하고 갈라진 뿔을 주었다고들 말한다. 그 점에서 힘과 무기란 자신의 땅을 지킬 용기를 갖지 못한 자들에게 전혀 도움이 되지 않는다는 점을, 자연은 우리에게 가르쳐준다. 이와 마찬가지로 운명은 종종 겁쟁이와 바보들에게 군사력과 지배권을 주어 망신을 자초하게 하고, 인간의 위대함과 좋은 점을 구성하는 단 하나의 속성인 덕을 화려하게 만들고 칭찬한다. 진정으로 에피카르모스[31]가 말하듯이,

> 마음은 시각도, 청각도 가지고 있으나,
> 그밖의 모든 것은 귀먹고 눈멀었다네

라고 한다면, 마음 외의 것들은 분별력이라고는 없을 것이다. 우리의 지각 능력은 각자의 독특한 자극들에 반응하는 것 같지만, 우리를 이끄는 것도 마음이고, 우리의 행위를 묘사하는 것도 마음이며, 정복하고 제압하며 왕 노릇을 하는 것도 마음이다. "귀먹고 눈멀었"으며 생기 없는 "그밖의 모든 것"이 덕 없는 그 소유자를 잘못 인도하고, 부담을 지우며 망신스럽게 한다는 점은 역사에서 찾아낼 수 있는 진실이다. 같은 권력과 지배 영역을 장악하고 있는 두 군주인 세미라미스[32]와 사르다나팔로스 중에서, 세미라미스는 여성이었지만 대단한 원정

---

[31] Epicharmos. 기원전 550년경에 태어나 460년경에 죽었다고 알려진 코스섬 출신의 극작가이자 철학자다. 최초의 희극 작가 중 하나라고 알려져 있다.
[32] Semiramis. 시리아어로는 사미람(Sammiram)이라고 하며, 전설적인 아시리아의 왕들인 오네스(Onnes)와 니노스(Ninos)의 왕비였으며, 후일 그들의 왕위를 계승했다고 전해지는 전설적인 여왕이다.

들을 준비했고, 병사들을 무장시켰으며, 바빌로니아 제국을 세웠다. 그리고 페르시아만까지 항해해 가서 에티오피아와 아라비아를 정복했다. 하지만 사르다나팔로스는 남성으로 태어났음에도 첩들 사이에서 무릎을 앞에 가지런히 모으고 앉아 자주색 모직물이나 손질하면서 시간을 헛되이 보냈다. 그가 죽었을 때, 사람들은 야만적인 옷차림을 하고 머리 위로 손을 뻗어 손가락을 튕기며 춤추는 그의 석상을 만들었다. 그 석상에는 이런 글을 새겼다.

"먹고, 술 마시고, 사랑하며 놀라. 그밖의 모든 것은 무가치하다."

크라테스[33]는 델포이에 창부(娼婦)[34]인 프리네[35]의 황금상이 세워져 있는 것을 보고, 저 상은 그리스인의 음탕함을 나타내는 기념물처럼 서 있다고 소리쳤다. 따라서 누구라도 사르다나팔로스의 삶이나 무덤을 찾아본다면 — 내 생각에 둘 사이에는 차이가 없다 — 그것들이야말로 운명의 여신께서 보여주시는 관대함의 기념물이라고 말할 것이다. 그렇다면 운명의 여신께서 사르다나팔로스의 예를 따라 알렉산드로스를 지탱해주셨고, 알렉산드로스가 이룬 위대함과 권력에 지분이 있다고 추정해야 할까? 여신에게 선물 받은 다른 군주들에 비해 알렉산드로스가 얼마나 더 대단한 선물을 받았는가? 무기, 기병, 투척 무기, 자금, 호위병들이 더 주어졌는가? "하실 수 있다면, 운명의

---

33) Krates. 기원전 365년경에 태어나 기원전 285년경에 죽었다. 테바이 출신의 키니코스학파 철학자다. 그는 스토아학파의 창건자인 키티온의 제논을 가르쳤던 적이 있다고 한다.
34) 그리스어로는 헤타이라(hetaira)로써 창부라고 번역했지만, 조선 시대의 기생에 더 가깝다. 즉 나름의 기예나 학식을 갖춘 경우도 많았다.
35) 프리네(Phryne)는 일종의 예명이고 원명은 므네사레테(Mnesarete)로서 '덕을 공경하는' 정도의 의미다. 생몰 연도는 정확하게 알려지지 않으나, 기원전 371년경에 태어난 것으로 전한다. 서기 3세기의 그리스인 수사학자 아테나이오스(Athenaios)가 쓴 『지혜를 사랑하는 이들의 저녁 식사』(Deino sophistai) 제13권 58~60장에 그녀에 관한 일화가 자세히 나와 있다.

여신께서는 이런 선물들을 가지고 아리다이오스[36]를 위대하게 만드는 데 전념해보십시오. 아니면 오코스나 오아르세스,[37] 아르메니아의 티그라네스 혹은 비티니아의 니코메데스[38]도 좋습니다." 이중에 티그라네스는 폼페이우스의 발밑에 왕관을 벗어놓아야 했고, 전리품이 되어버렸던 왕국을 굴욕적으로 돌려받았다. 하지만 니코메데스[39]는 머리를 밀고 해방노예가 쓰는 모자를 쓴 채, 자신이 로마 시민의 해방노예라고 천명해야 했다.

4. 그렇다면, 운명의 여신께서 사람을 쩨쩨하고, 소심하며, 비참하게 만든다고 할 수 있을까? 불운 때문에 비천해졌고, 행운 덕분에 용기와 지성을 가지게 되었다고 책임을 돌리는 것은 옳지 않다. 하지만 알렉산드로스의 통치 덕분에 운명의 여신은 과대평가되었다. 그로 인해서 여신은 빛나고, 무적이며, 고결하며, 좋으시며, 자비롭다고

---

36) Aridaios. 필리포스 3세 아리다이오스를 말하는 것 같다. 기원전 359년경에 태어나 기원전 317년 12월에 사망했다. 기원전 323년 6월 11일부터는 필리포스 3세가 되어 마케도니아의 섭정(왕)이 되었다. 원래 이름은 아리다이오스지만, 즉위하면서 필리포스 3세가 된 것 같다. 알렉산드로스의 이복동생이었으며, 몸에 장애가 있었다고 한다. 아마도 간질인 것으로 추정된다.
37) Oarses. 일반적으로는 아르세스(Arses)라고 하는데, 플루타르코스는 오아르세스로 표기했다. 페르시아의 아르타크세륵세스 3세의 막내아들이었다. 기원전 338년 바고아스(Bagoas)가 정변을 일으켜 아르세스의 부왕과 형제들을 모두 죽이고 그를 왕위에 올렸다. 아르세스가 바고아스에게 의존하지 않고, 독자적인 통치를 하려고 하자, 바고아스는 기원전 336년 그와 그의 자식들을 살해했다.
38) Nikomedes. 기원전 149~91년 동안 재위한 비티니아의 왕 니코메데스 2세를 말한다.
39) 플루타르코스는 니코메데스의 부왕인 프루시아스(Prusias) 2세와 착각했다. 프루시아스 2세는 기원전 220년경에 태어나 기원전 149년까지 재위했던 비티니아의 왕이다.

여겨졌기 때문이다. 그래서 알렉산드로스의 사망 직후, 레오스테네스[40]는 마치 키클롭스가 눈이 먼 다음 어떤 특정 목표를 향하지 못하고 여기저기 손으로 더듬었듯이, 알렉산드로스의 군대가 여기저기 헤매며 노력의 결과를 망치고 있었다고 전한다. 그리하여 이 방대한 규모의 군중은 안전한 거점도 없이 지도자를 찾아 실수를 거듭하며 이곳저곳을 헤매고 다녔다는 것이다. 아니 그보다, 영혼이 떠나간 시신처럼 그들은 자연적 힘으로 한군데로 모이는 것을 멈추고, 계속 분산되고 분리되어서 결국에는 흩어져 모두 사라져버리고 말았다.

알렉산드로스의 군대는 알렉산드로스가 죽은 뒤 숨을 헐떡이고, 동요되었으며, 고열이 나는 상태를 유지할 뿐이었다. 말하자면 페르디카스,[41] 멜레아그로스,[42] 셀레우코스, 안티고노스 같은 이들은 아직 맥이 뛰고 피가 도는 생명과 피에 따뜻한 숨결을 제공해준 것이었다. 마침내 그 군중은 쇠약해지고 숨이 다했다. 그리하여 마지막 사투를 벌이는 비천한 왕들과 지배자들, 말하자면 시신을 탐하는 구더기들[43]을 산출했던 것이다. 이런 상황은 크라테로스[44]와 다투는 헤파이스티온을 꾸짖으며 알렉산드로스 스스로가 했던 말의 의미와 흡사한 듯하다.

---

40) Leosthenes. 기원전 323년경에 사망한 아테나이 출신의 장군이다. 스트라본을 비롯한 일부 고대 작가들은 그가 알렉산드로스 대왕 휘하에서 종군했다고 하지만, 오늘날의 연구 결과로는 레오나토스와 착각했다는 의견이 더 많다.
41) Perdikkas. 기원전 355년경에 태어나 기원전 321/320년에 죽었다. 알렉산드로스 휘하 장군으로서 알렉산드로스 사후 알렉산드로스의 이복동생인 필리포스 아리다이오스와 공동 섭정이 되었다.
42) Meleagros. 기원전 323년에 사망한 알렉산드로스 휘하의 장군이다.
43) 알렉산드로스의 사후 권력을 잡으려는 휘하 장군들인, 소위 '후계자들'(디아도코이, *diadochoi*)을 말한다.
44) Krateros. 기원전 370년경에 태어나 기원전 321년에 죽었다. 알렉산드로스의 휘하 장군이었으며, 사후에는 '후계자들' 중 하나였다.

"만약 누군가 네게서 알렉산드로스를 박탈하면, 네 권한과 업적은 어찌 될까?"

하지만 나로서는, 알렉산드로스의 생애를 주재하는 운명의 여신께 주저하지 않고 다음과 같이 말할 것이다.

"무엇이 당신의 위대함이나 명성입니까? 누군가 당신에게서 알렉산드로스를 박탈하면, 당신의 권력이나 무적(無敵)은 어디 있게 됩니까?"

다시 말하면 이렇다.

"만약 당신에게서 무기 다루는 법, 재화의 아낌없는 사용, 그 재화를 소비할 때의 자제심, 전투에서 적과 맞설 때의 대담함, 정복당한 사람들에게 보여주는 온화함을 박탈하면 어떻게 되겠습니까? 가능하시다면, 누군가를 위대하게 만드십시오. 하지만 그 사람은 재산을 쓰는 데 너그럽지도, 전열(前列)에 서서 위험을 자초하지도, 친구들을 존중하지도, 포로들에게 동정심을 느끼지도, 쾌락을 절제하지도, 위기에 밤을 새우지도, 승리했지만 관대하지도, 크게 성공했지만 고상하지도 않을 것입니다. 어리석고 사악하다면, 권력을 행사한다 해도 어떤 이가 위대하겠습니까? 운 좋은 이에게서 덕을 앗아간다면, 그는 모든 면에서 잡배가 되어버립니다. 관대한 행위는 인색함으로, 힘든 과업 수행은 유약함으로, 믿음은 미신으로, 좋은 사람들에게는 질투로, 남성들 사이에서는 겁쟁이로, 여성들 사이에서는 방탕한 자로 바뀌어버릴 것입니다."

별것 아닌 봉납물을 위해 커다란 제단을 만드는 서투른 직공이 봉납물의 하찮음을 눈에 띄게 만들어버리는 것처럼, 운명의 여신께서 화려한 행렬이라는 행위로 하찮은 인물을 높이 올리실 때마다, 그의 천박한 인간성에서 나오는 실책과 우유부단함을 더 눈에 띄게 또 수치스럽게 할 것이다.

5. 그러므로 좋은 것을 소유한다고 해서 위대해지는 것이 아니라, 그것들을 사용해야 위대해지는 것이다. 심지어 어린아이라도 아버지의 왕국과 지배권을 물려받기 때문이다. 저 카릴로스[45]도 그랬다. 리쿠르고스[46]는 카릴로스를 포대기에 싸서 공동식사를 하는 집회장에 데리고 나와, 이 아이가 자신을 대신하여 스파르타의 왕이 될 것이라고 선언했다. 확실히 이 경우에는 아기가 위대한 것이 아니라, 세습적 권리를 자기가 갖거나 빼앗는 것이 아니라 아기에게 넘겨준 리쿠르고스가 위대했다. 하지만 포대기가 왕가의 자주색이라는 것 이외에는 전혀 다를 바 없는 아이인 아리다이오스를 멜레아그로스가 알렉산드로스의 옥좌에 앉혔는데, 이 경우에는 누가 아리다이오스를 위대하게 만들 수 있었는가? 그가 행한 일이 정말로 잘 되었다면, 사람들이 덕의 공정함으로 통치하는 것이 어떤지, 운명의 여신의 선물을 받아 통치하는 것이 어떤지에 대해 며칠 내로 판가름이 날 것이다. 왕권을 위한 진정한 경쟁자를 승계시키기 위해 멜레아그로스가 제대로 된 배우를 끌어들였는지, 아니면 왕관을 쓰고 무대 — 말하자면, 사람이 살고 있는 세상 — 를 가로질러 행진하고 있는 대사가 없는 무언 배우를 끌어들였는지의 문제이기 때문이다.

여성이라도 남성이 짐을 지우면, 그 짐을 나를 수 있다네.[47]

---

45) Charillos. 하릴라오스(Harilaos)라고도 한다. 기원전 8세기 초중반에 재위했던 스파르타의 왕으로서 전설적인 입법자 리쿠르고스의 조카다.
46) 이 책, 「로마인의 운명에 대하여」 4장 역주 참조. 우리가 스파르타의 독특한 체제라고 알고 있는 것은 대부분 리쿠르고스가 만들어놓았다고 알려져 있다.
47) 아리스토파네스(Aristophanes)가 쓴 희극 「히페이스」(*Hyppeis*)의 1056행에 나오는 대사. 그는 기원전 446년경에 태어나 기원전 386년경에 죽은 아테나이의 희극 작가다. 40편의 극을 썼다고 하는데, 완결되어 현존하는 것은 7편이다.

반대로 여성 혹은 아이라도 자신의 힘으로 권력과 부, 왕국이라는 선물을 다른 이에게 줄 수도 있다. 내시인 바고아스[48]가 페르시아의 왕권을 장악하여, 그 왕권을 오아르세스와 다레이오스에게 주었던 적이 있다. 어떤 이가 왕권을 일단 받고 나서 그것을 유지하며 대단한 권위를 행사하고, 영향력과 활발한 활동을 통해 그의 목적이 좌절되거나 빗나가게 하지 않는다면, 그것이야말로 그가 덕과 상식, 지성을 갖춘 이라는 증거가 된다. 알렉산드로스는 이런 덕을 갖추었다. 비록 몇몇 이들이 그가 포도주를 너무 좋아하여 만취하곤 했다고 비난하기는 하지만! 그럼에도 알렉산드로스는 진정 위대한 인물이었다. 그는 일을 처리할 때에 절주했고, 위신이나 권력에 취하거나, 그로 인해 흥청댄 적도 없었다. 하지만 다른 이들은, 권력의 작은 부분을 갖게 되거나, 심지어 권력의 냄새만 맡아도 스스로 통제하지 못한다.

> 못된 이들은, 재화가 굴러들어오거나
> 나라에서 어떤 영예로운 일을 맡을 기회가 오면,
> 의기양양해져서 야단법석을 떤다네.
> 기대하지도 않았던 행운이 자기들의 집으로 온다면.[49]

---

48) 바고아스에 대해서는 이 책, 『알렉산드로스의 덕과 운명에 관하여』 2부 4장의 오아르세스에 관한 역주에도 언급된다. 고페르시아어로는 바고이(Bagoi)라고 하며, 내시였지만 나중에는 재상이 되었다. 아르타크세륵세스 3세의 통치 말기에는 제국의 실권을 장악했다. 그리스 작가들은 그가 아르타크세륵세스를 독살했다고 전하지만, 아르타크세륵세스가 자연사했다고 하는 기록도 있다. 그는 오아르세스를 왕으로 세웠다가, 2년 후 제거하고 다레이오스 3세를 왕위에 올렸다. 바고아스는 기원전 336년에 죽었다.
49) 아테나이의 비극 작가 에우리피데스(Euripides)의 「에레크테우스」(*Erechtheus*)에서 인용한 구절들이다. 이 작품은 온전히 남아 있지 않고, 일부만 전한다.

클레이토스[50]는 아모르고스(Amorgos) 해전[51]에서 서너 척의 그리스 트리에레스[52]를 침몰시켰을 때, 자신이 포세이돈이라고 불릴 만하며 그의 무기인 삼지창을 가졌다고 말했다. 운명의 여신께서 알렉산드로스에게서 덜어낼 수 있었던 약간의 권력을 더하였던 데메트리오스[53]는 '하늘에서 내려온 이'[54]라고 자칭했으며, 예속된 국가들은 그에게 보내는 사절들을 '신성한 상담자들'이라고 했고, 그의 답변을 '신탁'이라고 불렀다. 알렉산드로스가 만들어놓은 왕국의 변방에 불과한 트라키아 인근 지역을 장악하고 있던 리시마코스[55]는 이렇게 말할 정도로 오만과 무모함의 정도가 대단했다.

"내가 창으로 하늘을 찌를 테니, 비잔티온인은 이제 내게 올 거야."

하지만 그 자리에 있던 비잔티온의 파시아데스[56]는 이렇게 말했다.

---

50) Kleitos. 알렉산드로스 휘하에는 두 명의 클레이토스가 있었다. 그중 '검둥이'라는 별명을 가진 클레이토스가 더 유명하지만, 여기서 말하는 클레이토스는 '흰둥이'(*ho leukos*)라는 별명으로 그와 구분되었던 인물이다. 알렉산드로스 시후에 안티파트로스(Antipatros) 밑으로 들어가 마케도니아 함대를 지휘해서 라미아(Lamia) 전쟁에 참여했고, 기원전 317년경에 전사했다.
51) 기원전 322년 5월 혹은 6월에 있었던 해전이다.
52) *trieres*. 보통은 삼단노선이라고 번역하지만, 그렇게 되면 오해의 여지가 있어서 여기서는 원어를 그대로 썼다.
53) Demetrios. 기원전 337년에 태어나 기원전 283년에 죽었다. 알렉산드로스 휘하 장군 중에서 후계자 자리에 가장 다가선 이들 중 하나라는 평을 듣는 안티고노스 1세의 아들이다. 결국 기원전 294~288년 동안 마케도니아의 왕이 되었고, 그 자신도 대단히 유능한 장군으로서, '공략자'라는 별명을 지녔다.
54) 그리스어 '카타이바테스'(Kataibates)로서, 천둥과 번개 속에서 하늘에서 내려오는 것 같다는 의미로 제우스의 별칭 중 하나다.
55) Lysimachos. 기원전 360년경에 태어나 기원전 281년에 죽었다. 알렉산드로스의 '후계자들' 중 하나였고, 기원전 306년에는 트라키아, 소아시아, 마케도니아를 통치하는 왕이 되기도 했다.
56) Pasiades. 별달리 알려진 것이 없는 인물이다. 당시 비잔티온의 지도자였던 것으로 추정된다.

"그가 창끝으로 하늘에 구멍을 내지 않도록 자리를 뜹시다."

하지만 이 사람들은 알렉산드로스 덕분에 자부심을 가질 정당한 이유가 어느 정도 있다고 말해야 할 것이다. 심지어 클레아르코스[57] 같은 자가 헤라클레아(Heraklea)의 참주가 된 다음에 제우스의 번개를 닮은 홀(笏)을 가지고 다니고, 자식 중 하나의 이름을 케라우노스[58]라고 이름 지은 것을 안다면 말이다. 연소 디오니시오스[59]는 자신이 아폴론 신의 아들이라고 새겨놓기도 했다.

도리스의 아들이지만, 포이보스[60]의 혈통을 타고났노라.

그 디오니시오스의 아버지는 1만 명도 더 되는 시민들을 살해했고, 질투심에 이끌려 형제를 적에게 팔아넘겼으며, 나이가 많아서 며칠 뒤면 죽을 것 같은 어머니의 죽음을 기다리지 못하고, 어머니를 교살했다. 그럼에도 그는 자신이 쓴 비극 작품에서 다음과 같이 썼다.

참주정은 부정한 죄악의 어머니려니!

여하튼, 그는 딸들의 이름을 하나는 아레테(Arete, 덕), 다른 하나는

---

57) Klearchos. 기원전 401년경에 태어나 기원전 353년에 죽었다. 기원전 365년경에 흑해 연안에 있는 헤라클레아에서 쿠데타로 정권을 잡았다.
58) Keraunos. 뇌신(雷神)이라는 의미로, 제우스를 뜻한다.
59) 시라쿠사의 참주 디오니시오스 1세(연로 디오니시오스)와 로크리스(Lokris)의 도리스(Doris) 사이의 아들이다. 디오니시오스 2세라고도 하며, 기원전 397년경에 태어나 343년에 죽었다. 기원전 367~357년, 346~344년 동안 시라쿠사를 통치했다.
60) Phoibos. 아폴론(라틴어로는 아폴로)의 별칭으로 많이 쓰인다. '밝은'이라는 의미다. 라틴어로는 포이부스(Phoebus)로 표기한다.

소프로시네(Sophrosyne, 절제), 세 번째는 디카이오시네(Dikaiosyne, 정의)라고 지었다. 다른 이들은 자신들을 공공연하게 '은인'[61]이니, '정복자'[62]니, '구원자'[63] 혹은 '위인'[64] 등으로 불렀다. 하지만 마치 말의 교미와도 같은 그들의 거듭되는 결혼에 대해서는 누구도 자세히 이야기할 수 없을 것이다. 그들은 매일 여자들 속에 파묻혀 지내고, 남자아이를 타락시키며, 거세한 남자 무리 속에서 북을 치고, 낮에는 도박을 하며, 공공 공연장에서 피리를 불고, 밤새도록 저녁 식사를 즐기고, 낮에는 종일 아침 식사를 즐기느라 전혀 절제하지 않았기 때문이다.

6. 하지만 알렉산드로스는 아침 식사를 새벽녘에 먹었고, 저녁 식사는 밤늦게 했다. 그리고 신들에게 희생 제물을 바친 후에만 술을 마셨다. 그는 열병에 걸렸을 때, 메디오스[65]와 주사위 놀이를 했다.[66] 그는 여행을 하며 놀이를 하기도 했으나, 동시에 활 쏘는 법과 전차 모는 법을 배우기도 했다. 그는 유일하게 사랑하는 여성인 록사네와는 자신을 위해 결혼했지만, 다레이오스왕의 공주인 스타테이라와는 제국을 위해, 또 정치적 이유로 결혼했다. 두 민족의 결합은 매우 이득이 되기 때문이다. 하지만 그는 용맹이라는 면에서 페르시아 남성

---

61) 에우에르게테스(Euergetes). 예컨대 프톨레마이오스 2세는 자신을 에우에르게테스라고 부르게 했다.
62) 칼리니코스(Kallinikos).
63) 소테르(Soter).
64) 메갈로스(Megalos). 로마 공화정기의 폼페이우스는 스스로 같은 의미의 라틴어 마그누스(Magnus)를 자신의 별칭으로 사용했다.
65) Medios. 알렉산드로스 휘하 장군이자, 개인적 친구였다. 라리사(Larissa) 출신이며, 알렉산드로스 사후에는 안티고노스 1세의 아래로 들어갔다.
66) 몸이 아팠지만, 친구에 대한 배려심을 가졌다는 의미로 쓴 것 같다.

들보다 우월한 만큼이나, 페르시아 여성들에 대한 자제심에 있어서도 우월했다. 그는 어떤 여성도 그녀들의 의사에 반하여 쳐다보지 않았으며, 쳐다보았던 여성들도 그렇지 않았던 여성들보다 더 쉽사리 지나치곤 했기 때문이다. 비록 그는 다른 모든 사람에게는 친절하게 굴었지만, 잘생긴 젊은이들에게만은 도도하게 행동했다.[67] 그는 대단한 미녀인 다레이오스의 왕비의 미모를 칭송하는 말은 한마디도 들으려 하지도 않았다. 하지만 그녀가 죽었을 때는 왕실에 어울리는 성대한 장례식을 치러주었고, 충심으로 그녀의 죽음을 슬퍼했다.

알렉산드로스는 이렇게 인정 있는 모습을 보여줌으로써 자제심을 의심받고, 선의에서 한 일이었지만 비행을 저질렀기 때문에 그랬다는 비난을 초래했다.[68] 실제로 다레이오스도 알렉산드로스가 젊고 권력이 있었기 때문에 자신의 왕비를 추행할까 의심하여 불안해했다. 다레이오스 역시 그때까지는 알렉산드로스의 승리가 운명의 여신 덕분이라고 믿었던 이들 중 하나였기 때문이다. 하지만 다레이오스는 여러 각도에서 그 문제[69]를 판단해본 뒤, 진실을 인정했다. 그리하여 다레이오스는 이렇게 말했다.

"그렇다면, 그런 인물에게 정복당했다고 하여, 페르시아의 운명이 완전히 비참해졌다고 볼 수 없을 것이고, 누구라도 우리가 대단히 비겁하거나 나약하다고 말할 수 없을 것이다. 하지만 나는 신들께 전쟁에서의 정당한 운명과 실력을 기원하며, 호의를 베푸는 데 있어서도 알렉산드로스보다 나았으면 한다. 그리고 나는 알렉산드로스보다 더

---

[67] 미소년들에게 성적 호감은 가지고 있었지만, 자제했다는 의미인 듯하다.
[68] 겉으로는 관심이 없는 척했지만, 사실은 다레이오스의 왕비와 부적절한 관계를 맺고 있었기에 성대한 장례식을 치러주고, 슬퍼했다는 의심을 받은 것을 말한다.
[69] 알렉산드로스와 왕비의 관계 및 장례식 문제를 말한다.

인도적이라는 점을 증명하기를 강렬하게 원하는 마음으로 가득 차 있다. 페르시아 조상 전래의 신이신 아후라 마즈다[70]여! 그리고 왕권을 수호하시는 다른 신들이시여! 권능을 보이소서! 나의 권력이 다하게 된다면, 다른 누구도 아닌 알렉산드로스가 키로스의 권좌에 자리 잡게 하소서!"

다레이오스는 이렇게 신들을 증인으로 삼는 방식으로 알렉산드로스를 받아들였다.

7. 이같이 사람은 덕이 있어야 성공한다. 그대가 원한다면, 알렉산드로스가 아르벨라와 킬리키아에서 거둔 승리들[71]과, 무력을 사용할 때와 전쟁에서의 다른 업적들을 운명의 여신 덕분이라고 하라. 즉 운명의 여신께서 그를 위해 티로스(Tyros)의 성벽을 무너뜨리셨고,[72] 이집트로 가는 길을 열어주셨으며, 여신 덕분에 할리카르나소스를 함락시켰고, 밀레토스를 점령했으며, 마자이오스[73]가 유프라테스강을 지키지 않고 퇴각했고, 바빌로니아 평원이 시신으로 뒤덮였다고 해보자. 하지만 적어도 알렉산드로스의 절제는 운명의 여신의 선물이 전혀 아니었으며, 그가 자제심을 가졌던 것도 여신 덕분이 아니었다. 또 여신께서 그의 영혼을 붙들어서 쾌락에 넘어가지 않고, 욕망에

---

70) Ahura-mazda. 원문에서는 제우스로 되어 있지만, 페르시아의 최고신인 아후라 마즈다를 불렀을 것이 확실하므로 의역했다.
71) 이소스 전투와 가우가멜라 전투를 말한다.
72) 티로스 공방전은 기원전 332년 1월에서 7월까지 진행되었다. 티로스 신도시는 섬에 건설되었기 때문에 해군이 약한 알렉산드로스군은 쉽게 함락시킬 수 없었다.
73) Mazaios. 기원전 328년에 사망한 페르시아의 귀족이다. 다레이오스 휘하에서 킬리키아 태수, 바빌로니아 태수직을 역임했으며, 후일에는 알렉산드로스 휘하에서도 바빌로니아 지역 태수가 되었다.

흔들리지 않게 잡아주셨던 것도 아니었다. 실상 이런 것들은 그가 다레이오스를 패배하게 만들 수 있었던 자질이었다. 여신께서 해주셨던 나머지 일이란, 그저 페르시아군이 무력 대결에서, 기병 싸움에서, 전투에서, 살육자들의 대결에서 패배하게 하시고, 페르시아 병사들을 패주하게 하신 것들이다.

하지만 다레이오스는 진정으로 대단하고 논박의 여지가 없는 패배를 겪었다. 즉 그는 덕과 영혼의 위대함, 용맹과 정의라는 면에서 졌고, 투쟁이나 쾌락, 은혜를 입힘이라는 측면에서도 알렉산드로스에게 대적할 수 없어 경탄할 뿐이었다. 적어도 방패와 창, 전투의 함성, 무기의 부딪힘들 사이에 있을 때는 데이노메네스(Deinomenes)의 아들 타리아스(Tarrias), 팔레네(Pallene)의 안티게네스,[74] 파르메니온[75]의 아들 필로타스(Philotas) 또한 대적할 자가 없었다. 하지만 이들은 쾌락과 여성, 금은을 향한 욕망에 대해서는 그들의 포로가 된 이들과 별다를 바가 없었다.

실제로 알렉산드로스가 마케도니아 병사들을 빚에서 풀어주려고, 병사들의 채권자들에게 대신 빚을 갚아주었을 때, 타리아스는 자신도 빚을 졌다고 거짓말을 하면서, 돈을 나누어주는 곳에 타리아스의 채권자라고 주장하는 자를 데리고 왔다. 후일 타리아스가 한 일이 간파되었을 때, 그는 자살을 준비하고 있었지만 알렉산드로스는 그에게 죄가 없다고 말해주고 돈도 계속 가지고 있게끔 해주었다. 알렉산

---

[74] Antigenes. 기원전 316년에 사망했다. 필리포스 2세와 알렉산드로스를 모두 섬긴 장군이다.
[75] Parmenion. 원정군에서 가장 노련한 숙장이다. 알렉산드로스의 부왕 필리포스의 친구이자 가장 신뢰받는 장군이었다. 알렉산드로스의 원정에서는 부사령관 역할을 했다. 그의 세 아들 역시 장군으로서 종군했고, 이들 부자의 군 장악력에 따라 의심이 생긴 알렉산드로스는 파르메니온의 맏아들 필로타스(Philotas)의 월권을 들어 처형하고, 파르메니온에게도 사람을 보내 암살했다.

드로스는 페린토스[76] 전투에서 선왕 필리포스가 습격당했을 때, 타리아스가 눈 한쪽을 화살에 관통당해서도 고통에 굴하지 않고, 적이 패주할 때까지 화살대를 뽑지 않았다는 것을 기억하고 있었기 때문이다.

안티게네스[77]는 병이나 상처로 마케도니아로 귀환하는 사람들 사이에 끼어 명단에 등록했다. 하지만 그가 몸이 아프지 않고, 그저 질병이 있는 것처럼 가장했다는 사실이 드러났다. 몸이 상처로 덮여 있을 정도로 용감하게 싸웠던 이라는 점도 알려지게 되었다. 그래서 알렉산드로스는 이 문제로 골치가 아파졌다. 알렉산드로스가 그에게 왜 그런 행동을 했느냐고 묻자, 안티게네스는 텔레시파(Telesippa)라는 여성과 사랑에 빠졌고, 그녀가 떠나갈까 걱정해서 뒤에 남겨두지 못하고 이 바닷가까지 데리고 왔노라고 고백했다. 알렉산드로스가, "그녀는 누구의 소유인가? 누구에게 그녀의 해방에 대해 말해야 하나?"라고 물었다. 안티게네스는 그녀가 자유민이라고 답했다. 알렉산드로스는, "그러면 약속과 선물을 해서 그녀가 뒤에 남아 있도록 설득해보게"라고 말했다. 이처럼 그는 자신에게보다는 다른 모든 연인에게 기꺼이 너그럽게 대했다.

파르메니온의 아들 필로타스는 방탕함에 있어서, 말하자면 모든 자신의 죄악들에 대해서는 너그럽게 넘기는 사람이었다. 다마스쿠스에서 잡힌 포로 중에서 펠라 출신의 안티고나(Antigona)라는 이름의 고급 창부가 있었다. 그녀는 이보다 전에 사모트라케(Samothrake)섬

---

76) Perinthos. 마르마라해라고도 알려진 프로폰티스 근처에 있었던 트라키아의 도시 이름이다.
77) 플루타르코스, 『대비 열전』, 「알렉산드로스전」 41장 5절에서는 안티게네스가 아니라, 아이가이(Aigai)의 에우리로코스(Eurylochos)에 관한 일화라고 소개하고 있다.

으로 건너갔고, 거기에서 아우토프라다테스[78]의 포로가 된 적이 있었다. 그녀는 눈에 띨 만한 미모가 돋보였고, 필로타스가 그녀에게 애착을 가진 이후에는 완전히 그의 소유가 되었다. 철로 만든 사람 같던 그는, 그 뒤로 굳건함을 버리고 쾌락에 빠져 정신을 못 차릴 지경이었다. 뿐만 아니라, 그녀에게 자신의 비밀 중 상당수를 털어놓게 되었다.

"저 유명한 필리포스는 되고, 파르메니온은 안 된단 말인가? 알렉산드로스는 되고, 필로타스는 안 된단 말인가? 우리가 원치 않는다면, 그의 아문 신, 그의 큰 뱀들이 어디 있겠는가?"[79]

안티고나는 이런 말들을 가까운 여자 친구에게 전했고, 그녀는 다시 크라테로스에게 말을 전했다. 크라테로스는 몰래 안티고나를 알렉산드로스에게 데려갔다. 알렉산드로스는 그녀의 신체에 손을 대지 않고 자제했으며, 그녀를 통해 몰래 작업해 필로타스의 음모를 모두 밝혀냈다. 그러고도 알렉산드로스는 7년 동안이나 필로타스에 대한 의심을 결코 드러내지 않았다. 유명한 모주꾼인 그가 술을 마셔도![80] 불같은 성격의 이 남자가 화가 났어도! 모든 면에서 헤파이스티온을

---

78) Autophradates. 페르시아의 리디아 지역 태수였고, 아르타크세륵세스 3세와 다레이오스 3세를 섬긴 유능한 장군이었다.
79) 플루타르코스, 『대비 열전』, 「알렉산드로스전」 3장 1절에서 아문 즉, 제우스가 큰 뱀의 모습으로 알렉산드로스의 모친 올림피아스와 함께 있다는 이야기가 나온다(올림피아스의 원명은 폴릭세나Polyxena이고, 아마 기원전 356년 올림피아 제전에서 필리포스 2세가 승리한 것을 기념하기 위해 올림피아스로 개명한 듯하다). 한편 아리아노스, 『알렉산드로스 대왕 원정기』 제3권 3장 5절에서는 아문 신탁소를 찾아가던 알렉산드로스 일행이 길을 잃었을 때, 뱀 두 마리가 나타나 길을 알려주었다는 이야기가 나온다. 아주 예전부터 뱀은 지혜의 상징으로 알려져 있었으므로, 이는 알렉산드로스의 지성과 연관된 전설일 것이다.
80) 플루타르코스는 앞의 글에서 알렉산드로스의 음주를 열심히 변호했지만, 결국 여기서는 술꾼이었음을 드러낸다.

믿고, 그와 모든 것을 나누었던 이 남자가 어느 친구에게도! 사실 다음과 같은 기록은 있다. 한번은, 그가 모후에게서 온 기밀 서한의 봉인을 깨뜨리고 읽고 있을 때, 헤파이스티온이 조용히 알렉산드로스의 머리 옆에 자신의 머리를 기대고 같이 그 편지를 읽었다. 알렉산드로스는 그를 멈추게 하지 않고, 다만 인장 반지를 헤파이스티온의 입술에 놓아 봉인하는 시늉을 했다는 것이다.

8. 하지만 이제는 알렉산드로스가 자신의 권한을 가장 고귀하고 당당하게 사용했던 일들을 열거하는 것도 청중께서 지겨워하실지 모르겠다. 알렉산드로스는 비록 운명의 여신 덕분에 위대해졌지만, 운명의 여신을 잘 활용해 더 위대해진 것이다. 우리는 그의 운명의 여신을 찬양할수록, 그가 운명의 여신에 어울리는 사람이 되었다는 점에서 그의 덕을 더욱 찬양해야 할 것이다.

이제는 알렉산드로스가 권력을 잡기 시작했고, 그것을 진척시켜 나갔던 때의 행보로 화제를 돌려보아야겠다. 그때의 행보들에서 운명의 여신께서 담당하셨던 역할도 검증해볼 것이다. 알렉산드로스는 운명의 여신 덕분에 위대해졌다고 주장하는 사람들이 있기 때문이다. 도대체 왜, 그런 사람들은 말 울음소리 덕분에 키로스의 옥좌에 앉게 된[81] 히스타스페스[82])의 아들인 다레이오스 1세처럼 상처를 입

---

81) 페르시아의 왕 캄비세스(Kambyses, 고페르시아어로는 카부지야Kabujiya) 2세가 동생인 바르디야(Bardiya, 그리스 작가들은 스메르디스Smerdis라고도 한다)를 죽이고 상처가 덧나서 죽자, 가우마타(Gaumata)라는 자가 바르디야인 척하고 통치권을 주장했다. 다레이오스를 비롯한 일곱 명의 페르시아 귀족은 시카야우바티(Sikayauvati) 요새에서 그를 죽였다. 헤로도토스에 따르면, 왕권을 놓고 내기를 했다고 하는데, 새벽에 첫 말 울음소리를 내는 말의 주인이 왕위에 오르는 조건이었다고 한다. 다레이오스의 마부가 속임수를 써서 암말의 자취를 내기 자리에 남겨두어 다레이오스가 승리했다는 것이다(헤로도토스, 『역사』 제3권 84~85장).

어본 적도, 한 방울의 피를 흘려본 적도, 전쟁에 참여했던 적도 없는 사람에 대해서는 그 말을 주장하지 않는가? 아니면, 아토싸[83]가 아첨하여 왕이 된 다레이오스처럼, 부인의 아첨으로 왕이 된 크세륵세스는 어떠한가? 바고아스는 오아르세스가 입은 급사(急使)의 복장을 벗기고 그에게 왕의 의복과 꼿꼿이 선 보관(寶冠)을 씌우고 음모로 왕이 되게 했는데, 그 왕관이 알렉산드로스의 집 앞으로 굴러왔던가? 아테나이에서 테스모테타이와 아르콘[84]들이 관직을 얻게 된 방법처럼, 알렉산드로스가 갑자기 그리고 예기치 않게 추첨으로 뽑혀서, 사람이 사는 세상을 통치하게 되었던가?

여러분은 사람들이 운명의 여신의 선택을 받아 어떻게 왕위에 오르게 되었는지에 대해 알아보시겠는가? 예전에 아르고스(Argos)에서 헤라클레이다이[85] 가문이 단절되었다. 아르고스인은 고래의 관습에 따라 이 가문에서 아르고스의 왕을 선출해왔다. 그들은 왕을 찾다가 델포이의 신께 문의[86]했고, 아폴론은 독수리가 알려줄 것이라고 답했다. 며칠 뒤에 하늘 높이 떠 있는 독수리가 급강하해 아이곤(Aigon)의 집에 내려앉는 것이 목격되었고, 아르고스인은 아이곤을 왕으로 선택했다.

---

82) Hystaspes. 고페르시아어로는 비쉬타스파(Vishtaspa)라고 하며, 페르시아의 왕족으로서 박트리아와 페르시스의 태수였다.
83) Atossa. 기원전 550년경에 태어나 기원전 475년에 죽었다. 페르시아의 창건자 키로스 대왕의 딸이며, 캄비세스 2세 및 다레이오스의 왕비가 되었다. 고페르시아어로는 우타우싸(Utaussa)라고 한다. 키로스의 딸이었기 때문에 궁중 영향력이 컸으며, 다레이오스를 왕위에 올리는 데 영향을 미쳤던 것 같다.
84) 테스모테타이(*thesmothetai*)와 아르콘(*arkon*)은 모두 아테나이의 공직이다. 기원전 487년 이후 아테나이에서 법무관직 테스모테타이와 행정관직 아르콘은 추첨으로 뽑았다.
85) Herakleidai. 헤라클레스의 후손들을 말한다.
86) 델포이에 있는 아폴론 신전에 신탁을 물어보았다는 의미다.

또 파포스[87]에서 통치하고 있던 왕의 불의함과 사악함이 발견되자, 알렉산드로스는 그를 쫓아내고 왕위에 올릴 다른 사람을 찾았다. 키니라다이(Kinyradai) 가문이 이미 소멸 혹은 단절된 것 같았기 때문이다. 하지만 사람들이 알렉산드로스에게 아직 가난하고 한미한 생활을 하는 그 가문의 사람이 한 명 남아 있는데, 그는 어떤 정원에서 일하며 의지할 곳 없는 삶을 근근이 이어가고 있다고 말했다. 알렉산드로스는 부하들을 파견하여 그를 데려오게 했고, 부하들이 도착했을 때 그 남자는 정원의 땅에 물을 주고 있었다. 군인들이 그에게 손을 대며 같이 가자고 명령하자, 그는 매우 불안해했다.

알렉산드로스는 그 사람을 자기 앞에 데려오게 했고, 싸구려 옷을 입은 그를 왕으로 선포한 다음 왕의 자주색 의상을 수여했고, 왕의 '동료들'[88]이라고 이름 붙여진 이들 중 하나가 되게 했다. 그의 이름은 압달로니모스(Abdalonymos)였다.[89] 이처럼 이리저리 변하는 운명의 여신께서는 왕들을 만들어내시고, 그들의 의상을 바꾸시며, 빠르고도 간단히 그런 종류의 일을 전혀 예측하지도, 감히 희망하지도 못했던 이들의 지위를 바꾸어놓으신다.

9. 그러나 알렉산드로스가 자신의 정당한 공적을 넘어서는 위대함을 취한 것이 무엇이 있는가? 그가 피와 땀을 흘리지 않고, 대가를 치르거나 애쓰지 않고 취한 것이 무엇인가? 그는 피로 더럽혀진 강물을

---

87) Paphos. 키프로스섬 남서쪽에 있는 연안 도시다.
88) 그리스어로는 헤타이로이(*hetairoi*)이며, 필리포스 2세 때부터 구성된 마케도니아 정예 기병대다. 알렉산드로스 대왕의 헤타이로이에는 개인적 친구들도 많이 포함되어 있었다. '종사단'이라고 번역하기도 한다. 여기서는 맥락상 친구 중 한 명으로 받아들여졌다는 의미로 판단하여 '동료들'이라고 번역했다.
89) 퀸투스 쿠르티우스 루푸스, 『알렉산드로스 대왕 전기』 제4권 1장에서는 비슷한 이야기를 전하면서, 파포스가 아니라 시돈(Sidon)이라고 묘사한다.

마셨고, 시신들을 다리 삼아 여러 강을 건넜으며, 굶주림에 지쳐 갓 자란 햇풀을 뜯어 먹었고, 깊은 눈에 묻혀 있다시피 한 여러 민족, 땅 밑에 세워진 도시들을 찾아가기 위해 길을 팠고,[90] 험한 바다를 항해 해 넘어갔다. 게드로시아와 아라코시아의 물이 없는 황무지를 건너 갈 때, 그가 처음으로 본 살아 있는 식물은 육지가 아니라 바다에 있 을 정도였다.[91]

만약 운명의 여신에게 알렉산드로스를 대신하여 사람에게 하듯이 솔직하게 물어본다면, 여신께서는 답하지 못하실 것이다.

"당신께서는 언제, 어디에서 알렉산드로스를 위해 길을 열어주셨 습니까? 알렉산드로스가 당신의 도움을 받아 피를 흘리지 않고 점령 한 요새가 있기나 한가요? 무방비한 도시나 무장하지 않은 무리를 그 의 손에 쥐어주신 적이 있기는 한가요? 나태한 왕, 태만한 장군, 성문 을 지키면서 잠든 경비병이 있었습니까? 오히려 건너기 쉬운 강도, 강하지 않은 폭풍도, 고통스럽지 않은 여름의 열기도 없었습니다. 셀 레우코스의 아들 안티오코스 혹은 키로스의 동생 아르타크세륵세스 에게나 향하십시오. 프톨레마이오스 필라델포스[92]에게 떠나시지요. 그들의 아버지들은 아직 살아 있으면서도 그들을 왕으로 선포해주었 습니다. 그들은 눈물 한 방울 흘리지 않고 여러 전투에서 승리했습니 다. 그들은 행차와 극장을 즐기면서 일생을 즐겁게 보냈습니다. 그들

---

90) 플루타르코스는 알렉산드로스 원정이 힘들었던 면을 부각하기 위해 다소 과 장하여 표현했다.
91) 이 역시도 과장된 표현이다. 아리아노스, 『알렉산드로스 대왕 원정기』 제6권 22장에서는 다른 식물들도 있지만, 바닷가에 있는 물이 들이치는 지역에 어 떤 나무들이 자라서 마치 물 위에서 자라는 것처럼 보인다는 이야기가 있다.
92) Philadelphos. 프톨레마이오스 2세로서, 소테르(Soter, 구원자)라는 별칭을 가 진 프톨레마이오스 1세의 아들이다. 기원전 283~246년 동안 이집트를 통치 했다.

모두는 행운 덕분에 옥좌에서 나이 들었습니다.

하지만 알렉산드로스의 경우는 제가 더 말씀드리지 않아도 될 것입니다. 머리에서 발끝까지 상처로 뒤덮이고, 전신에 타박상이 있으며, '이제 창과 칼, 큰 돌들을 쥐고 있는'[93] 적들의 손에 두들겨 맞은 그의 몸을 보십시오. 그라니코스강의 둑 위에서 그는 칼에 맞아 칼날이 머리 가죽에까지 닿을 정도로 투구가 쪼개졌습니다. 가자에서는 투척 무기에 맞아 어깨에 상처를 입었습니다. 마라칸다에서는 정강이뼈가 화살에 맞아 조각났고, 그중 큰 뼛조각은 화살의 힘에 부러지면서 튀어나오기까지 했습니다. 히르카니아 지역의 어느 곳에서는 돌에 목을 얻어맞았는데, 그 때문에 눈이 침침해져서, 오랫동안 그는 실명할까 두려워하곤 했습니다. 아사케니아(Assakenia) 지역에서 싸울 때는 어떤 인도인이 화살로 그의 복사뼈에 상처를 입히기도 했습니다. 그때, 그는 아첨하는 자들에게 미소를 띠며 이렇게 말했습니다. '그대가 보고 있는 이것은 피고, '신성한 불멸자의 상처에서 흘러나오는 영액(靈液)'[94]이 아니다.'

이소스 전투에서는, 카레스가 언급했듯이 다레이오스와 육박전을 벌이다가 그의 칼에 맞아 넓적다리에 상처를 입었습니다. 알렉산드로스 스스로는 안티파트로스[95]에게 보낸 편지에서 이 일을 간략하

---

93) 이 삽입구는 호메로스, 『일리아스』 제11권 541행을 인용한 것이다.
94) 이 삽입구는 호메로스, 『일리아스』 제5권 340행을 인용한 것이다. 영액(*ichor*, 이코르)은 그리스 신화에서 신들의 몸속을 흐르는 피의 역할을 하는 영묘한 액체다. 신들의 음식인 암브로시아(*ambrosia*), 음료인 넥타르(*nektar*)의 성분이 흐르는 것이라고도 한다.
95) Antipatros. 기원전 400년경에 태어나 기원전 319년에 죽었다. 마케도니아의 장군이자 정치가로서 필리포스 2세와 알렉산드로스를 섬겼다. 알렉산드로스 원정 중에는 알렉산드로스의 모후인 올림피아스와 함께 본국인 마케도니아를 책임졌고, 알렉산드로스 사후인 기원전 320년에는 알렉산드로스가 남긴 영토 전체의 섭정이 되었다.

고 완벽한 사실만 담아 직접 써서 보낸 바가 있습니다. 그는 이렇게 썼습니다. '나는 넓적다리에 단검을 맞아 상처를 입었다. 하지만 칼을 맞은 당시나 나중에나 그 결과로 귀찮은 일이 생기지는 않았다.'[96] 아리스토불로스에 따르면, 말리아에서 싸울 때 90센티미터 정도나 되는 화살에 가슴을 맞아 상처를 입었는데, 화살이 흉갑을 관통할 지경이었고, 누군가가 그를 깔고 앉아 목을 강타하기도 했습니다. 알렉산드로스가 타나이스강을 건너 스키타이인들과 싸우고 그들을 패주하게 했을 때는, 비록 설사 때문에 매우 고통을 받았지만 말을 타고 적을 30킬로미터 정도나 추격하기도 했습니다.

10. 잘하셨습니다. 운명의 여신이시여! 당신께서는 알렉산드로스가 모든 방면에서 헤매고 다니게 하시고, 그의 기반을 느슨하게 하시며, 그의 몸의 모든 부분을 드러내게 하심으로써 그를 대단하고 위대하게 만드셨습니다. 메넬라오스[97] 앞에 서계셨던 아테나 여신[98]께서는 투척 무기를 그의 갑주의 가장 탄탄한 부분으로 향하게 하시어 흉갑과 허리띠, 치마 갑옷으로 그 일격의 강렬함을 빼앗아 그저 피가 흐르게 할 정도의 힘으로만 몸을 스치게 하셨습니다. 하지만 당신께서는 알렉산드로스의 신체 중에서 위험한 부분들을 보호하지 않으시고 투척 무기 앞에 노출했으며, 그 타격들이 그의 뼈 자체를 관통하게 하셨고, 그의 몸이 빙글 돌도록 만드셨습니다. 또 그의 눈과 발이

---

96) 플루타르코스, 『대비 열전』, 「알렉산드로스전」 20장 4~5절에서 이 부분을 언급한다.
97) Menelaos. 『일리아스』에 나오는 스파르타의 왕으로서 트로이아 전쟁의 원인이 된 헬레네의 남편이다.
98) 호메로스, 『일리아스』 제4권 129행. "메넬라오스여, 신성한 신들께서는 그대를 잊지 않으셨노라. 전리품을 나르시는 제우스의 따님(아테나 여신)께서 그대 앞에 먼저 버티고 서 계셔서 관통하는 화살을 피하게 하셨도다."

공격당하게 만드셨으며, 그가 적을 쫓을 때는 방해하셨고, 그의 승리들을 빼앗아내려고 애쓰셨으며, 그의 예측을 뒤집으셨습니다."

 내가 보기에 어떤 왕도 알렉산드로스처럼 운명의 여신의 손길이 강하게 닿지는 않은 것 같다. 비록 그 손길의 상당수는 모질고 악의에 찬 것이었지만 말이다. 그렇지만 그 손길은 번개처럼 다른 통치자들을 거꾸러뜨리고 파멸시켰다. 그러나 알렉산드로스를 향한 운명의 여신의 악의는 마치 헤라클레스를 향한 악의처럼 호전적이고 무자비하여 무력화시키기 어려웠다. 그를 방해하기 위해 티폰[99]이나 괴물 거인들 같은 자들을 세우지 않으셨는가? 여신께서 그의 적 중 누구에게 많은 무기나 깊은 강들 혹은 깎아지른 것 같은 절벽 혹은 이국(異國)의 강력한 야수들을 제공해주지 않으셨는가? 하지만 알렉산드로스가 대단한 모험에 착수하겠다고 생각하지 않았더라면, 그의 대단한 덕에서 추진력이 나오지 않았더라면, 운명의 여신과의 드잡이에서 패배를 수용하는 것을 거부하지 않았더라면, 그는 병력을 정렬하고 무장하게 하는 데 지치고 피곤해지지 않았을까? 또 무수한 반란들, 신민들의 탈주와 폭동들, 예속왕들이 변절들, 박트리아와 마라칸다, 소그디아나를 상대하면서 적을 포위하고 추격하는 데 진절머리가 나지 않았을까? 이 신의도 없고 음모를 꾸미는 민족들 속에서 계속 다시 나타나는 전쟁들이 마치 잘려도 다시 나타나는 히드라[100]의

---

99) Typhon. 티포에우스(Typhoeus), 티파온(Typhaon), 티포스(Typhos)로도 불린다. 그리스 신화에 나오는 뱀의 하반신을 가진 거인이며, 가이아와 타르타로스 사이에서 난 자식이라는 설, 헤라 여신이 홀로 낳은 자식이라는 설, 크로노스의 자식이라는 설들이 있다.
100) Hydra. 레르나(Lerna)의 히드라라고 불리는 머리가 여럿 달린 뱀 모습을 한 괴물이다. 레르나는 펠로폰네소스반도의 동쪽 해안, 아르고스의 남쪽에 있는 지역으로 예전에는 호수였다고 하며 넓은 습지대다. 헤라클레스가 열두 과업을 수행하는 중에 히드라를 물리쳤다고 한다.

머리들 같으니 말이다.

11. 청중들은 내가 이상한 말을 한다고 생각할지도 모르지만, 이제부터 하려는 말은 사실이다. 즉 알렉산드로스가 아문 신의 아들이라는 명성을 거의 잃게 된 것은 운명의 여신 때문이다! 제우스의 아드님이신 헤라클레스를 제외하고 신들의 어떤 자녀가 저리도 위험하고 고되며 고통스러운 과업을 애써 수행해야 했는가? 헤라클레스에게 사자들을 사로잡고, 야생 곰들을 추적하며, 새들을 두렵게 만드는 과업을 부여한 어떤 오만한 자[101]가 있었기에, 안타이오스[102] 같은 자를 처벌하거나, 부시리스[103] 같은 괴물이 사악한 살인을 저지르는 것을 멈추게 하는 위대한 과업을 수행할 시간이 없었을 수도 있다.

하지만 알렉산드로스에게 왕다운, 신과 같은 위업을 부여하신 것은 덕의 여신이셨다. 이 위업의 목적은 무수한 낙타로 실어 날라야 하는 금이 아니며, 페르시아의 사치품이나 연회, 여자들, 칼리보니온(Chalybonion)[104]의 포도주, 히르카니아의 생선도 아니었다. 모든 사람이 하나의 법 아래 질서를 지키게 하고, 하나의 통치에 복종하도록

---

101) 헤라클레스에게 과업을 부여한 에우리스테우스(Eurystheus)를 말하는 것 같다. 그는 티린스(Tiryns) 혹은 아르고스(Argos)의 왕이었다고 한다.
102) Antaios. 바다의 신 포세이돈과 대지의 여신 가이아 사이에서 태어난 아들로서 거인이다. 그는 지나가는 여행객에게 시비를 걸어 레슬링으로 사람을 죽이곤 했다. 헤라클레스가 헤스페리데스의 정원으로 가는 도중 그를 만났고 대지에 발을 딛는 한 그를 죽일 수 없다는 사실을 안 헤라클레스는 그를 들어올려 껴안아서 등을 부러뜨려 죽였다.
103) Busiris. 강의 신 네일로스(Neilos)의 외손자다. 그리스 신화에서는 방문객들을 희생 제물로 바치다가, 헤라클레스에 의해 죽임을 당하는 인물로 나온다. 이 일화는 이집트 신화에서 악신 세트(Set)가 나일강의 신 오시리스를 죽이는 것에서 와전되었을 가능성이 있다. 네일로스라는 이름부터 나일강이라는 의미다.
104) 오늘날 시리아의 알레포(Aleppo)시다.

하며, 하나의 생활 방식에 익숙해지게 하는 것이 〔위업의〕 목적이었다. 이 과업을 성취하겠다는 그의 숙원은 어렸을 때부터 생긴 것이었고, 시간이 지나면서 점점 더 자라고 커졌다. 한번은 필리포스가 궁전에 없을 때, 페르시아에서 사절들이 찾아왔다. 그는 사절들을 후하게 대접하면서, 황금이 열리는 나무[105]나 공중 정원,[106] 대왕이 어떻게 잘 차려입는지 등 다른 사람들이 물었을 법한 유치한 질문을 하지 않았다. 오히려 그는 제국의 가장 중요한 관심사들에 완전히 열중하여 페르시아 군대의 규모나, 왕이 전투에서 어디에 자리 잡는지(저 유명한 오딧세우스가 "전투에서 그〔헥토르〕가 휘둘렀던 무기는 어디 있으며, 그의 말들은 어디 있소?"[107]라고 말했듯이), 여행자들이 바다에서 내륙으로 가려면 어떤 길이 가장 짧은지 등을 물었다. 그러자 그 외국인들은 놀라서, "이 소년이야말로 '대왕'이다. 우리 왕은 부유하실 뿐이다"라고 말했다.

하지만 필리포스의 사후, 자신의 희망과 각오에 사로잡힌 알렉산드로스는 서둘러 바다를 건너 아시아에 발을 들여놓고 싶어 했다. 그러자 그를 장악하신 운명의 여신께서는 발길을 막고, 방향을 돌려놓으시고 뒤로 잡아끄셨으며, 수많은 혼란과 지체를 유발하는 사건들이 그를 둘러싸게 하셨다. 먼저 여신께서는 알렉산드로스 주위의 이 민족들을 극도로 동요하게 하셨고, 일리리아인, 트리발리아인과의 전쟁을 마련하셨다. 이 전쟁들 때문에 알렉산드로스는 이스트로스

---

105) 크세노폰의 『헬레니카』 제7권 1장 38절에서는 사절들이 페르시아에 황금이 열리는 플라타너스 나무가 있다는 말을 한다.
106) 고대 바빌론에 있었다고 알려진 공중 정원은 그리스인들이 세계 7대 불가사의 중 하나로 꼽았다. 전설에 따르면 신바빌로니아 제국의 네부캇네짜르 2세가 세웠다고 한다. 그리스어로는 크레마스토스(Kremastos)라고 불렀는데, '공중에 매달린 것'이라는 의미다.
107) 호메로스, 『일리아스』 제10권 407행에서 인용한 것이다.

강[108])을 따라 사는 스키타이인들의 영역만큼 아시아 원정 계획에서 멀어지게 되었다. 그는 여러 가지 작전을 동원하고 매우 위험하고 큰 전투를 거쳐 이 땅을 모두 정복했다. 그러고 나서야 그는 다시 아시아로 건너가는 일에 전념했다. 하지만 여신께서는 다시 테바이인이 그에게 반기를 들도록 부추기셨으며, 그의 앞길에 그리스인과의 전쟁을 던져놓으셨다. 그리하여 그의 일가친척인 자들[109])을 학살과 방화, 칼로 처벌해야 할 절박한 필요성이 생겼고, 그로 인해 가장 불쾌한 결말[110])이 나타났다.

이 일을 마치고, 알렉산드로스는 30일 치의 군량을 가지고 아시아로 건너갔다고 필라르코스[111])가 말했다. 하지만 아리스토불로스는 군자금으로 70탈란톤을 챙겼다고 한다. 그는 왕궁에 있는 재산 대부분과 왕의 수입을 친구들에게 나누어주었다. 페르디카스만이 알렉산드로스가 제안했을 때, 어떤 것도 가지려 하지 않고 물었다.

"알렉산드로스 전하. 자신을 위해 남겨놓으신 것은요?"

알렉산드로스가 "드높은 희망일세!"라고 대답하자, 페르디카스는 "그러면, 우리도 그것을 나누어 갖지요. 전하의 재산을 갖는 것은 옳지 않지만, 다레이오스의 재산을 가지기를 기대하며 기다리는 것은 옳은 일이니까요"라고 말했다.

12. 그렇다면, 알렉산드로스가 아시아로 건너갈 때 의지했던 희망이란 무엇인가? 그것은 1만 명의 병사 무리를 둘러싸는 벽을 단위

---

108) Isthros. 다뉴브강을 말한다.
109) 마케도니아 왕가는 자신들이 헤라클레이다이, 즉 헤라클레스의 후손이라고 하는데, 헤라클레스는 테바이 출신이다.
110) 알렉산드로스는 테바이를 정복하고 대학살을 벌였다.
111) Phylarchos. 기원전 3세기의 역사가로서 그가 남긴 저술은 산실되었고, 다른 작가들이 인용한 부분들만 조금씩 남아 있다.

로 삼아 세어야 하는 병력[112]이 아니고, 산맥을 통과해서 항해할 함대[113]도 아니며, 바다를 처벌하는 비상식적이고 야만적인 도구인 채찍이나 차꼬[114]도 아니다. 외적으로 그 희망은 그의 얼마 안 되는 군대에서 나오는 거대한 야망, 혈기왕성한 젊은이들의 상호 경쟁의식, 그의 '동료들' 사이에서의 명성과 뛰어남에 대한 경쟁에서 나오는 것이다. 그리고 내적으로 그는 신들에 대한 경의, 친구들에 대한 신의, 검소함, 자제심, 경험, 죽음을 두려워하지 않는 것, 씩씩한 용기, 인정, 상냥함, 고결한 성품, 절조 있는 사리 분별, 빠른 행동력, 드높은 명성, 모든 면에서 존중할 만한 목표를 갖는 성향 등 자신만의 드높은 희망을 가졌다.

예전에 호메로스가 아가멤논의 멋진 외양을 비유법을 써서 묘사할 때, 세 가지의 직유를 같이 사용했던 것은 적절하지도, 납득이 가지도 않았다.

그의 눈과 머리는 천둥 속에서 즐거워하시던 제우스와 같고,

---

[112] 헤로도토스, 『역사』 제7권 60장 1~3절의 내용과 연관된 것 같다. 그 내용은 다음과 같다. "필자는 전체(페르시아의 전 병력)를 구성하는 각 부분들의 숫자를 정확하게 말할 수는 없다. 누구에게서도 듣지 못했기 때문이다. 하지만 육군 전체의 수는 170만 명으로 알려져 있다. 그들은 다음과 같은 방식으로 계수(計數)되었다. 그들이 가능한 한 가깝게 서서 한 덩어리가 되면 그들 주변에 선을 긋는다. 선을 그리고 나서, 1만 명을 다른 곳으로 보내고, 선을 따라 사람의 허리께까지 오는 돌벽을 만든다. 그리고 다른 사람들을 이 벽이 둘러쳐진 공간에 데리고 온다. 모두 계수될 때까지 이런 방식을 되풀이한다. 모두 계수되면 그들은 민족별로 배치된다."
[113] 아토스산맥에 운하를 만들었던 크세륵세스의 예를 말한다.
[114] 헤로도토스, 『역사』 제7권 34~35장에 따르면, 페르시아군이 헬레스폰토스 해협에 다리를 놓자, 폭풍이 불어 이 다리를 무너뜨린다. 그러자 크세륵세스는 대노하여 해협에 300대의 채찍질을 하도록 하고 차꼬 한 쌍을 바다에 던진다.

허리는 아레스와 같으며, 가슴의 넓이는 포세이돈과 같으니[115]

하지만 알렉산드로스를 낳으신 신께서 그의 천부의 자질을 여러 덕을 조화롭게 결합하여 만드셨다면, 우리는 그가 키로스의 용기, 아게실라오스[116]의 판단력, 테미스토클레스의 지성, 필리포스의 경험, 브라시다스[117]의 대담함, 페리클레스[118]의 능변과 정치적 수완을 가졌다고 말하지 않겠는가? 알렉산드로스를 더 옛날의 인물들과 비교해 보면, 일단 그는 아가멤논보다 더 자제력이 있었다. 아가멤논은 포로로 잡힌 여성[119]을 결혼한 왕비보다 더 높이 치지만, 알렉산드로스는 결혼하기 이전에도 포로들에게 초연함을 지켰기 때문이다. 그는 아킬레우스보다 더 관대했다. 아킬레우스는 작은 몸값만을 받고 헥토르의 시신을 넘겨주었지만, 알렉산드로스는 큰 비용을 들여 다레이오스를 매장해주었다. 아킬레우스는 화해했을 때, 그의 분노[120]를 멈추기 위

---

115) 호메로스, 『일리아스』 제2권 478~479행을 인용한 것이다.
116) Agesilaos. 스파르타의 왕 아게실라오스 2세(즉 아게실라오스 대왕)로 기원전 444년경에 태어나 기원전 398년부터 죽은 해인 기원전 360년까지 재위했다. 키가 작고 태어날 때부터 한쪽 다리가 불편했으나, 예기치 않게 40대 중반에 왕이 되었다. 소아시아를 침공하여 큰 명성을 얻었으나, 기원전 371년 테바이를 필두로 하는 보이오티아 동맹과의 레욱트라(Leuktra) 전투에서 대패했다. 이후 스파르타는 국력이 급격히 약해졌다. 말년에는 자금을 충당하기 위해 해외에서 용병대장으로 활동했고, 귀국하다가 84세의 나이로 키레나이카(Kyrenaika)에서 사망했다. 시신은 스파르타로 운구되었다.
117) Brasidas. 기원전 422년 암피폴리스 전투에서 전사한 스파르타의 장군이다. 펠로폰네소스 전쟁 초기에 크게 활약했다.
118) Perikles. 기원전 495년경에 태어나 기원전 429년에 죽은 아테나이의 정치가다. 아테나이 민주정치의 황금기를 이끌었다고 알려진 인물이다.
119) 크리세이스(Chryseis)를 말한다. 『일리아스』 제1권 112~113행에서 아가멤논은 포로로 잡힌 크리세이스를 왕비보다 더 사랑하며 집에 데려가겠다고 선언한다.
120) 바로 앞에서 언급한 포로 여성인 크리세이스를 아가멤논에게 빼앗긴 분노를 말한다.

한 보상으로 친구들에게서 선물과 보상을 받았지만, 알렉산드로스는 적들을 정복함으로써 친구들을 부유하게 해주었다.

알렉산드로스는 디오메데스[121]보다 경건했다. 디오메데스는 신들과도 싸울 준비가 되어 있었지만, 알렉산드로스는 신들이 모든 성공을 만들어주었다고 믿었기 때문이다. 그의 친족은 오딧세우스(Odysseus)의 친족보다 그의 죽음을 더 슬퍼했다. 오딧세우스의 어머니는 슬픔에 겨워 죽었지만, 알렉산드로스의 원수의 어머니[122]는 그에게 호의를 가지고 함께 그의 죽음을 슬퍼했기 때문이다.

13. 간단히 말해서, 솔론[123]의 정치적 수완 역시 운명의 여신 덕분이고, 밀티아데스[124]의 장군으로서의 기량과 아리스테이데스[125]의 정의도 그저 운명의 여신 덕분이라면, 확실히 이 사람들에게 덕의 여신께서 기여한 바가 없다. 그러면 덕의 여신은 그저 이름뿐이고, 그들의 삶을 목적이 없는 것으로 만드는 외양에만 근거한 공론이고, 소피스테스들과 입법자들이 만들어낸 가공의 존재가 된다. 하지만 이 사람들 모두 빛 그들과 비슷한 다른 이들이 운명의 여신을 통해 가난하

---

121) Diomedes. 트로이아 전쟁에 참전한 그리스 영웅 중 하나로 나중에 아르고스의 왕이 되었다.
122) 다레이오스왕의 모후 시시감비스를 말한다.
123) Solon. 기원전 630년경에 태어나 560년경에 죽은 아테나이의 정치가이자 시인이다. 고대 그리스의 7현인 중 하나로 꼽히며 민주정치로 가는 기반을 닦았다. 당시 사회의 갈등을 가라앉혀서 '조정자'라는 별칭을 얻었다.
124) Miltiades. 기원전 630년경에 태어나 498년에 죽었다. 아테나이의 장군이자 정치가로서 마라톤 전투 승리의 주역이었다. 그의 아들 키몬(Kimon) 역시 유명한 정치가였다.
125) Aristeides. 기원전 530년에 태어나 기원전 468년에 죽은 아테나이의 정치가다. 별명은 '정의'로서 '아테나이에서 가장 훌륭하고 존경스러운 사람'이라는 말을 들었던 인물이다.

거나 부유해지고, 약하거나 강해지며, 못생기거나 잘생겨지고, 장수(長壽)를 누리거나 요절한다고 가정해보자. 혹은 그들 중 각자가 덕과 이성으로 위대한 장군, 위대한 입법자가 되거나, 행정과 정치적 수완에서 대단해진다고 가정해보자. 그런 다음, 알렉산드로스와 그들 모두를 비교해보라. 솔론은 그가 '세이삭테이아'[126]라고 부른 채무 말소 법안을 아테나이에 도입했다. 하지만 알렉산드로스는 채권자들에게 빚을 진 부하들의 채무를 직접 갚았다. 페리클레스는 그리스인들에게서 분담금을 받고, 그 돈으로 아크로폴리스를 신전들로 멋지게 꾸몄다.[127] 하지만 알렉산드로스는 이민족의 재화를 차지했고, 그 돈을 그리스로 보내면서 신들을 위해 신전들을 건설하는 데 1만 탈란톤을 쓰라고 명령했다.

브라시다스는 빗발치는 투척 무기들 속에서 무장한 적의 무리를 뚫고 해안가를 따라 메토네(Methone)로 돌격하여 그리스 전역에 명성을 떨쳤다.[128] 하지만 알렉산드로스는 옥시드라카에서 과감하게 뛰어내렸다. 옥시드라카인은 그 일을 듣고도 믿지 못했고, 보면서는 두려워하게 되었다. 알렉산드로스가 성벽 위에서 적의 한가운데로 뛰어내렸을 때, 창과 화살, 칼집에서 뽑아 든 칼들이 그를 기다리고 있었다. 이를 굳이 말하자면, 불타는 갑옷으로 주변을 비추면서 땅으로 내리꽂히는 태양신 포이보스의 환영 같았고, 태풍의 한가운데를 찢고 번뜩이는 번개를 제외하고는 비교 대상이 없었다. 처음에 적

---

[126] seisachteia. 부담을 떨어 없애기.
[127] 페르시아와의 전쟁 후에 아테나이는 인근의 도시국가들을 끌어모아 페르시아 재침에 대비하는 일명 델로스 동맹을 만들었다. 하지만 얼마 안 가서 델로스 동맹국들이 내는 분담금은 주로 아테나이 해군이 주축이 되는 동맹 함대 건설과 유지에 사용되었으며, 일부는 전용되기도 했다.
[128] 투키디데스, 『역사』 제2권 25장 2절에서는, 스파르타의 장군 브라시다스가 중무장 보병 100명을 거느리고 메토네를 구했다고 서술한다.

들은 깜짝 놀라고 두려워하게 되어 떨면서 뒤로 물러섰다. 하지만 곧, 알렉산드로스가 단 혼자서 여러 사람에게 덤볐다는 것을 알게 되자, 그들은 버티고 서서 그와 싸웠다.

운명의 여신께서 그를 중요하지 않은 이국의 작은 도시에 던져 넣고, 그 안에 가두어놓은 후에 그 주위를 적이 둘러싸게 하셨을 때, 여신이 알렉산드로스에게 친절로 대하신 결과가 위대하고 대단했다는 점이 진실로 드러났다! 그의 부하들이 외부에서 그를 돕기 위해 진심으로 애쓰면서 사다리로 성벽을 올라가려고 시도할 때, 여신께서는 사다리들을 부러뜨리고 흩어버려서 그들이 발디딤을 잃고 성벽에서 떨어지게 하셨다. 그중 세 사람[129]만이 재빠르게 성벽을 붙잡을 수 있었고, 그들은 성벽 안쪽으로 몸을 던져 왕 옆으로 자리를 잡고 섰다.

운명의 여신께서는 바로 한 사람을 낚아채서 알렉산드로스가 화살에 맞기 전에 그 사람을 죽이셨다.[130] 두 번째 사람은 화살 여러 대에 관통당하기는 했지만, 죽을 정도는 아니어서 왕의 위험을 보고 알아차릴 수 있었다. 하지만 마케도니아 병사들의 돌격이나 외침은 별 소용이 없었다. 그들은 공성용 무기나 기계들을 가져오지 않았기 때문이다. 병사들은 열심히 칼로 성벽에 자국이라도 내려고 애썼고, 맨손으로라도 성벽을 무너뜨리려 해보았지만, 그저 전진로에 생채기나 낼 정도였다.

---

129) 아리아노스, 『알렉산드로스 대왕 원정기』 제6권 10장 1절의 내용은 다음과 같다. "이때, 사다리가 부러지기 전에 성벽 위로 기어올라가서 요새로 뛰어들었던 자들, 즉 페우케스타스(Peukestas)와 두 배의 급료를 받는 정예병인 아브레아스(Abreas), 그리고 바로 그들의 뒤를 이어 레오나토스(Leonatos)가 나타나 왕을 지키며 싸웠다."
130) 알렉산드로스 대신 화살을 맞게 했다는 의미다. 아리아노스는 "아브레아스가 먼저 화살을 얼굴에 맞고 죽었다"라고 적고 있다.

운명의 여신께서 아끼시며 언제나 지키고 개인적으로 막아주셨던 왕은 홀로, 그리고 구원도 없이 야수처럼 덫에 갇히게 되었다. 수사나 바빌론을 놓고 싸울 때도, 박트리아를 점령하려 했을 때도, 포로스왕에게 이길 때도 이렇지는 않았다. 위대하고 영광스러운 전투들에서는 기껏해야 병사들이 실패하고, 창피를 겪고, 길을 잃을 뿐이었기 때문이다. 하지만 운명의 여신께서는 큰 악의를 가지고, 또 호전적이셔서 이민족에게 큰 호의를, 알렉산드로스에게는 미움을 보이셨다. 그래서 여신께서는 그의 신체와 생명뿐만 아니라 가능하다면 그의 명성을 파괴하고 명예마저 쓸어버리려고 애쓰셨다. 왜냐하면 알렉산드로스에게 있어서는, 유프라테스강이나 히다스페스강 옆에서 쓰러져 매장되는 것이 끔찍한 일이 아니었기 때문이다. 또 다레이오스와 백병전을 벌이다가 혹은 그들의 왕을 지키기 위해 싸우는 페르시아인의 말이나 칼, 전투 도끼들과 대결하다가 죽음을 맞이하는 것, 혹은 바빌론의 성벽 위에 앉아 있다가 던져지고, 드높은 희망으로부터 거꾸러지는 것은 비천하지 않은 일이었기 때문이다.

펠로피다스[131]와 에파메이논다스[132]가 그렇게 죽었다. 그들의 죽음은 불운 탓이 아니었다. 아주 고상한 행동을 할 때의 덕에 속하는 죽음이었다. 그러면 우리가 지금 살펴보고 있는 운명의 여신께서는 무엇을 행하셨는가? 가장 먼 변경의 외국의 강변, 궁벽한 시골 도시의 성벽 내에서, 세상의 주인이자 군주가 적에게 둘러싸여 시야마저 막힌 채로, 불명예스러운 무기들과 손에 잡히는 아무거나에 마구 두

---

131) Pelopidas. 기원전 364년에 사망한 테바이의 장군이자 정치가다.
132) Epameinondas. 기원전 362년에 죽은 테바이의 장군으로, 당시 스파르타의 영향력 아래 있던 테바이를 그리스에서 가장 강력한 국가로 만들었다. 알렉산드로스가 주요 전투에서 사용하는 일명 사선진(斜線陳)은 에파메이논다스가 창안했다.

들겨 맞아 죽어야 했던 것이 아닌가? 그는 투구를 가르고 박힌 도끼에 맞아 머리에 상처를 입었다. 어떤 자가 그에게 활을 쏘아서 그 화살이 흉갑을 관통하고 가슴뼈를 뚫고 들어가 단단히 박혀버렸다. 그 화살대는 불거져 나와 그의 행동을 방해했으며, 촉의 너비는 손가락 네 개 정도이고 길이는 손가락 다섯 개 정도였다.[133]

하지만 그가 맞닥뜨려야 했던 가장 위험한 일은 정면에서 공격해 오는 자들을 상대로 방어할 때 일어났다. 그를 쏘았던 궁수는 용기를 끌어모아 칼을 들고 그에게 다가갔다. 그러나 알렉산드로스는 단검을 가지고 그 남자를 빠르게 공격하여 넘어뜨린 다음 죽였다. 하지만 그가 여기에 몰두하는 사이에 누군가가 방앗간에서 달려 나와 뒤에서 몽둥이로 그의 목을 때렸다. 그로 인해 그는 감각이 어지러워졌고, 머리가 이리저리 흔들렸다. 하지만 덕의 여신께서 그의 옆에, 또 그의 안에 함께하셔서 호방함을 불러일으키셨으며, 그의 '동료들'에게 힘과 열정을 불어넣어주셨다.

림나이오스, 프톨레마이오스, 레오나토스 같은 이들과 성벽을 타고 넘거나 부수고 들어온 이들이 모두 알렉산드로스 앞에 버티고 섰다. 이들이 자신의 신체와 심지어 목숨을 적의 면전에 드러내놓은 것은 왕에게 품은 호의와 사랑 때문으로 이들이야말로 덕의 여신의 성채였다. 훌륭한 왕의 동료들이 목숨을 걸고 자발적으로 그 왕을 위해 죽으려고 하는 것이야말로 확실히 운명의 여신 때문이 아니다. 이는 덕의 여신을 위한 열정 덕분으로, 마치 벌들이 사랑의 마술에나 걸린 것처럼 자신들의 여왕벌에게 다가와 가까이 둘러싸는 것 같았다.

그리하여 자신은 위험에 처하지 않고 그 장소에 있게 된 사람이라

---

[133] 플루타르코스는 『대비 열전』, 「알렉산드로스전」 63장 5절에서 이 화살촉이 손가락 세 개 넓이, 손가락 네 개 길이라고 했는데, 여기서는 보다 과장하고 있다.

면, 누가 운명의 여신과 덕의 여신이 겨루는 것을 목격했노라고 소리치지 않을 것인가? 또 운명의 여신을 통해서 이민족 무리가 자신들의 기량을 뛰어넘게 되고, 덕의 여신을 통해서 그리스인들이 스스로의 기량을 뛰어넘는 것을 목격했다고 소리치지 않겠는가? 만약 적이 이겼다면, 이는 운명의 여신 혹은 어떤 질서에 찬 신 혹은 신의 징벌의 소치일 것인가? 하지만 그리스인들이 이겼다면, 이는 덕과 대담함, 우정, 충성이 승리의 보상을 얻게 되는 것인가? 사실 이것들[134]이 당시 알렉산드로스가 가졌던 유일한 지원이었다. 운명의 여신께서 그와 나머지 군대, 장비, 함대, 말, 진영 사이에 장애물을 놓아두셨기 때문이다.

결국 마케도니아군이 이민족을 패주시켰고, 자신들의 것이 된 도시를 무너뜨려 성벽에서 떨어져 죽은 이들을 매장했다. 하지만 이 조치가 알렉산드로스에게 도움이 되지는 못했다. 알렉산드로스는 살대 전체를 포함하는 화살이 급소에 박힌 채로 전장에서 급히 후송되었기 때문이다. 화살은 접합제 혹은 나사못이나 되는 것처럼 흉갑을 몸에 꽉 붙여놓고 있었다. 사람들이 상처에서, 말하자면 뿌리째 화살을 뽑아내려 했지만, 촉은 움직이려 하지 않았다. 심장 전면에 있는 가슴뼈에 박혀 있었기 때문이다. 그들은 감히 화살대의 튀어나온 부분을 톱으로 잘라내려 하지 못했다. 흔들려서 뼈가 쪼개지거나, 극심한 통증을 불러일으키고 내출혈을 일으키는 결과가 나올까 두려웠기 때문이다.

알렉산드로스는 그들이 엄청나게 당혹해하며 망설이고 있다는 것을 알아차리고 스스로 단검을 가지고 흉갑에 가까운 화살대를 잘라내려고 애썼다. 하지만 손이 흔들렸고, 상처의 염증 때문에 몸이 마비

---

134) 덕과 대담함, 우정, 충성을 말한다.

될 정도로 무기력해서 성공하지 못했다. 그는 상처 없는 사람들에게 두려워하지 말고 꽉 잡고 있으라고 말하며 용기를 북돋아주었다. 그는 흐느끼며 제정신을 못 차리고 있는 일부에게 호통을 쳤고, 또 다른 자들에게는 도망자라고 불렀다. 그들이 다가와 그를 도울 정도의 용기도 갖지 않았기 때문이다. 그는 '동료들'에게 소리 높여 외쳤다.

"비록 나를 위해서라지만 누구도 나약하게 굴지 마라! 그대들이 나의 죽음을 두려워한다면, 내가 죽음을 두려워하지 않았다는 것을 아무도 믿지 않을 것이기 때문이다!"

그리스와 로마의 대비 일화

 사람들 대부분은 내포된 믿을 수 없는 요소들 때문에 고대에 있었던 이야기들이 창작이고 허구라고 생각한다. 하지만 필자는 비슷한 사건들이 우리 시대에도 일어나곤 한다는 것을 알고 있기에 로마사의 중대 국면들을 뽑아보았다. 고대에 일어났던 각각의 일에 대응하는 좀더 최근의 사례들을 덧붙였다. 내 나름의 전거(典據)도 기록했다.

 1. 페르시아의 태수 다티스[1]는 30만 명[2]의 군대를 이끌고 아티카 반도의 마라톤(Marathon)에 와서 진을 쳤다. 그리고 그 지역의 주민들에게 전쟁을 선포했다. 그렇지만 아테나이인은 이민족 무리를 깔보면서 9,000명의 군대를 파견하면서 키네게이로스,[3] 폴리젤로스

---

1) Datis. 기원전 490년에 있었던 페르시아의 제2차 그리스 침공(그리스-페르시아 전쟁) 때 있었던 마라톤 전투의 페르시아 측 지휘관이다. 고페르시아어로는 다티야(Datiya)라고 한다.
2) 현대의 학자들은 30만 명은 과장된 숫자이고, 8만 명 정도일 것으로 추정한다.
3) Kynegeiros. 그리스 비극의 아버지라고 불리는 아이스킬로스, 살라미스(Salamis)

(Polyzelos), 칼리마코스,[4] 밀티아데스를 장군으로 임명했다. 아테나이 군대가 적과 교전했을 때, 폴리젤로스는 초자연적인 환상을 보고 시력을 잃었으며 그후 시각장애인이 되었다.[5] 칼리마코스는 수많은 창에 찔렸고, 사망했음에도 서 있었다. 키네게이로스는 바다로 나가려고 하는 페르시아 군선을 붙잡고 있다가 도끼에 손이 잘렸다.[6]

아스드루바스왕[7]은 시켈리아[8]섬을 점령하고 로마에 선전포고했다. 로마 원로원은 메텔루스[9]를 지휘관으로 선임했다. 메텔루스는

전투의 영웅 아메이니아스(Ameinias)가 그의 형제들이다.
4) Kallimachos. 마라톤 전투 후에 아테나이인들은 칼리마코스의 기념상을 파르테논 신전 옆에 만들어 세웠다.
5) 헤로도토스, 『역사』, 제6권 117장에서는 "그는 자신이 방패 전체가 수염으로 뒤덮인 장대한 중장보병과 맞선 것 같다고 말했다. 이 환상은 그를 지나쳐 옆에 선 자를 죽였다는 것이다. 나는 에피젤로스가 이렇게 말했다고 전해 들었다"라고 하여 이 일을 기록하지만, 이름은 에피젤로스라고 전한다.
6) 헤로도토스, 『역사』, 제6권 114장에서는 "에우포리온의 아들 키네게이로스는 한 배의 고물을 붙잡고 있다가 도끼에 손이 잘려 쓰러졌고, 그외에도 명망 있는 아테나이인이 많이 전사했다"라고 묘사한다. 같은 책 117장에서 헤로도토스는 이 전투에서 페르시아군의 전사자가 6,400명, 아테나이군의 전사자가 192명이라고 전한다.
7) Asdroubas. 제1차 로마-카르타고 전쟁(포에니 전쟁)에서 활약했던 카르타고의 장군이다. 플루타르코스는 그를 왕으로 착각했다. 그리스와 로마 역사가들은 그를 한노(Hanno)의 아들 하스드루발(Hasdrubal)이라고 칭한 경우가 많다. 기원전 254년경 그는 5,000명의 보병, 500명의 기병, 142마리의 전투용 코끼리를 데리고 시켈리아로 출정했다.
8) Sikelia. 오늘날의 시칠리아섬을 말한다.
9) 루키우스 카이킬리우스 메텔루스(Lucius Caecilius Metellus)는 기원전 290년 경에 태어나 기원전 221년에 죽었다. 기원전 251년, 247년에 집정관을 지냈으며, 기원전 243년에 대제사장(*potifex maximus*)을 지냈다. 그는 기원전 250년에 시칠리아섬을 로마가 지배하게 되는 계기인 파노르무스(Panormus) 전투에서 카르타고의 장군 하스드루발(Hasdrubal)에게 승리했고, 이는 제1차 로마-카르타고 전쟁의 전환점이 되었다. 메텔루스가 대제사장이었을 때, 웨스타 신전에 불이 나서 신전과 성물들이 타버릴 위기에 처했다. 그는 눈에

귀족인 루키우스 글라우코(Lucius Glauco)가 아스드루바스의 배를 붙잡고 있다가 두 손을 모두 잃었던 전투[10]에서 승리했다. 밀레토스인 아리스테이데스[11]가 『시켈리아의 일들』(*Sikelikon*) 제1권에서 이 사건을 서술하고, 디오니시오스 시쿨루스[12]가 그에게서 그 사실을 배웠다.

2. 500만의 병력을 거느린 크세륵세스는 아르테미시온[13] 근처에 정박하고 그 지역의 주민들에게 전쟁을 선포했다. 아테나이인은 혼란에 빠져 테미스토클레스의 형제인 아게실라오스(Agesilaos)를 첩자로 파견했다. 비록 그의 아버지인 네오클레스(Neokles)가 아들이 두 손을 잘리는 꿈을 꾸었지만 말이다. 아게실라오스는 페르시아 복장을 하고 이민족들 사이로 가서, 크세륵세스왕으로 착각하고 왕의 경호원인 마르도니오스(Mardonios)를 살해했다. 그는 옆에 있던 자들에게 붙잡혀 묶인 채로 왕에게 끌려갔다. 크세륵세스왕은 태양신[14]

상처를 입어 결국 실명하게 되기까지 하면서 불 속에 뛰어들어 로마의 성물을 지켰고, 큰 칭송을 받았다.
10) 기원전 250년에 있었던 파노르무스(Panormus) 전투일 것이다.
11) Aristeides. 기원전 2세기에 활동했던 밀레토스의 작가다.
12) Dionysios Siculus. 디오니시오스 시쿨루스는 보통 기원전 4세기 시칠리아의 참주 디오니시오스 1세 혹은 2세를 칭하지만, 여기서는 연대가 맞지 않다. 플루타르코스가 기원전 1세기의 역사가 디오도로스 시쿨루스와 착각하여 오기했을 가능성이 높다.
13) Artemision. 그리스 북부 에우보이아(Euboia)에 있는 아르테미시온 해협을 말한다. 이곳에서 기원전 480년 늦여름에 아르테미시온 전투가 있었다. 페르시아와 그리스 연합군이 맞붙었고, 양측의 손실은 비슷했으나 규모가 작은 그리스 연합군의 피해가 상대적으로 컸다. 거기에 테르모필라이(Thermophylai) 전투의 패배 소식이 전해지자, 그리스 연합군은 살라미스로 퇴각하고, 그곳에서 벌어진 해전에서 크게 이긴다.
14) 페르시아의 최고신이자 빛의 신인 아후라 마즈다를 말하는 것으로 보이지만,

의 제단에 희생제를 올리려던 참이었다. 아게실라오스는 제단에 오른손을 얹었다. 그가 신음을 내지 않고 모진 고문을 참아내자, 그의 포박이 풀렸다. 그때 아게실라오스는 이렇게 말했다.

"우리 아테나이인은 모두 이런 사람들이오. 전하께서 저를 믿지 못하시겠다면, 제 왼손도 제단에 올려놓겠습니다."

크세르크세스는 놀랐고, 명령을 내려 그를 가두어놓게 했다. 사모스[15] 섬 출신인 아가타르키데스[16]가 『페르시아의 일들』(*Persikon*) 제2권에서 이 사건을 서술한다.

에트루리아인의 왕인 포르센나는 티베르강 저편으로 침략해 가서 로마와 교전했다. 그는 로마의 많은 식량 보급을 차단하여, 로마인이 굶주리도록 압박했다. 원로원은 혼란에 빠졌으나, 귀족 중 하나인 무키우스는 집정관들의 인가를 받아 시민의 복장을 한 400명의 동년배를 이끌고 강을 건넜다. 그는 장교들에게 식량을 분배하고 있는 참주[17]의 경호원 중 한 명을 보았고, 그를 포르센나라고 생각하여 죽였다. 그는 왕에게 끌려갔을 때, 자신의 오른손을 희생제를 올리는 불 위로 내밀었다. 그는 용기를 내서 자신이 받는 고통을 무시하면서, 미

    트라키아 지역에서 숭배하던 신이며 아후라 마즈다의 아들로 페르시아 신화 체계에 편입된 태양신 미트라스(Mithras)일 수도 있다.
15) Samos. 동에게해에 있는 섬이며, 동시에 그리스의 도시국가였다.
16) Agatharchides. 기원전 2세기에 활동했던 그리스의 역사가이자 지리학자다. 아가타르코스(Agatharchos)라고도 한다.
17) 僭主. 기원전 8-7세기에 그리스 곳곳에서는 귀족정이 무너지고 참주정이 나타났다. 이 체제에 대해 그리스인은 소아시아의 단어들 중에서 티라노스(tyrannos)라는 단어를 빌려왔다. 이는 원래 공식적인 자격은 없지만, 절대적 권력을 장악한 사람에게 사용되었던 용어였다. 때로 귀족 중에서 가장 강력한 정도의 권력만을 행사했던 왕이 가질 수 있는 권력 이상의 것을 장악했을 때는 왕도 참주라고 불렸다. 원래 '참주'는 상당히 중립적인 용어였다. 그러나 얼마 안 가 전제정치가 가속되고 그후로 참주라는 말은 대체로 경멸의 뜻으로 쓰였다. 여기서는 포르센나왕을 참주라고 칭한 것이다.

소를 띠고 이렇게 말했다.

"이 악당아, 네가 나를 풀어주든 말든 나는 자유인이다. 지금 네 진영 속에는 너를 죽이기 위해 기회를 엿보는 우리 400명이 있음을 알라."

포르센나는 놀라서 로마와 평화조약을 맺었다. 밀레토스인 아리스테이데스가 『역사』(*Historiai*) 제3권에서 이 사건을 서술한다.

3. 아르고스인과 스파르타인이 티레아(Thyrea) 지역을 놓고 다툴 때, 인보동맹[18]의 회의에서는 각 나라에서 300명씩 내어 싸우고, 그 땅은 승자에게 돌아갈 것이라고 선언했다. 그에 따라 스파르타에서는 오트리아데스(Othryades)를 자기네 장군으로, 아르고스는 테르산드로스(Thersandros)를 장군으로 삼았다. 이어진 전투에서, 아게노르(Agenor)와 크로미오스(Chromios)라는 두 명의 아르고스인만이 살아남았다. 그들은 자신들이 이겼다고 국가에 보고했다. 하지만 전장이 비었을 때에 죽은 줄 알았던 오트리아데스가 의식을 회복했고, 두 동강 난 장대로 몸을 지탱하며 적들의 시신에서 방패들[19]을 벗겨내 약탈했다. 그는 전승기념물을 세우고 그 위에 자신의 피로 이렇게 썼다.

"전승기념물을 지켜주시는 제우스께 바칩니다."

두 나라 사람들이 승리를 놓고 여전히 논쟁하자, 인보동맹 회의는 전장을 직접 조사하고 스파르타의 승리라고 결정했다. 크리세르모스(Chrysermos)[20]는 『펠로폰네소스의 일들』(*Peloponnesiakon*) 제3권에

---

18) 인보동맹은 대개 하나의 신전 혹은 종교적 성지를 둘러싼 혈연관계가 있는 종족들의 연합체다. 델로스섬의 아폴론을 모시는 델로스 인보동맹, 델포이 성지를 둘러싼 델포이 인보동맹 등이 유명하다.
19) 그리스 중장보병들에게 방패는 생명줄이나 마찬가지였으므로 중요한 가치를 지녔다.
20) 기원전 1세기의 의사인 크리세르모스가 있으나, 아마 동명이인인 듯하다. 역

서 그렇게 서술한다.

　로마인은 삼니움족[21]과의 전쟁에서 포스투미우스 알비누스[22]를 장군으로 선출했다. 그는 카우디나 갈림길(Furculae Caudinae)이라고 불리는 매우 협소한 통로에 매복했다가 세 개 군단을 잃었고 자신도 치명상을 입었다. 하지만 한밤중에 잠시 의식을 회복하여 적들의 시신에서 방패들을 약탈했다. 그는 그 방패들로 전승기념물을 세우고, 자신의 피를 손에 찍어 거기에 이렇게 썼다.

　"로마인이 삼니움족에게서 빼앗은 방패들을 유피테르 페레트리우스[23] 신께."

　'대식가'라는 별칭으로 불리는 막시무스[24]가 장군으로 파견되어 그 전승기념물을 보았을 때, 그는 기쁘게 이 기념물을 징조로 받아들였다. 그리고 적을 공격하여 무찌르고, 삼니움족의 왕을 포로로 잡아 로마로 호송했다. 밀레토스인 아리스테이데스가 『이탈리아의 일들』(*Italikon*) 제3권에서 그렇게 서술한다.

　4. 페르시아인들이 그리스를 침공하기 위해 500만 명의 군대로 진군하고 있었을 때, 스파르타인들은 레오니다스(Leonidas)왕에게

　　사가 크리세르모스에 대해서는 플루타르코스가 간혹 언급한 것 이외에는 거의 알려지지 않았다.
21) Samnites. 이탈리아 중남부 삼니움 지방에 거주했던 종족이다. 삼니테족이라고도 부른다.
22) Postumius Albinus. 기원전 321년에 집정관을 지낸 인물이다. 로마의 역사가 리위우스의 『도시 창건 이래의 역사』 제9권 1장 이하에 따르면 그의 최후가 그렇게 극적이지는 않다.
23) Iupiter Feretrius. 페레트리우스는 유피테르(영어명 주피터) 신을 부르는 호칭 중 하나로, 주로 계약과 결혼에 관련된 맹세 등을 수행할 때 그렇게 부른다.
24) 퀸투스 파비우스 막시무스 구르게스(Quintus Fabius Maximus Gurges)로서 기원전 292년, 276년, 265년에 집정관을 지낸 로마의 정치가다.

300명의 군대를 딸려서 테르모필라이(Thermophilai)로 파견했다. 그들이 그곳에서 먹고 마시고 있었을 때, 이민족 대군이 그들을 공격했다. 레오니다스는 이민족들을 보자, 이렇게 말했다.

"병사들이여, 마치 저세상에서 먹는 것처럼 식사하라."

그가 이민족들에게 돌격하여 많은 창에 찔렸을 때, 그는 크세륵세스에게 다가가 왕관을 잡아챘다. 그가 사망하자, 이민족의 왕은 그의 심장을 도려냈고, 그것이 털로 덮인 것[25]을 알게 되었다. 아리스테이데스는 『페르시아의 일들』 제1권에서 그렇게 서술한다.

로마인은 카르타고인들과 전쟁을 벌이고 있을 때, 300명의 병사들을 파견하면서 파비우스 막시무스[26]를 장군으로 삼았다. 그는 적을 공격하여 부하들을 모두 잃고 자신도 치명상을 입었지만, 미친 듯이 돌격하여 한니발에게 이르렀고 그의 관을 쳐서 떨어뜨리면서 죽었다. 밀레토스인 아리스테이데스가 이렇게 서술한다.[27]

5. 프리기아[28]의 켈라이나이[29]에서 큰비가 오면서 땅이 크게 입을 벌렸고, 여러 농장과 주민들이 그 길라진 틈으로 끌려 들어갔다. 미다스왕[30]은 그가 가진 가장 귀중한 것을 그 심연에 던지면 땅이 닫

---

25) 용맹하다는 뜻인 듯하다.
26) '대식가' 막시무스가 아닌 '지연시키는 자'인 퀸투스 파비우스 막시무스 웨루쿠소스다.
27) 파비우스 막시무스는 한니발이 이탈리아에서 퇴각한 직후 병사했으므로 역사적으로는 잘못된 이야기다. 플루타르코스의 과장 혹은 끼워 맞추기식의 서술로 보인다. 아리스테이데스의 어떤 책, 몇 권인지 서술하지 않았다는 점에서도 그렇다.
28) Phrygia. 오늘날 튀르키예의 아나톨리아 지역에 있던 고대 왕국이다. 이곳의 전설적인 왕으로 고르디아스(Gordias), 미다스(Midas) 등이 있다.
29) Kelainai. 오늘날 튀르키예 중심부에 있던 고대 도시다.
30) 손에 닿는 것은 모두 금으로 만들어버린다는 그리스의 전설로 유명한 프리기

힐 것이라는 신탁을 받았다. 미다스왕은 금과 은을 던졌지만, 이는 전혀 효과가 없었다. 미다스의 아들 안쿠로스(Anchuros)는 삶에서 목숨보다 귀중한 것은 없을 것이라고 추측하고, 부왕과 부인 티모테아(Timothea)를 껴안아준 다음, 말을 탄 채 심연으로 뛰어들었다. 땅이 닫히자, 미다스는 이다이아[31]의 제우스를 모시는 제단을 건설하고 손을 대어 금으로 만들었다. 이 제단은 한 해 중에서 이렇게 땅이 갈라졌던 시기에는 돌로 변하고, 그 시기가 지나면 금으로 보인다. 칼리스테네스[32]는 『변신』(*Metamorphoses*) 제2권에서 그렇게 서술한다.

유피테르 타르페이우스[33]의 노여움 때문에 티베르강이 포룸[34] 한복판으로 흘렀다. 아주 큰 심연이 벌어졌고, 많은 집이 거기에 삼켜졌다. 로마인이 자신들이 가진 가장 귀중한 것을 심연에 던져 넣는다면 이 현상이 멈출 것이라는 신탁이 있었다. 로마인이 금과 은을 쏟아붓는 동안, 젊은 귀족 쿠르티우스(Curtius)는 신탁의 의미를 파악하다가 인간의 생명이 더 귀중하다고 추측하게 되었다. 그는 말에

아의 왕이다. "임금님 귀는 당나귀 귀"라는 전설 역시 그에 관한 이야기다.

31) Idaia. 그리스 신화에서 이다이아는 "이다에서 온 여인" 혹은 "이다산에 사는 여인"을 의미하는 경우가 종종 있다. 이다는 크레테섬에 있는 산 혹은 고대 트로이아에 있는 산을 말하는데, 제우스와 함께 언급될 때는 제우스와 결합했던 요정(님페)을 말한다. 여기서는 고대 트로이아 땅(즉 프리기아 지역)을 수호하는 제우스 정도의 의미로 쓰였을 것이다.

32) Kallisthenes. 그리스의 올린토스(Olynthos) 출신이며 기원전 360년경에 태어나 327년에 죽은 역사가다. 알렉산드로스의 원정에 동행했던 역사가로 알려져 있으며, 철학자 아리스토텔레스의 조카다. 여기서 말하는 『변신』은 현재 남아 있지 않다.

33) Iupiter Tarpeius. 유피테르는 로마의 주신으로서 의미는 '하늘의 아버지'다. 요베(Jove)라고 불리기도 한다. 유피테르의 주 기능들은 로마에 있는 카피톨리누스(Capitolinus) 언덕과 연관되어 있다. 카피톨리누스 언덕의 원래 이름이 타르페이우스였다.

34) Forum. 로마인이 모이는 광장으로서 지금은 포로 로마노라고 불린다.

탄 채로 심연에 몸을 던졌고, 그 결과 동족을 고통에서 구원했다.[35] 아리스테이데스는 그의 『이탈리아의 일들』 제40권에서 그렇게 서술한다.

6. 폴리네이케스[36]를 따라왔던 지휘관들이 연회를 베풀고 있었을 때, 독수리 한 마리가 급강하하여 암피아라오스[37]의 창을 낚아채 하늘로 올라가다가 떨구었다. 그 창은 땅에 박힌 뒤, 월계수로 변했다. 다음 날, 지휘관들이 싸우고 있을 때, 창이 박혔던 바로 그 자리에서 암피아라오스가 전차와 함께 땅에 삼켜졌다. 그래서 그 도시의 이름이 지금은 하르마[38]라고 불리게 되었다. 트리시마코스(Trisimachos)가 『도시들의 창건』(Ktiseon) 제3권에서 그렇게 서술한다.

로마인이 에페이로스(Epeiros)의 왕 피로스[39]와 싸울 때, 아이밀리우스 파울루스(Aemilius Paulus)는 한 귀족이 전차와 함께 심연에 삼켜지는 광경을 보게 되는 장소에 제단을 세운다면 승리할 것이라는 신탁을 받았다. 3일 후, 왈레리우스 코나투스(Valerius Conatus)는 꿈

---

35) 리위우스, 『도시 창건 이래의 역사』 제7권 6장에서는 티베르강의 범람이 아니라 "지진 혹은 어떤 다른 강렬한 힘 때문에" 심연 혹은 큰 구덩이가 생겼으며, "마르쿠스 쿠르티우스라는 한 젊은 군인"이라고 말하고 있다.
36) Polyneikes. 그리스 신화 속의 인물로서 테베의 왕 오이디푸스의 아들이다.
37) Amphiaraos. 그리스 신화에서 '테바이와 싸우는 7인' 중 한 명으로서 예언자다. 이 7인은 폴리네이케스가 테바이의 왕위를 찾도록 아르고스에서 지원해 준 인물들이다.
38) Harma. 보이오티아 지방의 한 소도시로서, 다른 전설에서는 암피아라오스의 전차가 여기서 부서졌다고도 한다. 하르마의 의미는 '전차의 도시'다.
39) Pyrrhos. 기원전 319/318-272년, 소국인 에페이로스의 왕이었으며, 짧으나마 마케도니아를 통치하기도 했다. 명장으로 유명했던 그는 여러 번 승리했으나, 그때마다 병력 손실로 후퇴해야 하는 일이 많았다. 그 결과 오늘날 '피로스의 승리'(Pyrrhus' victory, 이겼지만 피해가 큰 상황)라는 말이 남을 정도였다.

에서 그의 법복을 입으라고 명령하는 환상을 보았다(그는 사실 전문적 조점관[40]이었다). 그가 부하들을 데리고 앞으로 나가서 많은 적을 죽일 때, 그는 땅에 삼켜졌다. 아이밀리우스는 제단을 세웠고, 승리를 얻었다. 그는 전투용 장비가 되어 있는 160마리의 코끼리를 전리품으로 로마에 보냈다. 매년 피로스가 패망한 시기 즈음이 되면 이 제단에서는 신탁들을 내려준다. 크리톨라오스[41]가 그의 『에페이로스의 일들』(*Epeirotikon*) 제3권에서 이를 서술한다.

7. 에우보이아(Euboia)의 왕 피라이크메스[42]는 보이오티아[43]와 전쟁 중이었다. 아직 젊었던 헤라클레스가 그를 이겼다. 헤라클레스는 피라이크메스를 망아지에 묶고 두 쪽으로 몸을 찢어버렸다. 그리고 시신을 묻지도 않고 앞으로 내던졌다. 그 장소는 '피라이크메스의 망아지들'이라고 불린다. 이 장소는 헤라클레이오스(Herakleios)강 옆에 위치하며, 말들이 물을 마실 때면 말의 울음소리가 들린다. 『강들에 관하여』(*Poramon*) 제3권에서 그렇게 서술한다.

로마인의 왕 툴루스 호스틸리우스[44]는 알바와 전쟁을 치렀는데, 알바의 왕은 메티우스 푸페티우스[45]였다. 툴루스는 계속 전투를 치

---

40) 라틴어로는 *augur*이며 로마에서 새가 나는 것을 보고 점을 치는 성직자 직책이다.
41) Kritolaos. 기원전 200년경에 태어나 기원전 118년경에 죽었다. 그리스 소요학파의 철학자였고, 기원전 155년에 그리스에서 로마로 파견한 세 철학자 중 하나다. 다른 두 철학자는 카메아데스(Kameades)와 바빌론의 디오게네스(Diogenes)였다.
42) Pyraichmes. 트로이아 전쟁에 참여했다고 전해지는 전설적인 인물이다.
43) Boiotia. 그리스 중부의 한 지역이자, 고대의 도시국가였다.
44) Tullus Hostilius. 로마의 전설에 따르면 세 번째 왕이었다. 실존 여부가 불확실하므로 큰 의미는 없지만 기원전 7세기의 인물이라고 전해진다.
45) Metius Fufetius. 기원전 673년에 죽었다고 전해진다.

르는 것을 미루었고, 알바인은 자신들이 이기리라 생각하고 연회를 열고 술을 마셔댔다. 알바인이 포도주에 취했을 때, 툴루스가 그들을 공격했고, 그들의 왕(푸페티우스)을 두 마리 망아지에 묶고 그를 찢어버렸다. 알렉사르코스(Alexarchos)는 그의 『이탈리아의 일들』 제4권에서 그렇게 서술한다.

8. 필리포스 2세는 메토네[46]와 올린토스[47]를 약탈하고 싶어 했다. 그가 산다노스(Sandanos)강을 무력으로 건너가려고 했을 때, 아스테로스(Asteros)라는 이름의 어떤 올린토스인이 활로 화살을 쏘아 그의 눈을 맞추었다. 아스테로스는 이렇게 읊조렸다.

"아스테로스가 필리포스에게 이 치명적인 화살을 보냈노라."

필리포스는 친구들에게 헤엄쳐 돌아와서 구조되었지만, 눈을 하나 잃었다. 칼리스테네스가 그의 『마케도니아의 일들』(*Makedonikon*) 제3권에서 그렇게 서술한다.

에트루리아인의 왕인 포르센나가 티베르강 건너편을 약탈하고, 로마인과 전쟁을 치렀다. 그는 풍부한 식량 보급을 가로채어 로마를 기아로 몰아넣었다. 하지만 장군으로 선출된 호라티우스 코클레스[48]는 폰스 수블리키우스(Pons Sublicius, 나무로 만든 다리)를 점령하고, 강을 건너려 하는 이민족 무리를 저지했다. 그는 패배할 지경에 처하자, 부하들에게 명령을 내려 다리를 무너뜨리게 했다. 그렇게 해서 그는 이민족 무리가 도강하는 것을 방해했다. 그는 눈에 화살을 맞고 강에 뛰어들어 헤엄쳐서 친구들에게로 돌아왔다. 테오티모스(Theotimos)가 그의 『이탈리아의 일들』 제2권에서 그렇게 서술한다.

---

46) Methone. 테살리아(Thessalia) 지역에 있던 그리스의 고대 도시다.
47) Olynthos. 칼키디케(Chalkidike) 지역에 있던 그리스의 고대 도시다.
48) Horatius Cocles. 기원전 6세기 후반에 활동한 로마의 장군이다.

9. 디오니소스 신을 접대한 이카리오스[49]의 이야기가 있다. 에라토스테네스가 그의 『에리고네』(*Erigone*)에서 그 이야기를 서술한다.

엔토리아(Entoria)라는 예쁜 딸을 가진 한 농부[50]가 사투르누스[51]를 대접했다. 사투르누스는 엔토리아를 유혹하여 야누스,[52] 힘누스(Hymnus), 파우스투스(Faustus), 펠릭스(Felix)를 낳았다. 그는 이카리우스[53]에게 포도주 담그는 법과 포도주 사용법을 가르쳤다. 그리고 그의 지식을 이웃들과 함께 나누라고 말했다. 그의 이웃들이 그렇게 했고, 보통 때보다 더 취해서 유독 깊은 잠에 빠져버렸다. 그들은 자신들이 중독되었다고 생각해서, 돌로 이카리우스를 내리쳐 죽였

---

49) Ikarios. 이카리오스는 포도주와 황홀경의 신인 디오니소스를 성심껏 접대했다. 디오니소스는 이카리오스의 목동들에게 포도주를 주었다. 취해버린 목동들은 이카리오스가 독약을 주었다고 생각하고 이카리오스를 죽였다. 그의 딸 에리고네는 그의 시신을 발견했고, 아버지의 무덤 위에서 목을 매어 자살했다. 디오니소스는 분노하여 아테나이를 전염병으로 징벌했다. 그는 모든 미혼 여성을 미치게 했다. 그녀들은 모두 에리고네처럼 자살했다. 전염병은 아테나이가 이카리오스와 에리고네를 기념하는 의식을 제정할 때까지 지속했다. 디오니소스는 이카리오스와 에리고네를 하늘의 별자리(목동자리)로 만들어주었다.
50) 이카리오스를 말하는 듯하다.
51) Saturnus. 생식과 사멸, 부, 농업 등을 관장하는 로마의 신이다. 로마인은 그리스의 신 크로노스(Kronos)와 사투르누스를 동일시하기도 했지만, 디오니소스 신과 동일시하기도 했다. 사투르누스를 섬기는 축제인 사투르날리아(Saturnalia)는 매년 12월에 개최되는데, 폭음, 역할 바꾸기, 연회 등이 자유롭게 벌어지는 난장판이 되기 일쑤였다. 그래서 로마인은 사투르날리아 축제를 폐지하기도 했다.
52) Ianus. 고대 로마에서 야누스는 시작, 문, 경계선, 시간, 복도 등을 관장하는 신이다. 보통 2개의 얼굴을 가진 신으로 묘사되며 경계선에 거하며 밖을 향한 얼굴은 위협하는 모습을, 안을 향한 얼굴은 웃는 모습으로 있다고 믿었다. 그래서 타인의 소유지 혹은 국경을 넘어오는 행위는 공격이자 신성모독이기도 했다. 여기서는 아직 인간이고, 후에 신격화되었다고 보는 듯하다.
53) 이카리오스는 로마식으로 이카리우스로 표기된다.

다. 이카리우스의 손자들은 절망에 빠져 목을 매어 자살했다. 로마인 사이에 전염병이 널리 퍼지자, 아폴로 신이 신탁을 내려주었다. 사투르누스의 분노와 억울하게 죽은 이들의 영혼이 달래진다면, 전염병이 멈추리라는 것이다. 귀족 중 하나인 루타티우스 카툴루스[54]는 타르페이아 절벽[55] 인근에 신을 위한 성역을 만들었다. 그는 상부 제단을 4면이 되게 만들었다. 이카리우스의 손자가 넷이기 때문이기도 했고, 일 년이 넷으로 나뉘기 때문이기도 했다. 그는 달 하나의 이름을 야누스의 이름을 따서 이아누아리우스(Ianuarius)라고 명명했다. 사투르누스는 그들을 모두 별들 사이에 배치했다. 다른 별들은 '포도주 생산의 선구자'[56]들이라고 불리지만, 야누스라고 불리는 별은 그보다 먼저 뜬다. 그의 별은 처녀자리의 아래쪽 바로 전면에서 목격된다. 크리톨라오스는 그의 『현상』(現像, *Phainomenon*) 제4권에서 그렇게 서술한다.

10. 페르시아가 그리스를 약탈하고 있었을 때, 스파르타의 장군인 파우사니아스[57]는 크세륵세스로부터 500탈란톤의 금을 받고 스파

---

54) Lutatius Catulus. 같은 이름의 로마 귀족이 많기에 특정하기 어렵다.
55) Rupes Tarpeia. 로마시 카피톨리누스 언덕 남쪽 면에 있는 절벽으로서 로마 공화정 시기에 처형장으로 사용되었다. 높이는 25미터 정도 된다.
56) Vindemiator. 처녀자리의 한 별로 라틴어로는 윈데미아토르라고 불린다. 여기서는 별 하나의 이름만을 거명하면서 야누스를 제외한 사투르누스의 세 아들을 지칭한다.
57) Pausanias. 클레옴브로토스(Kleombrotos)의 아들 파우사니아스. 기원전 477년경에 사망한 스파르타의 섭정이자 장군이었다. 그리스-페르시아는 전쟁에서 페르시아의 크세륵세스 1세에게 대항하는 그리스 연합군 사령관직을 맡았고, 기원전 479년의 플라타이아 전투에서 그리스의 대승을 이끌었다. 다음 해에 그는 페르시아에 매수되었다는 의혹을 받았고, 같은 해 혹은 다음 해인 기원전 477년에 동료 시민들에 의해 아사하게 되었다.

르타를 배신하려고 했다. 하지만 그가 배신하려는 것이 발각되었고, 그의 아버지인 아게실라오스58)는 아테나 여신의 신전인 청동궁까지 그를 쫓는 것을 도왔다.59) 아게실라오스는 성역으로 향하는 문들에 벽돌로 담을 쌓고, 그가 굶어 죽도록 했다.60) 그의 어머니도 그의 시신을 매장하지 않고 내다 버렸다. 크리세르모스가 『역사 속의 일들』(*Histrikon*)의 제2권에서 그렇게 서술한다.

로마인은 라티움 지역의 사람들과 전쟁을 치르면서 푸블리우스 데키우스(Publius Decius)를 장군으로 선출했다. 귀족이지만 가난했던 카시우스 브루투스(Cassius Brutus)라는 이름의 한 젊은이가 일정 금액의 돈을 받고 밤중에 성문을 열어주려 했다. 그 사실이 발각되자 그는 미네르와 아욱실리아리아61)의 신전으로 도망쳤다. 그의 아버지인 카시우스 시그니페르62)는 그를 안에 가둬놓고 굶겨 죽였다. 그는 그의 시신을 매장하지 않고 내다 버렸다. 클레이토니모스(Kleitonimos)가 그의 『이탈리아의 일들』에서 그렇게 서술한다.

11. 페르시아의 다레이오스 3세가 그라니코스강에서 알렉산드로스와 전투했을 때, 그는 일곱 명의 태수와 502대의 낫이 장비된 전

---

58) Agesilaos. 클레옴브로토스의 오기다.
59) 성역에서는 사람을 죽일 수 없었기에 범죄자 혹은 쫓기는 자가 신의 성역으로 도망치는 일이 많았다.
60) 폴리아이노스(Polyainos)의 『전략론』(*Strategemata*) 제8권 51장에서는 그의 어머니 테아노(Theano)가 그렇게 했다고 전한다.
61) Minerva Auxiliaria. 로마의 여신 미네르와는 지혜, 정의, 전쟁, 승리, 예술과 전략 등을 담당한다. 마르스(Mars) 신처럼 폭력과 연관된 신이 아니라 방어적 전쟁만을 담당한다. 아욱실리움(*auxilium*)이 도움, 보조, 지원의 의미이므로 '도와주시는 미네르와' 정도의 의미일 것이다.
62) Cassius Signifer. 시그니페르는 '기수'(旗手)라는 의미이므로 군단의 정예병이었고 이를 자랑으로 삼아 자신의 가문명으로 취했을 것이다.

차를 잃었다. 그는 다음 날 다시 공격하려고 했다. 하지만 알렉산드로스에게 진심으로 경도된 다레이오스의 아들 아리오바르자네스(Ariobarzanes)는 부왕을 배신하기로 약조했다. 다레이오스는 격노하여 그의 머리를 베어버렸다.[63] 크니도스[64]의 아레타데스(Aretades)는 그의 『마케도니아의 일들』 제3권에서 그렇게 서술한다.

만장일치로 집정관에 선출된 브루투스[65]는 전제군주처럼 행동했던 오만한 왕 타르퀴니우스[66]를 추방했다. 타르퀴니우스는 에트루리아인에게 갔고, 로마와의 전쟁을 시작했다. 하지만 타르퀴니우스의 아들들은 아버지를 배신하려고 했다. 그들의 의도는 발각되었고, 타르퀴니우스는 그들의 머리를 베어버렸다. 밀레토스인 아리스테이데스가 그의 『이탈리아의 일들』에서 그렇게 서술한다.

12. 테바이의 장군 에파메이논다스는 스파르타와 전쟁을 하던 중에 선거철이 되어서 집으로 돌아가야 하게 되자, 아들 스테심브로토스(Stesimbrotos)에게 적과 교전하지 말라는 명령을 내렸다. 에파메이논

---

63) 이 이야기는 다른 사료에서는 나오지 않는다. 무엇보다 그라니코스 전투에 다레이오스가 친정하지 않았다. 플루타르코스가 신뢰성이 없는 설화집 수준의 사료에서 이 이야기를 추출한 것 같다.
64) Knidos. 오늘날은 튀르키예에 속하는 고대 카리아(Karia) 지방의 그리스 도시다.
65) 오늘날 우리는 브루투스라고 하면 율리우스 카이사르 암살에 앞장섰던 마르쿠스 유니우스 브루투스(Marcus Junius Brutus)를 떠올리지만, 여기서 말하는 브루투스는 루키우스 유니우스 브루투스(Lucius Junius Brutus)다. 그는 반전설적인 인물로 타르퀴니우스를 몰아내고 공화정을 수립하는 데 결정적 역할을 했으며, 기원전 509년에 집정관에 선출되었다고 전해진다.
66) 로마의 제7대이자 마지막 왕인 루키우스 타르퀴니우스 수페르부스(Lucius Tarquinius Superbus)를 말한다. 기원전 535년에 재위하여 509년에 추방되었고 495년에 죽었다고 전해진다. 그의 별칭인 수페르부스는 '오만한'이라는 뜻이기에 오만왕 타르퀴니우스라고 칭하는 경우가 많다.

다스가 자리를 비운 것을 알게 된 스파르타인들은 용기가 없다며 그 젊은이를 조롱했다. 그는 분개하여 부친의 명령을 잊고 적과 교전하여 승리했다. 그의 아버지는 매우 화를 내고, 그 젊은이에게 관을 씌운[67] 다음, 목을 베었다. 크테시폰(Ktesiphon)이 그의 『보이오티아의 일들』(*Boiotiakon*) 제3권에서 그렇게 서술한다.

로마인이 삼니움족과 전쟁을 치렀을 때, 그들은 '강력한 이'(Imperiosus)라고 불리는 만리우스[68]를 장군으로 지명했다. 그는 집정관 선거를 위해 로마로 가면서 아들에게 적과 교전하지 말라는 명령을 내렸다. 하지만 삼니움족은 이를 알고서 그 젊은이가 아무것도 아니라고 모욕하며 놀렸다. 도발을 당한 그는 적을 패퇴시켰다. 하지만 만리우스는 그의 목을 잘랐다. 밀레토스인 아리스테이데스가 이 일을 서술한다.

13. 헤라클레스는 이올레(Iole)에 대한 구혼에 실패하자 오이칼리아(Oichalia)를 약탈했다.[69] 이올레는 성벽에서 몸을 던졌지만, 그녀

---

67) 그의 승리를 인정한다는 의미에서 씌워준 월계관 혹은 떡갈나무 관일 것이다.
68) 티투스 만리우스 임페리오수스 토르쿠아투스(Titus Manlius Imperiosus Torquatus)는 기원전 4세기의 유명한 로마 정치가이자 장군이다. 그는 기원전 347년, 344년, 340년에 집정관을 지냈고, 353년, 349년, 320년에는 독재관(*dictator*)도 역임했다.
69) 이올레는 오이칼리아의 왕인 에우리토스(Eurytos)의 딸이었다. 에우리토스는 명사수였고, 헤라클레스가 어린 시절에 활쏘기를 가르쳐준 적도 있었다. 에우리토스는 활쏘기 시합에서 자신과 아들들을 이기면 딸을 주겠다고 공언했고, 헤라클레스가 이겼다. 하지만 헤라의 저주로 헤라클레스의 전처 메가라(Megara)와 자식들이 죽었던 것을 알고 있던 에우리토스는 딸의 손을 넘겨주는 것, 즉 결혼시켜주는 것을 거부했다. 이올레는 성벽 위에서 몸을 던졌지만 살아남았고, 헤라클레스가 그녀를 데려갔다. 그녀는 헤라클레스의 아내 데이아네이라(Deianeira)의 질투를 유발했고, 이는 궁극적으로 헤라클레스의 죽음을 가져오게 되었다.

의 겉옷이 바람에 크게 부풀어 그녀는 상처 하나 입지 않았다. 말로스[70]의 니키아스(Nikias)가 이를 서술한다.

로마인이 에트루리아인과 싸울 때, 그들은 왈레리우스 토르쿠아투스(Valerius Torquatus)를 장군으로 선출했다. 그는 클루시아(Clusia)라는 이름을 가진 에트루리아인의 왕의 딸을 보았고, 그의 딸을 달라고 청했다. 하지만 그녀를 가지지 못했고, 그는 그 도시를 약탈하려 했다. 클루시아는 성가퀴에서 몸을 던졌지만, 웨누스 여신의 예지로 그녀의 겉옷이 부풀어 올라서 그녀는 땅에 안전하게 내려앉았다. 그 장군은 그녀를 성폭행했다. 이 모든 일 때문에, 로마인은 공적 포고를 내려 그를 이탈리아에서 떨어진 섬인 코르시카로 추방했다. 테오필로스[71]가 그의 『이탈리아의 일들』 제3권에서 그렇게 서술한다.

14. 카르타고인과 그리스계 시켈리아인[72]이 로마에 대항하는 동맹에 대해 협상하고 있었을 때, 로마의 장군 메텔루스는 신 중에 웨스타에게만 희생제를 올리지 않았다. 그래서 여신은 그의 함대에 역풍을 보냈다. 조점관인 가이우스 율리우스(Gaius Julius)는 메텔루스가 딸을 희생 제물로 바치게 되면 여신의 노여움을 누그러뜨릴 것이라고 말했다. 그는 어쩔 수 없어서 딸인 메텔라(Metella)를 제단 앞으로 데려왔다. 웨스타는 측은한 마음이 들어 그녀를 어린 암소와 바꿔치기하고, 그녀를 라누위움[73]으로 옮겼다. 그는 그녀를 그곳 사람들에

---

70) Mallos. 튀르키예 아나톨리아 지방에 있었던 고대 도시다.
71) Theophilos. 동명이인이 너무 많아 특정하기 어렵다.
72) 시켈리오테스(Siceliotes). 기원전 8세기경 이후에 이탈리아의 시칠리아섬으로 이주했던 그리스 이주민들의 후손을 말한다. 로마인은 시칠리아섬 주민들을 그리스계와 비그리스계로 구분했다.
73) Lanuvium. 오늘날의 라누비오(Lanuvio)이며, 로마 남동쪽 32킬로미터에 있던 라티움의 고대 도시다.

게 숭배되던 뱀의 여사제로 임명했다. 피토클레스[74)]가 그의 『이탈리아의 일들』 제3권에서 그렇게 서술한다.

이피게네이아[75)]가 보이오티아 지역의 아울리스(Aulis)에서 같은 운명을 겪었고, 메닐로스[76)]가 〔그 일을〕 그의 『보이오티아의 일들』 제1권에서 서술한다.

15. 갈리아족의 왕 브렌누스[77)]는 아시아를 약탈하던 도중에 에페이소스(Epheisos)로 가서 데모니케(Demonice)라는 처녀와 사랑에 빠졌다. 그녀는 브렌누스가 갈리아족들의 팔찌와 여성용 장신구들을 준다면, 그의 욕망을 충족시켜주고 에페이소스도 배신하겠다고 약속했다. 브렌누스는 병사들에게 이 탐욕스러운 여성의 무릎에 걸치고 있는 금 장신구들을 던지라고 요구했다. 병사들은 그렇게 했고, 그녀는 엄청난 금 장신구들에 생매장되었다. 클레이토폰(Kleithophon)이 그의

---

74) Pythocles. 기원전 3세기 초중반에 활동했던 에피쿠로스학파의 철학자일 가능성이 있지만, 확실하지는 않다.
75) Iphigeneia. 미케나이의 왕 아가멤논의 딸로서, 아가멤논이 트로이아 원정군 총사령관이 되었지만, 아르테미스 여신의 성스러운 사슴을 죽여 여신의 분노를 사게 되자 장녀 이피게네이아를 제물로 바쳤다고 한다. 어떤 버전의 전설에서는 그녀가 죽었다고 하고, 다른 버전에서는 아르테미스가 그녀를 살려 스키타이 지역의 타우리(Tauri)족에게 보냈다고 한다.
76) Menyllos. 기원전 4세기 말에 활동했던 마케도니아의 장군 메닐로스가 있지만, 그가 이 책의 저자일 확률은 낮다.
77) Brennus. 역사상 브렌누스(그리스에서는 브렌노스Brennos로 알려짐)는 두 명 있었다. 한 사람은 갈리아인의 한 갈래로서 세노네스(Senones)라고 알려진 부족의 부족장으로서 키살피네 갈리아(Cisalpine Galia)인들을 이끌고 기원전 387년에 알리아 전투에서 승리하고 로마를 약탈했던 인물이다. 다른 하나는 기원전 287년에 갈리아 군대를 이끌고 그리스에 침입하여 델포이 신전의 보물 봉헌고를 공격했지만, 그리스인의 반격으로 중상을 입고 그곳에서 자살했다. 정황상 전자일 것으로 보이지만, 확실하지는 않다.

『갈리아의 일들』(*Galatikon*) 제1권에서 이를 서술한다.

고귀한 신분의 처녀인 타르페이아(Tarpeia)[78])는 로마가 사비네(Sabine)인과 전쟁을 치르고 있었을 때, 카피톨리네 언덕의 수호자[79])였다. 그녀는 사비네인의 왕 타티우스[80])에게 사비네인이 장식용으로 착용하고 있던 금붙이들[81])을 대가로 받을 수 있다면 타르페이아 절벽쪽으로 들어오게 해주겠다고 약속했다. 사비네인은 그 의미를 악의적으로 이해하고 그녀를 금붙이로 생매장했다. 밀레토스인 아리스테이데스가 그의 『이탈리아의 일들』에서 그렇게 서술한다.

16. 테게아와 페네아[82])는 오래 전쟁을 치렀다. 두 도시국가는 각기 세쌍둥이를 파견해 그들의 싸움으로 승리를 결정짓기로 합의했다.

---

78) 로마의 전설에서 타르페이아는 로마군 장군인 스푸리우스 타르페이우스(Spurius Tarpeius)의 딸로서 웨스탈리스(웨스타 여신의 여사제, 복수는 웨스탈레스)였다. 로마를 배신했다가 카피톨리네 언덕의 절벽에서 그 시신이 던져졌기에, 그곳은 이후 타르페이아 절벽으로 불린다.
79) 웨스탈리스를 그렇게 묘사했다.
80) 티투스 타티우스(Titus Tatius)를 말한다. 로마의 전설에 따르면, 창건왕 로물루스가 통치하고 있었을 때, 로마인이 사비네 여성들을 납치하여 아내로 삼았고, 이 일로 사비네족의 왕 타티우스가 로마에 선전포고했다. 그가 타르페이아를 매수하여 카피톨리네 언덕에 있던 요새를 점령하고, 양측이 백병전에 돌입했을 때, 납치당했던 사비네 여인들이 끼어들어 양측을 화해시켰다. 이후 두 왕국은 연합했고, 두 왕도 공동 통치를 시행했지만, 5년 후 타티우스가 살해되었다. 타티우스의 딸인 타티아(Tatia)는 로물루스의 후계자인 누마 폼필리우스와 결혼했다.
81) 리위우스(Livius), 『도시 창건 이래의 역사』 제1권 11장 8절에서는 "대부분의 사비네인이 왼팔에 아주 무거운 금팔찌를 하고 엄청난 보석 반지들을 끼고 있었기 때문에"라고 되어 있다. 플루타르코스, 『대비 열전』, 「로물루스전」 17장 2절에서도 "사비네인의 왼팔에 차고 있던 장신구들"을 언급한다.
82) Tegea, Phenea. 그리스의 펠로폰네소스반도 아르카디아(Arkadia) 지역에 위치했던 고대의 도시국가들이다.

그에 따라 테게아에서는 렉시마코스(Rheximachos)의 아들들이, 페네아에서는 데모스트라토스(Demostratos)의 아들들이 국가를 대표하여 선출되었다. 싸움이 벌어지고, 렉시마코스의 아들 중 둘이 죽었다. 하지만 크리톨라오스(Kritolaos)라는 이름의 세 번째 아들은 책략을 써서 두 형제보다 오래 살아남는 데 성공했다. 그는 도망치는 척하는 책략을 생각해냈고, 그 결과 쫓아오는 자들을 하나씩 죽였다. 그가 집에 돌아오자, 가족들 모두는 그와 함께 기뻐했지만, 그의 누이 데모디케(Demodike)만은 기뻐하지 않았다. 그가 그녀의 약혼자인 데모디코스(Demodikos)를 죽였기 때문이었다. 그는 자신의 위업에 상응하지 않는 대응에 마음이 상해 그녀를 죽였다. 그의 어머니는 그를 살인죄로 고발했으나, 그는 무죄 방면되었다. 데마라토스가 그의 『아르카디아의 일들』(*Arkadikon*) 제2권에서 그렇게 서술한다.

로마가 알바와 전쟁 중이었을 때,[83] 두 나라는 자신들을 대표해서 싸울 전사로 세쌍둥이를 택했다. 알바에서는 쿠리아티우스(Curiatius) 형제를, 로마는 호라티우스(Horatius) 형제를 내세웠다. 전투가 벌어지자, 쿠리아티우스 형제는 상대 두 명을 죽였다. 호라티우스 형제 중 살아남은 이는 상황을 유리하게 하려고 도망치는 척하여, 쫓아오던 자들을 하나씩 죽였다.[84] 모두 기뻐하는 중에 그의 누이 호라티아(Horatia)만이 함께 기뻐하지 않았다. 그가 그녀의 약혼자 쿠리아티우스를 죽였기 때문이었다. 그래서 그는 누이를 죽였다.[85] 밀레토스인 아리스테이데스가 『이탈리아의 일들』에서 이 일을 서술한다.

---

83) 로마의 전설적인 왕정기의 일로서 이때의 왕은 툴리우스 호스틸리우스였다.
84) 살아남은 이는 푸블리우스 호라티우스(Publius Horatius)였고, 쿠리아티우스 형제가 모두 상처를 입었던 반면, 푸블리우스는 상처를 입지 않고 있었다.
85) 이 사건은 리위우스, 『도시 창건 이래의 역사』 제1권 24~26절에 자세히 기록되어 있다.

17. 일리온(Ilion)에 있는 아테나 여신의 성역이 불길에 휩싸였을 때, 일로스[86]는 달려들어 하늘에서 떨어진 조각상인 팔라디온(Palladion)[87]을 잡았고, 눈이 멀었다. 팔라디온은 사람이 쳐다볼 수 없게 되어 있었기 때문이다. 하지만 후에, 그가 여신을 달래자 시력이 다시 돌아왔다. 데르킬로스(Derkyllos)는 『도시들의 건설』 제1권에서 그렇게 서술한다.

귀족인 안틸루스(Antylus)[88]는 로마시의 외곽으로 나가다가 까마귀 떼가 날개로 그를 치는 방해를 받았다. 그 징조에 놀란 그는 로마 시내로 돌아왔다. 그는 웨스타 여신의 성역이 불타고 있는 것을 보았고, 팔라디온을 잡았으며, 눈이 멀었다. 하지만 후에, 그가 여신을 달랬을 때, 시력이 다시 돌아왔다. 밀레토스인 아리스테이데스가 그의 『이탈리아의 일들』에서 그렇게 서술한다.

18. 트라키아인이 아테나이인과 전쟁을 치를 때, 트라키아인들은 코드로스(Kodros)의 목숨을 아낀다면 승리할 것이라는 신탁을 받았다. 하지만 코드로스는 가난한 사람으로 변장하고 큰 낫을 가지고 적과 싸우기 위해 갔다. 그는 한 명을 죽였지만, 두 번째 사람에게 살해되었고, 그렇게 해서 아테나이인은 승리를 얻었다.[89] 소크라테

---

86) Ilos. 일로스는 일리온(트로이아)의 전설적인 창건자다.
87) 그리스와 로마의 전설에서 팔라디온(라틴어로는 팔라디움Palladium)은 일리온과 로마의 안전을 지켜주는 팔라스 아테나 여신의 나무 조각상이다. 전설에 따르면, 오딧세우스와 디오메데스가 일리온의 요새에서 훔쳐냈고, 훗날 아이네아스가 이탈리아로 가져갔다고 전해진다. 이에 관한 로마의 전설은 웨르길리우스(Vergilius)의 서사시 『아이네이스』(Aeneis)에서 자세히 알 수 있다.
88) 일부 판본에서는 메텔루스라고 적혀 있는데, 대제사장을 지냈던 카이킬리우스 메텔루스를 말하는 것이다. 이 책, 『그리스와 로마의 대비 일화』 14장의 메텔루스에 대한 역주 참조.
89) 여기의 내용을 얼핏 보면 코드로스는 트라키아의 신분이 높은 사람으로 보인

스[90]가 그의 『트라키아의 일들』(*Thrakikon*) 제2권에서 그렇게 서술한다.

로마인 푸블리우스 데키우스는 알바인과 전쟁 중에 어떤 꿈을 꾸었다. 그가 죽는다면, 그의 죽음으로 인해 로마인에게 힘이 더해지리라는 것이다. 그는 전투의 한가운데로 뛰어들어 여럿을 죽였고, 그 역시 살해되었다. 그의 아들 데키우스(Decius) 역시 갈리아족과의 전쟁에서 같은 행동을 취하여 로마를 구했다. 밀레토스인 아리스테이데스가 그렇게 서술한다.

19. 시라쿠사인 키아니포스(Kyanippos)는 디오니소스 신에게만 희

다. 이는 자세한 내용이 생략되었기 때문이다. 생략된 내용은 기원전 4세기 중엽에 활동한 아테나이의 연설가 리쿠르고스(Lykurgos)의 네 번째 연설인 「반(反)레오크라테스 연설」에 나타나 있다. 코드로스는 반전설적인 인물로 아테나이 왕정의 마지막 왕이었고, 애국심과 자기희생의 전형적인 인물로 일컬어진다. 여기서는 트라키아인이 아니라 도리스인이 침공한 것으로 묘사된다. 알레테스(Aletes)왕이 이끄는 펠로폰네소스반도의 도리스(Doris)인이 아테나이를 침공하려 하면서 신탁을 받았다. 그 신탁에 따르면, 아테나이의 왕 코드로스가 다치지 않는 이상, 그 침공은 성공하리라는 것이다. 코드로스는 그 신탁의 내용을 알게 되자, 농부로 변장하고 강 건너에 있는 도리스인의 진영 근처로 가서 일단의 적을 도발했다. 그는 전투 중에 사망했다. 코드로스를 죽인 것을 알게 된 도리스인은 예정된 패배를 두려워하여 퇴각을 결정했다. 이 일이 있은 후, 누구도 이런 코드로스의 후계자가 될 자격이 없다고 결정한 아테나이인은 왕정을 폐지했다. 그리고 왕을 대신하기 위해 최고행정관인 아르콘이라는 직책을 만들었다. 하지만 아리스토텔레스의 『아테나이의 국제』에서는 코드로스의 아들인 메돈(Medon)이 뒤를 이어 왕이 되었다고 서술한다.

90) Sokrates. 우리에게 잘 알려진 철학자 소크라테스는 저술을 남기지 않은 것으로 알려져 있기에 다른 인물일 것이다. 그중 가능성이 있는 인물은 제자인 소크라테스다. 그는 유명한 소크라테스와 구분하기 위해 연소(年少) 소크라테스라고 불리는데, 플라톤의 친구이기도 했다. 그 역시 정치가이자 철학자로 활동했으므로 이 책을 썼을 가능성은 있지만, 현재 책이 남아 있지 않으므로 확정할 수는 없다.

생제를 올리지 않았다. 디오니소스는 분노하여 그를 만취하게 만들어 버렸다. 그는 취한 상태로 어두운 장소에서 딸인 키아네(Kyane)를 범했다. 그녀는 그의 반지를 빼서 자기 유모에게 그 남자를 인식할 수 있는 증표로 주었다. 시라쿠사인이 전염병으로 고통받고 있을 때, 피티아[91]의 신은 시라쿠사인에게 신탁을 내려서 불경한 인간을 눈 돌리고 있는 신들에게 희생물로 바쳐야만 한다고 말했다. 시라쿠사인은 그 신탁을 이해할 수 없었지만, 키아네만은 알고 있었고, 자신의 아버지의 머리채를 잡고 앞으로 끌고 나왔다. 그녀는 직접 그의 목울대를 베고 나서, 자신도 그의 시신 위에서 같은 방식으로 자살했다. 도시테오스(Dosirheos)가 그의 『시켈리아의 일들』 제3권에서 그렇게 서술한다.

바카날리아 축제에서 벌어지는 술잔치가 로마에서 벌어지고 있을 때, 태어날 때부터 술을 마시지 않았던 아룬티우스(Aruntius)라는 사람이 신의 힘을 무시했다. 그래서 바쿠스(Bacchus)[92]는 그를 만취하게 했다. 그는 자신의 딸인 메둘리나(Medullina)를 범했다. 그녀는 반지를 보고 그가 친족인 아버지임을 알아차렸다. 그녀는 나이에 비해 현명했기에 계획을 세웠다. 그녀는 아버지를 취하게 한 다음, 화관을 씌우고[93] 신성한 번개의 제단[94]으로 데리고 갔다. 그녀는 거기서 눈물에 젖은 채, 자신의 처녀성을 망친 자를 죽였다. 아리스테이데스가

---

91) Pythia. 델포이에 있는 아폴론의 성역에 있는 최고 여사제를 말한다. 델포이의 신탁은 피티아가 주관한다. 피티아라는 이름은 델포이의 원명인 피토(Pytho)에서 나왔다.
92) 원문에는 디오니소스로 되어 있다. 로마인은 디오니소스의 라틴어 표기인 디오니수스와 바쿠스를 혼용했는데, 바카날리아 축제에 연관된 내용이기에 바쿠스로 옮겼다.
93) 화관은 그가 희생 제물임을 의미한다.
94) 유피테르의 제단을 말한다.

그의 『이탈리아의 일들』 제3권에서 그렇게 서술한다.

20. 에레크테우스[95]는 에우몰포스[96]와 전쟁을 하다가, 전투가 벌어지기 전에 자신의 딸을 제물로 바치면 승리할 것임을 알게 되었다. 그는 이 문제를 아내인 프락시테아[97]와 상의했다. 그후 그는 자신의 딸을 제물로 바쳤다. 에우리피데스[98]가 이를 『에레크테우스』에서 기록한다.

마리우스[99]가 킴브리족과 전투[100] 중 전황이 불리해졌을 때, 전투 전에 딸을 제물로 바치면 승리하리라는 꿈을 꾸었다. 그는 칼푸르니아[101]라는 딸이 있었다. 그는 동료 시민을 자연적 연분보다 중시했기에 그렇게 했고, 승리를 얻었다. 심지어 오늘날까지도 게르마니아에

---

95) Erechtheus. 그리스 신화에서 아테나이라는 도시국가를 창건한 왕의 이름이다. 에릭토니우스(Erichtonius)라고도 한다.
96) Eumolpos. 전설적인 트라키아의 왕이다.
97) Praxithea. 물의 요정인 님페(*nymphe*, 영어로는 님프)로서 에레크테우스와 결혼했다. 그리스 민담에서 님페는 자연의 요정으로 알려져 있다.
98) Euripides. 기원전 480년경에 태어나 406년경에 죽었다. 아테나이의 3대 비극작가 중 하나로 유명한 인물이다. 『오레스테스』(*Orestes*), 『엘렉트라』(*Elektra*) 등이 유명하다. 『에레크테우스』는 다른 책에 인용된 일부만 남아 전해지고 있다.
99) Gaius Marius. 기원전 157년에 태어나 기원전 86년 1월 13일에 죽었다. 일곱 차례나 집정관을 지냈는데, 이는 전무후무한 일이었다.
100) 기원전 101년 7월 30일에 벌어졌던 웨르켈리아이(Vercelliae) 전투(오늘날의 베르첼리, 북이탈리아에 소재)일 것이다. 마리우스가 지휘하는 로마군은 이 전투에서 갈리아의 킴브리족 12만 명 이상을 죽이는 대승을 거두었다. 다만 신뢰할 수 있는 기록들에서 마리우스가 딸을 희생 제물로 바쳤다는 이야기는 없다.
101) Calpurnia. 칼푸르니아라는 이름은 칼푸르니우스 씨족의 여성들에게 흔히 붙는 이름이어서 마리우스의 딸 이름으로는 걸맞지 않다. 조금 후대의 여성으로서 카이사르의 세 번째 부인(혹은 네 번째 부인)이었던 칼푸르니아가 유명하므로 플루타르코스가 착각했거나, 잘못 가져다 쓴 것 같다.

는 두 개의 제단이 있는데, 연중 그 시기가 되면 승리의 나팔 소리를 내보낸다. 도로테오스(Dorotheos)[102]가 그의 『이탈리아의 일들』 제4권에서 그렇게 서술한다.

21. 테살리아인 키아니포스(Kyanippos)는 사냥하기 위해 외출하는 일이 잦았다. 그가 숲에서 밤을 지내는 일이 많았기 때문에, 결혼한 지 얼마 안 된 그의 아내는 그가 다른 여성과 바람을 피우는 것으로 의심했다. 그래서 그녀는 그의 뒤를 밟았다. 덤불에 몸을 숨긴 그녀는 일이 벌어지기를 기다렸다. 하지만 그녀가 움직이면서 가지들이 흔들렸고, 그녀가 들짐승이라고 안 사냥개들이 달려들어 키아니포스가 사랑하는 아내를 야수처럼 찢어버렸다. 키아니포스는 이 믿을 수 없는 일을 목격하고, 자살했다. 시인 파르테니오스[103]가 그렇게 서술한다.

이탈리아의 도시인 시바리스[104]에 미남으로 크게 인정받던 아이밀리우스(Aemilius)라는 청년이 있었는데, 그는 사냥을 매우 좋아했다. 최근에 결혼한 그의 아내는 그가 다른 여성과 바람을 피운다고 생각하고 협곡에 들어섰다. 그녀가 움직이면서 가지들이 흔들렸고, 사냥개들이 달려들어 그녀를 찢어놓았다. 그녀의 남편은 자살했다. 클레이토니모스(Kleitonymos)가 그의 『시바리스의 일들』(*Sibaritikon*) 제2권에서 그렇게 서술한다.

---

102) 도로테오스라는 이름의 뜻은 '신의 선물'이다. 이름이 같은 사람은 많지만, 여기서 말하는 책의 작가로 특정할 만한 사람은 찾기 어렵다.
103) Parthenios. 니카에우스(Nikaeus)의 파르테니오스는 문법학자이자 시인으로서 서기 14년까지 살았다고 전해진다.
104) Sybaris. 이탈리아의 타란토만에 위치했던 그리스인의 식민시였다.

22. 키니라스(Kyniras)의 딸 스미르나(Smyrna)는 아프로디테의 분노를 사서 아버지와 사랑에 빠졌다. 그리고 손쓸 수 없을 정도로 강렬한 그 사랑을 유모에게 털어놓았다. 유모는 책략을 써서 그녀를 자신의 주인에게 데려다주었다. 이웃에 사는 처녀가 키니라스를 사랑하지만, 너무 수줍어서 그에게 공개적으로 접근할 수는 없다고 말한 것이다. 키니라스는 그녀와 정을 통했다. 그러다 한 번은 연인의 정체를 알고 싶어진 키니라스가 등불을 가져오게 했다. 그는 그녀를 보자마자, 손에 칼을 쥐고 이 음탕한 여자를 죽이겠다며 도망치는 그녀를 쫓아갔다. 이를 예지한 아프로디테는 그녀의 이름을 딴 나무로 그녀를 변신시켰다.[105] 테오도로스[106]가 그의 『변신』에서 그렇게 서술한다.

웨누스의 분노를 사서, 왈레리아 투스쿨라나리아(Valeria Tusculanaria)는 아버지인 왈레리우스(Valerius)에게 사랑을 느꼈다. 그리고 그녀의 비밀을 유모와 공유했다. 유모는 너무 수줍어서 그와 공개적으로는 정을 나눌 수 없는 여성이 있는데, 이웃의 한 처녀라고 말하

---

[105] 로마의 시인 오위디우스(Ovidius, 영어로는 흔히 오비드Ovid)의 『변신』에 따르면 아프로디테는 미라(Myrrha)라는 여성에게 저주를 걸어 그녀의 아버지인 키프로스의 왕 키니라스(Kinyras)를 열애하도록 만들었다. 미라는 책략을 사용하여 어둠 속에서 아버지와 9일간 몸을 겹쳤지만, 결국 아버지는 그 사실을 알게 되어 칼을 가지고 그녀를 뒤쫓았다. 신들이 그녀를 불쌍히 여겨 몰약나무로 변신시켰고, 그녀는 나무인 상태로 아도니스(Adonis)라는 아들을 낳았다. 아프로디테는 아도니스를 주워 지하 세계의 여왕 페르세포네(Persephone)에게 양육하도록 맡겼다. 아도니스는 엄청난 미남으로 자랐고, 그를 놓고 아프로디테와 페르세포네가 다투게 되었다. 제우스는 중재안을 내놓았다. 아도니스는 일 년의 1/3 동안 페르세포네와 지내고, 1/3은 아프로디테와 지내되, 나머지 1/3은 아도니스가 선택하라는 것이었다. 아도니스는 나머지 1/3의 기간도 아프로디테와 지내기로 선택했다.
[106] Theodoros. 기원전 1세기에 활동한 그리스의 수사학자인 가다라(Gadara)의 테오도로스가 있지만 동일 인물인지는 불확실하다.

면서 책략으로 주인을 속였다. 술로 머리가 멍해진 그 아버지는 계속 등불을 가져오라고 했다. 유모는 재빨리 그 딸을 깨웠고, 그녀는 들로 나갔다. 아이를 가졌기 때문이다. 한 번은 절벽에서 몸을 던졌지만, 아이는 여전히 유산되지 않고 살아 있었다. 집으로 돌아온 그녀는 임신을 벗어날 수 없는 일로 받아들였고, 시간이 되어 그녀는 로마의 언어로는 실와누스[107]라고 부르는 아이기판[108]을 낳았다. 하지만 절망의 구렁텅이에 빠진 왈레리우스는 같은 절벽에서 몸을 던졌다. 밀레토스인 아리스테이데스가 그의 『이탈리아의 일들』 제3권에서 그렇게 서술한다.

23. 일리온을 약탈한 후, 디오메데스가 탄 배는 리비아 해안으로 떠밀려갔다. 이곳의 왕 리코스(Lykos)는 관행적으로 낯선 이를 자신의 아버지인 아레스 신에게 희생 제물로 바쳤다. 하지만 왕의 딸 칼리로에(Kallirroe)는 디오메데스와 사랑에 빠져서 부왕을 배신했다. 그녀는 디오메데스의 결박을 느슨하게 하여 구해주었다. 하지만 그는 은인에게 신경도 쓰지 않고 출항해버렸고, 그녀는 목을 매어 삶을 끝냈다. 이오와스[109]가 자신의 『리비아의 일들』(*Libykon*) 제3권에서 그렇게 서술한다.

레굴루스(Regulus)[110]와 함께 전투를 치르고 있던 귀족인 칼푸르

---

107) Silvanus. 로마 신화에서 실와누스는 숲과 황무지의 수호신이며, 그리스 신화의 판(Pan)과 같은 역할을 한다.
108) Aigipan. 염소 다리의 판이라는 뜻이다. 판은 그리스 신화에서 목동과 양을 돌보는 신이다.
109) Iovas. 같은 이름의 역사적 인물이 네 명 있으나, 같은 사람이라고 보기 어렵다.
110) 마르쿠스 아틸리우스 레굴루스(Marcus Atilius Regulus)는 기원전 307년경에 태어나 250년경에 죽었다. 기원전 267년에 집정관을 지냈으며, 제1차 로마-카르타고 전쟁 때 카르타고에 패하여 포로가 되었다. 평화 협상을 위해

니우스 크라수스(Calpurnius Crassus)는 마실리아111)와 싸우라고 파견되었고, 가라이티온(Garaition)이라는 이름의 어떤 요새를 공략해야 했다. 이곳은 점령하기 어려웠다. 그는 포로로 잡혔고, 크로노스(Kronos)에게 희생 제물로 바쳐지게 되어 있었다. 하지만 마실리아왕의 딸인 비살티아(Bisaltia)가 그를 사랑하게 되었고, 아버지를 배신하고 연인에게 승리를 안겨주었다. 하지만 그는 고향으로 돌아갔고, 그 처녀는 자살했다. 헤시아낙스(Hesianax)가 그의 『리비아의 일들』 제3권에서 그렇게 서술한다.

24. 프리아모스112)는 막내아들인 폴리도로스(Polydoros)에게 금을 주어 트라키아에 있는 사위 폴리메스토르(Polymestor)에게 보냈다. 트로이아가 약탈당할 순간이었기 때문이다. 하지만 트로이아가 함락된 후, 폴리메스토르는 금을 가지고 싶어서 그 아이(폴리도로스)를 죽였다. 프리아모스의 왕비 헤카베가 그 지역에 와서 금을 주겠다고 약속하는 책략을 쓰고, 포로가 된 여인들의 조력을 받아서, 자신의 손으로 폴리메스토르의 두 눈을 뽑았다. 비극 작가 에우리피데스가 그렇게 서술한다.113)

한니발이 이탈리아의 캄파니아 지역을 노략질하고 있을 때, 루키우스 티베리스114)는 사위인 왈레리우스 게스티우스(Valerius Gestius)

로마로 귀환했으나, 카르타고 측의 예상과 달리 원로원에서 계속 전쟁을 지속할 것을 연설하고 나서 약속을 지키기 위해 카르타고로 가서 고문 끝에 죽었다고 알려진 인물이다.
111) Massylia. 아마 마실리아(Massilia)의 오기일 것이다. 마실리아는 오늘날 프랑스의 마르세유로 고대 그리스인들이 식민을 가서 세운 도시다.
112) Priamos. 트로이아 전쟁 당시 트로이아의 왕이다.
113) 기원전 424년경에 에우리피데스가 쓴 비극 『헤카베』를 말한다.
114) Lucius Tiberis. 특별히 알려진 인물은 아니다. 티베리스는 오늘날 테베레강

에게 재산과 함께 아들 루스티우스(Rustius)를 맡겼다. 그리고 한니발이 승리했다. 그 캄파니아인[115]은 이 사실을 듣고, 돈에 대한 탐욕 때문에 인륜을 거스르고 그 아이를 죽였다. 티베리스는 시골 지역을 돌아다니다가 아들의 시신을 보게 되었다. 그는 보물을 보여줄 것처럼 행세하며 사위에게 사람을 보냈다. 사위가 도착하자, 티베리스는 사위의 두 눈을 뽑고 십자가에 못으로 박아버렸다. 아리스테이데스가 그의 『이탈리아의 일들』 제3권에서 그렇게 서술한다.

25. 텔라몬[116]은 부왕 아이아코스(Aiachos)가 왕비 프사마테[117] 사이에서 낳아 사랑하는 아들인 포코스(Phokos)를 사냥하자며 데리고 나갔다. 곰이 나타나자, 텔라몬은 잘못 던진 척하며 자신이 미워하는 동생에게 창을 던져 죽였다. 부왕은 그를 추방했다. 도로테오스가 그의 『변신』 제1권에서 그렇게 서술한다.

가이우스 막시무스[118]는 시밀리우스(Similius)와 레수스(Rhesus)라

을 일컫는 라틴어이므로 테베레강 근처에서 기원한 가문 이름일 것이다.
115) 사위인 게스티우스를 말한다.
116) Telamon. 아이기나의 왕 아이아코스와 산의 정령인 엔다이스(Endais) 사이의 아들이다. 아킬레우스의 아버지이자 프티아의 왕이 된 펠레우스(Peleus)의 형이다. 텔라몬은 황금모피를 찾아 떠나는 아르고(Argo)호의 탐험에도 참여했다. 『일리아스』에 따르면, 그는 그리스의 영웅 아이아스(Aias)와 테우크로스(Teukros)의 아버지다. 텔라몬과 펠레우스는 헤라클레스의 친구이기도 했으며, 헤라클레스의 모험을 도와주기도 했다. 또 다른 기록에서는 텔라몬과 펠레우스는 형제가 아니라 친구라고 하기도 한다.
117) Psamathe. 바다의 정령으로서 아이아코스의 왕비가 되었다. 따라서 텔라몬과 포코스는 이복형제다.
118) Gaius Maximus. 로마인에게 가이우스는 매우 흔한 이름이었다. 또 막시무스는 '가장 큰'이라는 의미여서 맏아들에게 붙이는 개인명이거나 이름 뒤에 존칭 혹은 별칭으로 붙이는 경우가 대부분이어서 여기서 주어진 이름으로는 특정 인물을 찾기 어렵다.

는 두 아들을 두었다. 그가 아메리아(Ameria)라는 여성과 결혼 생활에서 낳은 레수스는 사냥 중에 시밀리우스를 죽였다.[119] 레수스는 집에 돌아와서 이 불행한 사건은 우연이며 고의가 아니라고 말했다. 하지만 아버지는 진실을 알아차리고 레수스를 처벌했다. 아리스토클레스[120]가 그의 『이탈리아의 일들』 제3권에서 그렇게 서술한다.

26. 아레스 신은 알타이아[121]와 사통하여 멜레아그로스[122]를 낳았고…[123] 에우리피데스가 그의 『멜레아그로스』(*Meleagros*)[124]에서 그렇게 서술한다.

실위아와 결혼했던 셉티미우스 마르켈루스(Septimius Marcellus)는 사냥에 많은 시간을 할애했다. 목동의 모습을 한 마르스 신은 젊은 신부를 범했고, 그녀와의 사이에 아이를 보았다. 그는 자신의 본모습을 고백했고, 그녀에게 창 자루를 주면서, 태어난 아이의 생명과 그 창 자루가 불가분으로 묶여 있다고 알렸다. 당연히 그녀는 아들 투스

---

119) 정황상 이 둘은 이복형제다.
120) Aristokles. 아리스토클레스라는 이름으로 플루타르코스 이전 시기에 알려진 이는 플라톤이라는 별칭으로 널리 알려진 소크라테스의 제자인 철학자밖에 없다. 다만 그의 저술은 거의 알려져 있는데 『이탈리아의 일들』은 없으므로 같은 인물이 아닐 가능성이 훨씬 크다. 플루타르코스와 거의 동시대에 메세네의 아리스토클레스라는 소요학파의 철학자가 있다. 그는 시칠리아에 거주했으므로 이 인물일 가능성이 있다.
121) Althaia. 알타이아는 그리스 아이톨리아 지역의 플레우로니아(Pleuronia)의 왕 테스티오스(Thestios)의 딸이고, 칼리돈(Kalydon)의 왕 오이네우스(Oineus)의 왕비였다. 그녀는 멜레아그로스를 비롯한 여러 자식을 낳았다. 일설에 따르면 멜레아그로스는 아레스와의 간통으로 태어났다고 한다.
122) Meleagros. 멜레아그로스는 그리스 전설 속의 영웅적인 두 사건, 칼리도니아(혹은 아이톨리아)의 곰 사냥과 아르고호 탐험에 모두 참가한 영웅이다.
123) 이 부분은 탈문(脫文)되었다.
124) 이 작품은 이름이 전하기는 하지만 현존하지는 않는다.

키누스(Tuscinus)가 셉티미우스의 아들인 것처럼 행동했다. 이 당시 마메르쿠스[125)]는 풍부한 수확을 위해 신들에게 희생제를 올리면서 케레스[126)]에게 제물을 올리는 것을 잊었다. 그래서 여신은 야생 곰을 보냈다. 투스키누스는 많은 사냥꾼을 모아 그 곰을 잡은 뒤, 그 머리와 가죽을 약혼녀에게 선물로 주었다. 하지만 외삼촌들인 스킴브라테스(Scymbrates)와 무티아스(Muthias)는 그 처녀에게서 그 선물을 빼앗았다. 투스키누스는 분노하여 친척〔인 외삼촌〕들을 죽였고, 그의 어머니는 그 창 자루를 불태워버렸다. 메닐로스는 그의 『이탈리아의 일들』 제3권에서 그렇게 서술한다.

27. 아이아코스와 엔다이스의 아들 텔라몬[127)]은 에우보이아에 가서 알코투스(Alkothous)의 딸인 에리보이아(Eriboia)를 겁탈했고,[128)] 밤에 도망쳤다. 하지만 그녀의 아버지는 그 일을 알아채고, 시민 중 한 사람이 그랬다고 의심했다. 그는 경호원들 중 한 명에게 그 소녀를 맡겨 바다에 던져버리라고 했다. 하지만 경호원은 그녀를 가엾게 여겨 죽이는 대신 노예로 팔아버렸다. 그녀가 탄 배가 살라미스[129)]에 정박했을 때 텔라몬은 그녀를 샀고, 그녀는 아이아스[130)]를 낳았다. 크니도스의 아레타데스는 그의 『섬들의 일들』(*Nesiotikon*) 제2권에서

---

125) Mamercus. 전설적인 로마의 두 번째 왕 누마 폼필리우스의 아들이다. 로마의 저명한 귀족 가문인 아이밀리우스 가문의 개조(開祖)다. 마메르쿠스의 별명이 아이밀리우스였다.
126) Ceres. 농업, 풍요, 수확과 모성애를 관장하는 로마의 여신이다.
127) 이 책, 「그리스와 로마의 대비 일화」 25장의 역주를 참고할 것.
128) 이 부분은 탈문되어 후대의 주석가들이 보충한 것이다.
129) Salamis. 아테나이에서 가까운 에게해의 사로니카만에 있는 섬 혹은 그 섬의 도시를 말한다.
130) Aias. 호메로스의 『일리아스』에서 큰 활약을 했던 그리스의 영웅이다.

그렇게 서술한다.

　루키우스 트로시쿠스(Lucius Trosicus)는 파트리스(Patris)와의 사이에서 딸 플로렌티아(Florentia)를 낳았다. 로마인 칼푸르니우스(Calpurnius)가 그녀를 겁탈했고, 루키우스는 그 처녀를 바다에 던져 버리라고 경호원에게 넘겨주었다. 그 경호원은 그녀를 가엾게 여겨 노예로 팔았다. 하지만 우연히 그녀가 탄 배가 이탈리아에 기항했을 때 칼푸르니우스가 그녀를 샀고, 그녀는 콘트루스쿠스(Contruscus)를 낳았다.

　28. 에트루리아인[131]의 왕 아이올루스(Aeolus)는 암피테아(Amphithea)와 사이에서 여섯 명의 딸과 같은 수의 아들을 낳았다. 그중 막내인 마카레우스(Macareus)는 누이를 사랑하게 되어 누이 중 한 명을 범했고, 그녀는 임신했다.[132] 그녀가 어려운 상황에 처한 것이 알려지게 되었고, 그녀의 아버지는 그녀에게 칼을 한 자루 보냈다. 그녀는 자신을 법률 위반자로 판단하여 자결했다. 마카레우스 역시 같은 행동을 했다. 소스트라투스(Sostratus)는 그의 『에트루리아인의 일들』 제2권에서 그렇게 서술한다.

　파피리우스 톨루케르(Papirius Tolucer)는 율리아 풀크라(Iulia Pulchra)와 결혼하여 여섯 명의 딸과 같은 수의 아들을 낳았다. 장남인 파피리우스 로마누스(Papirius Romanus)는 누이인 카눌리아(Canulia)와 사랑에 빠졌고, 그녀는 아이를 가졌다. 이 사실을 알게 된 그녀의 아버

---

131) 원문에서는 티레니아인(Tyrrenoi)이라고 되어 있으나, 학자들은 대체로 에트루리아인과 같은 사람들을 지칭하는 것으로 보고 있어서 여기서는 그 해석을 따랐다.
132) 로마의 시인 오위디우스의 『헤로이데스』(*Heroides*) 11장에서는 누이의 이름이 카나케(Canace)라고 서술하고 있다.

지는 그녀에게 칼을 한 자루 보냈다. 그녀는 자결했고, 로마누스 역시 같은 행동을 했다. 크리시포스[133]는 그의 『이탈리아의 일들』 제1권에서 그렇게 서술한다.

29. 데모스트라토스(Demostrathos)의 아들인 에페이소스의 아리스토니모스(Aristonymos)는 여성을 혐오했고, 당나귀와 교합하곤 했다. 시간이 지나 당나귀는 오네시켈리스[134]라는 이름의 아주 예쁜 딸을 낳았다. 아리스토클레스가 그의 『특이한 사건들』(*Paradoxon*) 제2권에서 그렇게 서술한다.

풀위우스 스텔루스(Fulvius Stellus)는 여성을 혐오했고, 암말과 교합하곤 했다. 시간이 지나 암말은 예쁜 딸을 낳았고, 그는 에포나(Epona)라는 이름을 붙여주었다. 그녀는 말의 보호에 관심이 있는 여신이다. 아게실라오스[135]가 그의 『이탈리아의 일들』 제3권에서 그렇게 서술한다.

30. 사르디스[136] 사람들은 스미르나[137]와 전쟁 중에, 성벽을 포위

---

133) Chrysippos. 같은 이름의 인물이 많지만, 그중 가능성이 있는 인물은 기원전 3세기의 스토아 철학자인 크리시포스다. 솔리(Soli) 출신이며, 아테나이로 가서 클레안테스(Kleanthes)에게 철학을 배웠다.
134) Onesikelis. 직역하면 '당나귀 다리를 가진 소녀'라는 의미다.
135) Agesilaos. 이탈리아의 초기 역사에 대한 책을 쓴 것으로만 알려진 그리스의 역사가다. 플루타르코스 외에도 5세기의 작가 스토바이우스(Stobaeus)가 『플로릴레기움』(*Florilegium*)에서 언급한다.
136) Sardis. 오늘날 튀르키예 마니사(Manisa)주에 있는 사르트(Sart)에 위치했던 고대 도시로서 고대 리디아(Lydia) 왕국의 수도였다. 리디아가 페르시아에 합병된 이후에도 주요한 도시 중 하나였다.
137) Smyrna. 튀르키예 아나톨리아 지방의 연안에 위치한 그리스 계통의 도시였다.

하고 사절들을 보냈다. 자신들이 스미르나인의 부인들과 정을 통하는 데 동의해주지 않는다면 결코 퇴각하지 않겠다는 것이었다. 스미르나인은 급박한 사정 때문에 괴롭게 그 일을 감내하려 했다. 하지만 이때 좋은 집안의 어떤 하녀가 자신의 주인인 필라르코스(Philarchos)에게 달려가 이렇게 말했다.

"주인님께서는 하녀들을 잘 차려 입히시고, 자유민 여성들 대신에 그녀들을 보내세요."

스미르나인은 실제로 그렇게 했다. 사르디스인은 하녀들의 봉사 때문에 기운이 다 빠지게 되어서, 스미르나의 포로로 잡혔다. 그 이래로 지금껏 스미르나인은 하녀들이 자유민 여성들의 장신구들을 걸치고 즐기는 엘레우테리아(Eleutheria)라는 축제를 연다. 도시테오스는 그의 『리디아의 일들』(*Lydiakon*) 제3권에서 그렇게 서술한다.

갈리아인의 왕 아테포마루스[138]는 로마와 전쟁 중이었다. 그는 로마인이 부인들을 내놓아 같이 자게 해주지 않는다면 퇴각하지 않겠다고 말했다. 로마인은 하녀들의 충고를 듣고 여성 노예들을 보냈다. 그리고 이민족들은 한껏 즐기느라 기운이 빠져서 잠들어버렸다. 이 충고를 했던 장본인인 레타나(Rhetana)는 야생 무화과나무를 잡고 성벽 위로 기어올라가 집정관들에게 그 사실을 알렸다.[139] 그에 따라 로마

---

138) Atepomarus. 아테포마루스는 갈리아인이 믿는 치유의 신 이름이다. 같은 이름의 왕이 있었는지는 찾을 수 없다.
139) 플루타르코스, 『대비 열전』, 「로물루스전」 29장에 비슷한 내용이 보다 자세히 기록된다. 여기서는 갈리아인의 침입 이후, 로마가 허약해졌을 때 리위우스 포스투미우스(Livius Postumius)가 지휘하는 라틴인의 침공 때의 일로 묘사한다. 이곳에서는 꾀를 낸 여성의 이름을 필로티스(Philotis) 혹은 투톨라(Tutola)라고 부른다. 필로티스는 밤에 야생 무화과나무에서 신호로 불빛을 비추었다. 그 이래로 야생 무화과나무의 이름을 따서 카프라티네(Capratine)라는 축제를 열었다.

인이 공격해서 이겼다. 이때부터 하인들이 즐기는 축제가 그 나무의 이름을 따서 열렸다. 밀레토스인 아레스테이데스가 그의 『이탈리아의 일들』 제1권에서 그렇게 서술한다.

31. 아테나이인들이 에우몰포스[140]와 전쟁을 하던 중에 식량 공급이 원활하지 않게 되었다. 공금의 출납 담당관인 피란드로스(Pyrandros)는 몰래 무게 단위를 줄여서 아주 박하게 식량을 배급했다. 그의 동료 시민들은 그를 배신자라고 의심하여 돌로 쳐 죽였다. 칼리스테네스[141]가 그의 『트라키아의 일들』 제3권에서 그렇게 서술한다.

로마인들이 갈리아인들과 전쟁을 하던 중에 식량 공급이 충분치 않게 되었다. 킨나(Cinna)는 사람들에게 배급하는 식량의 양을 몰래 줄였다. 그러나 로마인들은 그가 왕이 되려 한다고 의심하여 그를 돌로 쳐 죽였다. 아리스테이데스가 그의 『이탈리아의 일들』 제3권에서 그렇게 서술한다.

32. 델로스-펠로폰네소스 전쟁 중에 오르코메노스[142]의 왕인 페이시스트라토스(Peisistratos)는 귀족들에게 반감을 품고, 가난한 사람들에게 강한 호의를 보여 인기가 있었다. 귀족 협의회(boule)의 구성원들은 그를 살해할 음모를 꾸몄다. 그들은 그를 살해해 여러 조각이 되도록 자른 뒤, 외투의 틈새로 살점들을 집어넣고 땅을 문질러

---

140) 전설적인 트라키아의 왕. 이 책, 「그리스와 로마의 대비 일화」 20장의 역주 참조.
141) 그리스의 올린토스(Olynthos) 출신이며 기원전 360년경에 태어나 327년에 죽은 역사가다. 이 책, 「그리스와 로마의 대비 일화」 5장의 역주 참조.
142) Orchomenos. 아르카디아 지역, 보이오티아 지역 모두에 오르코메노스라는 도시국가가 있지만, 이 경우에는 펠로폰네소스의 아르카디아 지역에 있던 오르코메노스로 보아야 할 것이다.

깨끗하게 만들었다. 평민 대중은 귀족들의 행동에 의구심을 품고 협의회로 서둘러 갔다. 그러나 이 음모에 몰래 관여했던 왕의 작은아들인 틀레시마코스(Tlesimachos)는 부왕이 필멸자 이상의 격을 부여받아 피사이온(Pisaion)산으로 빠르게 날아가는 것을 목격했다고 선언하여 협의회에 모인 대중을 해산시켰다. 대중은 그렇게 속아 넘어갔다. 테오필로스(Theophilos)가 그의 『펠로폰네소스의 일들』 제2권에서 그렇게 서술한다.

주변 국가들과 전쟁을 계속 치렀기 때문에, 로마 원로원은 사람들에 대한 식량 배급을 중단했다. 그러나 로물루스왕은 이를 참을 수 없었고, 사람들에 대한 배급을 원상 복구했다. 그는 유명한 인물들[143]을 많이 처벌했다. 그들은 로물루스를 원로원에서 죽이고, 칼로 여러 조각으로 나누어놓았다. 그리고 그 조각들을 외투 사이로 집어넣었다. 로마인들은 횃불을 들고 원로원 건물로 달려갔다. 그러나 저명한 인물 중 하나인 율리우스 프로쿨루스(Iulius Proculus)는 자신이 산 위에서 어떤 필멸자보다 더 높은 격을 갖춘 로물루스를 목격했고, 그가 신이 되었다고 선언했다.[144] 로마인은 그의 말을 신뢰하고 철수했다. 아리스토불로스는 그의 『이탈리아의 일들』 제3권에서 그렇게 서술한다.

---

143) 원로원을 이끌던 사람들이었을 것이다.
144) 플루타르코스, 『대비 열전』, 「로물루스전」 28장 1절에서는 다음과 같이 서술한다. "혈통귀족들 중 가장 고귀한 태생인 한 사람이자 가장 저명한 인사이고 로물루스 자신과도 친밀하고 신뢰받는 친구인 사람이 있었다. 그는 알바에서 같이 온 식민자 중 하나이며, 이름은 율리우스 프로쿨루스였다. 그는 포럼에 나가 가장 성스러운 표장(標章)들 옆에서 모든 사람 앞에 나서서 엄숙하게 맹세했다. 그가 길을 따라 여행하고 있을 때, 로물루스가 그를 만나기 위해 오는 것을 보았는데, 전에 보지 못하게 멋지고 당당해 보였으며, 밝고 빛나는 갑주를 입고 있었다고 했다."

33. 탄탈로스[145]와 에우리아나싸[146]의 아들 펠로프스[147]는 히포다메이아[148]와 결혼하여 아트레우스(Atreus)와 티에스테스(Thyestes)를 낳았다. 하지만 그는 님페인 다나이스(Danais)와의 사이에서 크리시포스(Chrysippos)를 낳았고, 크리시포스를 적자(嫡子)들보다 더 사랑했다. 테바이의 라이오스[149]는 크리시포스에 대한 욕망을 품고, 그를 데려갔다. 그는 티에스테스와 아트레우스에게 잡혔지만, 펠로프스는 그런 행동이 사랑 때문이라고 생각해서 그를 용서했다. 하지만 히포다메이아는 크리시포스가 [다음] 왕권의 경쟁자가 될 것이라는 점을 알았기 때문에 아트레우스와 티에스테스가 크리시포스를 죽이도록 설득했다. 그녀의 두 아들이 거절하자, 그녀는 자신의 두 손을 타락으로 더럽혔다. 밤중에 라이오스가 잠들었을 때, 그녀는 라이오스의 칼을 빼어 크리시포스에게 상처를 입히고, 그 칼을 몸에 꽂아두었다. 라이오스는 그 칼 때문에 의심을 받았지만, 죽어가던 중에도 진실을 알린 크리시포스에 의해 구해졌다. 펠로프스는 크리시포스를 매장하고

---

[145] Tantalos. 그리스 신화 속의 인물로서 타르타로스(Tartaros)에서 받는 형벌로 유명한 인물이다. 아티스(Atys)라고도 불린다. 그는 과일나무 아래 있는 연못에 영원히 서 있는 형벌을 받고 있는데, 과일을 잡으려 하면 손아귀에서 빠져나가고, 물을 마시려 하면 수위가 내려간다고 한다.
[146] Euryanassa. 강의 신 팍톨로스(Paktolos)의 딸이다.
[147] Pelops. 펠로폰네소스반도에 있던 피사(Pisa)의 왕으로서 아트레우스 왕가의 창건자인 탄탈로스의 아들이다. 그는 올림피아 제전의 창설자로 올림피아 지역에서 숭배되었다.
[148] Hippodameia. 피사의 왕 오이노마오스(Oinomaos)의 딸이다. 여기서 피사는 이탈리아의 도시 피사가 아니라, 그리스 펠로폰네소스반도 엘리스 지역의 한 도시다.
[149] Laios. 랍다코스(Labdakos)의 아들이며, 이오카스테(Iokaste)와의 사이에서 비극적 인물로 유명한 오이디푸스를 낳았다. 그는 크리스포스를 유괴하고 성폭행한 후에 테바이로 데려갔다고 한다. 그는 이 일로 인해 그리스 소년애(*paiderastia*)의 창시자라고 간주되었다.

히포다메이아를 처벌했다. 도시테오스가 그의 『펠로프스의 후예』에서 그렇게 서술한다.

에비우스 톨리에익스(Ebius Tolieix)는 누케리아(Nuceria)와 결혼하여 두 아들을 두었다. 그는 또 한 해방노예 여성과의 사이에서 피르무스(Firmus)라는 아들을 낳았는데, 워낙 잘생겼기 때문에 피르무스를 적자들보다 더 사랑했다. 누케리아는 의붓아들을 미워하게 되어, 아들들에게 그를 죽이도록 설득했다. 하지만 당연히 아들들이 거절하자, 그녀 스스로 살인을 시행했다. 밤중에 그녀는 피르무스의 경호원의 칼을 뽑아 소년이 자고 있을 때 치명적인 상처를 입혔다. 그녀는 그 소년의 몸 뒤쪽에 그 칼을 남겨두었다. 경호원이 살인을 의심받았지만, 그 소년은 진실을 말하고 죽었다. 에비우스는 아들을 매장하고, 아내를 처벌했다. 도시테오스가 그의 『이탈리아의 일들』 제3권에서 그렇게 서술한다.

34. 실제로 포세이돈의 아들인 테세우스[150]는 아마조네스(Amazones)인 히폴리테[151]와의 사이에서 아들 히폴리토스(Hippolytos)를 낳았다. 후일 크레테의 미노스왕[152]의 딸 파이드라(Phaidra)를 두 번째 아내로 맞았고, 따라서 그녀는 히폴리토스의 의붓어머니가 되었다. 파이드라는 의붓아들에게 사랑을 느꼈고, 그에게 사랑을 받아달라며 유모를 보냈다. 하지만 히폴리토스는 아테나이를 떠나 트로이젠

---

150) Theseus. 아테나이의 전설적인 영웅이다. 어떤 전설에서는 아테나이의 왕 아이게우스(Aigeus)의 아들로, 다른 전설에서는 포세이돈의 아들로 나타난다.
151) Hippolyte. 아레스 신과 아마존의 여왕 오트레레(Otrere)의 딸이다.
152) Minos. 크레테의 전설적인 왕으로서 제우스와 에우로파(Europa)의 아들이다. 그는 아테나이의 왕 아이게우스(Aigeus)를 압박하여 9년마다 일곱 명씩의 동남동녀를 크레테에 봉납으로 보내도록 했다. 그는 그 동남동녀를 다이달로스가 만든 미궁에 사는 미노타우로스에게 먹이로 주었다고 한다.

(Troizen)으로 가서 사냥에 몰두했다. 그 음탕한 여성은 가슴에 품은 열망을 성취하는 데 실패하자, 그 순결한 젊은이에게 가짜 편지를 쓰고, 밧줄로 자신의 생을 마감했다. 테세우스는 그 편지를 믿었고, 포세이돈에게 히폴리토스를 파멸시킬 것을 요청했다. 포세이돈이 과거에 들어주기로 한 세 가지 소원 중 하나였다. 포세이돈은 히폴리토스가 전차에 타고 해안가를 달리고 있을 때, 그의 정면에 황소를 보내 말들을 위협했고, 그로 인해 히폴리토스는 말들에 짓밟혔다.

라우렌툼[153]의 코미니우스 수페르(Comminius Super)는 님페인 에게리아[154]와의 사이에서 코미니우스(Comminius)라는 아들을 낳고, 기디카(Gidica)라는 여성을 두 번째 아내로 맞았다. 따라서 그녀는 코미니우스의 의붓어머니가 되었다. 그녀는 의붓아들에게 사랑을 느꼈고, 그 열망을 성취하는 데 실패하자 거짓 편지를 남기고 밧줄로 그녀의 삶을 마감했다. 코미니우스 수페르는 그 고발을 읽고 부정한 비난을 믿게 되었으며 넵투누스[155]를 불렀다. 넵투누스는 그 젊은이가 전차를 타고 달리고 있을 때, 가는 길에 황소를 놓아두었다. 말들은 그 젊은이를 짓밟고 날뛰었으며, 그는 죽었다. 도시테오스가 그의 『이탈리아의 일들』 제3권에서 그렇게 서술한다.

35. 스파르타[156]에 역병이 번졌을 때, 신은 매년 고귀한 신분의 처녀를 희생 제물로 바친다면 역병이 멈출 것이라는 신탁을 내렸다. 헬

---

153) Laurentum. 로마의 남서쪽에 있던 고대 로마의 도시다.
154) 이 책, 「그리스와 로마의 대비 일화」 9장에서는 누마와 사랑한 님페라고 되어 있다.
155) Neptunus. 로마 신화에서 민물과 바다의 신이며, 그리스 신화의 포세이돈에 대응한다.
156) 원문에는 정식 국명인 라케다이몬(Lakedaimon)이라고 되어 있지만, 이해를 돕기 위해 일반적으로 쓰이는 국명인 스파르타로 옮겼다.

레네(Hellene)가 추첨으로 뽑혀 희생물이 되기 위해 제물용 장식을 걸친 채로 앞으로 끌려 나왔을 때, 독수리가 급히 날아내려 헬레네를 죽이려던 칼을 낚아챘다. 그리고 가축 떼가 있는 곳으로 칼을 가져가서 어린 암소 위에 칼을 떨어뜨렸다. 스파르타인들이 이후로 처녀를 죽이는 일을 멈춘 이유였다. 아리스토데모스[157]가 『세 번째 설화 모음집』(Trite Mythike Synagoge)에서 그렇게 서술한다.

팔레레이[158] 시에 역병이 널리 퍼져 사람들이 많이 죽었을 때, 유노 여신에게 매년 한 명의 처녀를 희생 제물로 바친다면 그 무서운 일이 잦아들 것이라는 신탁이 있었다. 이 미신적인 행위는 계속되었다. 추첨으로 뽑힌 왈레리아 루페르카(Valeria Luperca)라는 여성이 죽기 위해 칼을 뽑자, 독수리가 급히 날아내려서 칼을 낚아채고, 희생 제물 위에 놓인 작은 망치가 달린 막대기에 내려앉았다. 그 독수리는 성역 근처에서 풀을 뜯어 먹고 있던 어린 암소에게 칼을 떨어뜨렸다. 처녀는 그 의미를 이해했다. 그래서 그녀는 어린 암소를 희생물로 바치고, 망치를 집어 들었다. 그녀는 집마다 돌아다니면서 환자들을 그 망치로 가볍게 두드리면서 다시 건강해지라고 명하여 의식을 회복시켰다. 그때부터 심지어 지금까지도 이 신비한 의식은 수행되고 있다. 아리스테이데스가 그의 『이탈리아의 일들』 제19권에서 그렇게 서술한다.

36. 닉티모스(Nyktimos)와 아르카디아(Arkadia)의 딸 필로노메[159]

---

157) Aristodemos. 기원전 1세기의 그리스 학자이자 교육자로, 지리학자 스트라본(Strabon)의 스승인 니사(Nysa) 출신의 아리스토데모스일 가능성이 있다.
158) Falerii. 로마 북동쪽으로 50킬로미터 정도 떨어진 곳에 있었던 팔리스키(Falisci)인들의 주요 도시였다. 오늘날의 파브리카 디 로마(Fabrica di Roma)다.
159) Phylonome. 닉티모스는 그리스 신화에서 리카온(Lykaon)의 아들로 나온다.

는 종종 아르테미스와 사냥했다. 아레스가 목동의 모습으로 변장하여 그녀를 범했고, 그녀는 아이를 가졌다. 그녀는 쌍둥이를 낳았다. 아버지를 두려워한 그녀는 아이들을 에리만토스(Erymanthos)강에 던졌다. 하지만 어떤 신의 배려로 아이들은 위험에 빠지지 않고 물 위를 떠다니다가, 속이 빈 떡갈나무 줄기에 피난처를 얻었다. 그 나무에 있는 구멍에 살던 늑대가 자기 새끼들을 강물에 던지고는 그 아이들에게 젖을 먹였다. 길리포스(Gyliphos)라는 이름의 한 목동이 이 일을 목격하고 아이들을 데려가서 자기 자식처럼 길렀다. 목동은 아이들에게 리카스토스(Lykastos)와 파라시오스(Parrhasios)라는 이름을 붙여주었다. 방금 말한 파라시오스가 후에 아르카디아의 왕위를 계승했다. 비잔티온의 조피로스(Zopyros)가 그의 『역사 속의 일들』 제3권에서 그렇게 서술한다.

형인 누미토르(Numitor)를 포악하게 폐위한 아물리우스(Amulius)는 형의 아들인 아이니투스(Aenitus)를 사냥 중에 죽이고, 딸인 실위아(Silvia) 혹은 일리아(Ilia)를 유노 여신의 여사제로 만들었다. 그리고 마르스 신이 그녀를 범하여 임신시켰다. 그녀는 쌍둥이를 낳고, 그 사실을 참주에게 고백했다. 그는 두려워져서, 티베르강 둑에서 아이들을 물속에 던졌다. 두 아이는 최근에 새끼를 낳았던 한 늑대의 보금자리에 피난처를 얻었다. 암늑대는 자기 새끼들을 팽개치고 그 아이들에게 젖을 먹였다. 파우스투스(Faustus)라는 이름의 목동이 이 사건을 목격하고, 그 아이들을 길렀다. 그는 아이들에게 레무스와 로물루스라는 이름을 붙여주었다.[160] 그 아이들은 로마의 창건자가 되었

리카온은 아르카디아의 왕이었기 때문에 닉티모스의 왕비 이름이 아르카디아가 된 것 같다.
[160] 이 책, 「로마인의 운명에 관하여」 8장에서는 비슷하지만 좀 다른 이야기를 더 상세하게 다룬다. 여기서는 찬탈자의 명을 받은 하인이 야생 무화과나무

다. 밀레토스인 아리스테이데스가 그의 『이탈리아의 일들』에서 그렇게 서술한다.

37. 트로이아를 점령한 후에 아가멤논은 카산드라[161]와 함께 살해되었다. 하지만 아가멤논의 아들 오레스테스(Orestes)는 스트로피오스[162]의 집에서 양육되었고, 아버지를 살해한 자들에게 원수를 갚았다. 피란드로스(Pyrandros)가 그의 『펠로폰네소스의 일들』 제4권에서 그렇게 서술한다.

파비우스 막시무스[163]의 친척인 파비우스 파브리키아누스(Fabius Fabricianus)는 삼니움족의 주요 도시인 툭시움(Tuxium)을 약탈[164]하고, 삼니움족이 존중하던 웨누스 윅트릭스[165]상(像)을 로마로 보냈

아래 아이들을 버렸고, 암늑대가 아이들에게 젖을 먹여주었다고 한다.
161) Kassandra. 알렉산드라(Alexandra)라고 하기도 한다. 그리스 신화에 따르면, 아폴론 신의 여사제인 트로이아인이다. 그녀는 저주를 받아서, 정확한 예언을 하지만 아무도 그녀의 말을 믿지 않았다고 한다. 그녀는 프리아모스왕과 헤카베의 딸로 알려져 있다. 트로이아가 함락된 후, 아가멤논이 그녀를 첩으로 삼기 위해 미케나이로 데려갔다. 왕비 클리타임네스트라(Klytaimnestra)는 정부인 아이기스토스(Aigisthos)와 함께 남편 아가멤논과 카산드라를 살해했다고 전해진다.
162) Strophios. 오레스테스의 고모부로서 포키스(Phokis)의 왕이었다.
163) 퀸투스 파비우스 막시무스 웨루쿠소스를 말한다.
164) 삼니움 전쟁이라고 알려진 로마인의 삼니움족과의 전쟁은 모두 세 차례 있었다. 기원전 343~341년, 326~304년, 298~290년의 일이다. 툭시움이라는 도시 이름은 다른 자료에서는 찾을 수 없다. 따라서 몇 번째 전쟁이었는지 특정할 수 없지만, 파비우스 막시무스의 친척이었으므로 제3차 삼니움 전쟁이었을 가능성이 크다.
165) Venus Victrix. '승리의 웨누스'라는 의미다. 거슬러 올라가 살펴보면, 고대 메소포타미아에서 숭배하던 이슈타르(Ishtar) 여신은 풍요의 여신이면서 동시에 전쟁의 여신이었다. 이 여신 숭배가 그리스로 이어져서 무장한 아프로디테 숭배를 낳았고, 로마인이 이를 받아들였다.

다. 페트로니우스 왈렌티누스(Petronius Valentinus)라는 이름의 잘생긴 청년에게 유혹당한 그의 부인 파비아(Fabia)는 남편을 배신하고 죽였다.

하지만 그녀의 딸 파비아는 아직 어린아이였던 동생 파브리키아누스를 위험에서 구해 다른 곳에서 양육되도록 몰래 멀리 보냈다. 파브리키아누스는 장성하여 어머니와 그녀의 정부를 죽였고, 원로원은 그에게 면죄를 선고했다. 도시테오스가 그의 『이탈리아의 일들』 제3권에서 이를 서술한다.

38. 포세이돈과 네일로스의 딸 아니페 사이의 아들인 부시리스[166]는 이집트를 지나던 이들을 거짓 환대하다가 희생자로 만드는 일을 종종 했다. 하지만 그의 손에 희생당한 이들의 복수가 그에게도 닥쳤다. 헤라클레스가 곤봉으로 그를 공격하여 죽인 것이다. 사모스의 아가톤[167]이 그렇게 서술한다.

헤라클레스가 게리온[168]의 소 떼를 몰고 이탈리아를 지나갈 때,

---

166) 부시리스는 그리스 신화에서 두 인물로 나온다. 하나는 이집트의 왕 아이깁토스와 에우리로에스(Eurryroes, 네일로스의 딸이자 강의 정령)가 낳은 50명의 왕자 중 한 명이다. 그들은 리비아의 왕 다나오스(Danaos)의 딸들 50명과 결혼했다가 살해된다. 그의 어머니는 아르기피에스(Argiphies)로 서술되기도 한다. 다른 하나는 헤라클레스에게 살해되는 이집트의 왕이다.
167) Agathon. 아가톤이라는 이름으로 가장 알려진 이는 기원전 448년경에 태어나 400년경에 죽은 아테나이의 비극 작가다. 그의 작품들은 현재 남아 있지 않고 약간의 단편과 제목들만 알려져 있다. 플라톤의 『향연』에서도 나타난다. 하지만 여기서 플루타르코스가 언급하는 인물이 같은 사람인지는 확인하기 어렵다.
168) Geryon. 그리스 신화에서 게리온은 보통 메두사(Medusa)의 손자이자 페가소스(Pegasos, 라틴어로는 Pegasus, 보통 천마로 번역한다)의 조카이며 에리테이아(Erytheia)에 사는 무시무시한 거인으로 나타난다. 헤라클레스의 열 번째 과업이 그의 소 떼를 빼앗는 것이었다.

헤르메스(Hermes)의 아들 파우누스[169] 왕이 그를 접대했다. 파우누스는 손님들을 자신의 아버지인 신에게 희생 제물로 바치곤 했다. 하지만 그는 헤라클레스를 공격했을 때, 살해되었다. 데르킬로스가 그의 『이탈리아의 일들』 제3권에서 그렇게 서술한다.

39. 아크라가스[170]의 참주 팔라리스[171]는 자기 영토 내에 들어온 이방인들을 아주 잔인하게 고문하여 고통을 주곤 했다. 그와 거래하던 청동 주물공 페릴로스(Perillos)는 팔라리스가 이방인들을 넣어 산 채로 태우도록 청동으로 암소를 만들어 왕에게 바쳤다. 팔라리스는 그 청동 암소 안에 그 주물공을 던져 넣어서, 이번만은 그가 공정한 사람이라는 것을 증명했다. 그 암소는 소가 우는 소리를 내는 것 같았다. 『의문들』(Aition) 제2권에서 그렇게 서술한다.

시칠리아의 한 도시인 세게스타[172]에 아이밀리우스 켄소리누스(Aemilius Censorinus)라는 잔인한 참주가 살았다. 그는 기발한 고문을 고안해내는 이들에게 선물을 주곤 했다. 아룬티우스 파테르쿨루스(Arruntius Paterculus)라는 이가 청동으로 말 모양을 만들어 시민들을 그 안에 던져 넣을 수 있도록 켄소리누스에게 공물로 바쳤다. 하지만 처음으로 그 참주는 공정한 태도로 행동했다. 그 공물을 바친

---

169) Faunus. 고대 로마의 종교와 신화에서는 뿔이 달린 숲의 신으로 묘사된다. 그리스의 판에 대응한다. 아우구스투스 시대의 시인 웨르길리우스의 서사시에 묘사된 바에 의하면, 그는 라틴족의 전설적인 왕이었다.
170) Akragas. 시칠리아섬 남부 해안에 그리스인이 식민으로 세웠던 고대 도시로서, 로마 시대에는 아그리겐툼(Agrigentum)으로 불렸고, 현재 이름은 아그리젠토다.
171) Phalaris. 아크라가스의 참주였으며, 대략 기원전 570~554년 동안 통치했다.
172) Segesta. 시칠리아섬의 북서쪽에 위치한 고대 도시로서 에게스타(Egesta), 아이게스타(Aigesta)라고도 한다.

자를 그 말 안에 처음으로 던져 넣은 것이다. 그리하여 파테르쿨루스 스스로 다른 이들에게 사용하라고 만든 장치의 고문을 겪은 첫 번째 사람이 되었다. 켄소리누스는 고문한 후에, 파테르쿨루스를 타르페이아 절벽에서 던져버렸다. 대단히 잔인하게 통치한 이들을 이 아이밀리우스의 이름을 따서 '아이밀리우스들'(Aemilii)이라고 부르게 되었다고 한다. 아리스테이데스가 그의 『이탈리아의 일들』 제4권에서 그렇게 서술한다.

40. 아레스와 스테로페[173]의 아들 에우에노스[174]는 오이노마오스[175]의 딸인 알키페[176]와 결혼하여 딸인 마르페싸(Marpessa)를 낳았다. 에우에노스는 딸이 처녀성을 유지하도록 애썼다. 아파레우스[177]의 아들 이다스(Idas)[178]가 무희들 무리 속에서 그녀를 강탈하여 도망쳤다. 그녀의 아버지는 추격했지만, 그들을 따라잡지 못했고, 리코르마스강[179]에 스스로 몸을 던져 불멸자가 되었다.[180] 도시테오스가 그의 『아이톨리아의 일들』(Aitolikon) 제1권에서 그렇게 서술한다.

---

173) Sterope. 아스테로페(Asterope)라고도 한다. 티탄인 아틀라스(Atlas)와 바다의 님페인 플레이오네(Pleione) 사이에서 태어난 일곱 명의 플레이아데스(Pleiades) 중 한 명이다. 플레이아데스는 아르테미스의 동료들로 나타난다.
174) Euenos. 그리스 신화에서 에우에노스는 오케아노스(Ocheanos)의 아들인 아이톨리아 지역의 강의 신으로 나타난다. 다른 전설들에서는 아레스와 데모니케 혹은 스테로페의 아들로 나타나는데, 이 경우는 인간인 왕자나 군주로 묘사된다.
175) Oinomaos. 그리스에 있는 피사의 왕이며 아레스의 아들이다.
176) Alkippe. 그리스 신화에 동명이인이 여럿 있다.
177) Aphareus. 고르고포네(Gorgophone)와 페리에레스(Perieres)의 아들로서 메세니아의 왕이었다.
178) 메세니아의 왕자이며, 황금 양털을 찾아 떠났던 아르고호의 일원이었다.
179) Lykormas. 아이톨리아 지역에 있는 에우에노스강의 예전 이름이다.
180) 강의 신이 되었다는 의미다.

에트루리아인의 왕 안니우스(Annius)는 살리아(Salia)라는 이름의 아름다운 딸이 있었다. 그는 딸이 처녀성을 유지하도록 애썼다. 하지만 로마의 귀족인 카테투스(Cathetus)가 놀고 있는 그녀를 보고 사랑에 빠졌다. 그는 열정을 주체하지 못하고, 그녀를 강제로 데리고 로마로 떠났다. 그녀의 아버지는 추격했지만, 그들을 잡지 못했고, 파레우시움(Phareusium)강에 몸을 던졌다. 그의 이름을 따서 강의 이름은 아니오[181]라고 바뀌었다. 카테투스는 살리아와 결합하여 라티누스(Latinus)와 살리우스(Salius)를 낳았다. 로마의 가장 고귀한 혈통귀족 가문들은 그들의 후손이다. 밀레토스인 아리스테이데스 및 알렉산데르 폴리히스토르[182]가 그의 『이탈리아의 일들』제3권에서 그렇게 서술한다.

41. 에페이소스인 헤게시스트라토스(Hegesistratos)는 한 친척을 살해하고 델포이로 도망쳤다. 그는 신에게 어느 곳에 정착해야 할지를 질의했다. 그러자 아폴론은 다음과 같이 답했다.

"올리브 가지로 만든 화관을 쓴 농부들이 춤추는 것을 보게 되는 곳에."

그는 아시아의 어떤 곳에 가게 되었을 때, 농부들이 올리브 잎으로 화관을 만들어 쓰고 춤추는 것을 보았다. 그는 그곳에 도시를 세우고

---

181) Anio. 이탈리아 라치오주에 있으며, 테베로네(Teverone)라고도 알려진 아니에네(Aniene)강이다.
182) 루키우스 코르넬리우스 알렉산데르 폴리히스토르(Lucius Cornelius Alexander Polyhistor)는 기원전 1세기 전반에 활동했던 그리스 학자로서 밀레토스의 알렉산드로스라고도 한다. 그는 미트리다테스 전쟁 때 로마에 노예로 잡혀가서 가정교사로 일했다. 해방된 이후에는 로마 시민으로 이탈리아에 거주했다. 그는 책을 많이 써서 '폴리히스토르'(연구를 많이 한)라는 별명을 얻었지만, 지금은 남아 있지 않고, 일부 단편만 전해진다.

엘라이우스[183]라고 불렀다. 사모스인 피토클레스가 그의 『가정경제에 관한 글들』(Georgikon) 제3권에서 그렇게 서술한다.

오딧세우스와 키르케[184]의 아들 텔레고노스[185]는 아버지를 찾기 위해 파견되었을 때, 화관을 쓴 농부들이 춤추는 것을 보게 된다면 그곳에 도시를 세우라는 지시를 〔어머니에게〕 받았다. 그가 이탈리아의 어느 곳에 이르렀을 때, 떡갈나무 가지들(prininoi)로 만든 화관을 쓴 시골 사람들이 즐겁게 춤추고 있는 것을 보고 도시를 세웠다. 그는 별 생각 없이 그 도시를 프리니스톤[186]이라고 불렀다. 로마인은 착각으로 살짝 그 이름을 바꾸어 프라이네스테(Praeneste)라고 부른다. 아리스토클레스[187]가 그의 『이탈리아의 일들』 제3권에서 그렇게 서술한다.

---

183) Elaious. '올리브의 도시'라는 뜻이며, 튀르키예 일부 지역인 트라키아에 있던 그리스계 고대 도시다.
184) Kirke. 그리스 신화에 나오는 마녀 혹은 소신격이다. 태양신 헬리오스와 바다의 정령 페르세(Perse) 사이의 딸이라고도 하고, 헤카테(Hekate) 여신과 아이에테스(Aietes, 그리스 신화에서 콜키스의 왕) 사이의 딸이라고도 한다.
185) Telegonos. 오딧세우스와 키르케 사이의 자식들 중 막내다. 오딧세우스와 칼립소(Kalypso) 사이의 자식이라고도 한다.
186) Priniston. 떡갈나무나 호랑가시나무를 그리스어로 프리노스(prinos)라고 부르기 때문이다.
187) 메세네 출신의 소요학파 철학자다.

로마에 관한 의문들

1. 왜 로마인은 신부에게 불과 물을 만지라고 요구하는가?

그들이 이 두 가지를 자연의 요소 혹은 첫 번째 원리로 간주하기 때문일 것이다. 불은 남성이고, 물은 여성이다.[1] 불은 행동의 발단을 제공하고, 물은 실제적 요소 혹은 물질의 기능이기 때문이다.[2]

혹은 불은 성화하고 물은 깨끗하게 하는데 결혼한 여성은 순수하고 깨끗한 상태여야 하기 때문일 것이다.

혹은 불은 수분이 없으면 생명과 생산력을 유지할 수 없고, 물은 온기가 없으면 생산과 활동을 할 수 없기 때문일 것이다. 그래서 남성과 여성 모두 서로에게서 떨어지면 생기가 없어지고, 결혼으로 양자가 결합하면 함께하는 삶이 완벽해지는 것이다.

---

[1] 와로(Varro), 『라틴어에 관하여』(*De Lingua Latina*) 제5권 61장에는 다음과 같이 서술한다. "그러므로 생육(生育)의 조건은 둘이다. 불(*ignis*)과 물(*aqua*). 따라서 이것들은 결혼식 때 문지방에서 사용된다. 정액을 의미하는 남성적인 불, 태아가 자라나는 여성적인 물이 결합하는 곳이기 때문이다."
[2] 원문은 의문형으로 서술했지만, 여기서는 의문에 대한 응답이라는 점을 살리기 위해 서술형으로 옮겼다.

혹은 남성과 여성은 서로를 버리지 말고 운명의 모든 것을 함께 나누어야 하기 때문일 것이다. 그들이 서로 간에 공유할 수 있는 것이 불과 물밖에 없는 운명일지라도 말이다.

2. 왜 그들은 결혼식에서 케레오네스(*cereones*)라고 부르는, 더도 덜도 아닌 다섯 개의 횃불을 밝히는가?

이는 와로가 언급했듯이 법무관[3]은 세 개를 사용할 수 있고, 조영관[4]은 더 많은 횃불을 사용할 권리가 있으며, 혼인 당사자들이 드는 횃불의 불은 조영관의 횃불에서 옮겨오기 때문일 것이다.

혹은 로마인이 여러 숫자를 사용할 때에 여러 가지 목적에서 홀수를 더 좋고 완벽한 수로, 또한 결혼에도 더 잘 맞는 수라고 간주하기 때문일 것이다. 짝수는 반으로 나눌 수 있는데, 똑같이 나뉘게 되면 투쟁과 대립이 나타나게 된다. 하지만 홀수는 같은 분량으로 나뉠 수 없고, 나뉠 때마다 그 자신과 같은 성질의 우수리를 남기게 된다. 홀수 중에서도 결혼의 수는 다른 무엇보다 5다. 3은 첫 번째 홀수이며, 2는 첫 번째 짝수이고, 5는 마치 남녀처럼 그 둘의 결합이기 때문이다.

혹은, 빛은 출산의 상징이며 여성은 대체로 많으면 한 번에 다섯까

---

[3] *praetor*. 처음에는 두 명이 선출되었으나, 후에는 네 명, 여덟 명으로 정원이 늘었다. 집정관을 보좌하며 사법적 행정을 비롯한 여러 업무를 맡았다. 이 때문에 법무관이라고 번역되지만, 전쟁에서는 사령관 역할을 하는 집정관을 보좌하는 부사령관이나 군단장 역할을 맡기도 한다.
[4] *aedile*. 공화정 로마에서 네 명이 정원인 관직이다. 시장에서의 질서 유지와 경찰 업무, 소방 업무 등을 책임지고, 공적인 경기들을 주관했으며 공공 건축을 담당했다. 평민조영관과 귀족조영관이 있다.

지의 아이를 자연적으로 가질 수 있기에 혼인 당사자들이 횃불을 정확하게 그 숫자만큼 사용하는 것이라고도 할 수 있을 것이다.

혹은, 그들이 결혼에는 다섯의 신들이 필요하다고 생각하기 때문일 것이다. 그 다섯 신은 제우스 텔레이오스와 헤라 텔레이아,[5] 아프로디테, 페이토,[6] 그리고 마지막으로 아르테미스다. 특히 아르테미스는 여성들이 출산의 산고를 겪을 때, 기원하는 여신이다.

3. 왜 로마에는 디아나[7] 여신의 성역이 많은데도, 소위 파트리키우스(Patricius) 구역에 있는 성역만 남자들이 입장할 수 없게 되어 있는가?

이는 널리 알려진 전설 때문일 것이다. 한 남자가 이곳에서 디아나 여신을 경배하고 있던 여성을 겁탈하려 하다가 개들에게 갈기갈기 찢겼다. 남자들은 이런 일이 일어날까 하는 미신적 공포에 사로잡혀서 들어가시 못한다.

---

5) Hera Teleia. *teleios*, *teleia*는 마침표라는 의미의 남성형과 여성형이다.
6) Peitho. 설득과 유혹이라는 개념이 신격화된 여신이다. 로마 신화에서는 수아다(Suada) 혹은 수아델라(Suadela)라고 하며 보통 아프로디테(웨누스) 여신의 동반자로 표현되는 경우가 많다. 원래 이탈리아의 고유 여신이었음에도 아르테미스의 성격이나 출생, 혈연관계 등의 이야기를 흡수하여 그리스의 아르테미스를 로마인이 이름만 바꾸어 버린 셈이 되었다. 디아나는 처녀 여신이지만, 출산의 수호여신이기도 하다. 로마 신화에서 디아나는 물의 정령인 에게리아, 숲의 여신 위르비우스(Virbius)와 함께 3인조로 나타나는 경우가 많다.
7) Diana. 로마에서 디아나 여신은 야외 활동, 사냥꾼, 교차로의 수호신이자 달의 여신으로 여겨진다.

4. 왜 그들은 디아나의 다른 성역 모두에는 예상[8])처럼 수사슴의 뿔을 못 박아 걸어놓는데, 아웬티누스(Aventinus) 언덕에 있는 디아나의 성역에만은 황소의 뿔을 걸어놓는가?

이는 그들이 고대에 일어났던 일을 기억하기 때문일 것이다.[9]) 그 이야기는 다음과 같다. 사비네인 안트로 쿠리아티우스(Antro Curiatius)가 키우던 가축 중에 모습이나 크기가 다른 것들에 비해 매우 훌륭한 암소가 태어났다고 한다. 아웬티우스 언덕의 디아나 성역에 그 암소를 희생 제물로 바치는 이의 도시가 가장 강력한 도시가 되어 이탈리아 전체를 다스리게 될 운명이라고 한 예언자가 안트로에게 말했다. 그러자 그는 그 암소를 희생 제물로 바치려고 로마로 갔다. 그러나 그의 하인 중 한 명이 그 예언을 로마의 세르위우스왕에게 몰래 말했다. 왕은 그 사실을 사제인 코르넬리우스에게 알렸다. 코르넬리우스는 희생제를 올리기 전에 티베르강에서 목욕해야 한다고 안트로에게 지시했다. 희생 제물을 받아들이게 하기 위한 관습이라고 말한 것이다. 안트로는 강에 가서 목욕했다. 그리고 세르위우스는 안트로가 돌아오기 전에 그 암소를 디아나 여신께 제물로 바치고 성역에 그 뿔을 걸어놓았다. 유바[10])와 와로 모두가 이 이야기를 기록

---

8) 그리스 신화 속의 묘사에서 아르테미스 여신은 보통 수사슴을 데리고 다니는 경우가 많다.
9) 이 이야기와 그에 앞서 아웬티누스 언덕에 디아나의 성역을 건설하게 되는 배경 이야기를 리위우스가 『로마 창건 이래의 역사』 제1권 45장에 기록하고 있다. 리위우스는 사비네인의 이름과 그를 속이는 사제의 이름을 거명하지 않는다.
10) Iuba. 기원전 25년~서기 22/3년 재위한 마우레타니아의 왕으로서, 역사가이자 호고가(好古家)다. 마우레타니아는 오늘날 알제리의 서부와 모로코 북부 및 아틀라스산맥의 일부를 칭하는 로마식 명칭이다. 기원전 25년에 이 지역은 로마의 속국이 되었고, 서기 44년에는 로마에 합병되어 두 개의 속주가 되었다(마우레타니아 틴기타나Mauretania Tingitana, 마우레타니아 카이사리엔

해놓았는데, 와로는 안트로의 이름을 적어두지 않았다. 그러면서 그 사비네인은 사제인 코르넬리우스가 아니라 신전의 관리인에게 속아 넘어갔다고 쓰고 있다.

5. 외국에서 사망했다고 잘못 알려진 이들은 왜 돌아오더라도 문으로 들어가는 것이 허용되지 않고 지붕으로 올라간 다음에 집 안으로 들어가야만 하는가?

와로는 그 원인을 상당히 황당하게 설명하고 있다. 그의 이야기는 다음과 같다. 시켈리아섬을 두고 치른 전쟁[11] 시기에 큰 규모의 해전이 있었는데 여러 사람이 전사했다는 잘못된 소문이 퍼졌다. 그들이 귀환했을 때, 그들은 얼마 안 가서 한 명만 빼고 모두 생을 마감했다. 그 한 사람의 경우, 집에 들어가려고 했을 때, 문들이 저절로 닫혔으며 열려고 애쓸 때도 열리지 않았다. 그는 문 앞에서 잠이 들었고, 꿈에서 환영(幻影)을 보았다. 그 환영은 그에게 지붕으로 기어 올라가서 집 안으로 들어가라고 지시했다. 그가 그렇게 하자, 고령에 이르기까지 잘 살아 있게 되었다. 이 일이 있은 이후 다음 세대들에게도 같은 관행이 만들어졌다.

시스Mauretania Caesariensis).
11) 시칠리아를 두고 치른 전쟁은 로마 역사상 제1차 로마-카르타고 전쟁이라고 보아야 한다. 기원전 264~241년 동안 일어난 이 전쟁은 예전에 제1차 포에니 전쟁이라고 불렸다. 이 시기에 시칠리아섬 주변에서 몇 번의 해전이 있었다. 기원전 260년의 밀라이(Mylae) 전투, 술키(Sulci) 전투, 기원전 255년의 엔코무스(Encomus) 전투, 헤르마이움(Hermaeum)만 전투 등이다. 특히 헤르마이움만 전투에서 로마가 승리했으나, 직후 폭풍으로 많은 전선을 잃었고 10만이 넘는 사망자가 나왔다. 내용을 보면 이 전투를 말하는 것 같다.

하지만 그리스인의 관행들과 어느 정도 비슷한 것이 있지 않은지를 고려해보라. 그리스인들은 죽었다고 생각하여 장례를 치렀거나 무덤을 만들었던 사람이 정결하다고 간주하지 않고, 친숙한 교제를 하려고도 않으며, 신전에 다가오게 내버려두지도 않았다. 이런 미신에 희생되었던 아리스티노스(Aristinos)의 이야기가 있다. 그는 델포이로 사람을 보내어 아폴론 신에게 그 관행 때문에 생겨난 여러 어려움에서 풀려나게 해달라고 탄원했다. 신탁을 담당한 여사제는 이렇게 답변해주었다.

> 해산하는 여인이 아기를 낳을 때의 모든 일을,
> 이것을 그대가 다시 되풀이할 때,
> 신성한 신들에게 제물을 바치는 것이라.

그리하여 아리스티노스는 그 지혜 일부를 받아들여 스스로 갓난아기처럼 여인들에 의해 씻겨지고 포대기에 싸여 젖을 먹었다. 그런 곤경에 처한 다른 모든 이도 같은 행동을 했는데, 그들은 '살아서 장례를 치른 이들'이라고 불렸다. 하지만 어떤 이들은 그런 사람들이 행한 일들은 아리스티노스 이전에도 행해졌으며, 그 관행은 고대의 것이라고 말한다. 따라서 희생제를 올리기 위해 나가고 또 제를 올리고 들어오는 그 문으로, 완전히 매장되어 이승에서 떠나간 자라고 간주된 이들이 입장하는 것을 허가하면 안 된다고 로마인 역시 생각한 것이 놀라운 일은 아니다. 그래서 그들은 하늘을 향해 열려 있는 집의 한 부분을 통해 그들이 공중에서 내려오게 했다. 그들이 모든 정화 의식을 탁 트여 있는 곳에서 수행하는 것도 당연히 매우 그럴 듯한 이유다.

6. 왜 여성들은 친족에게 인사할 때 입술에 키스하는가?

전거에 따르면, 여성들이 포도주를 마시는 것이 금지되어 있으므로 포도주를 마신 여성이 집안사람들을 만날 때 그 행위를 들키도록 키스하는 풍습이 만들어졌다고 사람들이 믿었기 때문일 것이다.

혹은 철학자 아리스토텔레스가 기록한 이유일 것이다. 그런 유명한 행위와 장면은 여러 다른 장소들에서 행해졌지만, 내가 보기에 트로이아 여인들이 바로 이탈리아의 해안에서 용감하게 키스를 행했던 것 때문이다.[12] 트로이아인들이 해안에 도착했을 때, 남성들은 상륙했다. 그리고 여성들은 배에 불을 질렀다. 그녀들은 고난을 무릅쓰고서라도 방랑과 항해를 그만두고 싶었기 때문이다. 하지만 그녀들은 남편이 화를 낼까 무서웠다. 그래서 그녀들은 남성들과 마주쳤을 때, 혈족과 가족 구성원들을 따뜻하게 안고 키스했다. 남성들이 화를 가라앉혀서 다시 화해했을 때, 여성들은 이후로도 혈족을 향한 이 애정의 표시를 계속하기로 했다.

---

12) 플루타르코스, 『모랄리아』, 「여성들의 용기」의 제1장 '트로이아 여성들'에 그 내용이 자세히 실려 있다. "트로이아가 점령당할 때 탈출한 사람들 대부분은 폭풍우를 만나게 되었다. 그들은 항해에 경험도 없었고 바다도 잘 몰랐기에 이탈리아 해안으로 떠밀려갔다. 그들은 강제로 거의 끌려가다시피 하여 티베르강 근처에 닻을 내리고 피난처를 찾았다. 남성들이 정보를 얻기 위해 인근을 돌아다니는 동안에 여성들은 방랑하고 항해하는 것보다 육지에 정착해야 사람들이 행복하고 좋다는 것을 떠올렸다. 그리고 트로이아인은 잃어버린 조국을 다시 찾을 수 없기에 새로운 조국을 만들어야 한다는 것도 생각했다. 따라서 한 마음이 된 그들은 배들을 불태웠고, 로마(Roma)라는 여성이 [그 일을] 이끌었다. 이 일을 마친 여성들은 배들을 구하기 위해 서둘러 바다 쪽으로 오고 있는 남성들을 맞이하기 위해 갔다. 남성들이 화를 낼까 두려워한 여성 중 일부는 남편에게, 다른 일부는 친척들에게 달래듯이 키스했다. 그들은 이런 설득 방식으로 남성들을 진정시켰다. 이것이 아직도 로마 여성들 사이에 시행되는 관행, 즉 친척에게 인사할 때 키스하는 관행의 기원이다."

혹은 이 관행은 친족 중에, 그리고 집안에 많은 훌륭한 인물이 있다고 보이게 된다면 명예와 권력을 가져다주게 될 특권으로서 여성들에게 부여되었던 것일 수도 있다.

혹은, 남성들이 혈연관계의 여성과 결혼하는 관습이 없기에 애정 표현은 키스까지만 가능하고, 이 키스만이 친족 관계 및 소속감의 상징이 되었을 수도 있다. 예전에 남성들은 혈연으로 맺어진 여성들과 결혼하지 않았기 때문에, 지금까지도 남성들은 집안 아주머니 항렬의 여성들이나 누이들과는 결혼하지 않는다.[13] 하지만 오랜 시간이 흐른 후에는 그들도 사촌간의 결혼에 대해서는 용인하게 되었다. 그 이유는 다음과 같다. 재산은 하나도 없지만, 그밖의 점에서는 다른 공인(公人)들보다 훨씬 더 사람들에게 만족감을 주었던 이가 있었다. 그는 상속녀인 사촌 누이와 결혼했고, 사람들은 그가 부인의 재산 때문에 부자가 되었다고 생각했다. 바로 그런 이유로 그는 고소당했는데, 로마 시민들은 이 일을 재판에 부치려고도 하지 않았고, 그 고소를 기각했다. 그리고 모든 사람은 사촌 혹은 먼 친척과는 결혼할 수 있다는 법령을 만들었다. 하지만 사촌보다 더 가까운 친척과의 결혼은 금지되었다.

7. 왜 남성이 아내에게 선물을 받는 일, 혹은 아내가 남편에게 선물을 받는 일이 금지되는가?

솔론은 고인의 유산 증여는 폭력으로 강요되거나 아내의 설득이

---

13) 타키투스(Tacitus), 『연대기』(*Annales*), 제12권 5장에서는 조카딸과 숙부가 결혼하는 것은 전례 없는 일이라는 서술이 나온다.

없다면 유효하다는 법률을 만들었다.[14] 그럼으로써 그는 자유의지를 무효로 만드는 폭력과 판단을 흐리게 하는 쾌락을 유증의 효력에서 제외했다. 이런 식으로 아내와 남편의 유증이 의심받게 되었을 것이다.

혹은, 그들이 낯선 이나 우호적 감정이 없는 이들도 선물할 수 있기에 선물하는 것을 사랑에 있어서 아주 쓸모없는 증표로 간주했고, 그래서 혼인 관계에서 선물을 주는 즐거움의 형식을 없애버린 것일 수도 있다. 서로에 대한 사랑은 그 자체로 오롯한 것이고 다른 이유가 없다고 생각했기 때문에.

혹은, 여성들이 선물하는 낯선 이를 환영하고 또 그에게 유혹받기 아주 쉬워서 그랬을 수도 있다. 그러므로 그들이 보기에는 남편이 선물하지 않아도 [아내가] 그를 사랑하는 것이 고상한 일이었기 때문이다.

혹은, 차라리 남편의 재산은 아내와 공유하고 아내의 재산은 남편과 공유하기 때문일 수도 있을 것이다. 선물을 받아들이는 사람은 선물로 받지 않은 것들은 배우자에게 속하는 것이라는 점을 알게 되고,

---

14) 플루타르코스, 『대비 열전』, 「솔론전」 21장 2~3절의 내용은 다음과 같다. "그(솔론)는 유언에 관한 법률로도 크게 존경받았다. 그의 시대 이전에는 유언장이 만들어지지 않았고, 고인의 모든 재산은 그의 가문 내에 남아 있어야 했다. 그에 반해, 그는 자식이 없는 사람이 자기가 원하는 이에게 재산을 증여하는 것을 허용함으로써 혈연보다 우정을 더 높이 평가했고, 필연보다는 호의를 더 높이 쳤다. 그럼으로써 그는 한 사람의 소유를 그 자신만의 재산으로 만들었다. 한편 그는 모든 형태의 증여를 무제한 혹은 억제하지 않고 허용하지는 않았다. 질병 혹은 약물의 영향 아래 있거나 감금되어 있는 경우, 혹은 아내의 설득에 강요당하거나 양보한 경우에는 억제 혹은 제한했다. 그는 강요받아 잘못된 일을 하도록 설득되는 것과 속임수, 강요, 만족과 고통으로 설득되는 것을 같은 하나의 범주에 속한다고 아주 당연하게, 그리고 적절하게 생각했다. 그는 두 가지 모두 다 남성의 이성을 잘못된 길로 인도할 수 있다는 면에서 비슷하다고 믿었다."

그 결과 서로에게 약간의 선물을 줌으로써 그들이 소유한 다른 모든 것을 서로에게서 박탈하게 되기 때문이다.

8. 왜 로마인은 사위에게 혹은 장인에게 선물을 받는 것을 금지하는가?

장인이 사위에게 선물을 받지 못하게 하는 것은 그 선물이 아버지를 거쳐 결국에는 아내에게 가는 것으로 보이지 않게 하려고 해서일 것이다. 마찬가지로 사위가 장인에게 선물을 받지 못하게 하는 것도 선물을 주지 않는 자가 받지도 못하게 하는 것이 확실히 정당한 일이기 때문일 것이다.

9. 집에 아내가 있는 남자들이 시골이나 해외에 갔다가 돌아올 때, 아내에게 먼저 사람을 보내 자신이 곧 돌아온다고 알리는 이유는 무엇인가?

이는 아내가 타락하지 않는다고 자신하는 남자의 표식이고, 반면에 갑작스럽게 또 예기치 못하게 집에 돌아오는 것은 말하자면 책략과 불공정한 경계심의 표지라고 생각하기 때문일 것이다. 그리고 아내가 자신을 그리워하며 기다리고 있을 것이라는 점을 자신이 확신하고 있다고, 아내에 대한 자신의 신뢰를 보내주고 싶어서 그럴 것이다.

혹은, 남자들 스스로가 아내가 집에서 안전하게 있는지, 또 남편을 그리워하며 지내는지를 알고 싶어서, 아내의 소식을 들으려 해서 그랬을 것이다.

혹은, 남편이 없는 동안 아내가 집안에서 해야 할 의무나 일이 더 많아지고, 집안사람들과 불화나 다툼이 많아지기 때문일 것이다. 따라서 먼저 도착을 알려주면, 아내는 이런 문제들을 알아서 해결해놓고서 조용하고 기분 좋게 남편이 집에 오는 것을 환영해줄 수 있다.

10. 왜 로마인은 신을 경배할 때는 머리를 가리지만, 존경할 만한 동료 시민을 만날 때는 머리를 겉옷[15]이 우연히 가려도 다시 드러내놓는가?

두 번째 경우가 첫 번째 경우를 설명할 때의 어려움을 더 크게 하는 것 같다. 그러므로 디오메데스가 지나갈 때 얼굴을 가리고 희생제를 끝마쳤다는 아이네아스에 관해 전해지는 이야기[16]가 사실이라면,

---

15) 로마인이 주로 입는 겉옷이자 예복인 토가(*toga*)를 말한다. 4~6미터 정도의 길쭉한 반원형의 천이며 한쪽 어깨에 걸치고 몸을 감싼다. 짧은 반팔 원피스 형태의 투니카 위에 입는다. 일반적으로는 흰색이며, 주름잡는 법이나 걸치는 모양새, 매듭 등을 달리하여 멋을 냈다. 고위 행정관은 공무를 집행할 때, 가장자리에 자주색 단을 댄 토가 프라이텍스타(*toga praetexta*)를 입었다. 일반 성인 남성들이 입는 하얀 토가는 토가 위릴리스(*toga virilis*)라고 한다. 개선식 때 장군은 자주색으로 염색한 후에 금실로 자수를 놓은 화려한 토가 픽타(*toga picta*)를 입었다.

16) 이 부분에 관해서는 할리카르나소스의 디오니시오스가 『로마의 옛일들』(*Romaike Archaiologia*)의 제12권 16장 1~4절에서 자세히 서술하고 있다. "안키세스와 아프로디테의 아들 아이네아스가 이탈리아에 상륙하여 어떤 신에게 희생제를 지내려 했다고 한다. 그가 기도한 후에 의식을 위해 준비해두었던 짐승을 제물로 바치려 할 때, 멀리서 한 아카이아인(즉 그리스인)이 다가오는 것을 보았다. 그 아카이아인은 아웨르누스(Avernus) 호수에서 신탁을 상담하려 했던 오딧세우스이거나 다나오스와 동맹을 맺었던 디오메데스였다.

적이 있을 적에는 얼굴을 가리고 좋은 사람과 친구를 만날 적에는 〔얼굴을〕 드러내놓는 것은 그럴듯하고 조리 있는 설명이다. 사실 신들과 연관된 행동으로 이 관습이 적절하게 설명되는 것은 아니고 우연한 일이었다. 아이네아스 시절 이후로 이 관습은 준수되고 있다.

한마디 더하자면, 이와 관련해 조사해볼 필요가 있는 사안이 정말 하나뿐인지 생각해봐야 한다. 또 다른 관습이 여기에서 유래한다. 사람들은 자신보다 더 영향력 있는 이들 앞에서 머리를 드러내놓는다. 머리를 드러내는 것은 그런 사람들에게 더 경의를 표하는 것이 아니며, 오히려 신들이 그들을 질시하는 것을 피하게 해준다. 그런 사람들은 신과 같은 경의를 자신에게 표할 것을 요구하지 않는 듯하며, 신에게 바치는 것과 같은 정중한 태도를 기대하지도 않고 또 기뻐하지도 않는 듯하다. 로마 사람들은 머리를 가리거나, 기도할 때 어떤 나쁜 징조나 안 좋은 소리가 귀에 닿지 않게 하려고 토가를 귀까지 끌어올려 예방책을 취해 스스로 겸손한 태도를 취한다. 그들이 점을 치기 위해 제단 앞으로 나갈 때, 청동 솥을 두드려 소리를 내어 그 소리와 함께한다는 사실만 보아도 로마인이 이런 문제에 있어서는 부단히 경계한다는 점이 확실하다.

혹은, 카스토르(Castor)[17]가 로마의 관습들을 피타고라스학파의 교의와 연관시키려 할 때, 우리 안에 있는 영(靈)은 우리 밖에 있는

그 우연에 짜증이 났고 희생제를 올리려 하는 순간에 적을 보게 되는 나쁜 징조를 피하려 했던 아이네아스는 몸을 가리고 뒤로 돌아섰다. 제물들의 징조가 상당히 잘 나오자, 그는 그 우연에 기분이 좋아져서 사람들이 기도하려고 할 때는 같은 행동을 준수하도록 했다. 그의 후손들은 희생제를 지낼 때 관습적으로 준수하는 규정으로 이 행동을 계속했다."

17) 기원전 1세기 전반에 활약했던 로도스섬 출신의 그리스 문법학자이자 수사학자다. 로마인에게 불리는 별명이 필로로마이우스(Philoromaeus, 로마를 사랑하는 자)일 정도로 친로마적인 인물이었다.

신들에게 탄원하고 애원한다고 말했던 것처럼, 로마인은 머리를 가림으로써 몸으로 영혼을 가리고 감추는 것을 강조하려 했을 것이다.

11. 왜 로마인은 머리를 드러내놓고[18] 사투르누스에게 희생제를 올리는가?

아이네아스가 희생제를 지낼 때 머리를 가리는 관습을 만들었는데, 사투르누스에게 희생제를 올리는 것은 그때보다 예전 일이기 때문일 것이다.

혹은 로마인은 하늘의 신들 앞에서 머리를 가리지만 사투르누스는 지하를 관장하는 신이라고 간주했기 때문일 것이다. 혹은 진실은 가려지거나 감춰지지 않는 법인데, 로마인은 사투르누스를 진실의 아버지라고 간주했기 때문일 것이다.

12. 로마인은 왜 사투르누스를 진실의 아버지로 간주하는가?

어떤 철학자들처럼, 로마인은 사투르누스가 시간[19]이고, 시간은 진실을 드러낸다고 생각했기 때문일 것이다.[20] 혹은 [신화의] 시대가

---

18) "머리를 드러내놓고"는 라틴어로 "*capite velato*"다.
19) Chronos. 로마인은 그리스의 신인 크로노스를 자신들의 사투르누스 신과 동일시했다. 그리스인들은 크로노스 신이 거의 같은 발음의 시간과 같은 성질을 가졌다고 여겼다.
20) 플루타르코스는 「7현인의 저녁식사」 제9장에서도 비슷한 이야기를 전한다. "무엇이 가장 현명한가? 시간이네. 시간은 이미 존재했던 것은 다 발견해내고, 그렇지 않더라도 결국 다 밝혀낼 테니까"(플루타르코스, 윤진 옮김, 『모랄리

가장 공정한 시대였다면, 사투르누스의 신화의 시대가 진실에 가장 많은 지분을 가졌을 법하기 때문일 것이다.

13. 왜 로마인은 소위 '명예'의 신[21]에게도 머리를 드러내놓고 희생제를 올리는가? 명예를 명성이나 영광으로 번역하는 사람들도 있다.

명성은 훌륭하며, 눈에 띄고, 널리 알려진 것이어서, 바로 그 때문에 로마인은 훌륭하고 존중받는 사람들 앞에서 머리에 쓴 것을 벗는다. 마찬가지 이유로 '명예'라 불리는 신을 똑같이 경배하는 듯하다.

14. 부모님을 무덤으로 모시고 갈 때, 왜 아들은 머리를 가리고, 반면에 딸은 머리와 묶지 않은 머리칼을 드러내고 가는가?

아버지들은 남성 후손에게 신처럼 존경받아야 하지만, 딸에게는 고인으로 애도받아야 하기에, 그 관습에서는 성별에 따라 적절한 역할이 배정되어서 양자에게 맞는 결과가 나왔기 때문일 것이다.

혹은 애도란 비일상적인 일인데, 일상에서 앞에 나설 때는 여성이 공공연히 머리를 가리고, 남성이 머리를 드러내기 때문일 것이다. 그래서 그리스에서는 불행한 일이 생기면 여성은 머리칼을 자르고, 남

아 1』, 한길사, 2017, 484쪽).
21) 로마인은 '명예'라는 개념을 신격화한 신 호노스(Honos, 혹은 호노르 Honor)를 섬겼다. 호노스는 보통 월계관을 지닌 모습으로 묘사되었다.

성은 머리칼을 기르는데, 남성이 머리칼을 자르고 여성이 머리칼을 기르는 것이 일상적이기 때문이다.

혹은 앞서 거론한 이유로 아들이 머리를 가리는 것이 관습이 되었을 것이다.[22] 와로가 말한 것처럼, 그들은 무덤가를 빙 둘러 도는데, 그럼으로써 그들은 신들의 성역에서 바로 그렇게 하듯이 부모의 무덤에 존중을 보이기 때문이다. 그들은 부모를 화장할 때, 처음으로 뼛조각을 발견한 순간 고인이 신이 되셨노라고 선언한다.[23]

하지만 예전에는 여성들이 머리를 가리는 것이 전혀 허용되지 않았다.[24] 적어도 기록된 바로는 스푸리우스 카르윌리우스[25]가 아이를 낳지 못한다며 아내와 이혼한 첫 번째 사람이었다. 두 번째 사람인 술피키우스 갈루스[26]는 아내가 망토를 머리 끝까지 끌어올린 것을 보았다고 하여 이혼했다. 세 번째 사람인 푸블리우스 셈프로니우스[27]는 장례식에서 열린 기념 경기에서 아내가 관중들 앞에 모습을 드러냈다고 하여 이혼했다.[28]

---

[22] 신처럼 존경받아야 하기에, 사투르누스와 호노스를 제외한 일반적인 신에게 희생제를 올릴 때처럼 머리를 가린다는 의미다.

[23] 키케로, 『법률론』(De Legibus), 제2권 22장 참조.

[24] 플루타르코스, 『대비 열전』, 「리쿠르고스와 누마의 비교」 3장에서는 누마 시대에 로마 여성들은 몸을 드러내놓지 않는 정숙한 차림을 요구받았다고 기록한다.

[25] Spurius Carvilius. 같은 이름의 인물들이 로마사에는 여러 명 나온다. 알려진 이들 중 가장 첫 인물은 기원전 391년에 재무관을 지낸 스푸리우스 카르윌리우스다. 그는 대단히 깐깐한 사람으로 알려져 있다.

[26] 가이우스 술피키우스 갈루스(Gaius Sulpicius Gallus)는 기원전 169년에 법무관, 기원전 166년에 집정관을 역임했던, 로마의 정치가이자 장군이다.

[27] 푸블리우스 셈프로니우스 소푸스(Publius Sempronius Sophus)는 기원전 268년에 집정관을 지냈던 인물이다.

[28] 발레리우스 막시무스(Valerius Maximus), 『9권으로 구성된 로마의 기억할 만한 업적과 금언들』(Factum ac dictorum memorabilium libri IX) 제6권 3장 10절.

15. 왜 로마인은 테르미누스[29]를 신으로 보면서도 —로마인은 테르미날리아(Terminalia)를 개최하면서 경의를 표한다— 살아 있는 것을 희생 제물로 바치지 않았는가?[30]

로물루스는 자신이 통치하는 땅에 경계석을 세우지 않았다. 그래서 로마인은 스파르타인들이 "우리의 창이 미치는 곳까지"[31]라고 말했듯이, 앞으로 나아가서 땅을 점령하고 모든 땅을 자신들의 것이라고 여겼다. 반면에 공정한 사람이며 좋은 정치가이고, 철학을 표현하기도 했던 누마왕은 로마와 인근 도시들 사이의 경계를 표시했다. 그가 경계석들에 친선과 평화의 감독자이자 수호자인 테르미누스의 상

"가이우스 술피키우스 갈루스는 남편으로서의 자부심에 있어서도 마찬가지로 혹독할 정도로 근엄했다. 그는 아내가 머리를 가리지도 않고 공공연히 돌아다닌다는 이유로 이혼했다. 그는 사물을 보는 태도 역시 깐깐했지만, 이 점에는 상당히 논리적인 면이 있었다. 그의 말에 따르면, '당신이 존중받으려면, 법률이 허용한 대로 내 눈에만 당신의 아름다움을 보여주어야만 하오. 당신은 내 눈을 위해서만 화장품을 사야 하고, 동시에 내 눈을 위해서만 아름다워야 하오. 그러면 내 눈은 당신을 잘 알게 될 것이오. 당신이 내 눈앞이 아닌 다른 곳에서도 자신을 보여주며 다닌다면, 아무렇지도 않게 남자들을 자극할 것이고, 그러면 필연적으로 의심과 비난을 받게 될 것이오'. 및 12절. "이런 사람들에 덧붙여 푸블리우스 셈프로니우스 소푸스도 있다. 그는 자신에게 말을 하지 않고 아내가 여러 경기를 보러 다녔다고 하여, 별다른 짓을 하지 않았는데도 이혼하면서 창피를 주었다. 그 당시에 여성들은 이런 처우를 당했고, 그래서 여성들은 잘못된 행동들 근처에도 가지 않았다."

29) Terminus. 로마인은 테르미누스를 경계석(境界石)의 수호자인 신으로 받들었다. 경계석의 라틴어 이름이 테르미누스이기도 하다. 매년 2월 23일에는 테르미누스를 섬기는 테르미날리아라는 축제를 열기도 했다.
30) 플루타르코스의 후대에는 희생제를 올렸다.
31) 플루타르코스가 「스파르타인들의 어록」의 아게실라오스 대왕 어록 28번에서 서술한 말이다. "한번은 스파르타의 영역을 얼마나 확장할 것이냐는 질문을 받자 그(아게실라오스 대왕)는 창을 휘두르면서 '이 창이 닿는 만큼'이라고 답했다"(플루타르코스, 윤진 옮김, 『모랄리아 1』, 한길사, 2017, 243쪽).

을 공식적으로 새길 때, 그는 테르미누스가 피와 살육으로부터 정결과 순수를 지켜주리라 생각했을 것이기 때문이다.

16. 왜 마투타[32]의 성역에는 여성 노예들이 스스로 발을 들여놓는 것이 금지되는가? 또 왜 여성들이 단 한 명의 여성 노예만을 데리고 들어가서 머리를 찰싹 때리는가?

노예를 때리는 이 행위는 금지의 상징이며, 다른 여성 노예들이 그곳에 들어가는 것을 전설 때문에 막으려고 하는 행위일 것이다. 왜냐하면 이노[33]는 남편이 소유하고 있는 한 여성 노예에게 미친 듯한 질투심을 품었고, 그 광기를 아들에게 돌렸다. 그리스인에 따르면, 그

---

[32] Matuta. 로마의 토착 여신으로서 시간이 지나며 새벽의 여신 아우로라(Aurora)와 동일시되었다. 그리스의 새벽의 여신인 에오스와 같은 여신으로 여겨지기도 했다. 플루타르코스 시대까지는 로마에서 레우코테아 여신과 같은 여신으로 여겨졌을 가능성도 있고, 여러 항구에 그녀의 신전이 있다는 점, 신상의 표현에서 그녀가 아이를 안고 있다는 점 등 때문에 플루타르코스가 잘못 알고 있었을 가능성도 있다.

[33] Ino. 테바이의 공주이며, 보이오티아의 왕비였다. 그녀는 아타마스(Athamas) 왕의 두 번째 왕비였고, 전 왕비의 소생들을 구박했다고 한다. 그녀는 제우스의 아들 디오니소스를 낳은 세멜레(Semele)의 작은언니로서, 조카인 디오니소스를 양육해 헤라 여신의 분노를 산다. 헤라는 아타마스를 광기에 휩싸이게 만들었고, 그는 아들인 레아르코스(Learchos, 혹은 레아르케스 Learches)를 죽이고 나서 남은 아들을 데리고 도망치는 이노를 추적한다. 그녀는 남은 아들 멜리케르테스(Melikerthes)를 안고 바다에 뛰어들었다. 후에 이 모자는 모두 신이 되어 숭배되었다. 이노는 레우코테아(Leukothea, 하얀 여신)가 되었고, 멜리케르테스는 바다의 소신(小神)인 팔라이몬(Palaimon)이 되었다. 다른 전설에 따르면, 이노 역시 광기에 물들어 아들 멜리케르테스를 큰 솥에 삶아 죽였고, 후에 죽은 아들과 함께 바다에 뛰어들었다. 여기서는 후자의 전설을 따르고 있는 듯하다.

노예는 아이톨리아(Aetolia) 출신이고, 이름은 안티페라(Antiphera)였다. 그리하여 필자의 고향 도시인 카이로네이아에서도 레우코테아(Leukothea) 신전 영역 앞에 있는 신전 수호자는 손에 채찍을 들고서 이렇게 소리 지른다. "어떤 노예도 들어올 수 없다. 어떤 아이톨리아인도 들어올 수 없다. 남자건, 여자건!"

17. 왜 로마인들은 이 여신의 성역에서 자신의 자식에게 축복을 내려달라고 빌지 않고, 그저 누이의 자식을 위해서만 비는가?

이는 아마도 이노가 누이동생을 예뻐하고 동생의 자식 역시 젖을 먹여 키웠지만, 자기 자식에게는 스스로 불행한 일을 저질렀기 때문일 것이다. 혹은 이런 이유와는 아주 별개로 이 관습이 도덕적으로 아주 우월하고 친척 사이에서 더 많은 선의를 유발하기 때문일 수도 있다.

18. 왜 부자 중 많은 이가 헤르쿨레스(Hercules)에게 재산의 1/10을 바치는 관습이 있었는가?[34]

이는 헤르쿨레스 역시 마찬가지로 로마에 있던 게리온의 가축 중

---

34) 플루타르코스, 『대비 열전』, 「술라전」 35장에는 "술라는 자신의 재산 1/10을 헤르쿨레스에게 바치면서 민중을 위해 호화로운 잔치를 베풀었다"라는 기록이 있다. 「크라수스전」 2장에서도 크라수스가 헤르쿨레스에게 재산의 1/10을 바쳤다고 전한다.

1/10을 희생 제물로 바쳤기 때문일 것이다. 혹은 로마인이 에트루리아인에게 십일조를 바쳤던 것을 헤르쿨레스가 해방했기 때문일 것이다.

혹은 이러한 이야기들에는 믿을 만한 가치가 있는 역사적 근거가 없고, 로마인들이 만족을 모르는 먹보이자 대단한 대식가에게 하는 것처럼, 헤르쿨레스에게 아낌없이 그리고 풍성하게 제물을 바치고 싶어 하기 때문일 것이다.

혹은 동료 시민들이 싫어하기 때문에 그들의 넘치는 재화를 덜어 내는 것일 수도 있다. 정점에 다다른 강인한 신체의 활력을 좀 덜어 내는 것처럼,[35] 그들은 재화 일부를 없앰으로써 지나친 풍성함을 써 버리고 덜어내는 행위를 하여 헤르쿨레스에게 특별한 경의를 표하고 또 그를 기쁘게 한다고 생각했을 수도 있다. 헤르쿨레스는 살면서 소박하고 자족적이었으며 사치와는 거리가 멀었기 때문이다.

19. 왜 로마인은 이아누아리우스(Ianuarius, 1월)를 새해의 시작으로 채택했는가?

사실, 서로 다른 여러 증거에서 명백하게 알 수 있듯이 아주 예전에는 마르티우스(Martius, 3월)가 이아누아리우스보다 먼저 헤아려졌다. 바로 그 사실 때문에 마르티우스로부터 다섯 번째의 달은 퀸틸리스,[36] 여섯 번째 달은 섹스틸리스(Sextilis)로 불렸고, 그런 식으로 계

---

35) 플루타르코스, 『모랄리아』, 「식탁 담화」 제4편 5장에서 의사 히포크라테스 (Hippokrates)의 말을 인용하면서 극성에 달한 신체 상태는 오히려 불안정하다고 한다.
36) Quintilis. 로마력 5월, 지금의 7월을 말한다.

속 헤아려 가서 로마인이 마지막 달을 데켐베르(December)라고 불렀다. 마르티우스에서 순서대로 열 번째이기 때문이다.[37] 그러므로 고대 로마인들은 한 해를 열두 달이 아니라 열 달로 마무리하고, 그중 몇 개의 달에 30일보다 더 많은 날을 추가했다고 일부 사람들이 믿고 또 주장하는 것도 당연한 일이었다. 다른 사람들은 데켐베르가 마르티우스로부터 열 번째 달이고, 이아누아리우스는 열한 번째이며 페브루아리우스[38]가 열두 번째 달이라고 말한다. 로마인은 페브루아리우스에 정화 의식을 거행하고 고인들에게 제물을 바치는데, 이달이 한 해의 마지막이기 때문이다. 하지만 이러한 달들의 순서가 바뀌었다. 로마인에 따르면, 이아누아리우스의 새로운 달〔月〕이 뜨는 날—이아누아리우스의 칼렌다이[39]라고 불리는 날—에 왕을 추방한 후의 첫 번째 집정관들이 업무를 시작했기에 이아누아리우스를 첫 번째 달로 만들었다는 것이다.

그러나 로물루스는 전사이자 전투를 좋아했으며, 마르스 신의 아들이라고 여겨졌기에 마르스의 이름을 딴 달을 한 해의 첫 번째에 놓았다고 주장하는 사람들을 좀더 신뢰할 수 있다. 하지만 다음 왕인 누마는 평화를 사랑했고, 로마라는 도시를 농업 쪽으로 발전시키고 전쟁에서 멀어지게 하고 싶어 했다. 그래서 그는 이아누아리우스를 더 앞세웠고, 야누스 신에게 크나큰 경의를 표했다. 야누스는 정치적 수완이 있으며, 전사라기보다는 농부였기 때문이다. 그렇지만 누마가 한 해의 시작을 우리가 자연스럽게 시작점이라고 생각하는 개념에 어울리도록 잡은 것은 아닌지 생각할 필요가 있다. 일반적으로 말해서, 시간의 순환에는 마지막이나 처음이 있는 것이 자연스럽지 않

---

[37] 라틴어 기수에서 5는 *quinque*, 6은 *sex*, 10은 *decem*이다.
[38] Februarius. 지금의 February(2월)을 말한다.
[39] *calendae*. 매달의 첫 번째 날을 말한다.

은 것은 분명하다. 그러므로 어떤 사람들은 이 시간의 흐름의 시작점을 이렇게 잡고, 다른 사람들은 저렇게 잡는 것은 관습일 따름이다. 하지만 태양이 나아가기를 멈추고 방향을 돌려 우리를 향해 진로를 되돌리는 시간인 동지 이후에 시작점을 잡은 이들은 잘한 것이다. 한 해를 이렇게 시작하는 것은 어떤 점에서 사람들에게 자연스러운 것인데, 이때부터 우리가 받아들이는 빛의 양이 늘어가고 어둠의 양은 줄어들어서, 바로 그 점 때문에 우리는 모든 변화하는 것의 주인이자 지도자에 가까워지게 되기 때문이다.

20. 왜 여성들은 집 안에 보나 데아[40]라고 부르는 여성들을 위한 여신[41]의 사당을 만들어 집을 장식하는가? 또 왜 그녀들이 식물을 기르고 꽃피우는 일에 모든 열성을 다했음에도 도금양나무는 집 안에 들이지 않는가?

신화학자들에 따르면, 이 여신은 미래를 보는 파우누스의 부인이었다. 그녀는 남편 몰래 포도주에 취했는데, 들켜서 남편에게 도금양나무 막대기로 두들겨 맞았다고 한다. 아마도 그 때문에 여성들이 집

---

40) Bona Dea. '좋은 여신'이라고 번역되는 보나 데아는 로마 여성들의 정숙함과 다산을 관장하고, 국가와 시민들의 치유와 보호를 담당한다. 사료에 의하면, 공화정 전반기의 어느 때인가 이탈리아 남부에 있던 그리스 식민시에서 숭배 의식이 수입되었다고 한다. 보나 데아를 섬기는 의식은 로마의 아웬티누스 언덕에서 국가 주도로 치러졌다.
41) 마크로비우스(Macrobius), 『사투르날리아』(*Saturnalia*), 제1권 12장 21~28절에서 보나 데아에 대해 자세히 설명한다. 특히 22절에서는 "이 여신은 우리의 삶을 유지하게 해주는 모든 좋은 것의 원천이기에 '좋은'이라고 불린다"라고 설명한다.

안에 도금양나무를 들이지 않고, 그 여신에게 포도주를 헌주할 때에 포도주를 우유라고 부르는 것 같다.

혹은 그녀들이 성사(聖事)를 올리면서 여러 가지 일들—특히 방사(房事)—을 삼가며 순결하게 있기 때문일 것이다. 그녀들은 그 여신을 섬기는 관습적인 의식을 치를 때마다, 남편뿐만 아니라 수컷은 모두 집 밖으로 내몬다. 그런데 도금양은 웨누스 여신의 성물(聖物)이기 때문에[42] 종교적으로 이 나무를 배제하는 것이다. 지금 사람들이 '도금양의 웨누스'(Venus Murcia)라고 부르는 웨누스 여신은 예전에는 미르티아(Myrtia)로 불렸다.

21. 왜 라틴인[43]은 딱따구리를 귀하게 여겨 모든 이가 그 새를 먹는 것을 엄금하는가?

라틴인이 전하는 이야기에 따르면, 피쿠스[44]는 부인의 마술 물약 때문에 딱따구리로 변신했고, 그 새의 형태로 문의하러 온 사람들에게 신탁과 예언을 해주었기 때문일 것이다.

그 이야기는 완전히 믿을 수 없고 터무니없는 이야기이지만, 좀더 믿을 만한 다른 이야기도 있다. 로물루스와 레무스가 버려졌을 때, 암늑대가 젖을 먹여주었을 뿐 아니라, 어떤 딱따구리가 그 아이들에게 계속 찾아와서 먹을 것을 물어다 주었다고 하는데, 아마 이 이야

---

42) 웨누스는 성과 황홀경의 여신이기 때문이다.
43) 라틴인은 이탈리아 중부 지역에 살던 사람들로 로마인도 라틴어를 사용하는 라틴인 중 하나였다.
44) Picus. 로마 신화에서 피쿠스는 라티움 지역의 첫 번째 왕으로서 사투르누스의 아들이다. 스테르쿠투스(Stercutus)라고도 알려졌다.

기 때문일 것이다. 심지어 오늘날까지도 딱따구리가 목격되는 산기슭의 작은 언덕이나 깊은 숲에서는 늑대를 찾아볼 수 있는데, 니기디우스[45]도 그렇게 기록한다.

혹은 다른 새들이 다른 신들에게 그렇듯이, 라틴인들이 이 새를 마르스 신의 성수(聖獸)로 간주했기 때문일 수도 있다. 이 새는 씩씩하고 활발하여, 강한 부리로 나무 심지까지 다다를 만큼 쪼아대어 떡갈나무를 넘어뜨릴 정도이기 때문이다.

22. 왜 로마인은 야누스 신이 두 개의 얼굴을 가진다고 생각하여 회화나 조각에서 그 신을 그렇게 표현하는가?

이는 로마인이 말하듯이 야누스가 원래 페라이비아[46] 태생의 그리스인이며, 이탈리아로 건너가 이민족들 사이에 정착했을 때, 말과 습관을 모두 바꾸었기 때문일 것이다. 혹은 야누스가 예전에는 야생식물이나 이용하고 법도 없이 관습에나 따라 살던 이달리아 사람들을 설득하여, 토지를 경작하고 조직된 통치 체계 아래에서 살도록 삶의 방식과 형태를 바꾸어주었기 때문일 것이다.[47]

---

45) 기원전 98년경에 태어나 기원전 45년까지 살았던 학자이자 정치가인 푸블리우스 니기디우스 피굴루스(Publius Nigidius Figulus)를 말한다.
46) Perraibia. 고대 그리스 테살리아 지역의 최북단 지역명이다.
47) 플루타르코스, 『대비 열전』, 「누마전」 19장 6절. "1월을 상징하는 야누스가 반신(半神)인지 왕이었는지 분명하지는 않지만, 그는 시민과 사회 질서를 지키는 보호자이고 야수처럼 야만적이던 사람들의 삶을 구해준 신으로 알려졌다. 그래서 그는 두 개의 얼굴을 가지고 있다. 이는 사람들의 삶을 야만에서 문명으로 바꾸어주었음을 의미하는 것이다."

23. 왜 로마인은 자신들이 웨누스와 동일시하는 리비티나[48]의 경내에서 장례용품을 파는가?

이 역시 누마가 이성적으로 고안해낸 것 중 하나로서, 로마인이 그런 용품들에 반감을 느끼거나 불결하다 하여 피하지 않아야 한다는 점을 배우도록 한 것이다.

혹은 한 여신이 탄생과 죽음을 모두 관장하므로 태어난 것은 무엇이든 죽을 수밖에 없다는 점을 떠올리게 한 것이다. 델포이의 아폴론 성역에는 무덤 위의 아프로디테(Aprodite Epitymbia)라는 작은 조각상이 있는데, 사람들은 거기에 헌주하기 위해 앞으로 나와서 망자를 떠올린다.

24. 왜 로마인은 한 달 동안에 세 개의 시작점 혹은 정해진 시점을 두며, 그 시점들 사이에 같은 시차를 두지 않는가?

유바와 그의 추종자들이 말하듯이, 매달의 첫 번째 날인 칼렌다이(calendae)에는 행정관들이 사람들을 불러 모아, 칼렌다이에서 다섯 번째 날을 노네스(nones)로, 축일을 이데스(ides)로 선포하곤 했기 때문일 것이다.

혹은 로마인이 달의 위상(位相)에 따라 시간을 쟀기 때문일 수도 있다. 로마인은 매달 달은 세 차례의 큰 변화를 겪는다고 보았다. 첫째로, 달이 태양과 만나면 가려진다. 둘째로, 달이 태양의 광선을 벗어나

---

48) Libitina. 리벤티나(Libentina) 혹은 루벤티나(Lubentina)라고도 한다. 장례와 매장을 관장하는 로마 여신이다. 웨누스 여신과 관계 있다고 알려지기도 했고, 때로는 웨누스 여신의 이명(異名)으로 사용되기도 했다.

면[49] 해 질 녘에 달이 처음 보이기 시작한다. 셋째로, 만월이 되면 달은 완벽하게 둥글게 보인다. 로마인은 달이 사라지고 숨는 것을 칼렌다이로 불렀다. 그들은 숨겨지거나 비밀스러운 모든 것을 클람(*clam*)이라고 하고, '숨겨지는 행위'를 켈라리(*celari*)[50]라고 하기 때문이다. 그들은 달이 처음 나타나는 것을 노네스라고 부르는데, '새로운 달〔月〕'(*novilunium*)이라는 의미이므로 매우 적절하다. 로마의 언어로 '새로운'이라고 부르는 것은 우리말[51]과 마찬가지로 쓰인다. 로마인이 말하는 이데스라는 이름은 만월의 아름다움과 '형상'[52] 때문이거나 유피테르신을 부르는 칭호, 즉 디오스(Dios)에서 유래했을 것이다. 하지만 우리는 일수에 대해 가장 정확한 계산을 철저히 추구해서도, 대략적인 계산을 비방해서도 안 된다. 심지어 천문학이 많이 발전한 지금도 달의 움직임의 불규칙성은 여전히 수학자들이 가진 기술의 범위를 넘어서 있고, 그들의 계산을 계속 벗어나기 때문이다.[53]

25. 왜 로마인은 칼렌다이와 노네스, 혹은 이데스의 다음 날이 집을 떠나거나 여행 가는 데 적절하지 않은 날이라고 치는가?

이는 대부분의 저술가들이 생각하고, 역사가 리위우스가 기록하고

---

49) 낮에는 햇빛으로 인해 달이 안 보이는 것을 말한다.
50) 이 부분은 주석가들이 교정하여 제시한 것을 따랐다.
51) 그리스어를 말한다.
52) *eidos*. 그리스어 에이도스는 '형상', '정수', '종류' 등의 의미다.
53) 플루타르코스, 『대비 열전』, 「아리스티데스전」 19장 7절. "천문학이 발전한 지금도 달력의 초하루와 그믐을 정하는 방법이 민족마다 다르기 때문이다."

있듯이, 지금은 율리우스[54]라고 부르는 퀸틸리스의 이데스 다음 날, 로마군의 천부장들이 군을 이끌고 나갔고, 알리아강 가의 전투에서 갈리아인들에게 패하여 로마시까지 함락되었기 때문일 것이다. 이데스 다음 날이 나쁜 징조의 날이라고 간주되자, 통상 그렇듯이 미신에 따라 관습이 확장되어 노네스와 칼렌다이 다음 날도 같은 걱정 때문에 안 좋은 날에 포함되었을 것이다.

혹은 여기에 불합리한 많은 억측이 포함되어 있기 때문일 것이다. 그들이 실제 전투에서 패한 날은 다른 날, 즉 로마인이 그 강에서 이름을 가져와 '알리아강의 날'(*dies Alliensis*)이라고 부르며 속죄해야 하는 무서운 날이다.[55] 로마인이 나쁜 징조의 날이라고 부르는 것들이 많지만, 그것들은 어떤 사건이 있었던 달마다 기념하는 것이지, 매달 같은 이름을 주면서[56] 지키는 것은 아니다. 따라서 그저 노네스나 칼렌다이 바로 다음 날 모두에 따라붙는 미신은 거의 믿을 수가 없다.

다음의 유추에 대해 고려해보라. 로마인은 한 해의 첫 번째 달을 올림포스의 신들에게 헌정했듯이, 두 번째 달을 하계(下界)의 신들에게 바친다. 이 시기에 그들은 고인을 위해 일정한 정화 의식을 치르고 희생물을 바친다. 그래서 필자가 앞서 말했듯이,[57] 그달의 날 중에서 3일 동안도 축일이자 성스러운 날로 만들었다. 말하자면 이날들

---

54) Iulius. 영어로는 7월(July)이다.
55) 플루타르코스, 『대비 열전』, 「카밀루스전」 19장에서 플루타르코스는 그리스와 페르시아인, 그리고 로마인이 흉일(凶日)이라고 치는 날들을 거명한다. 8절에서는 "로마인은 알리아강에서 전투가 있었던 날을 가장 운이 없는 날로 생각하며, 그 영향이 커지면서 매해 매달 그날에 이어지는 이틀을 흉일로 여겼다. 재난이 다가오고 그 때문에 두려움과 미신이 더 심해졌기 때문이다".
56) 칼렌다이, 이데스, 노네스 같은 이름을 말한다.
57) 이 책, 「로마에 관한 의문들」 23장의 내용을 말한다.

은 중요하고 대단한 날인 것이다. 하지만 그들은 영령과 고인에게 바쳐진 날의 바로 다음 날은 나쁜 징조의 날로 간주하고 거래에 적합한 날이 아니라고 생각한다. 사실 그리스인들은 새로운 달이 뜨는 날에 신들을 경배한다. 당연히 그다음 날은 영웅과 영령을 위해 할당[58]하고, 남성과 여성 영웅들에게 경의를 표하기 위해 혼주기에서 두 번째로 포도주를 섞는다.[59]

일반적으로 말해서, 시간이란 일종의 수다. 수의 시작은 신성한데, 그것은 단일성을 갖기 때문이다.[60] 하지만 바로 그다음은 2이고, 이는 시작이 되는 수에 대립한다. 그러면서 짝수의 첫 번째 수이기도 하다. 홀수가 명확하고 완결적이며 완벽한 것처럼, 짝수는 불완전하고 완결적이지 않으며 명확하지 않다.[61] 그래서 마찬가지 방식으로 칼렌다이 다음에 오는 노네스는 5일이란 시간 간격을 갖고, 노네스 다음에 오는 이데스는 9일의 시간 간격을 갖는다. 홀수는 시작을 규정하지만, 시작 다음에 나오는 짝수는 뛰어난 점도 영향력도 없다. 따라서 로마인은 이런 날에 거래를 시작하거나 여행을 떠나지 않는다.

혹은 테미스토클레스의 다음과 같은 이야기에도 어떤 근거가 있기 때문일 것이다. 테미스토클레스의 말에 따르면, 한 번은 '축제 다음

---

[58] 그리스인들은 남성 영웅들과 여성 영웅들이 사후에 '축복받은 섬'(makaron nesoi)이나 하데스(Hades)에서 지낸다고 믿었다.
[59] 그리스인은 물을 섞지 않은 포도주를 마시는 것을 방탕하게 여겼고, 그래서 큰 혼주기를 만들어 포도주를 부은 다음 물을 섞었다.
[60] 수의 시작이란 1이고, 거의 모든 문화권에서 1은 만물의 시작이 되는 상징으로 여겨 특별한 의미를 부여했다. 즉 '신성한 하나'다.
[61] 아리스토텔레스, 『형이상학』 제1권 5장에 따르면, 수는 만물의 기원, 즉 본질이며, 만물의 감정이자 상태다. 홀수는 남성이고, 짝수는 여성이다. 짝수는 대립이라는 성질을 가지고 있기에 불완전하다고 보았다. 그리고 1을 제외한 첫 번째 홀수인 3은 처음과 중간, 끝을 모두 가진 완벽한 수라고 생각했다.

날'이 다음과 같은 근거로 '축제 당일'에게 말싸움을 걸었다고 한다. '축제 당일'은 노동과 수고를 많이 해야 하는데, 자신[62]은 축제를 위한 모든 것이 준비되어 있으므로 조용히 느긋함을 즐길 기회가 있다는 것이다. 여기에 대해 '축제 당일'은, "네 말이 확실히 옳다. 하지만 내가 그러지 않았다면, 너는 그럴 수 없었을 것이다"라고 대꾸했다. 테미스토클레스가 자신의 뒤를 이은 아테나이 장군들에게 말했다는 이 이야기는 테미스토클레스 자신이 그 도시를 구원하지 않았다면, 그들도 있을 자리가 없다는 것을 보여주기 위해 한 것이다.

따라서 모든 여행이나 중요한 거래는 예비 및 준비가 필요하다. 아주 예전부터 로마인은 축제를 지내는 동안은 어떤 것도 준비하거나 계획을 세우지 않았다. 그들은 그저 신을 모시는 일에만 전력을 다했고, 그 일에만 몰두했다. 마치 어떤 날까지 신관들이 축제를 벌인다는 그런 포고가 먼저 이루어지도록 하고, 희생제를 올리기 위해 자신들이 해야 할 일을 하는 것처럼 말이다. 따라서 그들이 축제일 직후에 여행을 떠나거나, 거래를 체결하지 않는 것은 매우 당연하다. 준비되지 않았기 때문이다. 하지만 그날, 즉 축제일 직후부터는 항상 집에 머물면서 계획하고 준비한다.

혹은 오늘날 기도와 봉헌물을 올렸던 사람들이 신전에 잠시간 체재하거나 앉아 있기를 원하고, 축일들 바로 다음 날들은 바쁜 일이 없게 하여 그동안 잠시 멈춰 쉴 시간을 가지고 싶어 하는 것과 마찬가지일 것이다. 거래에는 좋아하지도 않고 바라지도 않는 일들이 동반되기 때문이다.

---

[62] '축제 다음 날'을 뜻한다.

26. 왜 여성은 죽음을 애통해할 때, 하얀색의 겉옷과 머리까지 가리는 옷을 입는가?

조로아스터교의 사제들[63]이 하데스[64]와 어둠의 힘에 맞서 밝은 빛처럼 자신들을 꾸미기 위해 〔흰옷을〕 차려입는다고들 하는 것처럼, 여성들도 그렇게 차려입었을 것이다.

혹은 고인의 시신은 흰색의 천으로 감싸므로 친척들도 같은 색의 옷을 입는 것이 적절하다고 생각했을 수도 있다. 그들은 영혼을 그렇게 꾸밀 수 없으므로, 몸을 그렇게 꾸민다. 영혼은 이제 모든 종류의 싸움을 잘 치러내고 해방되었으므로, 그 영혼을 밝고 순결하게 보내주고 싶어 하기 때문이다.

혹은 그런 상황에서 단순, 소박함이 가장 어울리기 때문일 것이다. 염색한 옷에 대해 어떤 이는 사치를, 어떤 이는 허식을 떠올린다. 자주색에 대비한 검은색에 대해서 생각해보아도 마찬가지로 말할 것이기 때문이다. 즉, "이것들은 사람을 속이는 의복이요, 사람을 속이는 색채다."[65] 원래 검은색 양털은 기술로가 아니라 자연적으로 염색된

---

63) 원문에서 표현하는 단어인 마고이(*magoi*)는 '조로아스터교의 사제들'이라는 의미의 그리스어다. 조로아스터교는 기원전 7세기경(그 이전의 인물이라는 설도 있다)의 예언자인 조로아스터(자라투스트라)가 정립한 페르시아의 이원론적 종교다. 현재까지 신자들을 갖고 있다. 빛과 밝음을 상징하는 신 아후라 마즈다(Ahura Mazda)를 섬기므로 마즈다 신앙 혹은 마즈다교(Mazdayasna)라고 번역하는 편이 더 적절하다(아후라 마즈다는 직역하면 '현명하신 주님'이다). 여기서는 편수 용어인 조로아스터교로 옮겼다.
64) 조로아스터교에서 어둠을 상징하는 신인 앙그라 마이뉴(Angra Mainyu, 나중에는 아리만Ahriman으로 변한다)를 말하는 것이다.
65) 헤로도토스, 『역사』 제3권 22장 1절에는 "민족과 의상이 모두 겉 다르고 속 다르게 속이는 것으로 가득 차 있다"라며 페르시아의 왕 캄비세스가 에티오피아 사절단에게 말하는 장면이 있다.

것이다. 하지만 이것이 짙은 색과 어우러지면, 그 색으로 변한다.[66] 흰색[67]은 순수하고 섞이지 않으며, 염색으로 오염되지 않은 것이다. 이는 가짜로 만들 수도 없다. 이는 장례 때에 고인을 위해 가장 적절하다. 왜냐하면 고인은 육신에서 풀려나게 되면, 단일하고 섞이지 않으며, 순수한 무언가가 되기 때문이다. 참으로 육신은 염색으로 만들어지는 얼룩에 비할 수 있다. 소크라테스[68]가 말하듯이, 아르고스에서 애통해하는 사람들은 물에 빤 흰색 옷을 입는다.

27. 로마인은 도시의 성벽 모두를 불가침의 신성한 것으로 간주하지만, 왜 성문은 그렇게 생각하지 않는가?

와로가 썼듯이, 사람들은 성벽의 방어에 힘입어 열정적으로 싸우고, 죽으므로 성벽은 신성하다고 간주해야 하기 때문일 것이다. 로물루스의 아우인 레무스가 불가침의 신성한 장소인 성벽을 뛰어넘어서, 이를 넘을 수 있게 또 신성모독적으로 만들려 했다는 이유로 로물루스가 동생을 죽였던 것도 비슷한 상황인 듯하다.

하지만 성문을 신성시하는 것은 불가능하다. 사람들은 성문을 통해 여러 가지 혐오할 만한 것과 시신들도 옮겨 나가기 때문이다. 그리하여 원래의 도시 창건자들은 황소 한 마리와 암소 한 마리에 멍에를 씌우고, 그들이 건설하려고 하는 땅 전체에 쟁기로 표시를 해둔

---

66) 검은 양털은 자주색 등 짙은 색으로 염색 가능하다는 의미일 것이다.
67) 혹은 흰 양털이나 흰 천을 말한다.
68) Sokrates. 활동 연도는 알려지지 않았지만 아르고스 출신의 역사가다. 『아르고스 묘사』(*Periegesis Argous*)라는 책을 썼다.

다.[69] 그들이 예정된 성벽의 길을 따라 쟁기질로 선을 그어둘 때, 성문 예정 장소에 가면 긋는 것을 멈추고 쟁기날을 들어 올려서 쟁기질을 건너뛰게 한다. 그들은 쟁기질이 된 곳 모두를 성스럽고 불가침의 지역으로 계속 유지해야 한다고 믿었기 때문이다.

28. 로마인은 자식들에게 헤르쿨레스에 대고 맹세할 때면 왜 집 안에서 하지 말고, 탁 트인 곳으로 나가서 하라고 할까?

누군가가 말하듯이, 그들은 헤르쿨레스가 집 안에 머무는 것을 즐기지 않고 야외에서 지내며 별을 보며 잠드는 것을 기뻐한다고 믿기 때문일 것이다.

혹은 더 정확히 말하면 헤르쿨레스가 고유의 신이 아니라 먼 곳에서 온 외래의 신이기 때문일 것이다. 그들은 바쿠스에 대고 맹세할 때도 집 안에서 하지 않는데, 바쿠스 역시 니사[70]에서 온 것이 맞다면 외래의 신이기 때문이다.

혹은 그 말은 그저 자식들에게 농담으로 한 것이고, 실제로는 파워

---

69) 와로, 『라틴어에 대하여』 제5권 143장에서는 라티움 지역의 도시 창건자들은 에트루리아인의 의례에 따라 한 쌍의 소에 쟁기를 매어 도시 외곽선에 쟁기질을 해둔다고 말한다. 또 플루타르코스, 『대비 열전』, 「로물루스전」 11장 2절에는 "그 뒤 로물루스는 이곳을 중심으로 도시의 둘레를 그렸다. 그는 사람들이 청동으로 만든 쟁기날을 멍에에 메우고 암소 한 마리와 황소 한 마리에 매어 그 고랑을 따라 땅을 팠고, 사람들이 그 뒤를 따라가면서 쟁기날로 파헤친 흙을 도시로 정해진 경계 안쪽으로 던지게 했다"라고 되어 있다.
70) Nysa. 그리스 신화에서 니사는 산맥 지대로서 비의 요정 히아데스(Hyades)가 아기인 디오니소스(로마 신화의 바쿠스)를 길렀다고 하는 곳이다. 에티오피아, 리비아, 보이오티아, 트라키아, 인디아, 아라비아 등이 니사와 관련되어 거명된다.

리누스[71]가 말하듯이, 너무 급하게 또 경솔하게 맹세하는 것을 억제하려는 의도일 것이다. 준비한 끝에 행동하면, 천천히 하게 되고 또 숙고하게 될 테니까 말이다. 하지만 이런 관행이 흔하지는 않고 헤르쿨레스에 대해서만 그런 것이라는 사실을 강조하면서 파워리누스에게 반론을 펼치는 이도 있을 수 있다. 헤르쿨레스에 관한 전설을 보면 알 것인데, 그는 맹세에 관한 한, 아주 신중하여 오로지 한 번, 아우게아스(Augeas)의 아들인 필레우스[72]에 대해서만 맹세했다고 기록되어 있기 때문이다. 그리하여 피티아 여사제들 또한 여러 맹세를 하던 스파르타인들에게, "그 맹세들을 지키기만 한다면 더 좋은 일이고 매우 바람직할 텐데요"라며 불만스럽게 말했다고 한다.[73]

29. 왜 로마인은 새색시가 집의 문지방을 혼자 건너가게 하지 않고, 도와주는 이들이 그녀를 들어 올려 넘어가게 하는가?[74]

---

71) Favorinus. 서기 80년경에 태어나 160년경에 죽었다. 오늘날 프랑스의 아를(Arles) — 당시 로마의 속주인 갈리아의 한 지역이다 — 에서 태어났다. 아카데미아학파의 회의주의 철학자이자 수사학자로서 플루타르코스가 30년 이상 연상이긴 하지만, 서로 친분이 있었다.
72) Phyleus. 엘리스(Elis)의 왕이었던 아우게아스의 맏아들로서 헤라클레스의 다섯 번째 과업과 관련이 있는 인물이다.
73) 플루타르코스, 『모랄리아 1』(윤진 옮김, 한길사, 2017), 「스파르타인들의 어록」, 리산드로스 항목 4번. "또 다른 이들은 그가 밀레토스에서 맺었던 맹약을 어겼다고 비난했다. 그러자 그는 '아이들을 속일 때는 공기놀이에 쓰는 공깃돌이면 되지만, 어른에게는 맹약이 쓰이지요'라고 답변했다."
74) 플루타르코스, 『대비 열전』, 「로물루스전」 15장 5절. "현재까지도 새색시가 시댁에 들어갈 때는 문지방을 넘지 않고 신랑이 안고 들어가는 관행이 전해져 내려온다. 이는 사비네 여성들이 자기 뜻으로 결혼한 것이 아니라, 강제로 끌려왔음을 의미하는 것이다."

로마인들이 첫 번째 새색시들을 강제로 데리고 와서 같은 방법으로 집에 들여놓았고 끌려온 여성들도 자기 스스로 남편의 집에 들어가려 하지 않았기 때문일 것이다.

혹은 여성들이 자신의 처녀성을 잃게 될 거처에 자신이 원해서가 아니라 억지로 들어가는 것처럼 보이고 싶어 하는 것 때문일 수도 있다.

혹은 여성이 강제로 남편의 집에 들어가는 것과 마찬가지로, 강제가 아니면 자기 집을 버리고 스스로 들어갈 리가 없다는 상징일 것이다. 이와 마찬가지로 우리나라의 보이오티아 지역에서도 남편의 집 문 앞에서 신부가 타고 온 마차의 굴대를 불태워버린다. 이는 그녀가 떠나갈 수단이 망가졌으므로 새색시가 그대로 머물러 있어야만 한다는 의미다.

30. 왜 로마인은 새색시를 집으로 인도하면서, "그대가 가이우스(Gaius)인 곳에서 저는 가이아(Gaia)예요"라고 말하게 하는가?

새색시가 정해진 조건, 즉 가사에 관한 모든 일을 즉각 함께 나누고 같이 처리한다는 조건 아래에서 집에 들어가므로, 그 의미는 "그대가 가장이자 주인인 곳에서, 저는 아내이자 여주인이에요"일 것이다. 그런 식의 이름들은 다른 관계에서도 종종 사용한다. 예를 들어 법학자들은 가이우스 세이우스(Gaius Seius)와 루키우스 티티우스(Lucius Titius)를 가명으로 사용하고, 철학자들은 디온(Dion)과 테온(Theon)을 쓴다.[75]

---

75) 영미권에서 특정하지 않은 이를 거명해야 할 때, 존 도(John Doe)라는 가명을 쓰는 것과 마찬가지다.

혹은 로마인이 타르퀴니우스의 아들 중 한 명의 배우자인, 곱고도 정숙한 여성이었던 가이아 카이킬리아[76] 때문에 이런 이름들을 사용할 수도 있다. 그녀의 청동 조각상은 상크투스(Sanctus)[77] 신전에 세워져 있다. 아주 예전에 그녀의 샌들과 물렛가락이 각각 그녀의 가족애와 근면의 상징으로 그 신전에 봉납되었다.

31. 왜 결혼 예식을 치르는 동안 유명한 '탈라수스'[78]의 이름을 읊조리는가?

그 이름이 탈라시아(*talasia*, 실잣기)에서 나왔기 때문일 것이다. 로마인은 양털로 짠 바구니를 탈라수스(*talasus*)라고 부른다. 로마인은 새색시를 결혼식이 열리는 곳으로 인도해갈 때, 그녀의 발아래 양털을 깔아둔다. 새색시는 실톳대와 물렛가락을 가지고 가며, 남편의 방문에 모직물을 걸어둔다.

혹은 역사가들이 말하는 것이 옳을지도 모른다. 역사가들에 따르

---

76) 가이아 카이킬리아(Gaia Caecilia)는 로마의 제5대 왕인 타르퀴니우스 프리스쿠스(Tarquinius Priscus)의 부인이었다. 정숙한 여성인 그녀는 예언의 능력이 있었다고 전해지며, 남편을 로마의 왕으로 만드는 데 일조했다고 한다. 전승에 따르면, 그녀는 로마에 도착했을 때 타나퀼(Tanaquil)이라는 에트루리아식 이름을 가이아 카이킬리아로 바꾸었다고 한다.
77) 바버(Barber)와 버틀러(Butler) 같은 주석가들은 상쿠스(Sancus)를 잘못 표기했을 것이라고 보고 있다. 상쿠스는 로마의 신으로서 신의, 정직, 맹세 등을 관장했다.
78) Talasus. 탈라시우스(Talasius), 탈라시오(Talassio)라고도 한다. 로마 신화에서 결혼의 신이다. 그리스 신화에서 탈라수스와 대응하는 신은 히멘(Hymen) 혹은 히메나이오스(Hymenaios)다. 로마에서 결혼식 내내 사람들은 탈라수스의 이름을 부른다.

면, 예전에 전장에서 눈부신 전공을 세웠고 다른 면에서도 뛰어난 젊은이가 있었는데, 그의 이름이 탈라시우스였다. 로마인이 경기를 보러 온 사비네족의 딸들을 납치[79]했을 때, 탈라시우스의 평민 추종자들 일부가 미모가 특출난 어떤 처녀를 납치했다. 그들은 자신들의 계획을 완수하고, 다른 이들이 다가와서 그들에게서 그 처녀를 빼앗아가는 일을 방지하고자, 그녀는 탈라시우스의 아내가 되기 위해 옮겨지는 중이라고 계속 소리쳤다.[80] 모든 이가 탈라시우스를 존경했기에 사람들은 그 뒤를 따라가며 함께 결혼 생활의 행복을 빌고 환호했다. 그리하여 탈라시우스의 결혼이 행복하게 치러졌으므로, 그리스인들이 히멘(Hymen)의 이름을 부르는 것처럼, 로마인이 다른 결혼에서도 탈라시우스를 부르는 일이 관행이 되었다.

32. 왜 로마인은 마이우스 달[81]의 만월 시기[82]에 나무로 만든 다리[83] 위에서 강에다 남성의 인형 — 그 인형을 아르고스인이라고 부르면서 — 을 던지는가?

아주 예전에 이 지역에 살았던 야만인들이 포로로 잡았던 그리스

---

79) 플루타르코스, 『대비 열전』, 「로물루스전」 14장에서는 로물루스가 로마를 건국하고 넉 달째에 땅에 파묻힌 어떤 신의 제단을 발견했고, 그 신을 기리기 위해 제전을 열고 운동 경기를 개최한다고 소문을 낸 다음, 구경하러 온 인근 사비네족 여성들을 납치했다는 이야기를 전한다.
80) 플루타르코스, 『대비 열전』, 「로물루스전」 15장 1절의 내용이기도 하다.
81) Maius. 고대 로마력으로는 세 번째 달이다.
82) 할리카르나소스의 디오니시오스, 『로마의 고대(古代)』(*Antiquitates Romanae*), 제1권 38장 3절에는 15일이 되는 날, 즉 이데스의 날이라고 밝히고 있다.
83) 고대 로마 외곽의 티베르강에 있던 폰스 수블리키우스를 말한다. 이름 자체가 나무로 만든 다리라는 의미다.

인을 이렇게 강에 빠뜨려 죽이곤 했기 때문일 것이다. 하지만 그들이 매우 존경했던 헤르쿨레스가 낯선 이를 살해하는 것에 종지부를 찍게 하고, 그들의 미신적인 관행을 본떠서 인형을 강에 던지도록 가르쳤다. 예전 사람들은 그리스인을 모두 아르고스인이라고 부르곤 했다. 그것이 아니라면, 아르카디아인이 바로 인근에 살았기에 아르고스인을 원수로 간주했고, 에완데르[84]와 부하들이 그리스에서 도망쳐서 로마에 정착했을 때, 그들은 해묵은 원한과 적대감을 계속 유지했기 때문일 것이다.

33. 왜 로마인은 아주 예전에 아들이 비록 미성년자였어도, 아들을 대동하지 않고서는 밖에서 식사하는 법이 없었는가?

리쿠르고스는 소년이 야만적이거나 무질서한 방법이 아니라 감독자이자 관찰자인 어른 앞에서 공동식사[85]를 하면서 신중하게 자신의 쾌락을 스스로 다스리는 법에 익숙해지게 하려고 이 관습도 도입

---

[84] Evander. 로마 신화에서 에완데르 — 그리스어 이름인 에우안드로스(Euandros)에서 로마식으로 변한 이름이다 — 는 그리스 아르카디아 지역 출신으로서 그리스의 판테온과 법률, 알파벳을 이탈리아에 전해준 인물이다. 그는 훗날 로마의 팔라티누스 언덕이 되는 곳에 도시를 창건했다고 전해진다. 그 창건 시기는 트로이아 전쟁이 일어나기 60년 전이었다고 한다. 그는 사후에 신으로 추앙되었고, 아웬티누스 언덕에 그를 위한 제단이 건설되었다.

[85] 그리스어로는 시시티아(*syssitia*)라고 한다. 스파르타에서는 15명이 정원인 공동식사 모임이 있었고, 시민들은 가정이 아니라 여기서 모여 식사를 했다. 분량은 푸짐했으나 사치스러운 음식은 금했다. 이 모임은 군대의 편제로도 사용되어 서로 매우 익숙했기에, 스파르타인들은 전투 중에 대열이 무너져도 곧바로 대오를 바로잡았다고 한다.

했던 것이다. 그에 못지않게 중요한 사실은 아버지들도 아들이 있는 자리라서 더 점잖고 신중하게 있었다는 점이다. 플라톤이 말했듯이, "노인들이 부끄러움을 모르는 곳에서 젊은이들도 염치를 모두 잃어버리게 마련이다".[86]

34. 왜 다른 로마인은 페브루아리우스 달에 고인을 위해 헌주하고 희생물을 바치는데, 키케로가 기록[87]했던 것처럼 데키무스 브루투스[88]는 데켐베르 달에 그런 일을 했던가? 이 사람은 바로 루시타니아[89]에 진격해 들어갔으며, 그리도 먼 곳들에 찾아갔던 첫 번째 로마인으로서 군대를 이끌고 레테강[90]을 건넜던 브루투스다.

사람들 대부분은 하루를 마무리하며, 또 매달 말에 고인에게 희생제물을 올리는 것에 익숙해져 있었기에, 한 해가 마무리되는 마지막 달에 고인에게 경의를 표하는 것 역시 이치에 맞다고 생각할 것이다.

---

86) 플라톤, 『법률』 729C 참조.
87) 키케로, 『법률론』 제2권 21장 54절 참조.
88) 데키무스 유니우스 브루투스 칼라이쿠스(Decimus Iunius Brutus Callaicus)는 기원전 180년경에 태어나 기원전 113년에 사망한 고대 로마의 정치가이자 장군이다. 그는 히스파니아와 일리리아에서 전투를 치렀던 인물이다.
89) Lusitania. 고대 로마의 속주 이름이며, 오늘날의 포르투갈 및 스페인 서부 일부를 합한 곳이다.
90) Lethe. 고대 그리스인들이 생각한 저승의 입구를 흐르는 강이지만, 일부 고대 로마인은 오늘날 포르투갈 북부와 스페인 서부를 흐르는 강인 리마(Lima)강이 전설상의 레테강이라고 생각했다. 데키무스 유니우스 브루투스가 군대를 이끌고 기원전 136년에 건넜다.

그리고 데켐베르는 한 해의 마지막 달이다.[91]

혹은 그런 경의의 표시는 지하의 신들에게 귀속하는 것이기에, 모든 곡식이 사멸에 이르는 지점에 이르는 때가 그 신들에게 경의를 표하기에 적절한 시기이기 때문일 것이다.

혹은 파종기의 시작에 사람들이 땅을 갈 때가 지하에 묻힌 사람들을 기억하기에 가장 적절하기 때문일 것이다.

혹은 로마인이 이 달을 사투르누스에게 헌정했는데, 그들은 사투르누스가 천상의 신이 아니라 지하의 신이라고 간주했기 때문일 것이다.

혹은 이때 로마 최대의 축제인 사투르날리아가 거행되었기 때문일 것이다.[92] 그리고 이 축제에는 가장 다양한 사회적 모임들과 오락거리들이 포함되어 있기로 유명하기에 브루투스는 소위 이 축제에서의 첫 수확물 역시 고인에게 바치는 것이 적절하다고 간주했기 때문일 것이다.

혹은 브루투스만이 이달에 고인에게 희생제를 올렸다는 그 말이 완전히 잘못된 말일 수도 있다. 왜냐하면 로마인이 데켐베르 달에 라렌티아[93]에게 제물을 바치고, 그녀의 무덤에 헌주하기 때문이다.

---

91) 페브루아리우스 달은 로마 달력이 바뀌기 전에 마지막 달이었다. 일반인들은 예전 관습에 따라 여전히 페브루아리우스 달에 제의를 지내지만, 브루투스는 한 해의 마지막에 중점을 두어 바뀐 마지막 달인 데켐베르 달에 제의를 지냈다는 의미다.
92) 율리우스력으로 12월(그러므로 데켐베르 달) 17일에서 23일까지 열렸다.
93) 아카 라렌티아(Acca Larentia)는 전설 속의 여인으로서, 후에는 풍요의 여신으로 추앙되었다. 그녀를 섬기는 축제인 라렌탈리아(Laretalia)는 12월 23일에 열렸다. 로마의 전승에서 그녀는 로마의 건국자인 로물루스와 레무스 형제를 구조했던 양치기 파우스툴루스(Faustulus)의 부인이었다. 로마의 또 다른 전승에 의하면, 라렌티아는 안쿠스 마르키우스(Ancus Marcius)가 통치하던 시기에 고급 창부로 유명한 아름다운 여성이었다. 그녀는 헤르쿨레스 신전의

35. 그리고 왜 로마인은 한때 고급 창부였던 라렌티아에게 그렇게 경의를 표하는가?

로물루스에게 젖을 먹여 키워주었던 또 다른 라렌티아—아카라는 이름이었다—가 있었는데, 로마인은 아프릴리스(Aprilis) 달에 그녀에게 경의를 표한다. 한편 로마인은 고급 창부였던 라렌티아의 별명이 파불라[94]라고 말한다. 그녀는 다음과 같은 이유로 유명해졌다. 헤르쿨레스 신전의 어떤 지킴이가 있었는데, 그는 오락을 꽤 즐겼던 사람이었던 것 같다. 그는 습관적으로 대부분의 시간을 서양 장기와 주사위 놀이를 하는 데 쓰곤 했다. 어느 날은 우연히도 같이 놀면서 오락을 함께 할 사람이 아무도 없었다. 지루해진 그는 헤르쿨레스에게 다음과 같은 조건을 내걸고 주사위 던지기를 하자고 도전했다. 즉, 그가 이긴다면 신에게서 일정한 보상을 얻는다. 하지만 그가 진다면 자기 비용으로 신에게 만찬을 대접하고, 같이 밤을 보낼 미모의 소녀를 진상하기로 했다. 그래서 그는 주사위를 꺼내와서 한 번은 자기 몫으로 주사위를 던지고, 또 한 번은 신의 몫으로 던졌는데, 그가 졌다. 그 결과, 그는 자신의 도전 조건에 따라 신을 위한 호사스러운 식사를 준비했고, 공개적으로 고급 창부 노릇을 하던 라렌티아를 데려왔다.

한 지킴이의 주사위 시합 결과의 대가로 헤르쿨레스에게 바쳐졌다고 한다. 헤르쿨레스가 더 이상 그녀를 필요로 하지 않게 되자, 그녀에게 아침에 나가 처음 만난 남자와 결혼하라고 했다. 그 결과 만난 남자는 부유한 에트루리아인 카루티우스(Carutius) 혹은 타루티우스Tarrutius)였다. 후에 라렌티아는 모든 재산을 로마인에게 유언으로 증여했다. 안쿠스는 그 일에 대한 보답으로 그녀를 웰라브룸(Velabrum) 묘역에 안치되도록 하고, 라렌탈리아라고 부르는 축제를 창설했다. 플루타르코스는 두 명의 라렌티아를 구분해서 서술한다.

[94] Fabula. 파불라는 연극, 이야기, 우화라는 의미다.

그는 그녀에게 식사를 대접한 다음, 신전에 있는 침상으로 데려갔다. 그리고 그녀와 헤어져 문을 잠갔다. 이야기에 따르면, 신이 밤에 전혀 인간의 방식이 아닌 방법으로 그녀를 방문했고, 내일 아침에 광장에 나가 만나게 되는 첫 번째 남자에게 특별한 관심을 표하고 친해지라고 명했다. 따라서 라렌티아는 기상한 후에 밖에 나가 부유한 한 남자를 만났다. 그는 아직 미혼이었으며, 상당히 나이가 든 인물로서 이름은 타루티우스(Tarrutius)였다. 그녀는 이 남자와 친해지게 되었고, 그가 살아 있는 동안 그의 가정에서 여주인 노릇을 했다. 그가 사망하자, 그녀는 그의 재산을 물려받았다. 그후 그녀 자신이 죽을 때, 그녀는 재산을 국가에 유증했다. 그 이유 때문에 그녀는 그런 경의를 받았다.

36. 왜 로마인은 '운명의 여신의 방'이라고 불리는 장소 옆에 있는 성문을 페네스트라(*fenestra*, 창문)라고 부르는가?

인간 중 가장 운이 좋았던 세르위우스왕은 운명의 여신과 친밀하게 교류했던 것으로 유명했는데, 그 여신이 창문을 통해 그를 방문했기 때문일 것이다.

혹은 이는 그저 이야기일 뿐이고, 진짜 이유는 다음과 같았을 것이다. 타르퀴니우스 프리스쿠스왕이 사망했을 때, 현명하고 왕비에 어울리는 품위를 지닌 왕비인 타나퀼이 창밖으로 머리를 내밀고 시민들에게 세르위우스를 왕으로 삼자고 연설했다. 그에 따라 그 장소에 이런 이름에 붙여졌을 것이다.

37. 왜 신들에게 바쳐진 공물 중에서 전리품만은 시간이 흘러 허물어지도록 하고, 그전에는 옮기거나 수리하는 것이 허용되지 않는가?

예전 기억들이 잊혀지면서 명성이 함께 사라진다고 사람들이 믿게 하려고, 또 용맹을 새롭게 상기시켜 주는 물건들을 계속 찾도록 하려고 그랬을 것이다.

혹은 시간이 지나며 적과의 분쟁에 대한 기억들이 희미해져가기 때문에, 그 기억을 복원하거나 새롭게 하는 것은 좋지 않으며 부당하기 때문일 것이다. 그리스인 중에서도 처음으로 돌이나 청동으로 전승기념물을 만들었던 이들이 아직 그 명성을 유지하고 있지는 않다.

38. 퀸투스 메텔루스[95]는 정치가로서만이 아니라 다른 모든 문제에 있어서 훌륭한 판단력을 지녔다고 명성이 자자했다. 왜 그는 대제사장(*pontifex maximus*)이 되었을 때, 지금은 아우구스투스 달(Augustus, 8월)이라고 불리는 섹스틸리스 달 이후에 조점을 치지 못하게 했는가?

우리는 그런 일을 한낮이나 새벽에 혹은 달이 차오르는 월초에 행하고, 달이나 해가 기울어지는 날이나 시간은 점복 행사에 맞지 않는

---

95) Quintus Caecilius Metellus Pius. 기원전 128년경에 태어나 기원전 63년에 사망한 로마의 정치가이자 장군이다(카이킬리우스 씨족의 메텔루스 가문은 힘이 있고 저명한 가문이었기 때문에 약칭하여 퀸투스 메텔루스라고 부르는 이들이 여럿 있다). 그는 로마의 제1차 내전 시기에 술라 편에 섰던 인물이다. 기원전 81년에 대제사장이 되었으며, 그다음 해에는 집정관을 역임했다.

다고 피한다. 바로 그런 것처럼 메텔루스는 한 해의 첫 여덟 달이 지난 때는, 말하자면 기울어지고 이지러지는 때라서 한 해 중 저녁이나 늦은 오후나 마찬가지라고 간주했기 때문일 것이다.

혹은 우리가 새들을 관찰하려면 새들이 가장 활기차고, 완벽하게 건강할 때 해야 하기 때문일 것이다. 새들은 한여름 이전에 그런 상태다. 하지만 가을이 되어가면서 새 중 일부는 무력하고 병약해진다. 그외의 다른 새들은 둥지를 못 떠나는 어린 것들이어서 다 자라지도 않았다. 나머지 새들은 계절 때문에 이동해서 완전히 사라져버린다.

39. 왜 로마인은 비정규적으로 병적에 올라간 이들[96]을 그저 병영에 대기하게 하고, 적에게 투척 무기를 던지거나 직접 싸우게 하지 않았는가?

연로(年老) 카토[97]는 아들에게 보내는 한 편지에서 이 사실을 명확하게 기술한다. 이 편지에서 그는 청년이 복무를 마치고 의무에서 풀려나면 귀가하도록 지시하며, 전장에 더 오래 남아 있어야 한다면 장군에게서 적과 싸우거나 죽여도 좋다는 허가를 받아야 한다고 썼다.

순수하게 필요할 때만 인간을 살해해도 된다는 허가를 해줄 수 있을 것이고, 불법적이거나 구두 명령이 없으면 그가 살인자가 되기 때

---

96) 병사로 전장에 온 것이 아니라, 예를 들어 노역을 하기 위해 오게 된 사람을 말한다.
97) Marcus Porcius Cato. 기원전 234년에 태어나 기원전 149년에 죽었다. '감찰관 카토'(Cato Censorius)라고도 불리며, 로마의 원로원 의원이자 역사가다. 라틴어로 역사를 쓴 최초의 로마인이기도 하다. 정직하고 소박하며 전통에 충실해 외래 문물, 특히 헬레니즘 문물에 반감을 강하게 드러냈다.

문일 것이다. 이런 이유로 키로스 역시 크리산타스[98]를 칭찬했다. 크리산타스는 적을 죽이려고 치기 위해 무기를 들었던 순간에 귀환하라는 소리가 들리자, 이제 그런 행위가 금지되었다고 믿으면서 적을 치지 않고 보내주었기 때문이다.

혹은 적과 격투하거나 싸우는 이는 책임을 벗어날 수 없고, 계속 상처 하나 입지 않고 있으면 겁쟁이 노릇을 하는 것이기 때문일 것이다. 그런 이는 적을 치거나 상처입히기보다는 도망치거나 퇴각함으로써 해를 끼친다. 따라서 복무를 마친 이는 전시 규정에서 벗어난다. 하지만 남아서 병사의 책무를 행하겠다고 청한 이는 다시 스스로가 규정과 장군의 명령에 대해 책무를 다해야 한다.

40. 유피테르의 고위 사제인 플라멘 디알리스(*flamen dialis*)는 왜 실외에서 옷을 벗고 운동하기 위해 몸에 기름을 바르는 것이 허용되지 않는가?[99]

아들들이 아버지가 보는 앞에서 옷을 벗는 것이 적절하거나 단정하지 않으며, 사위가 장인 앞에서 그러는 것도 마찬가지인데, 아주 예전에는 그들이 함께 목욕하지 않는 것이 일상적이었기 때문이다. 유피테르 신께서는 우리의 아버지이시고, 옥외의 모든 장소는 어떤 의미에서는 특히 그분의 시야에 있는 것이라고 생각해야 한다.

---

98) Chrysantas. 크세노폰(Xenophon)의 『키로스의 교육』(*Kyropaideia*)에서 여러 번 언급되는 페르시아의 귀족이자 장군이다. 크세노폰은 그가 체구는 작지만, 용맹하고 매우 현명한 인물이라고 묘사한다.
99) 유피테르의 최고 사제는 여러 가지 특권을 갖는 대신, 여러 가지 금기를 지켜야 했다.

혹은 성역이나 신전에서 벌거벗는 것은 성스러운 의식에 반하는 행위인 것처럼, 사제는 실외나 하늘이 보이는 장소에서도 마찬가지로 조심스러워야 하는데, 그런 장소들은 신들과 영들이 가득 찬 곳이기 때문일 것이다. 그리하여 우리 역시도 필요한 여러 행위를 신적인 힘을 가진 존재들에게 가려지고 감추어진 장소 지붕 아래, 즉 집에서 행한다.

혹은 사제가 법으로 규정해놓은 법은 모든 사람에게 적용되지만, 몇 가지는 사제에게만 적용되기 때문일 것이다. 이와 마찬가지로 우리 지역[100]에서도 아르콘이 지켜야 할 특별한 직무가 몇 가지 있다. 즉 화관을 착용하는 것, 수염을 길게 기르는 것, 몸에 무기를 지니지 않는 것, 포키스[101] 경계 내에 발을 들여 놓지 않는 것이다. 한편, 아르콘은 마찬가지로 실질적으로 모든 이에게 추분(秋分) 이전에는 과일을 맛보지 말고, 혹은 춘분(春分) 이전에는 포도나무의 가지를 치지 말라는 금지 사항을 공포한다. 춘분과 추분이 각각 그런 일을 하기에 적절한 시기이기 때문이다.

마찬가지로 로마의 사제 역시 말을 타지 말라거나, 세 밤 이상은 도시를 떠나지 말라거나,[102] 플라멘이라는 이름이 유래인 모자[103]를 옆에 내려놓지 말라는 등 확실히 특별한 의무 조항들을 지켜야 한다. 하지만 사제는 다른 여러 규정을 모두에게 알렸다. 그중 하나는 실외에서 몸에 기름을 바르는 행위를 금하는 것이다. 로마인은 기름을 발

---

100) 플루타르코스의 고향인 보이오티아 지역을 말한다.
101) Phokis. 그리스 중부의 지역명이다.
102) 리위우스, 『도시 창건 이래의 역사』 제5권 52장 13절에서는 "단 하룻밤이라도"라고 서술한다.
103) 플루타르코스, 『대비 열전』, 「누마전」 7장 5절. "이 시기 이전까지 로마인은 사제들을 플라미네스(*flamines*, 플라멘의 복수)라고 불렀는데, 이는 그들이 머리에 쓰는 모자인 필로이(*piloi*)에서 나온 말이다."

라 천으로 몸을 문지르는 것을 미심쩍게 생각하곤 했기 때문이다. 심지어 오늘날에도 로마인은 그리스인이 예속 상태가 되고 유약한 것에 대해 가장 큰 책임이 있는 것으로 그리스의 체력단련장과 레슬링 학교를 꼽는다. 이 장소들로 인해 그리스 도시들에 상당한 게으름과 무기력함, 시간 낭비가 생겨났을 뿐 아니라 소년애[104] 및 청년의 육체적 타락이 야기되었다고 믿기 때문이다. 즉, 청년들이 이로 인해 정규적 수면, 산책, 율동적 움직임, 엄격한 식단을 지키지 못해 육체적으로 약해진다는 것이다. 이런 운동 때문에 청년들이 무의식중에 무기술 훈련을 게을리하게 되고, 빼어난 병사와 기병보다는 한계가 명확한 그저 재빠르기만 한 운동선수와 풍채 좋은 레슬링 선수〔가 되는 것〕에 만족하기 때문이다. 어쨌거나 사람이 실외에서 옷을 벗게 되면 이런 결말에서 벗어나기 어려운 법이다. 하지만 자기 집에서 몸에 기름을 바르고 육체 단련을 하는 사람은 규정을 위반하는 것이 아니다.

41. 왜 로마의 오래된 동전의 한쪽에는 야누스와 닮은 누 얼굴이 압인(押印)되어 있고, 다른 쪽에는 배의 고물이나 이물이 압인되어 있었는가?

많은 이가 확언하듯이, 배를 타고 이탈리아로 건너왔던 사투르누

---

[104] *paiderastia*. 말 그대로 소년에 대한 사랑으로, 현대의 남성 동성애와는 다른 면이 있다. 주로 20대의 남성들이 10대 중후반의 남성에게 구애하고, 연인 관계가 되는 것을 의미한다. 소년은 '사랑받는 자'(*eromenos*), 청년은 '사랑하는 자'(*erastes*)라고 하며, 집안끼리도 용인해주는 관계다. 소년이 나이가 들면 그들의 성적 관계는 청산되고, 일종의 의형제 비슷한 관계로 남게 된다. 성적 관계만이 아니라 교육적 관계도 되며, 가문끼리의 동맹 관계를 맺는 데도 기여한다.

스에게 경의를 표하기 위해서였을 것이다.

혹은 야누스, 에완데르, 아이네아스 같은 이들 모두가 바다를 항해한 끝에 이탈리아에 상륙했다고 말해지기에, 사람들이 다음과 같이 추측하는 것 같다. 즉 어떤 일들은 국가에 크게 도움이 되고, 어떤 일들은 필요하다. 도움이 되는 일 중에서는 좋은 체제가, 필요한 일 중에서는 유통의 편의가 으뜸이다. 이처럼 야누스는 로마인의 삶을 개화시켜서 질서 잡힌 체제를 개화시켜주었고, 또 바다와 육지 양쪽에서 운행이 가능하고 운송도 할 수 있는 강은 로마인에게 풍부한 필수품들을 제공해주었다. 그에 따라, 화폐를 주조할 때는 앞서 말했듯이 입법자가 가져다준 변화 때문에 그의 양면의 얼굴을 상징으로 삼고, 또 강의 상징으로 배를 압인하는 것이다.[105]

또 로마인은 다른 동전에서 황소, 숫양, 수퇘지[106]를 압인하여 쓰기도 한다. 이는 주로 가축의 번영을 이끌어냈기 때문이고, 가축을 가지고 거래하여 부를 일궈냈기 때문이기도 하다. 이 때문에 페네스텔라[107]가 언급했듯이, 여러 오래된 씨족(혹은 가문)명이 수엘리우스 씨족,[108] 부불쿠스 가문,[109] 포르키우스 씨족[110]이 되었다.[111]

---

105) 이 책, 「로마에 관한 의문들」 22장의 내용을 말한다.
106) 고대 로마 초기의 동전에 수퇘지가 압인된 것은 발견된 바 없다. 아주 드물게 주조되었는데 현재까지 발견되지 않았을 수도 있고, 플루타르코스가 착각했을 수도 있다. 착각했을 경우, 수퇘지, 숫양, 황소를 희생 제물로 바치는 희생제인 수오웨타우릴리아(*suovetaurilia*)에 대한 것과 혼동했을 가능성이 있다.
107) Fenestella. 기원전 52년경에 태어나 서기 19년경에 사망한 로마의 역사가이자 박학한 저술가다.
108) Suellius. 로마의 평민 씨족명 중 하나다.
109) Bubulcus. 가장 오래되고 저명한 로마 씨족의 하나인 유니우스(Iunius) 씨족에 속하는 가문명 중 하나다.
110) Porcius. 로마의 평민 씨족명 중 하나다.
111) 라틴어로 *sus*는 양, *bubulcus*는 소몰이꾼이며, *porcus*는 돼지다.

42. 로마인은 왜 사투르누스 신전을 국고로, 또 계약 서류 보관 장소로 사용하는가?

이는 전통에 따른 것인데, 사투르누스가 왕이었을 때, 사람들이 탐욕스럽지도 않고, 불의도 저지르지 않았으며 신의를 지키고 정의로웠다고 믿고 있었기 때문일 것이다.

혹은 그 신이 곡물의 발견자이자 농경의 개척자였기 때문일 것이다. 사투르누스의 낫이 의미하는 바가 이것이고, 헤시오도스[112]에 이어 안티마코스[113]가 읊었던 다음과 같은 내용은 아니다.

> 아크몬[114]의 후손이 여기 손에 들고 있는 낫은
> 아버지 우라노스[115]를 불구로 만들었던
> 크로노스의 조야한 형태에 따라 만들어진 것이로다.

---

112) Hesiodos. 기원전 750~650년 사이에 활동했다고 알려진 고대 그리스의 서사시인이다. 호메로스보다 조금 젊다고 알려졌다. 『신통기』(*Theogonia*), 『노동과 나날』(*Erga kai Hemerai*) 등이 대표작이다.
113) Antimachos. 기원전 8세기 중반의 서사시인인 테오스(Teos)의 안티마코스일 것이다. 고대 저술가들은 종종 그와 기원전 400년경의 시인인 콜로폰의 안티마코스를 착각하기도 했다.
114) Akmon. 닥틸로이(Daktyloi)라고 부르는 그리스 신화상의 고대 종족 중 하나다.
115) Uranos. 헤시오도스의 『신통기』에 따르면, 우라노스는 그리스 신화에서 태초의 신 중 하나로서 하늘을 상징하고, 대지인 가이아의 아들이자 남편이었다. 우라노스는 가이아와의 사이에서 18명의 자식을 낳는데, 그중 12명은 거신족인 티탄(Titan)이고, 세 명은 키클롭스(Kyklops)이며, 다른 세 명은 헤카톤케이레스(Hekatoncheires, 100개의 손을 가진 자들)였다. 우라노스는 자식들을 미워하여 가이아의 몸속 어딘가에 자식들을 숨겼고, 가이아는 화가 났다. 그는 자신의 뜻에 동조하는 막내 티탄인 크로노스에게 아다마스(*adamas*, 깨지지 않는) 낫을 만들어주었다. 둘은 함께 우라노스를 거세하고 그의 고환을 바다에 던졌다.

풍성한 수확과 그 처분으로 인해 현재의 화폐 제도가 만들어졌다. 그리하여 로마인은 행운의 원인이 된 신을 역시 지킴이로 삼은 것이다. 이를 보완하기 위한 증언은 다음과 같은 사실에서 찾을 수 있을 것이다. 8일마다 열리며 눈디나이[116)라고 불리는 시장은 사투르누스가 가호한다고 간주된다. 사고 파는 행위를 시작한 것은 잉여 수확물이 있었기 때문이다.

혹은 고대 역사에서 유래한 것일 수도 있다. 왈레리우스 푸블리콜라[117)가 왕들을 타도했을 때 처음으로 사투르누스의 신전을 공용 금고로 만들었는데, 그는 그 장소가 잘 방호된 데다가 눈에 확 띄는 곳에 있어서 몰래 공격하기 어렵다고 믿었기 때문이었다.

43. 왜 로마로 오는 사절들은 어떤 나라에서 오건 간에 사투르누스의 신전으로 가서 국고 담당 재무관에게 등록하는가?

사투르누스가 외래인이었고, 그에 따라서 외래인과 같이 있는 것을 즐거워하기 때문일 것이다. 아니면 이 문제의 해결책을 역사에서 찾아볼 수도 있다. 로마 초기에 국고 담당관들[118)이 사절들에게 라우티아(*lautia*)라고 불리는 선물을 보내곤 했으며, 사절들이 아프면 그

---

116) *nundinae*. '9번째 날들'이라는 의미다.
117) 푸블리우스 왈레리우스 포플리콜라(Publius Valerius Poplicola), 통칭 푸블리콜라(Publicola)로 불린다. 왕정을 무너뜨린 로마 귀족 중 한 명이며, 기원전 509년에 브루투스와 함께 집정관을 지냈다. 여기서 드는 예에 관해서는 플루타르코스, 『대비 열전』, 「푸블리콜라전」 23장을 참조.
118) 아마도 쿠아이스토레스 아이라리이(*quaestores aerarii*, 국고 담당 재무관들)를 말하는 것으로 보인다.

들이 돌보아주고, 죽는다면 공금으로 매장해주었기 때문일 것이다. 하지만 지금은 도착하는 사절의 수가 너무 많기에 이렇게 비용이 많이 드는 관행이 더는 이어지지 않는다. 그러나 재무관들과 처음 만나는 것은 등록이라는 외양을 하고 아직 남아 있다.

44. 왜 유피테르의 고위 사제인 플라멘 디알리스는 맹세를 하지 않으려 하는가?

맹세란 자유인이라는 것을 증명하는 일종의 시험이고, 사제의 육체나 영혼이 다른 이에게 예속되지 않아야 하기 때문일 것이다.

혹은 가장 중요하고 성스러운 일들을 위임한 이를 사소한 문제들로 믿지 않는다는 것은 이치에 맞지 않는다는 점 때문일 것이다.

혹은 모든 맹세에는 위증에 대한 저주가 딸려 있는데, 저주란 불길하고 암담하기 때문일 것이다. 사제가 다른 사람에게 저주를 걸어서는 안 되는 것도 이 때문이다. 어쨌거나 아테나이의 여사제는 알키비아데스에게 저주를 걸라는 민회의 결정이 시민 전반의 동의를 얻었음에도 내키지 않아 했다.[119] 그녀는 "나는 기도하는 사제이지, 저주하는 사제가 되지는 않았다"라고 천명했다.

혹은 불경하고 위증을 범하는 이가 국가를 위해 기도와 희생제를 진행한다면, 위증의 위험이 사사로운 것이 아닌 공공의 위험이 되기 때문일 것이다.

---

119) 플루타르코스, 『대비 열전』, 「알키비아데스전」 22장 4절에는 "그의 이름이 모든 사제와 여사제들에 의해 공개적으로 저주받을 것을 결의한다"라는 내용이 있다.

45. 왜 로마인은 웨네랄리아 축제[120]에서 웨누스 신전으로부터 엄청난 양의 포도주를 흘려 보내는가?

대부분의 전거에서 단언하듯이, 에트루리아인의 장군인 메젠티우스[121]가 아이네아스에게 사람을 보내 그해의 포도주 생산분을 받는 조건으로 평화조약을 맺는 것을 제의했던 일이 사실일 것이다. 아이네아스가 그 제안을 거부하자, 메젠티우스는 자신이 전투에서 이기게 되면 그 포도주를 주겠노라고 에트루리아인 부하들에게 약속했다. 아이네아스는 그 약속을 알았고, 신들에게 그 포도주를 봉헌하기로 했다. 그는 승리한 후에 생산된 모든 포도주를 모아 웨누스 신전 앞에서 그 포도주를 흘려보냈다.

혹은 사람이 축제 기간에는 말짱한 정신으로 있고 취하지 말아야 한다는 것을 보여주는 상징적 행위이기도 할 것이다. 신들은 도수 높은 술을 많이 마시는 사람보다는, 그것들을 흘려보내는 이에게서 더 많은 쾌락을 얻을 것이기 때문이다.

---

120) Veneralia. 4월 1일에 열리는 축제로서 웨누스 웨르티코르디아(Venus Verticordia, 마음을 바꾸는 이인 웨누스)와 포르투나 위릴리스(Fortuna Virilis, 씩씩한 포르투나) 여신에게 경의를 표하기 위한 것이다.
121) Mezentius. 로마 신화에 따르면 메젠티우스는 에트루리아인의 왕이었으나, 잔인하여 추방되었고, 그후 라티움 지방으로 옮겨 갔다고 한다. 웨르길리우스의『아이네이스』에 따르면, 그는 아이네아스 및 트로이아인과 싸우는 투르누스(Turnus)를 도왔지만, 그 전투에서 전사했다.

46. 왜 옛날 사람들은 호르타[122] 신전을 계속 열어 두었는가?

안티스티우스 라베오[123]가 언급했던 것처럼, '독려하다'는 '호르타리'(*hortari*)라는 말로 표현되기 때문에, 호르타는 격려의 여신, 즉 우리가 고상한 행동을 하도록 독려하는 여신이다. 따라서 로마인은 그 여신이 언제나 능동적이기에 결코 꾸물거리거나 혼자 멈춰 있거나, 한가하게 있으면 안 된다고 생각했기 때문일 것이다.

혹은 로마인이 요즘처럼 그 여신을 호라(Hora) — 첫 음절을 길게 발음한다 — 라고 불렀는데, 그녀는 매우 세심하고 사려 깊은 여신으로 인간을 보호해주는 친절한 여신이어서, 로마인은 그녀가 인간사에 관심이 없거나 무시한다고는 느끼지 않았기 때문일 것이다.

혹은 이것 역시도 다른 많은 라틴어 단어처럼 그리스어 단어이고, 그 단어는 지도하고 지켜주는 여신을 의미하기 때문일 것이다. 따라서 그녀는 결코 졸거나 잠들지 않아서 그녀의 신전이 계속 열려 있었던 것이다.

그러나 호라가 '파로르만'(*parorman*, 독려하다)에서 나온 말이라는 라베오의 지적이 맞더라도, '오라토르'(*orator*, 담화자·연설가)라는 단어가 이와 마찬가지로 파생된 것이라고 단언해서는 안 된다는 점을 고려해보라. 오라토르는 조언자 혹은 사람들을 자극하는, 즉 선동하는 대중 지도자이기 때문이다. 그래서 이 단어는 몇몇 사람이 주장하듯이 '오라레'(*orare*)[124] 즉 '저주하다' 혹은 '기원하다'에서 파생한 것이 아니다.

---

122) Horta. 에트루리아인이 섬겼던 농경과 원예의 여신이다.
123) Marcus Antistius Labeo. 서기 10년 혹은 11년에 사망한 로마의 법학자다.
124) 오라레는 '말하다', '연설하다'라는 뜻 이외에도 '기원하다'라는 뜻이 있다.

47. 왜 로물루스는 울카누스[125] 신전을 시외에 지었던가?

신화에서 울카누스는 웨누스 때문에 마르스에게 질투심을 품었고,[126] 로물루스는 마르스의 아들로 유명하기 때문에 자신의 집 혹은 자신의 도시에 울카누스를 위한 몫을 주지 않았기 때문일 것이다.

혹은 이것은 그저 우스운 설명이고, 이 신전은 원래 로물루스와 동료인 타티우스가 원로원 의원들과 국사에 관련된 의논을 할 때, 방해받지 않고 조용히 회의할 수 있는 비밀스러운 회합장이자 회의실로 지은 것이었다.[127]

혹은 로마는 맨 처음부터 대화재가 크게 위협이 되었으므로, 로마인이 이 신에게 존경심은 보이되 신전은 시외에 자리 잡도록 결정했기 때문일 것이다.

48. 왜 로마인은 콘수알리아 축제[128]에서 말과 당나귀 모두에게 화관을 씌우고 쉬도록 해주는가?

---

125) Vulcanus. 영어식으로는 불카누스로 읽는다. 고대 로마인이 화산의 불, 대장간의 화로, 대장일 등을 관장한다고 여겼던 신이다.
126) 호메로스, 『오딧세이아』 제8권 266~360행에서 아레스는 헤파이스토스의 아내인 아프로디테와 동침했고, 이를 목격한 헬리오스가 헤파이스토스에게 그 사실을 제보한다. 헤파이스토스는 보이지 않을 만큼 가는 사슬을 만들어 아프로디테의 침상에 그물을 쳐두었다. 아레스와 아프로디테가 그 그물에 걸리자, 신들을 불러 그 광경을 보게 했다.
127) 시외에 만들어 사람들의 눈에 띄지 않게 하려고 했다는 의미일 것이다.
128) Consualia. 이 축제는 수확과 곡물 저장의 수호신인 콘수스(Consus)를 기리는 축제였다. 이 축제는 8월 18일, 12월 15일 두 차례 열렸다.

로마인은 [콘수스라 불리는] 말의 신[129] 포세이돈[130]을 기리기 위해 이 축제를 개최하고, 당나귀는 말들이 의무에서 면제되어 쉬는 동안 같이 한몫 즐기기 때문일 것이다.

혹은 항해와 해양 운송이 알려진 이래 운송용 동물들이 어느 정도 안락함과 휴식을 즐기게 되었기 때문일 것이다.

49. 왜 카토가 기록했듯이, 공직에 나가는 선거 유세를 하는 이들은 투니카[131] 없이 토가만을 입고 유세하는가?

투니카의 접힌 자리에 돈을 넣어 가지고 다니다가 뇌물을 주지 못하게 하기 위해서였을 것이다.

혹은 로마인은 후보자들이 공직에 어울리는 사람인지를 판단할 때, 그들의 가문이나 부, 명성이 아니라 전장에서 얻은 그들의 상처나 흉터로 판단하곤 했기 때문일 것이다. 따라서 후보자들은 마주치는

---

[129] 로마 신화에서는 넵투누스인 포세이돈은 바다의 신이고, 바다에서 파도가 치는 모습이 말이 달리는 모습과 같아 보여서 말의 신으로도 불린다.
[130] 이와 관련된 내용을 플루타르코스, 『대비 열전』, 「로물루스전」 14장 3절에서 찾아볼 수 있다. "먼저 로물루스는 자신이 땅에 파묻혀 있던 어떤 신의 제단을 발견했다고 소문을 냈다. 그들은 그 신을 콘수스라고 불렀는데, 이는 상담의 신이었기 때문이다. 지금도 로마인은 상담이라는 의미로 콘킬리움(concilium)이라는 용어를 사용하고, 집정관을 콘술(consul)이라고 하는데, 상담자라는 의미다. 아니면 콘수스는 말을 탄 넵투누스였을 수도 있다. 넵투누스를 섬기는 제단이 큰 전차 경기장인 키르쿠스 막시무스(Circus Maximus, 대원형경기장) 내부에 있는데, 평소에는 보이지 않다가 전차 경주가 거행될 때만 모습을 드러내기 때문이다."
[131] *tunica*. 로마인의 일상복으로서 가장 간편한 차림새다. 일종의 반팔 원피스 같은 옷이며 대개 무릎 정도까지 내려온다. 허리 부분에는 허리띠를 맨다.

이들에게 자신의 상처나 흉터를 보여줄 수 있도록, 투니카를 입지 않고 유세를 하러 다니곤 했다.

혹은 후보자들이 빈약한 차림새로 스스로 낮추어 대중적 호감을 주려고 그랬을 것이다. 그들이 악수를 하거나, 개인적으로 간청하거나, 아부하는 것처럼 말이다.

50. 왜 유피테르의 고위 사제는 아테이우스(Ateius)가 기록했듯이 아내가 사망하면 공직을 사임했는가?

이는 아내를 얻었다가 잃는 사람이 아내를 얻어본 적도 없는 사람보다 더 운이 없기 때문일 것이다. 결혼한 남성의 가정은 완전하지만, 결혼했다가 나중에 아내를 잃은 남성의 가정은 불완전할 뿐만 아니라 중요한 것이 빠진 것이다.

혹은 의식을 치를 때 아내가 남편을 돕기 때문에 많은 최고 사제는 아내가 없이는 의식을 제대로 치를 수가 없으며, 아내를 잃은 남성이 곧바로 재혼하는 일이 그리 쉽게 가능한 일이 아닐뿐더러 그밖에도 곧 재혼하는 것도 적절하지 않기 때문일 것이다. 그리하여 예전에는 최고 사제가 아내와 이혼하는 것도 불법이었다. 이는 지금도 불법적인 것 같지만, 지금 시대에 도미티아누스 황제[132]께서는 청원을 받고 단 한 번 허가해주신 적은 있었다. 사제들은 그 이혼식에 참여하여 여러 가지 무섭고 이상하며 음침한 의식을 진행했다.

감찰관 중에서 한 사람이 사망하면 다른 한 사람도 사임해야 한다

---

[132] Domitianus. 서기 51년에 태어나 96년에 죽은 로마의 황제로서 즉위는 81년이었다.

는 사실을 예증으로 든다면, 최고 사제의 이런 사임에 대해 그다지 놀라지 않게 될 것이다. 하지만 감찰관으로 재직 중이었던 리위우스 드루수스(Livius Drusus)가 사망했을 때, 그의 동료인 아이밀리우스 스카우루스[133]는 사임하고 싶지 않아서, 일부 호민관이 명령을 내려 그를 감옥에 데려갈 때까지 버티기도 했다.

51. 왜 개를 옆에 앉혀 둔 라레스[134]는 사람들에게 프라이스티테스(*praestites*)라는 특별한 이름으로 불리는가? 또 왜 라레스 역시 개가죽에 싸여 있는가?[135]

'앞에 있는 이들'이라는 의미로 불리는 단어가 프라이스티테스이고, 또한 집 앞에 서 있는 이들이 집의 수호자로서 낯선 이에게 겁을 주지만 같이 사는 사람에게는 부드럽고 온순한 것이 마치 개와도 같기 때문일 것이다.

혹은 일부 로마인이 확언하는 바, 다음과 같은 내용이 더 맞을 것이다. 즉 크리시포스학파의 철학자들은 신들이 돌아다니는 악한 영들을 부정하고 불의한 인간들에 대한 집행자 겸 복수자로 사용한다고

---

133) 마르쿠스 리위우스 드루수스(Marcus Livius Drusus)와 마르쿠스 아이밀리우스 스카우루스(Marcus Aemilius Scaurus)는 기원전 109년에 감찰관으로 선출되었다.
134) Lares. 고대 로마에서 믿어지던 수호신격 라르(Lar)의 복수형이다. 집안의 수호신 역할을 주로 한다. 여기서는 라레스의 상을 말한다.
135) 오위디우스, 『파스티』(*Fasti*), 제5권 129행 이하에서 오위디우스는 수호신 라르의 상이 서 있는 곳에 같은 돌로 발치에 개를 조각해두는 경우가 많은데, 이는 라르와 개 모두가 무언가를 지킨다는 면에서 동일하기 때문이라 설명한다.

생각하는데, 바로 그런 것처럼 라레스는 인간의 삶과 가정에 대한 에리네스[136]들이자 감독자처럼 처벌하는 영인 것이다. 그리하여 라레스 프라이스티테스는 개가죽으로 옷을 해 입고 종자로 개를 데리고 있는데, 그들이야말로 악한 일을 행하는 자들을 추적하고 따라다니는 데 능숙하다고 로마인이 믿어서 그렇다.

52. 왜 로마인은 게네타 마나[137]라고 불리는 여신에게 희생제물로 암캐를 바치고, 어떤 집안 사람도 '훌륭해지지' 않게 해달라고 비는가?

게네타는 죽을 수밖에 없는 존재의 발생과 출산에 연관된 영이기 때문일 것이다. 이 여신의 이름은 '유출과 탄생' 혹은 '넘쳐 흐르는 탄생'과 같은 것들을 의미한다.[138] 따라서 그리스인이 암캐를 헤카테[139]에게 바치는 것처럼, 똑같이 로마인은 가족 구성원을 위해 게네타에게 같은 제물을 바친다. 하지만 소크라테스에 따르면, 아르고스인은 암캐가 새끼를 낳을 때 쉽게 낳는다는 이유로 에일리오네이

---

136) Erynes. 고대 그리스 신화에서 지하에 산다는 복수의 여신들을 말한다.
137) Geneta Mana. 마나 게니타(Mana Genita)라고도 불린다. 고대의 작가 중에서 플루타르코스와 로마의 저술가 플리니우스(Plinius), 로마의 시인 호라티우스만이 이 여신에 대해 언급한다. 이 여신의 성격이나 본질에 대해서 설명하고 있는 것은 플루타르코스의 바로 이 부분밖에 없다.
138) 라틴어 게니투스(*genitus*)는 '자식', '출산'을 의미하고 마네레(*manere*)는 '남아 있다', '지키다' 등을 의미한다.
139) Hekate. 고대 그리스 신화와 종교에서 헤카테는 한 쌍의 횃불, 열쇠, 뱀들 혹은 개들과 같이 있는 모습으로 묘사된다. 이 여신은 여러 가지 것들과 연관되어 숭배되었다. 예를 들면, 교차로, 출입로, 밤, 마술, 마법, 달, 약초와 독초에 관한 지식, 무덤, 유령, 사령술과 마술 등이다.

아[140)]에게 암캐를 제물로 바친다. 그러나 어떤 것도 '훌륭해지지' 않게 해달라는 기도가 가정의 인간 구성원을 향하는 것이 아니라 개들을 향하는 것이고 개는 사납고 무서워야 해서 그랬을 수 있다.

혹은 사람들이 고인을 점잖게 '훌륭한 분'이라고 부르기에, 로마인은 기도할 때 집안사람 중 누구도 죽지 않게 해달라는 의미를 감추어 말하는 것이다. 놀랄 필요는 없다. 사실 아리스토텔레스의 말에 따르면, 아르카디아와 스파르타 사이에 맺어진 조약에는 이런 조항이 있다.

"테게아에서 스파르타의 동맹국에 대해 명시된 조력 덕분에 누구도 훌륭해지지 않을 것이다."

이 말의 뜻은 누구도 죽게 내버려두지 않겠다는 것이다.

53. 왜 로마인은 지금까지도 카피톨리네 언덕에서 열리는 축전에서 "사르디스인 팝니다"를 외치며,[141)] 그들이 불라[142)]라고 부르는 어린아이용 목걸이를 목에 찬 노인을 앞으로 끌고 나가면서 웃음거리로 삼는가?[143)]

140) Eilioneia. 여기서 말하는 에일리오네이아는 보통 에일리오티아(Eiliothya)라고 불리는 여신으로서, 분만과 조산술을 담당하는 여신이다. 그리스에서는 지역에 따라 이 여신의 이름을 다르게 부르는 경우가 많다. 일리티아이(Ilithyai), 일리티아(Ilithya), 엘레우티아(Eleuthia), 엘레우시아(Eleusia), 엘리시아(Elysia)라고도 한다.
141) 로마의 속담인 "*Sardi venales*"는 직역하면 "팔려고 내놓은 사르디니아인" 혹은 "싸구려 사르디니아인"이다. 로마가 사르디니아를 속주로 삼은 이후 잦은 반란으로 매물로 내놓은 사르디니아 출신 노예가 많아서, 이 말은 곧 '싸구려 물건'을 지칭하는 말이 되었다. 여기서 플루타르코스는 사르디니아를 소아시아의 사르디스(Sardis)로 착각하고 있다.
142) *bulla*. 로마에서 소년이 생후 9일이 되면 선물하는 목걸이를 말한다.

웨이이인이라고 불리는 에트루리아인과 로물루스는 오랫동안 전쟁을 했고, 마침내는 로물루스가 이 도시를 점령한 다음 많은 포로를 노예로 팔아 치웠는데 이때 그들의 왕도 멍청하고 우둔하다며 조롱거리로 만들고 같이 팔았기 때문일 것이다.[144] 게다가 에트루리아인은 원래 리디아인이고, 사르디스는 리디아의 수도였기에 로마인은 웨이이인을 이런 이름으로 팔았다. 지금까지도 로마인은 운동 경기를 할 때, 이 관습을 지킨다.

54. 왜 로마인은 푸주간을 마켈라[145]라고 부르는가?

이 단어는 마게이로스(*mageiros*, 요리사)에서 전와(轉訛)된 것인데, 다른 많은 것이 그렇듯이 관습적으로 그렇게 변한 듯하다. 스푸리우스 카르윌리우스가 소개했듯이, 라틴어에서 c와 g는 밀접한 관계가 있고, 세월이 지난 후에야 로마인이 g를 사용했기 때문이다. 또 l은 발어법이 불분명하여 사람들이 r을 발음하면서 실수할 때 혀짧은 소리

---

148) 이와 연관된 내용에 대해서 플루타르코스, 『대비 열전』, 「로물루스전」 25장 5절을 참고할 수 있다. "로물루스는 10월 15일에 대오를 지으며 승리의 축제를 벌였다. 포로 중에는 웨이이족의 늙은 지도자가 있었다. 그는 지혜롭지 못하게 전쟁을 벌였고, 나이에 맞는 경험도 없는 이였다. 그 뒤로 10월 15일이 되면 로마인은 승리를 기념하는 축제를 벌인다. 그때 노인 한 명에게 토가를 입히고 불라라는 장난감을 걸쳐준다. 그러면 이 노인은 광장을 돌아다니며 '사르디니아인 팝니다'라고 소리쳤다. 전설에 따르면 토스카나는 사르디니아의 식민지였고, 웨이이는 토스카나의 도시였기 때문이라고 한다."

144) 리위우스 등 다른 역사가들에 따르면 기원전 396년까지는 로마가 웨이이를 점령하지 못했기 때문에, 이 부분은 플루타르코스가 실수한 것이다.

145) *macella*. 고대 로마에서 주로 곡물을 파는 가게를 마켈룸(*macellum*)이라고 부른다. 마켈라는 마켈룸의 복수다.

로 대체된 것이다.

혹은 이 문제를 역사적으로 풀이해야만 할지도 모르겠다. 옛날 옛적에 로마에는 마켈루스(Macellus)라는 이름의 폭력적인 강도가 살았다는 이야기가 있다. 그는 많은 사람을 약탈했다. 사람들은 겨우 그를 잡아 처벌했다. 그의 재산으로 공공 푸줏간을 설립했고, 그 사람의 이름에서 마켈라라는 이름이 나왔다는 것이다.

55. 왜 이아누아리우스 달 15일에는 피리 연주자들이 여성의 의상을 입고 도시를 배회하는 것이 허용되는가?

보통 사람들 입에 오르내리는 이유 때문일 것이다. 피리 연주자는 크게 존중받았는데, 누마왕이 신들에 대한 신앙심 때문에 그렇게 한 것이다. 하지만 집정관급 권한이 위임된 10인 위원회[146] 위원들에 의해 이 특권을 박탈당했기 때문에 그들은 로마시에서 철수했다. 그에 따라서 그 위원들에 대한 심리(審理)가 있었고, 로마인이 피리 연주 없이 희생제를 올리게 되었을 때, 사제들은 어떤 미신적인 공포에 사로잡혔다. 그에 더하여 피리 연주자들은 그들을 불러들이려고 파견된 사람들의 말을 경청하려 하지 않고 티부르[147]에 남아 있으려 했다.

---

146) 라틴어로는 데켐위리(*decemviri*)라고 한다. 공화정 시기에 귀족과 평민 계급이 정치적 권한을 두고 투쟁 — 일명 신분 투쟁 — 을 벌이던 시기에 조정을 위해 만들어진 위원회. 특히 10인 위원회 위원 중 두 명은 법률을 개정하는 권한을 지녔다. 이 두 사람을 '법률을 만드는 집정관급 권한이 위임된 10인 위원회 위원들'(*decemviri consulare imperio legibus scribundis*)이라고 한다.

147) Tibur. 오늘날의 티볼리(Tivoli)로서 로마에서 동북동 방향으로 30킬로미터 정도 떨어진 소도시다.

이때 어떤 해방노예가 행정관들에게 그들을 데려오겠다고 비밀리에 장담했다. 그는 신들에게 희생제를 올린다는 구실로 호화로운 연회를 준비하고 피리 연주자들을 초빙했다. 포도주뿐만 아니라 여인들도 있는 이 연회는 떠들썩하게 즐기고 춤추면서 밤새 이어졌다. 그가 갑자기 그 해방노예가 연회를 멈추게 하면서 자신의 후견인[148]이 자신을 보기 위해서 오고 있다고 말했다. 그는 좌중을 혼란스럽게 하면서, 피리 연주자들을 설득하여 가죽으로 사방을 막아둔 마차에 태웠다. 티부르로 데려다준다는 것이었다.

하지만 이는 속임수로서, 그는 마차를 주변에서 빙빙 돌렸다. 피리 연주자들은 포도주와 어둠 때문에 전혀 그 사실을 알지 못하고 눈치도 채지 못했다. 새벽녘에 그는 피리 연주자 모두를 로마로 데리고 왔다. 이때 연주자들 대부분은 한밤중의 술잔치 때문에 여자 옷으로 한껏 차려입고 있었다. 그래서 그들이 행정관들에게 설득되고 화해하게 되자, 해마다 그날에는 이런 식으로 옷을 입고 도시를 활보하는 것이 관행이 되었다.

56. 왜 나이가 지긋한 점잖은 부인들이 처음으로 카르멘타[149] 신전을 세웠다고 여겨지며, 왜 그들은 다른 어느 곳보다 이 신전을 더 경배하는가?

---

148) 로마에서 평민과 해방노예 등은 일종의 후견인이자 뒷배를 보아주는 사람이 있어야 했다. 대부분 귀족인 그들을 파트로누스(*patronus*)라고 하고, 보살핌을 받는 사람을 클리엔테스(*clientes*)라고 했다.
149) Carmenta. 고대 로마에서 출산과 예언, 기술적 발전을 담당했던 여신으로 산모와 신생아를 보호해주었다고 한다. 한편 이 여신이 라틴 알파벳을 만들어주었다고 전설에서는 전한다.

사람들 입에 계속 오르내리는 다음과 같은 이야기가 있다. 원로원에서 여성이 말이 끄는 탈것을 사용하지 못하게 한 적이 있었다. 그래서 여성들은 서로서로 아이를 갖거나 낳지 말자고 합의했다. 계속 남편과 거리를 두었고, 결국 남편들이 마음을 바꾸어 양보하게 되었다. 그들이 아이를 낳게 되자, 훌륭하고 많은 자손을 갖게 된 그녀들이 카르멘타 신전을 건립했다.

어떤 사람들의 주장에 따르면, 카르멘타는 에완데르의 어머니였고, 그녀 역시 이탈리아로 왔다. 그녀의 이름은 테미스(Themis)였다고 하는데, 다른 이들은 니코스트라테(Nikostrate)라고도 한다. 그녀가 운문으로 신탁을 읊었기 때문에 라틴인들은 그녀를 카르멘타라고 불렀다. 라틴인들은 운문을 카르미나(carmina)라고 했기 때문이다.

하지만 다른 이들은 카르멘타가 운명의 여신[150]이고, 나이 지긋한 부인들이 그 때문에 그녀에게 희생제를 바친다고 생각한다. 그 이름의 진짜 의미는 '이성이 없는'[151]으로 그녀의 신성한 황홀경 때문이다.[152] 그러므로 카르멘타는 카르미나에서 나온 이름이 아니라, 오히려 그녀에게서 흘러나오는 카르미나를 말한다. 그녀는 성스러운 황홀경에 빠져 각운을 맞춘 운문으로 신탁을 읊조렸기 때문이다.

---

150) 원문에는 모이라(Moira)라고 되어 있다. 그리스 신화의 운명의 여신들인 모이라이(Moirai)의 단수형이다.
151) 라틴어로는 카렌스 멘테(carens mente)다.
152) 고대 그리스에서 신탁을 내리는 여사제들은 황홀경에 빠져 혹은 도취하여 신탁을 내린다. 델포이 신전에서 신탁을 내리는 여사제들이 가장 유명한데, 보통 신탁을 해석하는 사제들이 있어서 황홀경에 빠져 읊는 말들을 6보격 각운을 맞추어 시로 표현한다.

로마에 관한 의문들 247

57. 왜 루미나[153)]에게 희생제를 올리는 여성들은 제물을 봉헌하는 의식을 할 때, 포도주가 아닌 우유를 쏟아붓는가?

라틴인은 젖꼭지를 루마(*ruma*)라고 하는데, 암늑대가 로물루스에게 젖꼭지를 물려주었기 때문에 루미날리스(Ruminalis)[154)]가 그런 이름을 얻게 되었다고 한다. 따라서 우리말로 젖꼭지라는 의미의 텔레(*thele*)에서 이름을 따서 유모를 텔라오나이(*thelaonai*)라고 부르듯이, 바로 그렇게 루미나는 아기에게 젖을 물려주는 이이자, 유모요, 양육자다. 그리하여 루미나는 아기에게 해가 되기 때문에 희석하지 않은 포도주를 반가워하지 않는다.

58. 왜 로마인은 원로원 의원 중 일부를 파트레스 콘스크립티[155)]라고 부르고, 다른 의원들은 그저 파트레스라고 부르는가?

로마인은 로물루스가 만든 기구[156)]에 원래 배정되었던 의원들을 '파트레스'(아버지들) 또는 '파트리키이'(*patricii*) 즉 '혈통이 좋은 이들'이라고 부르곤 했는데, 그들의 아버지를 지적할 수 있었기 때문일

---

153) Rumina. 고대 로마에서 루미나는 디와 루미나(Diva Rumina)라고도 불리는 여신으로 수유하는 어머니, 유모를 수호하는 여신이다. 이 여신의 수호 범위는 인간을 넘어 동물에까지 미친다고 믿어졌다.
154) 전설 속의 로물루스와 레무스가 갓난아기 때 버려졌던 곳 근처의 야생 무화과나무를 부르는 이름이다.
155) *Patres Conscripti*. '[명부에 이름이] 쓰인 아버지들'이라는 의미다. 파트레스는 '아버지들'이다.
156) 원로원을 말한다.

것이다.[157] 한편, 나중에 평민 출신으로 원로원 명부에 등재된 이들은 파트레스 콘스크립티라고 불렸기 때문일 것이다.

59. 왜 헤르쿨레스와 예술의 여신들[158]은 제단을 함께 사용하는가?

유바가 기록했듯이, 헤르쿨레스가 에완데르의 신민에게 글자 쓰는 법을 가르쳤기 때문일 것이다. 친구와 친척을 가르쳤던 사람들의 입장에서는 이 행동이 고상한 것이었다. 로마인은 아주 오래전부터 돈을 받고 가르치기 시작했는데, 초보적 학당을 가장 먼저 열었던 이는 스푸리우스 카르윌리우스(Spurius Carvilius)였다. 그는 처음으로 아내와 이혼했던 카르윌리우스의 해방노예였다.[159]

60. 헤르쿨레스의 제단은 두 개인데, 왜 여성들은 더 큰 제단에 바쳐진 제물은 나눠 받거나 맛보려 하지 않는가?

카르멘타의 친구들이 의식에 늦게 도착했을 때, 피나리이(Pinarii) 씨족 역시 그랬기 때문일 것이다. 그리하여 다른 이들이 실컷 먹고

---

157) 여기서 아버지를 지적할 수 있다는 의미는 신의 후손이 아니라는 의미다. 이 점에 대해서는 리위우스, 앞의 책, 제10권 8장 10절 참조.
158) 우리나라에서 일반적으로 뮤즈들이라고 부르는 아홉 명의 예술의 여신, 즉 무사이를 말한다.
159) 이 책, 「로마에 관한 의문들」 14장에서는 최초로 이혼한 카르윌리우스가 스푸리우스 카르윌리우스와 동일인인 것처럼 서술한다. 14장과 59장 모두 그리스어로는 Karbilios(Carbilios)로 표현했다.

있을 때, 그들은 연회에서 배제되어서 피나리이(굶주린 이들)라는 이름을 얻게 되었다. 혹은 데이아네이라(Deianeira)와 윗도리의 옛이야기 때문일 것이다.[160]

61. 왜 특별한 신역(神域)으로 로마를 보호하고 돌보아주시는 신에 대해서는, 그 신이 남성이건 여성이건 간에 그 이름을 언급하거나 묻거나 부르는 일이 금지되는가? 로마인은 이 금지를 미신과 연관시키면서, 왈레리우스 소라누스[161]가 그 이름을 누설했기에 흉측한 죽음을 맞았다고 말한다.

일부 로마 저술가들이 기록했듯이, 신을 불러내거나 신들린 상태는 신들에게도 영향을 주기 때문에, 로마인들은 자신들이 적의 신들을 불러내어 로마에 거하게 한다[162]고 믿었다. 그들은 다른 사람들이 자신들에게 같은 일을 할까 두려워했을 것이다. 그리하여 티로스인

---

160) 그리스 신화에 따르면, 헤라클레스의 아내 데이아네이라는 사랑의 부적이 될 것이라고 생각하게 되어 헤라클레스가 죽였던 유명한 켄타우로스 네소스(Nessos)의 피에 적신 윗도리를 헤라클레스에게 입혔다. 그러나 이는 독으로 작용하여 결국 헤라클레스는 그 때문에 죽었다. 데이아네이라 역시 여성이므로 여성들이 헤라클레스를 기리는 의식에서 홀대받는다는 의미일 것이다.
161) Valerius Soranus. 기원전 82년에 사망한 로마의 시인, 문법학자이며 호민관도 지냈다. 그는 술라가 독재관을 지낼 때 처형당했다. 일반에게는 그가 로마에서 입 밖에 내어서는 안 되는 이름을 내뱉었다고 하여 죽임을 당했고 이 일이 알려졌다. 하지만 정치적 이유였을 것이라는 추정이 많다.
162) 라틴어로 에워카티오(evocatio, 불러내기)라고 부르는 행위로서, 로마인은 다른 종족, 다른 민족과 싸울 때에 이 의식을 행한다. 즉, 적의 수호신에게 우리 로마가 적과 싸워 이기더라도 그 신을 로마로 모셔가 잘 섬길 것이라고 약속하는 의식이다. 로마가 만신전을 지은 이유 중 가장 큰 것이 이렇게 모셔온 이방의 신들 역시 모시기 위함이었다.

들은 자기네의 신상들을 사슬로 묶어놓았다는 말이 있으며,[163] 어떤 다른 민족은 씻거나 여타 정화 의식을 치르기 위해서 신상을 다른 데 보내야 하게 되면 담보를 요구한다는 말도 있다. 로마인은 신을 지키는 가장 안전하고 확실한 방법은 신의 이름을 언급도 하지 않고, 아예 알지도 못하게 하는 것이라고 믿었다.

혹은 호메로스가 "그러나 대지는 우리 모두의 공유물이니"[164]라고 적었듯이, 무릇 인간이란 모든 신을 숭배하고 경외해야만 한다. 인간은 대지를 공유하기 때문일 것이다. 그렇다면 초창기의 로마인들이 자신들을 안전하게 지켜주는 신의 정체를 감추었던 이유는 그 신뿐만이 아니라 모든 신이 로마 시민들에게 경외받아야 한다고 믿어서다.

62. 왜 페티알레스(*fetiales*)[165]라고 불리는 이들——우리가 그리스어로 말하면 '평화를 만드는 이들' 혹은 '평화조약을 가져오는 이들'——중에서 파테르 파트라투스[166]로 불리는 사람이 수장으로 간주되었나?

---

163) 퀸투스 쿠르티우스 루푸스, 제4권 3장 21절. "〔알렉산드로스가 티로스를 공략할 때〕 그들(티로스인들)은 아폴론 신상을 황금 사슬로 헤라클레스의 제단에 묶어놓았다. 그들이 자기네 도시를 봉헌했던 헤라클레스가 아폴론을 붙잡아줄 것이라는 희망에서 한 행동이었다. 이 신상은 시라쿠사에서 빼앗아 온 것이며 카르타고인에 의해 선조들의 땅에 세워졌다."

164) 호메로스, 『일리아스』 제15권 193행.

165) 로마에서 유피테르를 섬기는 사제단을 말한다. 단수는 페티알리스(*fetialis*)다. 이들의 임무 중에는 원로원이 외국과 조약을 맺을 때 충고하는 것도 포함되어 있었다.

166) *pater patratus*. 원래 의미는 '아버지들의 아버지' 혹은 '아버지가 아직 생존해 계신 아버지'라는 두 가지 의미로 해석이 가능하다. 후자의 경우는 특히 파테르 파트리미스(*pater patrimis*)라고 하는 경우가 일반적이다.

파테르 파트라투스는 아버지가 아직 생존해 계시며 자식이 있는 남성을 말한다. 지금까지도 이런 사람은 일종의 우선권을 가지며 신뢰를 받고 있다. 법무관들은 세심하고 사려 깊은 후견인을 필요로 하는 어리고 아름다운 피후견인을 그들에게 위탁하기 때문이다.

이런 사람들은 자식에 대한 존중과 아버지에 대한 경외감을 같이 가지고 있기 때문일 것이다. 혹은 그 이름에서 이유를 추정할 수도 있다. 파트라투스는 말하자면 '완성된' 혹은 '완벽한'이라는 뜻인데, 아버지가 아직 살아 계신 동안에 아버지가 되는 운명을 가진 이는 다른 사람들보다 완벽하기 때문이다.

혹은 평화에 관한 맹세와 조약을 관장하는 사람은, 호메로스의 말을 빌자면, "앞과 뒤를 보는"[167] 이이기 때문일 것이다. 다른 무엇보다도, 그런 사람은 자식을 위해 계획을 세우고, 아버지와 함께 계획을 세우는 이일 것이다.[168]

63. 왜 소위 렉스 사크로룸(rex sacrorum), 즉 '성사(聖事)의 왕'은 공직을 가지거나 사람들 앞에서 연설하는 것이 금지되는가?

〔역사의〕 초창기에 왕들은 대부분의 주요한 의식에서 큰 역할을 했고, 사제들의 도움을 받아 희생제를 몸소 올렸기 때문일 것이다. 하지만 그들이 절제하지 않고 오만하고 포악해지자, 대다수의 그리스 도

---

167) 호메로스, 『일리아스』 제1권 343행에 "앞과 뒤를 볼 줄 모르니"라는 구절이 있다.
168) 자식이 있고 아버지가 있는 사람은 평화조약을 맺을 때 더 신중할 것이라는 의미다.

시국가는 그들의 권력을 빼앗고 신들에게 희생제를 올리는 역할만을 남겨두었다. 하지만 로마인은 왕을 한 번에 쫓아내버리고 다른 이를 지명하여 희생제를 올렸다. 그 사람은 공직을 가지거나 사람들 앞에서 연설하지 못하게 했다. 그래서 그들은 성사를 진행할 때만 왕에게 종속되는 것처럼 보이고, 신들을 상대하는 일에만 왕권을 가지는 일을 용납한다. 어쨌거나 코미티움[169]이라고 불리는 장소인 광장에서 전통적으로 열리는 희생제가 있는데, '성사의 왕'[170]이 이 희생제를 주관할 때, 그는 그 광장에서 전력으로 도망친다.[171]

64. 왜 로마인은 식탁을 빈 채로 두지 않고 대신에 무엇이라도 올려두었는가?

이는 로마인이 미래를 위해 현재의 음식 일부를 남겨놓아야 한다는 필요성을 상징하는 것이고, 오늘은 내일을 염두에 두어야 한다는 것을 상징하는 것일 것이다. 혹은 즐길 만한 거리를 아직 가지고 있는 동안 식욕을 억누르고 억제하는 것이 품위 있다고 생각해서였을 것이다. 자신들이 가지고 있는 물품을 향유하는 것을 억제하는 데 익숙해진 사람이 가지지 못한 것을 덜 갈망하는 듯하다.

혹은 집 안에서 일하는 자들에게 너그러운 마음을 보여주는 관습

---

[169] Comitium. 코미티움이라는 이름은 민회(*comitia*)에서 나왔다. 이탈리아어로는 코미치오(Comizio)라고 하며 광장이자 주요한 종교 행사가 열리던 장소였다. 현재의 포로 로마노의 북서쪽 공간에 존재했다.
[170] 원문에서는 그저 왕(*basileus*)이라고 되어 있다. 여기서는 이해를 돕기 위해 로마식 용어인 '성사의 왕'이라고 옮겼다.
[171] 이 희생 축제를 레기푸기움(Regifugium, 왕의 도주) 혹은 푸갈리아(Fugalia, 도주 축제)라고 하며 매년 2월 24일에 벌어졌다.

일 수도 있다. 그들은 함께 식사하는 것보다는 혼자 식사하는 것을 덜 만족스러워하는데, 식탁에 먹거리를 남겨놓음으로써 어떤 면에서는 일하는 자들이 주인과 함께 식탁을 나눈다고 믿기 때문이다.

혹은 거룩한 것은 비워두지 말아야 하는 법인데, 식탁은 거룩한 것이기 때문일 것이다.

65. 왜 신랑이 신부에게 처음 다가갈 때, 등불을 갖고 가지 않고 어둠 속에서 가는가?

신랑이 신부와 결합하기 전에는 그녀를 자신의 소유로 간주하지 않기 때문에 삼가고 존중하는 감정을 가지기 때문일 것이다. 혹은 자신의 아내라 할지라도 삼가며 가까이 가는 데 익숙해져 있기 때문일 수도 있다.

혹은 첫 번째 만남이 불쾌하거나 싫은 마음이 들지 않게 하려고일 것이다. 신부는 신방에 들어가기 전에 마르멜로 열매를 조금씩 먹어야 한다[172]고 솔론이 지시한 것처럼, 로마의 입법자도 바로 그런 이유에서 그랬을 것이다. 신체와 관련해서 비정상적이거나 불쾌한 무언가가 있다면 그것을 가려야 하기 때문이다.

혹은 그것이 불륜에 대해 불명예를 안기는 방식일 수도 있다. 합법적인 사랑일지라도 이와 관련해서는 비난받을 수 있기 때문이다.[173]

---

172) 입냄새가 나지 않게 하려는 의도일 것이다.
173) 합법적인 관계에서도 조심스럽지 않으면 좋지 않은 소리가 나오는 법인데, 불륜 관계는 더욱 그러하니 첫날밤부터 조심스럽고 삼가야 한다는 의미로 보인다.

66. 왜 전차 경기장 중 하나가 플라미니우스 경기장으로 불리는가?

예전에 플라미니우스[174]라는 이름의 사람이 로마시에 일부 토지를 증여했고, 로마인은 그 토지에서 나오는 수입으로 전차 경기장을 운용했기 때문일 것이다. 그러고도 남은 돈이 있어서 도로를 건설하고, 이 도로에도 플라미니우스 도로라는 이름을 붙여 불렀다.[175]

67. 왜 장대 다발을 들고 가는 자들을 '릭토르'(lictor)들[176]이라고 부르는가?

이 관리들은 법을 어긴 자들을 포박하고, 또 로물루스의 행렬이라고 불리는 행진을 따라갈 때에 가슴에 끈을 매고 있기 때문일 것이다. 로마인 대부분은 '묶다'라는 동사를 사용할 때 알리가레(*alligare*)라고 하지만, 발음의 순수를 중시하는 이들은 리가레(*ligare*)라고 발음하며 대화한다.

혹은 c는 최근에 삽입된 것이고, 예전에는 공적인 하인이라는 신분인 리토레스(*litores*)라고 불렸기 때문일 것이다. 심지어 지금까지도

---

174) 기원전 275년경에 태어나 기원전 217년에 트라시메네(Trasimene) 호수 전투에서 한니발에게 패사한 로마의 정치가 가이우스 플라미니우스(Gaius Flaminius)를 말한다. 그는 기원전 223년과 기원전 217년에 집정관을 지냈다.
175) 플라미니우스 도로(Via Flaminia)는 물위우스 다리(Pons Mulvius)에서 시작하여 티베르강 계곡을 거쳐 움브리아 지방의 나르니아(Narnia)까지 연결되었다.
176) 복수는 릭토레스(*lictores*)다.

'공적인'이라는 단어는 여러 그리스 법률에서 레이토스(*leithos*)라고 표현된다는 사실을 관심에 두지 않는 이는 거의 없을 것이다.

68. 루페르키[177]는 왜 개를 제물로 바치는가? 루페르키는 루페르칼리아 축제 때에 도시를 가로질러 달리는 사람들로서, 가볍게 허리에 천만 두르고 있으며 마주치는 사람들을 가죽끈으로 때린다.

이 행사가 도시 정화 의식으로 조직되었기 때문일 것이다. 사실 로마인은 축제가 열리는 이달을 페브루아리우스라고 부르는데, 축제가 열리는 바로 그날은 페브루아타(*februata*)라고 한다. 일종의 가죽끈으로 때리는 행위를 페브루아레(*februare*)라고 부르는데, '정화하다'라는 의미다. 거의 모든 그리스인도 정화 의식에서 특별한 희생 제물로 개를 사용했으며, 적어도 일부 정화 의식은 심지어 지금도 개를 사용한다. 그리스인들은 헤카테 여신을 위한 제물로 정화를 위한 다른 물품과 함께 개를 끌고 나온다. 정화를 원하는 이들은 개와 함께 주변을 걷는데, 이런 종류의 정화 의식을 그리스인들은 페리스킬라키스모스(*periskylakismos*)라고 부른다.

---

177) Luperci. 루페르칼리아(Lupercalia) 축제를 진행하는 성직자를 루페르키라고 한다. 루페르칼리아 축제는 매년 2월 15일, 즉 페브루아리우스 달 이데스의 날에 벌어진다. 도시를 정화하고 건강과 다산을 촉진하는 것이 축제를 벌이는 목적이다. 루페르칼리아를 디에스 페브루아투스(Dies Februatus)라고도 한다. 로마의 시인 오위디우스는 이 축제의 어원이 에트루리아에서 왔다고 했지만, '열기'를 뜻하는 '페브리스'(*febris*)에서 나왔다는 설도 있다. 사람들은 로물루스와 레무스에게 젖을 먹였다는 암늑대 루파(Lupa)와 연관하여 이해하는 설명을 가장 많이 받아들인다.

혹은 루푸스(*lupus*)가 늑대를 의미하고, 루페르칼리아는 '늑대 축제'이며, 개는 늑대에 적대적이기 때문에 늑대 축제에서 〔개를〕 희생하는 것일 수도 있다.

혹은 루페르키가 도시 안을 달릴 때, 개들이 그들에게 짖고 귀찮게 하기 때문일 수도 있다.

혹은 그 희생제는 판(Pan) 신에게 바치는 것인데, 판의 염소 떼 때문에 개가 판과 가까운 사이이기 때문일 수도 있다.

69. 왜 로마인은 셉티몬티움[178]이라고 불리는 축제에서 말이 끄는 탈것을 사용하기를 조심하며 삼가는가? 그리고 왜 지금까지도 옛 관습을 싫어하지 않는 이들은 아직도 이 관행을 조심하는가? 셉티몬티움 축제는 로마를 '일곱 개의 언덕의 도시'[179]로 만들었던, 일곱 번째의 언덕이 로마시에 추가된 것을 기념하여 제정된 것이다.

일부 로마인 저술가들이 생각했던 것처럼, 로마시는 아직 구역들 모두가 완벽하게 하나로 합해진 것은 아니었기 때문일 것이다.

혹은 이는 "디오니소스 신과 상관없는"[180] 일일 것이다. 그들은 그저 주변과의 통합이라는 큰 과업이 완수되었을 때, 이 도시는 그 이상 확장하기를 멈출 것이라고 상상했다. 그래서 그들은 자신들도 휴

---

178) Septimontium. 12월 11일에 거행되며, 로마시에서 공식적으로 주관하는 축제는 아니다. 로마의 일곱 언덕 혹은 그 인근 구역의 주민들이 벌이는 행사다.
179) 라틴어로 셉티콜리스(*septicollis*)다.
180) "그 일과 상관없는"이라는 의미로 쓰이는 관용적 표현이다.

식을 취하고, 일할 때 도와주었던 운반용 동물들에게도 휴식을 주어서, 동물들도 모두의 축제에서 일하지 않고 즐길 기회를 주었다.

혹은 그들은 모든 축제가 언제나 시민들이 다 참여하여 꾸미고 기념하는 것이 되기를 바랐고, 무엇보다도 도시의 통합을 기념하는 축제는 더욱 그렇기를 바랐기 때문이다. 그래서 그 축제가 거행되는 동안 로마인이 로마시를 떠나지 않게 하려고 그날만은 탈것을 이용하지 못하게 했을 것이다.

70. 왜 로마인은 도둑질을 했다고 유죄로 인정받은 자들 혹은 그밖의 비루한 죄를 지은 자들을 푸르키페리(*furciferi*)라고 부르는가?

이 또한 옛사람들이 사려가 깊다는 증거일 것이다. 악행을 저질러서 유죄로 판명된 자는 자신의 집안 노예의 감독을 받아 마차의 아랫부분에 사용되는 갈래진 목재를 들고 사는 구역이나 집 주변을 걸어 다니도록 했다. 이를 본 사람들 모두는 그를 불신하게 되고, 앞으로 그 사람이 무슨 짓을 저지르지 않나 하고 지키게 된다. 이 목재는 마차 지지대로서 로마인은 푸르카(*furca*)라고 부른다. 그래서 이것을 나르는 자 역시 푸르키페르(*furcifer*, 푸르카를 나르는 자)라고 부르는 것이다.

71. 왜 로마인은 길들이지 않은 황소의 뿔 하나에 건초를 묶어놓아서 황소와 마주치는 사람들이 경계하도록 경고하는가?

황소와 말, 당나귀와 사람 모두 게걸스럽게 먹고 뱃속에 무언가를 집어넣음으로써 방탕해지기 때문일 것이다. 그리하여 〔극작가〕 소포클레스도 어딘가에서 다음과 같이 썼다.

> 그대는 망아지가 그렇듯이 배불리 먹고 날뛰는구나
> 그대의 뱃구레와 볼이 다 빵빵해졌으므로

그리하여 로마인도 마르쿠스 크라수스[181]가 자기 뿔에 건초를 묶었다고 말하곤 했다.[182] 국가의 다른 주요 인사들을 야유하던 이들도 그를 비난할 때면 조심하곤 했는데, 그가 앙심을 품으면 대응하기 어려웠기 때문이다. 하지만 뒷날 다른 말도 떠돌았다. 즉, 카이사르가 크라수스에게서 건초를 잡아 뜯었다는 것이다. 카이사르가 처음으로 정치판에서 크라수스에게 대적하고 그에게 무례하게 대했기 때문이다.

72. 왜 로마인은 새로부터 징조를 읽어내는 사제들—로마인은 예전에 그들을 아우스피케스(*auspices*)라고 불렀지만, 지금은 아우구레스(*augures*)라고 부른다—은 언제나 호롱불을 열어놓고 그 위에 덮개를 덮어두면 안 된다고 생각했는가?

---

181) Marcus Licinius Crassus. 기원전 115년에 태어나서 기원전 53년에 죽었다. 로마 공화정 말기에 활약했던 장군이자 정치가 중 한 명으로 "로마에서 가장 부유한 자"라고 불릴 정도로 돈이 많았던 인물이었다. 한동안 카이사르의 재정적 후원자이기도 했던 그는 제1차 삼두정치의 일원이었다.
182) 호라티우스는 『풍자시』(*Satires*) 1권 4장 34행에서 "그는 뿔에 건초를 가졌다네"라고 읊기도 했다.

사람들이 됫박 위에 앉지 못하게 하거나 칼로 불을 들쑤시지 못하게 하면서 작은 것을 큰 것의 상징으로 삼았던 피타고라스학파 사람들처럼, 로마의 옛사람들 역시도 여러 수수께끼를 사용하는 것을 즐겼는데, 사제들에 대해 언급할 때는 특히 더 그랬다. 호롱불 문제도 비슷한 일이었을 것이다. 호롱불은 영혼을 품은 몸과 같은 것이기 때문이다. 영혼 속에는 빛이 있고 또 그 빛은 영혼의 일부이며,[183] 이해와 사고(思考)는 언제나 탁 트여 명징해야 해서 가려지거나 눈에 띄지 않게 돼서는 안 되기 때문이다.

바람이 불 때는 새들이 안정적이지 않아서 이리저리 돌아다니고 불규칙한 움직임으로 보이는데, 그러면 신뢰할 만한 징조를 제공해 주지 않는다. 따라서 이 관습을 지킴으로써, 로마인은 조점을 치는 사제들이 바람이 불면 징조를 얻기 위해 밖에 나가지 말고, 호롱불을 열어놓고 사용할 수 있을 정도로 차분하고 안정적인 날씨에만 밖에 나가라고 가르치는 것이다.

73. 왜 신체에 상처가 있는 사제는 징조를 보기 위해 새를 앉아서 관찰하는 일이 금지되었는가?

이 역시 거룩한 문제를 다루는 이는 절대로 고통으로 고생해서는 안 되며, 말하자면 영혼에도 상처나 병이 있어서도 안 되고, 침착하고 흐트러짐 없으며 안정적이어야 한다는 사실을 보여주는 상징적 지시일 것이다.

---

[183] 플루타르코스는 후기 플라톤학파의 사람이어서 인간은 영혼과 몸으로 나뉘고, 영혼은 더 우월한 것이며 빛과 같다고 여겼다.

혹은 그저 논리적인 이야기일 수도 있다. 즉, 상처로 고통받고 있는 상황에서 희생제에서 제물을 바치거나 조점을 치기 위해 새를 잘 볼 수 없기 때문이다. 그들은 신들에게서 온 징조를 읽어내기 위해 나아갈 때는 육신이 순결하고 온전하며, 건강해야 한다. 상처란 육신에 대한 파괴이며 오염의 일종이기 때문이다.

74. 왜 세르위우스 툴리우스왕은 로마인이 '브레위스'[184]라고 부르는 운명의 소여신(小女神)의 성역을 건설했는가?

처음에 그는 대단한 인물도, 위업을 이룬 이도 아니었으며, 그저 포로가 된 여인의 아들이었지만, 운명의 여신 덕분에 로마의 왕이 되었기 때문이었을 것이다. 혹은 바로 이러한 변모로 인해 운명의 여신의 쩨쩨함보다는 위대함이 드러나며, 세르위우스는 다른 어떤 사람보다 운명의 여신의 권능을 우러러보고, 어떤 행동 방식보다도 운명의 여신의 권능을 공식적으로 높이 쳤던 것 같다. 세르위우스는 '희망을 주는 이인 운명의 여신', '악을 피하게 해주는 이', '온화한 이', '최초의 여신', '남자다운 운명의 여신'의 성역을 건설했을 뿐 아니라,[185] '내밀한 운명의 여신', '세심한 운명의 여신', '처녀인 운명의 여신'의 성역도 건설했다. 하지만 '사냥꾼인 운명의 여신'의 성역이 있는데, 그 여신의 다른 명칭들을 누가 찾아볼 이유가 있는가? 로마인은 '사냥꾼인 운명의 여신'을 위스카타(Viscata)라고 부르는데, 이는 우리가

---

184) 라틴어로는 포르투나 브레위스(Fortuna Brevis)라고 한다. 굳이 번역하자면 '변덕스러운 운명의 여신' 정도의 의미가 된다.
185) 플루타르코스는 이 성역들이나 운명의 여신의 이명(異名)에 대해서 이 책, 「로마에 관한 의문들」 106장 이하에서 다시 자세하게 언급한다.

멀리 떨어져서도 운명의 여신에게 사로잡히고, 상황에 따라 단단히 얽매이게 되는 것을 상징한다.

세르위우스가 운명의 여신이 가진 아주 작은 변화의 강력한 힘을 알아차린 것은 아닌지를 생각해보라. 또 엄청난 위업의 성공이나 실패가 대단찮은 일들에 의해 좌우되는 경우들을 고려해보라. 그런 이유로 세르위우스는 만사에 매우 주의를 기울여야 하고, 하찮다는 이유로 맞닥뜨리게 되는 것들을 무시하지 말라고 가르치기 위해서 운명의 소여신의 성역을 건설했다.

75. 왜 로마인은 등불을 꺼버리지 않고, 스스로 꺼질 때까지 기다렸는가?

로마인은 등불이 꺼지지 않는 영원한 불과 유사하며 밀접하게 관련된 것이라고 보아 경배했기 때문일 것이다. 아니면 이 행위 역시도, 우리에게 해를 끼치지 않는다면 살아 있는 것을 파괴하거나 없애버려서는 안 된다는 점을 상징하는 표시였을 것이다. 불은 살아 있는 것과 마찬가지이기 때문이다. 불이란 생명을 유지해주는 물건을 필요로 하며, 스스로 움직이고, 꺼지게 되면 마치 칼로 베이는 것 같은 소리를 낸다.

혹은 우리가 불과 물 및 다른 생필품을 충분히 갖고 있고 여유가 있을 때 그것들을 파괴해서는 안 되며, 그러한 것을 필요로 하는 이가 사용할 수 있도록 해야 하고, 우리 스스로 더 사용할 필요가 없을 때 다른 이들을 위해 남겨두어야 한다는 점을 가르쳐주기 위한 관습이었을 것이다.

76. 로마인이 명문으로 간주하는 가문의 사람들은 왜 초승달을 새긴 신발을 신는가?

카스토르가 언급한 것처럼, 이것은 달 속에 있다는 우화 속 집의 표상(表象)이며, 사람이 죽으면 그 영혼은 발아래에 다시 달을 두게 된다[186]는 것을 표시한 듯하다. 혹은 가장 오래된 가문들의 특권일 것이다. 그 가문들이란 에완데르를 따랐던 아르카디아 사람들로, '달 이전에 살았던 자들'[187]이라고 불리는 이들이다.

혹은 이 역시도 다른 많은 관습처럼 고귀하고 거만한 이들에게 인간사의 변화무쌍함을 ― 그것이 더 좋아지건 나빠지건 ― 상기시키는 듯하다. 로마인은 달을 하나의 예시로 받아들이는 것 같다.

> 먼저 어둠이 깃들면 그녀가 다시 온다네
> 그녀의 얼굴은 점점 밝고 가득 차 커가는 것을 보여주지
> 그녀의 광채가 극에 달하게 되면
> 다시 그녀는 쇠약해져서 무(無)로 돌아가지

혹은 통치에 복종하라는 교훈일 것이다. 즉, 왕의 통치를 받으면서 불만족스러운 태도를 취하지 말고 달처럼 차분하라고 가르치는 것이다. 달은 파르메니데스(Parmenides)가 "빛을 비추는 태양신의 광선을 언제나 경외하며 바라보는"이라고 한 것처럼, 상급자[인 태양신]에게 주의를 기울이고 그의 다음임을 유의하려 한다. 그리하여 명문가

---

186) 플루타르코스, 『모랄리아』, 「달의 표면에 나타난 얼굴에 대하여」 28장에서는 인간의 육체와 영혼, 정신을 각기 대지·달·태양에서 나온 것이라고 보고 있다. 정신이 영혼보다, 영혼이 육체보다 우월하다고 본 것이다.
187) 고대 그리스어로는 프로셀레노이(*proselenoi*)다.

의 사람들은 통치자 아래에서 살아가는 두 번째 자리에 만족하고 통치자에게서 유래하는 권력과 명예를 만끽하는 듯하다.

77. 왜 로마인은 한 해는 유피테르에게 속하고, 각각의 달은 유노에게 속한다고 믿는가?

유피테르와 유노는 보이지 않는 것들을 통치하는 관념적인 신이지만 태양과 달은 보이는 신이기 때문일 것이다. 태양은 한 해를 만들고, 달은 각각의 달을 만든다. 하지만 태양과 달이 유피테르와 유노의 단순한 표상이라고 믿어서는 안 되며, 태양은 진정으로 유피테르 신이 물질적 형태를 취한 것이고 마찬가지로 달은 유노가 물질적 형태를 취한 것이라고 믿어야 한다. 로마인이 우리 그리스의 헤라 여신에게 유노라는 이름을 적용한 것이 바로 그 이유다. 유노라는 이름은 '젊은'이라는 의미이고, 달에서 따서 붙인 것이다. 로마인은 유노 여신을 루키나(Lucina)라고도 하는데, '빛나는' 혹은 '빛을 뿌리는'이라는 뜻이다. 그들은 달이 그러하듯이 유노 여신이 여성들이 출산의 고통을 겪을 때 도와준다고 믿는다.

> 별들의 암청색 둥근 하늘을 통해
> 또 출산을 빠르게 할 수 있도록 해주는 달을 통해

사람들은 여성들이 만월 때에 가장 산고를 덜 겪는다고 생각하기 때문이다.

78. 왜 새 중에서 '왼손'(sinistra)이라고 불리는 것은 좋은 징조의 새인가?

이는 사실이 아니라 잘못 짚어 말하는 경우가 많은 언어의 특수성 때문일 것이다. 로마의 언어 라틴어에서 '왼쪽의'라는 단어는 시니스트룸(sinistrum)이고, '허용하다'는 시네레(sinere)다. 허용해달라고 요청할 때에는 시네[188]라고 말한다. 따라서 조점 치는 행위가 허용된 새는, 말하자면 아위스 시니스테리아(avis sinisteria, 허용된 새)인데, 통속적으로 쓰는 말에서는 정확하지 않게 '왼손'(sinistra)이라고 여기고, 그렇게 부른다.

혹은 디오니시오스가 말하듯이, 아이네아스의 아들 아스카니우스가 메젠티우스와 대적하기 위해 군을 정렬했을 때, 아스카니우스와 부하들은 어떤 징조를 보았다. 이 징조는 번개의 섬광으로써 승리를 알려주는 것이었다. 이 징조가 왼쪽에서 보였기 때문에, 그때부터 로마인은 조점을 칠 때 이런 관행을 지키는 것 같다. 혹은 다른 저술가들이 확언하는 것처럼, 이 일이 아이네아스에게 일어났다는 것이 사실일 수도 있다. 사실 레욱트라 전투[189]에서 테바이인이 좌익에서 적을 패주하게 하고 압도했던 이래, 그들은 모든 전투에서 좌익을 주력으로 했다.

혹은 유바가 밝혔듯이, 사람이 동쪽을 보고 있으면 북쪽이 왼손 쪽

---

188) sine. '허용하다'의 뜻인 시네레의 명령형이다.
189) Leuktra. 기원전 371년 7월 6일에 벌어진, 테바이가 주축이 된 보이오티아 지역 도시국가들과 스파르타 및 동맹국들의 전투다. 테바이군을 이끄는 이는 장군인 에파메이논다스(Epameinondas)였고, 스파르타에서는 클레옴브로토스(Kleombrotos) 1세가 출전했다. 이 전투에서 에파메이논다스는 테바이 중장기병대 50열로 좁고 깊게 좌익에 배치하여 적의 중앙부를 노렸고 대승을 거두었다. 일명 사선진이라고 한다.

이 된다. 그러니 북쪽이 세상의 동쪽 혹은 위쪽이 될 것이다.[190]

하지만 왼쪽은 자연적으로 더 약한 쪽이고, 조점을 주관하는 이들이 균형을 잡기 위해 이런 방법으로 그 약한 힘을 강화하고 보강하려는 것은 아닌지 생각해보라.

혹은 로마인이 지상에 있는 필멸의 것들은 천상에 있는 신성한 것들과 대조된다고 믿었기에, 그들은 우리에게 왼쪽에 있는 것들은 모두 신들이 오른쪽으로부터 보낸 것이라고 생각했을 것이다.

79. 리파라[191]의 피론이 기록했듯이, 개선식을 거행했던 이가 나중에 사망하면 화장한 후에 그 골분을 도시 내에 들여놓고 안치한 다음 사람들이 **뼈**를 가져가도록 허용한 이유가 무엇인가?

이는 고인에게 경의를 표하기 위해서인 듯하다. 사실 로마인은 다른 업적을 성취한 이들과 장군들에 대해서는, 그들뿐만 아니라 그 후손들도 포룸에 매장될 권리를 부여한다. 이는 왈레리우스와 파브리키우스의 예를 보면 알 수 있다. 로마인에 따르면, 이런 위인들의 후손이 죽어서 포룸에 운구되어 오면, 불붙은 횃불을 그 시신 밑에 잠시 두었다가 바로 그곳에서 시신을 철수하여 다른 곳에 매장한다. 그럼으로써 그들은 사람들의 질시를 자극하지 않은 채 그 명예를 누리고, 그들의 특권만을 다시 확인한다.

---

190) 그리스나 로마인에게 동쪽은 문명이 시작되어 전파된 곳이자 해가 떠오르는 곳이다. 따라서 동쪽을 바라보는 것은 세상을 정면으로 보는 것이나 마찬가지이고, 세상의 편에서 보면 북쪽은 오른쪽이 된다.
191) Lipara. 이탈리아 시칠리아섬 북쪽 해안에서 가까운 섬의 이름이다.

80. 왜 로마인은 승전한 이들을 위한 공적인 연회를 베풀 때, 절차에 따라 집정관들을 초대하고 나서, 사람을 보내 연회 자리에는 오지 말라는 말을 전했는가?

개선식을 치른 이는 영광의 연회석에 참석하고, 식후에는 집에 호위를 받으며 돌아가는 것이 당연한 일일 것이다. 하지만 집정관들이 연회에 참석하게 되면, 그들 이외에는 다른 이에게 명예가 돌아갈 수 없다.

81. 왜 다른 행정관들과 달리 호민관들은 자주색 끝단을 댄 토가를 입지 않는가?

호민관은 행정관이 아니기 때문일 것이다. 호민관은 릭토르들도 거느리지 않고, 고관의 의자에 앉아 사무를 처리하지도 않으며, 다른 행정관들처럼 한 해의 임기가 시작할 때[192] 직무에 착수하지도 않으며, 독재관이 선출되어도 기능을 정지[193]하지 않는다. 독재관은 다른 모든 직무를 자신에게 옮겨오지만, 호민관만은 관리가 아니라 다른 직책을 맡고 있는 것처럼 계속 직무를 맡아 수행한다. 일부 변호인들은 방소항변[194]이 소송과 반대의 효과를 낸다고 주장하는 것과 마찬

---

192) 행정관들은 12월 10일에 임기를 시작한다.
193) 로마에서는 국가적 위기가 닥치면 최대 6개월로 임기가 한정된 독재관(딕타토르, *dictator*)을 선출하고 그에게 모든 권한을 위임하며 고위 행정관들의 권한을 정지시킨다.
194) 방소항변은 민사소송의 절차로 피고가 원고에게 제기한 소의 문제를 들어 변론을 거부하는 것을 말한다. 법적인 충분성에 이의를 제기하는 것으로 원고가 제시한 사실들을 부인하거나 수긍하지는 않는다.

가지다. 소송은 사건을 법정으로 가져와서 판결을 얻어내는 것인데, 방소항변은 소송을 법정 밖으로 끌고 가서 파기해버리는 것이기 때문이다.

이와 마찬가지로 로마인은 호민관의 직책이 관리들의 일에 대한 억제 역할을 하는 것이며, 그 직책은 행정이라기보다는 행정에 대한 반대를 내놓는 역할을 한다고 믿는다. 호민관의 권력과 권한은 행정관의 권력을 억제하고 권한 남용을 막는 데 있기 때문이다.

혹은 고안된 기구라는 설명에 사람들이 만족한다면, 이런저런 문제들이 해명 가능할 것이다. 호민관직은 평민의 모임에 기원을 두고 있고, 그 관직에는 민중적 요소가 강력하다. 무엇보다 중요한 것은, 호민관이 여타 평민보다 위에 있다고 자부심을 가지는 것이 아니라 외양이나 옷차림, 생활 방식을 평민같이 한다는 점이다.

집정관과 법무관은 위엄과 격식을 차려야 한다. 하지만 가이우스 쿠리오[195]가 종종 말하듯이, 호민관은 자신을 한껏 낮추어야만 한다. 호민관은 젠 체해서는 안 되고, 사람들이 접하기 어려워서도 안 되며, 대중에게 함부로 굴어서도 안 된다. 호민관은 사람들이 쉽게 다룰 수 있는 인물이어야 한다. 그러므로 관행적으로 호민관의 집 대문도 닫혀 있지 않고, 밤낮 모두 열려 있어야 한다. 피난해야 하는 이들에게 피난처[196]가 그렇듯이 말이다.

호민관의 외양이 겸손할수록 권한은 커진다. 호민관은 마치 제단

---

195) 가이우스 쿠리오라고 불리는 인물은 로마사에서 보통 세 사람을 꼽는다. 여기서 말하는 인물은 기원전 50년에 호민관을 지낸 가이우스 스크리보니우스 쿠리오(Gaius Scribonius Curio)일 것이다. 그는 기원전 84년경에 태어나 기원전 49년에 죽었다. 그는 로마 공화정 내전 시기에 율리우스 카이사르 편에 서 있었다.
196) 고대에는 주로 신의 성역이나 성소가 피난처가 되어주었다. 그 안으로 들어가면 세속의 법으로는 체포되지 않았다.

처럼 공공의 필요에 따라 쓸모 있어야 하고 누구나 접근 가능해야 한다고 로마인들은 생각했다. 사람들이 보내는 경의로 인해, 로마인은 호민관의 신체를 거룩하고 성스러우며 불가침하게 만들었다.[197] 그리하여 호민관이 공적인 일로 밖에 나가서 걸어갈 때 그에게 무슨 일이 생기면, 마치 오염된 것처럼 그의 몸을 깨끗하게 하고 정화하는 일이 관행이 되기까지 했다.

82. 왜 법무관들은 도끼가 부착된 다발 형태로 된 장대(파스케스)[198]를 가지고 다니는가?

이것은 행정관이 너무 변덕스럽거나 제멋대로 화를 내서는 안 된다는 점을 상징적으로 보여주기 때문일 것이다. 혹은 묶인 장대들을 일부러 풀어 분노를 지연시키고, 종종 처벌에 관한 판단을 바꾸도록 유도하는 것일 수도 있다. 어떤 잘못은 고칠 수 있지만, 어떤 잘못은 교정할 수 없기에 장대는 고칠 수 있는 것을 교정하고, 도끼는 교정할 수 없는 것을 잘라내 버리는 데 쓰인다.

---

197) 호민관의 신체를 거룩한 것으로 보아 위해를 가해서는 안 된다는 관행은 티베리우스 셈프로니우스 그라쿠스(Tiberius Sempronius Gracchus)가 기원전 133년에 보수파 귀족들에 의해 살해되면서 깨지게 되었다.

198) *fasces*. '다발'이라는 의미다. 보통은 나무 막대 묶음 끝에 외날 혹은 양날 도끼가 달려 있다. 에트루리아인의 관습이 로마인에게 넘겨진 것으로서 왕의 권위를 상징했지만, 나중에는 행정관의 권위와 법의 엄정함을 상징했다. 집정관과 법무관을 이 파스케스를 든 릭토르들이 호위했다.

83. 블레토네시이[199]라고 불리는 한 이방 부족이 신들에게 어떤 자를 인신공양했을 때, 로마인들은 처벌하겠다는 의지를 보이며 그 부족의 지배자들에게 사람을 보냈다. 하지만 그 부족이 일종의 관습에 따라 인신공양을 했다는 것이 밝혀졌을 때, 로마인들은 왜 그들에게 죄를 묻지 않고 자유롭게 놓아두고 앞으로는 그런 행동을 하지 못하게 했는가?

심지어 로마인 스스로도 그리 오래지 않았던 때에 포룸 보아리움(Forum Boarium)[200]이라고 부르는 장소에 두 명의 남성과 두 명의 여성—그들 중 둘은 그리스인이고, 둘은 갈리아인이었다—을 생매장했다. 자신들 스스로는 이런 행동을 하면서도 이방 부족에게는 그들이 불경했다는 이유로 꾸짖는다는 것은 확실히 이상해 보인다.

로마인은 신들에게 인신공양하는 것은 불경하지만, 영들에게 인신공양하는 것은 필요하다고 생각했던 듯하다. 혹은 전통과 관습에 따라 그렇게 하는 것은 죄를 짓는 일이지만, 자신들은 시빌리나 신탁집의 명령[201]에 따라 그렇게 했으니 무고하다고 믿었던 것 같다. 헬위아(Helvia)라는 어떤 처녀가 말을 타고 있을 때, 벼락에 맞았고, 그녀가 탔던 말은 마구(馬具)가 벗겨진 채로 쓰러져 있었다는 이야기가 사람들의 입에 떠돌았기 때문이다. 게다가 그 처녀가 입고 있던 투니카는 마치 의도적인 것처럼 극단적으로 끌어올려져서 벌거벗고 있었

---

199) Bletonesii. 오늘날 스페인의 살라만카주의 소도시 레데스마(Ledesma)에 있었던 고대 도시 블레티사(Bletisa) 혹은 블레티사마(Bletisama) 인근에 살았던 켈트족의 한 부족이다.
200) 이탈리아어로는 포로 보아리오(Foro Boario)라고 부르는 광장으로, 티베르 강 인근에 있으며 상거래가 많이 이루어지던 곳이다. 로마의 첫 번째 검투 경기가 열리던 곳이기도 했다.
201) 즉 신의 뜻에 의해 그렇게 했다는 의미다.

다. 그녀의 신발, 반지들, 머리장식은 여기저기 흩어져 있었으며, 벌린 입에는 혀가 비어져 나와 있었다고 했다. 예언가들이 선언하기를, 이는 웨스타 신녀들[202]에게 끔찍한 수치이며, 또 이 일이 멀리까지 또 널리 풍설로 퍼질 것이고, 기사 계층[203]과도 연관된 어떤 음탕하고 무도한 행위가 밝혀질 것이라고 했다. 그후 곧, 한 기사 계층 사람의 이민족 노예가 세 명의 웨스타 신녀인 아이밀리아(Aemilia), 리키니아(Licinia), 마르키아(Marcia)에 대해 제보했다. 그녀들이 모두 거의 같은 시기에 타락해서 오랫동안 연인들과 놀아났는데, 그 연인 중 하나가 제보자의 주인인 웨투티우스 바루스(Vetutius Barrus)라는 것이다. 그에 따라 웨스타 신녀들은 유죄판결을 받고 처벌되었다.

하지만 그 행위가 매우 무도했기에 사제들은 시빌리나 신탁집을 찾아보아야 한다는 결정이 내려졌다. 신탁집을 찾아본 사제들에 따르면, 이러한 사건들은 로마의 파멸로 향하는 과정에서 일어나는 일이고, 닥쳐올 재난을 피하기 위해 로마인이 해야 할 일을 예언하는 신탁이 있다는 것이다. 그 신탁의 내용은 어떤 알지 못하는 외국의 영들에게 희생 제물로서 두 명의 그리스인과 두 명의 갈리아인을 그 장소에 생매장해서 바쳐야 한다는 것이었다.

---

[202] 웨스탈레스(Vestales, 단수는 웨스탈리스 Vestalis). 화로와 가정의 수호 여신인 웨스타 여신을 섬기는 신녀들로서, 성직에서 해촉될 때까지는 순결을 지켜야 했다.

[203] 원래는 로마에서 기병대로 복무하던 가장 부유한 계층의 시민들로서, 에퀴테스(*equites*)라고 불렸다. 거의 모든 귀족과 소수의 부유한 평민이 이 재산 계급에 속했다. 로마가 점차 발전한 뒤에는 원로원 계층이라 불리는 최상위 계층에 이은 차상위 계층을 지칭한다.

84. 왜 로마인은 하루의 시작을 자정부터 계산하는가?

로마라는 나라는 원래 군사조직을 토대로 세워졌고, 전투에서 일어나는 일 대부분은 밤에 미리 준비하기 때문일 것이다. 혹은 로마인이 일출을 활동의 시작으로 잡고, 밤은 준비의 시작으로 잡았기 때문일 것이다. 사람은 행동할 때 이미 준비되어 있어야 하며, 행동하다가 준비를 해서는 안 되기 때문이다. 이는 겨울에 농사용 갈퀴를 만들었던 미손(Myson)이 현자 킬론에게 말했다고 알려진 것과 같다.[204]

혹은 사람들 대부분이 정오를 공적인 혹은 중요한 일의 처리를 끝내는 시간으로 하는 것처럼, 한밤중을 그 시작으로 잡는 것도 좋을 것 같기 때문이다. 설득력 있는 증언에 따르면, 로마의 행정관은 오후에 협약이나 협상을 하지 않는 것이 사실이라고 한다.

혹은 하루의 시작과 끝을 일출이나 일몰로 삼아 계산하기란 불가능하기 때문일 것이다. 만약 사람들 대부분이 인식하는 대로 정의를 공식화해, 태양이 지평선 위로 처음 나타나는 것을 하루의 시작으로 계산하고, 태양 빛이 사라지는 것을 밤의 시작이라고 계산한다면,

---

204) 디오게네스 라에르티오스, 『저명한 철학자들의 삶』 제1권 106장에 관련된 내용이 수록되어 있다. "헤르미포스(Hermippos)의 저술을 인용한 소시크라테스(Sosikrates)에 따르면, 미손은 스트리몬(Strymon)의 아들로서 오이타(Oita) 혹은 라코니아(Lakonia) 지역에 있는 한 마을인 첸(Chen) 출신이었다. 그는 [그리스] 7현인의 한 사람으로 꼽혔다. 그들에 따르면 그의 아버지는 참주였다. 어떤 이의 말에 따르면, 아나카르시스(Anacharsis)가 자신보다 더 현명한 이가 있느냐고 피티아 여사제에게 물었다고 한다. 피티아 여사제의 대답은 이미 「탈레스의 생애」에서 인용되었는데, 킬론의 질문에 대한 답변이기도 했다. 즉, '오이타 지역의 첸에 있는 미손이로다. 그는 그대를 능가하여 가슴에 지혜가 있는 인물이니'". 이상에서 미손, 킬론, 아나카르시스는 모두 그리스 7현인으로 꼽히는 인물들이다.

우리는 주야평분시[205]를 갖지 못하게 될 것이다. 하지만 우리가 낮의 길이와 가장 비슷하다고 생각하는 밤의 길이는 명백히 태양의 지름만큼 낮보다 짧을 것이다. 하지만 그렇게 하면 다시 태양의 중심이 지평선과 맞닿는 바로 그 순간이 밤과 낮 사이의 경계라고 정하는 방법, 즉 수학자들이 이 편차에 적용할 개선책은 명백한 사실을 부인하는 것이 된다. 땅 위에 아직 많은 빛이 남아 있으며 태양도 우리 위에서 빛나고 있을 때를 낮이라고 인정할 수 없고 벌써 밤이 되었다고 해야만 하게 될 것이기 때문이다.

그러므로 낮과 밤의 시작을 일출과 일몰 시간에 따라 결정하는 것은 앞서 언급했던 부조리함 때문에 어려운 일이다. 따라서 태양이 최고점에 오를 때 혹은 최저점에 위치할 때를 시작점으로 하는 수밖에 없다. 후자가 더 낫다. 정오부터 태양의 궤도는 우리에게서 멀어져 떨어져가게 되고, 자정부터는 그 궤도가 우리를 향해 다가와서 떠오르게 되기 때문이다.

85. 왜 로마인은 초창기에 부인이 곡식을 갈거나 요리하지 못하게 했는가?[206]

그들이 사비네인과 맺었던 조약을 기억하고 있었기 때문이었을 것이다. 로마인이 사비네 여성들을 납치하여, 그후에 사비네족과 전쟁을 치르고 나서 평화조약을 맺었을 때, 다른 합의 조항들과 함께 사

---

205) 춘분 혹은 추분을 주야평분시라고 한다.
206) 플루타르코스, 『대비 열전』, 「로물루스전」 15장 5절. "사비네인이 로마와 전쟁을 치른 뒤 화해할 때, 그들은 사비네 여인이 실을 잣는 일 말고는 남편을 위해 아무 일도 하지 않는 것에 합의했다."

비네 여성은 로마인을 위해 곡식을 갈거나 조리를 해서는 안 된다는 조항이 명시되어 있었기 때문이다.

86. 왜 사람들은 마이우스 달[207]에는 결혼하지 않는가?

이 달은 아프릴리스 달과 유니우스(Iunius) 달 사이에 있다. 로마인은 아프릴리스 달을 웨누스에게 바쳐진 신성한 달로, 유니우스 달은 유노에게 바쳐진 신성한 달로 간주하며, 그 두 여신은 모두 결혼을 관장하는 신들이다. 따라서 로마인은 결혼을 조금 일찍 하거나 조금 늦춰서 기다렸다가 하기 때문일 것이다.

혹은 로마인이 이달에 가장 중요한 정화 의식을 거행하는데, 지금은 다리에서 강으로 인형을 던지지만 예전에는 사람을 던지곤 했기 때문일 것이다.[208] 그리하여 이때에는 유노 여신에게 봉헌되었다고 알려진 플라미니카[209]는 얼굴을 딱딱하게 굳히고 있어야 하며, 씻거나 장신구를 걸치는 일을 삼간다.

혹은 많은 라틴인이 이달에 고인에게 제물을 바치기 때문일 것이다. 바로 이런 이유 때문에 그들이 이달에 메르쿠리우스(Mercurius)를 섬기며, 달의 이름도 마이아(Maia)[210]에서 유래했을 것이다.

---

207) 로물루스력으로는 3월, 율리우스력으로는 5월이다. 여기서는 율리우스력으로 쓰였으므로 5월이다.
208) 이 책, 「로마에 관한 의문들」 34장 참조.
209) Flaminica. 유피테르의 고위 사제인 플라멘 디알리스의 부인이다.
210) 그리스어와 라틴어 모두 마이아로 발음한다. 그리스 신화에 따르면 마이아는 아르테미스 여신의 동료인 일곱 명의 플레이아데스 중 한 명으로, 아틀라스와 플레이오네 사이에서 나온 딸이다. 마이아는 제우스(유피테르)와의 사이에서 헤르메스(메르쿠리우스)를 낳았다.

혹은 일부가 말하듯이, 마이우스는 '더 나이 든 이들'이라는 의미의 마이오르(maior)에서 유래했고, 유니우스는 '더 젊은 세대'라는 의미의 유니오르(iunior)에서 나왔기 때문일 것이다. 젊은이가 결혼에 더 걸맞기 때문인데, 에우리피데스도 이렇게 읊었다.

> 노년은 키프로스의 여왕[211]을 영원히 떠나게 만들고,
> 아프로디테께서는 노인을 싫어하시나니

따라서 로마인은 마이우스 달에 결혼하지 않고, 다음에 오는 달인 유니우스 달까지 기다린다.

87. 왜 로마인은 신부의 머리카락을 창끝으로 나누는가?

이는 로마의 첫 번째 부인들의 결혼이 전쟁을 수반한 폭력으로 이루어진 것을 상징하기 때문일 것이다. 혹은 그렇게 함으로써 아내들이 이제 용감하고 호전적인 남성들의 짝이 되었으므로 꾸미지 않고 여성적이지 않으며 단순한 몸단장 방식을 기꺼이 받아들여야 한다는 것을 가르쳐주려는 의도였을 것이다. 스파르타의 리쿠르고스조차도 집의 문과 지붕은 톱과 도끼만 사용하여 만들게 하고 다른 도구는 절대로 쓰지 못하게 하여 과하게 정교하고 사치스러운 것을 금지하던 것과 마찬가지다.

혹은 이런 절차는 오로지 쇠[鐵]만이 결혼을 해소할 수 있다는 그들의 이별 방식을 넌지시 알려준다고 보아야 할 것이다.

---

211) 아프로디테를 말한다.

혹은 결혼에 관한 관습 대부분이 유노 여신과 연관되어 있기 때문일 것이다. 통상 창은 유노 여신에게 바쳐진 것으로 인정되고 유노 여신의 신상 대부분은 그녀가 창에 의지하고 있는 모습을 나타내며, 여신의 이명(異名)도 쿠리티스[212]다. 옛날 사람들이 창을 쿠리스(*curis*)라고 부르곤 했기 때문이다. 그러므로 더 언급하자면, 로마인은 에날리오스[213]를 퀴리누스(Quirinus)라고 부른다.

88. 왜 로마인은 공적인 구경거리에 사용되는 비용을 루카르(*lucar*)라고 부르는가?

도시 주변에 신들에게 바쳐진 여러 과수원이 있고, 로마인은 그것들을 루키(*luci*)라고 부른다. 로마인은 그 과수원들에서 나오는 수입을 공적인 구경거리에 사용하기 때문일 것이다.

89. 왜 로마인은 퀴리날리아 축제[214]를 바보들의 축제라고 부르는가?

이는 유바가 말했듯이, 자기 일가친척[215]을 모르는 사람들에게 그

---

212) 쿠리티스(Quiritis)는 원래 사비네족이 섬기던 모성애의 여신이었다. 나중에 서야 쿠리티스가 로마의 여신 유노와 동일시된다.
213) Enyalios. 보통은 그리스의 전쟁의 신 아레스의 이명으로 사용되지만, 가끔은 아레스의 아들로 표현되기도 한다. 여기서는 아레스의 이명으로서 로마의 마르스 신을 말한다.
214) Quirinalia. 퀴리누스를 섬기는 축제로 2월 17일에 베풀어진다.
215) 라틴어로 쿠리아(*curia*)라고 부르는 같은 씨족의 사람들을 말한다.

날을 할당해주었기 때문일 것이다. 혹은 자기 부족의 다른 사람들은 포르나칼리아[216]에서 희생제를 올렸는데, 일 때문이거나 로마에 없어서, 아니면 몰라서 희생제를 지내지 못했던 사람들이 이날에 그 축제를 마땅히 즐기기 때문일 것이다.

90. 왜 로마인은, 와로가 기록한 대로, 헤르쿨레스[217]에게 희생제를 올릴 때 다른 신의 이름을 언급하지 않으며, 그 분의 경내에 개 한 마리도 보이지 않게 하는가?

그들은 헤르쿨레스를 반신으로 간주하기 때문에 다른 신을 언급하지 않을 것이다. 하지만 어떤 이들이 말한 대로, 헤르쿨레스가 아직 땅 위에 있을 때에도 에완데르가 그를 위한 제단을 건설하고 그에게 희생 제물을 바쳤다. 헤르쿨레스는 모든 동물 중에서 개와 가장 많이 싸웠는데, 예를 들어 케르베로스[218]처럼 이 짐승이 항상 그에게 많은 곤란을 가져온 것이 사실이다. 무엇보다 리킴니오스(Likymnios)의 아들인 오이오노스[219]가 개 때문에 히포코온(Hippokoon)의 아들들에

---

216) Fornacalia. 화덕(포르낙스, *fornax*)을 성스럽게 신격화한 포르낙스 여신을 기리는 축제다. 빵 굽는 일과 관련이 있다.
217) 원문은 헤라클레스로 되어 있으나 로마와 관련된 부분이어서 헤르쿨레스로 옮겼다.
218) Kerberos. 보통 하데스의 사냥개로 언급된다. 죽은 자가 도망칠 수 없도록 지하 세계의 문을 지키고 있는 머리가 여러 개 달린 개를 말한다. 에키드나(Echidna)와 티폰의 자식으로서 일반적으로는 머리가 세 개이고, 꼬리는 큰 뱀이며, 몸 이곳저곳에서 뱀이 튀어나오는 것으로 묘사된다. 헤라클레스의 열두 과업 중 마지막이 케르베로스를 잡는 것이었다.
219) Oionos. 헤라클레스의 동료인 리킴니오스의 아들이다. 그는 헤라클레스와 함께하다가 스파르타에서 살해당했다. 헤라클레스는 리킴니오스에게 그의

게 살해당했을 때, 헤르쿨레스는 그들과 전투를 벌여야만 했으며, 많은 친구와 이부형제인 이피클레스[220]를 잃었다.

91. 왜 혈통귀족은 카피톨리누스 언덕 주위에 사는 것이 금지되었던가?

마르쿠스 만리우스[221]가 그곳에 살았을 때, 왕이 되려고 했기 때문일 것이다. 로마인의 말에 따르면, 마르쿠스 만리우스 때문에 그 가문 사람들은 앞으로는 누구도 마르쿠스라는 이름을 갖지 않겠다고 맹세를 해야 했다고 한다.

혹은 이 두려움이 로마 초기부터 있었을지도 모른다. 어쨌거나 푸블리콜라가 비록 매우 민중 친화적인 인물이었지만, 귀족들은 계속해서 그를 비방했으며 평민들은 계속해서 그를 두려워했다. 사람들은 이 상황이 포룸에 대한 위협[222]이라고 생각했고, 결국 그는 자신의 집을 허물어야 했다.

아들을 데려갈 것이라고 약속했고, 오이오노스가 죽었을 때, 헤라클레스는 그를 화장하여 골분을 그의 아버지에게로 가져갔다. 그리스에서 화장이 시작된 기원이라고 알려져 있다.

220) Iphikles. 헤라클레스를 낳은 알크메네와 인간 남편 암피트리온(Amphitryon) 사이의 아들이다.
221) Marcus Manlius. 기원전 392년에 집정관이 되었고, 기원전 384년에 사망했다. 만리우스 가문은 공화정 초기의 정치를 이끌던 주요 혈통귀족 가문 중 하나다.
222) 즉, 푸블리콜라가 원로원이 내려다보이는 웰리아누스 언덕 정상에 집을 짓는 것은 왕정을 복고하여 자신이 왕이 되려 한 것이고, 이는 곧 공화정의 위기라고 본 것이다. 푸블리콜라는 이런 풍문이 돌자 자신이 직접 짓던 집을 허물고 언덕 기슭에 새로 집을 지었다.

92. 왜 로마인은 전쟁에서 동료 시민의 목숨을 구한 사람에게 참나무 잎새로 만든 화관을 수여하는가?

이는 아마 전쟁터 어디에서나 참나무 잎새가 많아 찾기 쉬웠기 때문일 것이다.

혹은 화관이 유피테르와 유노의 신성한 것이고, 그 신들을 도시의 수호신들로 여겨서일 것이다.

혹은 참나무와 혈족 관계가 있다고 믿는 아르카디아인으로부터 내려온 고대의 유산인 관행 때문일 수도 있다. 왜냐하면 그들은 참나무가 최초의 식물인 것처럼, 자신들의 선조가 땅에서 솟아 나온 최초의 인간이라고 생각하기 때문이다.

93. 왜 로마인은 조점을 칠 때 독수리를 가장 많이 이용하는가?

로마를 건설할 때 로물루스에게 12마리의 독수리가 나타났기 때문일 것이다. 혹은 독수리가 가장 적게 나타나며 별로 익숙하지 않은 새였기 때문일 것이다. 독수리는 둥지를 찾는 것도 쉽지 않고, 갑자기 나타나 멀리에서부터 급강하한다. 그러므로 독수리를 본다는 것은 놀라운 일이다.

혹은 이것도 헤르쿨레스로부터 배웠을 것이다. 헤로도로스[223]가

---

223) Herodoros. 플루타르코스, 『대비 열전』, 「로물루스전」 제9장 5절. "헤로도로스 폰티코스에 따르면, 헤라클레스도 위업에 나섰을 때 독수리를 보고 기뻐했다고 한다." 헤로도로스는 헤라클레아(Heraklea)의 헤로도로스라고도 불리는 역사가로서 기원전 400년경에 활동했다. 그는 헤라클레스에 관한 역사

사실을 전한 것이 맞다면, 어떤 일을 착수했을 때, 다른 모든 새보다 독수리가 나타나면 기뻐했다고 한다. 그는 독수리가 육식동물 중에서 가장 공정하다고 믿었기 때문이다. 왜냐하면, 먼저 독수리는 다른 수리나 매, 밤에 나는 다른 새들이 하듯이, 살아 있는 것을 건드리거나 생물을 죽이지 않는다. 오히려 독수리는 어떤 다른 방식으로 죽은 것들을 먹고 산다. 그런 경우에도 동족은 먹지 않고 내버려둔다. 독수리는 다른 수리와 매가 하듯이, 동족을 쫓거나 쪼아서 새끼를 잡아먹는 일이 목격되지 않는다. 게다가 아이스킬로스도 이렇게 읊었다.[224]

새끼들에게 먹이를 주는 새가 어떻게 순결할 수 있는가?

독수리는 새 중에서 인간에게 가장 무해하다고 말할 수 있다. 이 새는 과일이나 곡식을 망치지 않으며, 집에서 키우는 동물들을 해하지도 않기 때문이다. 하지만 이집트인의 우화처럼, 콘도르가 모두 암컷이고 동풍의 입김을 받아들여 새끼를 가진다면 ― 나무들이 서풍을 받아들여 열매를 맺는 것처럼 ― 독수리에서 볼 수 있는 징조는 확고하고 분명하여 믿을 만할 것이다. 하지만 다른 새들의 경우, 유괴,[225] 은신, 추적할 때도 그렇지만 짝짓는 계절에 흥분하게 되면 조짐을 칠 때 불안정하고 방해가 될 것이다.

를 썼다고 전해진다.
224) 아이스킬로스, 『탄원하는 여인들』(*Hikedides*), 226행
225) 새 둥지에서 새끼를 훔치는 것을 말한다.

94. 아이스쿨라피우스[226]의 성역은 왜 도시 밖에 있는가?

로마인들은 도시의 성벽 내에서가 아니라 시외에서 시간을 보내는 편이 건강에 더 좋다고 간주했기 때문일 것이다. 사실 예상할 수 있듯이, 그리스인은 아스클레피오스 성역을 깨끗하고 높은 장소에 자리 잡도록 한다.

혹은 로마인들이 그 신을 에피다우로스[227]에서 소환해 데려왔다고 믿기 때문일 것이다. 에피다우로스인은 아스클레피오스의 성역을 시내가 아니라, 좀 떨어진 곳에 두었다.

혹은 큰 뱀이 삼단노선에서 나와 그 섬으로 들어가 사라졌고, 로마인은 아스클레피오스 신께서 직접 신전을 지을 장소를 그렇게 알려주셨다고 생각했기 때문일 것이다.[228]

---

226) Aesculapius. 그리스의 의술의 신 아스클레피오스(Asklepios)의 로마식 이름이다. 아폴론의 아들로 알려져 있지만 모친의 경우는 크로니스(Kronis)라는 전승도 있고, 아리스노에(Arisnoe)라는 전승도 있다. 심지어 아폴론이 혼자 낳았다고 전해지기도 한다.
227) Epidauros. 그리스 펠로폰네소스반도에 있는 작은 도시다.
228) 여기서의 섬은 티베르강 복판에 있는 티베르섬(Insula Tiberis)을 말한다. 전승에 따르면 기원전 293년에 로마에 역병이 돌았고, 시빌리나 신탁집을 찾아본 로마 원로원은 그리스의 에피다우로스에서 아스클레피오스 신을 모셔오기로 했다. 로마의 배가 신상을 모시러 에피다우로스에 갔을 때, 신전 안에서 큰 뱀이 나왔고 로마인은 그 뱀을 배로 옮겼다. 그 배가 로마의 티베르섬에 도달했을 때, 뱀은 배에서 내려, 섬으로 헤엄쳐 들어갔다. 로마인이 이것이 신의 뜻이라고 믿고 그 자리에 신전을 세웠다.

95. 왜 경건한 생활을 하는 이들이 콩류를 삼가는 것이 관습적인 규율이 되었는가?

피타고라스의 추종자들처럼, 그들이 콩을 종교적으로 삼가는 것은 일반적으로 제기되는 이유말고도, 누에콩(*lathyros*)과 병아리콩(*erebinthos*)의 이름이 레테[229]와 에레보스[230]를 암시하기 때문일 것이다.

혹은 그들이 죽은 이를 위한 장례 만찬과 정화 의식에서 특별히 콩류를 사용하기 때문일 것이다.

혹은 경건한 생활과 정화를 목적으로 몸을 깨끗하고 가볍게 유지하기 위해서였을 것이다. 실제로 콩류는 하제(下劑)를 써서 변을 많이 봐야 할 정도로 살이 찌는 음식이며 몸에서 잉여물을 만들어낸다.

혹은 그 음식이 배에 가스가 차게 만들고 헛배를 부르게 하여 욕망을 자극하기 때문일 것이다.

96. 왜 로마인은 웨스타 신녀들[231]이 성적으로 타락하면 다른 처벌을 하는 것이 아니라 산 채로 매장해버리는가?

그들은 관습적으로 시신을 화장하는데, 순결한 몸으로 성화(聖火)

---

[229] Lethe. 하데스의 지하세계에 있는 다섯 개의 강 중 하나다. 아멜레스 포타모스(Ameles potamos, 망각의 강)로 알려져 있다.
[230] Erebos. '깊은 어둠', '그림자'를 의미하며 어둠이 신격화된 신이다. 헤시오도스의 『신통기』에서는 에레보스를 카오스에서 태어난 최초의 다섯 존재 중 하나로 묘사한다.
[231] 웨스탈레스를 말한다. 원문을 직역하면 '성스러운 처녀들'로 해야 하지만, 내용상 라틴어로 의역했다.

를 지키지 않았던 여성들을 매장할 때 불을 사용하는 것이 옳지 않아서였을 것이다.

혹은 가장 성대한 정화 의식으로 성화된 몸을 죽이는 것, 혹은 성결한 여성에게 손을 대는 것은 신성한 규례에 반하는 것이라 믿었기 때문일 것이다. 따라서 그들은 여성이 스스로 죽도록 하는 방법을 생각해냈다.

그들은 여성을 땅속에 지은 방으로 들어가게 했다. 그곳에는 불을 붙인 등잔, 빵 한 덩어리, 물과 우유 약간을 두었다. 그후, 그 방의 윗부분을 흙으로 덮었다. 이런 방식으로도 미신적인 두려움에서 나온 죄책감을 피하지 못했다. 오늘날까지도 사제들은 이 장소에 가서 죽은 이에게 제물을 올린다.

97. 왜 12월[232] 15일의 전차 경주 이후에 우승한 팀의 우측 견인마는 마르스 신에게 제물로 바쳐지는가? 왜 그 말의 꼬리를 자르고, 레기아(Regia)라 불리는 곳에 그 말을 끌고 가서 제단에 말의 피를 뿌리는가? 그리고 왜 그런 일이 벌어지는 동안 일부 사람들이 성도(聖道)[233]라 불리는 거리를 달려 내려오고, 일부 사람들은 수부라 지구[234]에서 와서 말의 머리를 놓고 싸움을 벌이는가?

---

232) 실제로는 10월이었다. 플루타르코스의 실수로 보인다.
233) Via Sacra. 고대 로마시의 주도로였다. 카피톨리네 언덕에서 시작하여 포룸의 종교적 건물들을 지나 콜로세움이 있는 곳까지 이어진다.
234) Subura. 고대 로마의 쿠리날레스 언덕과 위미날레스 언덕 기슭에 있는 낮은 지대로서, 주로 평민들이 살았다.

이는 몇몇 사람이 말하듯이, 로마인은 트로이아가 말을 수단으로 함락되었다고 믿기 때문일 것이다. 그리하여 로마인은 말을 처벌하는데, 그들은 "라틴인의 후손과 뒤섞인 트로이아인의 고결한 후손"[235]이기 때문이다.

혹은 말이 용감하고 호전적이며 전쟁에 어울리는 짐승이기 때문에, 신들을 특별히 기분 좋게 하는 적절한 희생 제물로 올리는 듯하다. 또한 마르스 신은 승리와 무용(武勇)을 관장하는 특성한 신이기 때문일 것이다.

혹은 신의 과업은 군건히 버티는 것이며, 흔들리지 않는 사람은 흔들리거나 심지어 도망치는 이에게 승리를 거두기 때문일 것이다. 신속함은 겁쟁이의 수단이라고 하여 처벌받게 되는데, 도망치는 자에게 안전이란 없다는 것을 상징적으로 배우게 하기 위해서일 것이다.

98. 왜 감찰관들은 직무를 시작할 때, 다른 모든 것에 앞서서 성스러운 거위들[236]의 먹이를 계약하고, 조상(彫像)[237]에 광을 내는가?

그들은 비용도 별로 들지 않고, 문젯거리도 별로 없는 그런 일상적인 일로 임기를 시작하기 때문일 것이다.

혹은 갈리아 전쟁에 기여한 성스러운 거위들에게 진 오래된 빚에 대해 감사하는 것을 기념하려고 그랬을 것이다. 왜냐하면 밤중에 이

---

235) 호메로스풍으로 플루타르코스가 지은 운문이다.
236) 유노 여신의 신전에 있는 거위들을 말한다. 자세한 내용은 이 책, 「로마인의 운명에 관하여」 제12장 참조.
237) 카피톨리누스 언덕에 있는 유피테르 조상을 말한다.

민족이 카피톨리네 언덕의 성벽을 이미 기어오르고 있었을 때, 비록 개들은 잠이 들었지만 거위들은 침략자들을 알아채고 소리 높이 울어서 경비병들을 깨웠기 때문이다.

혹은 감찰관들은 가장 중요한 문제들을 지키는 이들이고, 성스러운 일과 국가의 일, 시민들의 삶과 도덕, 행위를 감독하고 바쁘게 일하는 것이 그들의 의무이므로, 가장 경계심이 많은 동물을 즉각적으로 고려하는 듯하다. 동시에 거위에게 신경을 써서 시민들이 성스러운 일에 무관심하거나 부주의하지 않도록 촉구하는 것이다.

조상에 광을 내는 일은 절대적으로 필요하다. 로마인이 고대 조상에 색을 칠할 때 썼던 붉은 안료는 빠르게 생생함을 잃어버리기 때문이다.

99. 로마인들은 만약 다른 사제들이 유죄판결을 받거나 추방형을 받으면 그 사제를 면직하고 다른 사제를 선출하는데, 왜 조점관의 경우는 그기 최악의 죄를 범한 것이 확실해도 살아 있는 한 그의 성직자 자격을 박탈하지 않는가? 그들은 '조점관들'을 징조를 관장하는 이로 부른다.

어떤 이들이 말하듯이, 로마인들은 성스러운 의식의 비밀을 사제가 아닌 사람이 아는 것을 원하지 않기 때문일 것이다.

혹은 조점관이 성스러운 문제에 관한 것을 누구에게도 누설하지 않겠다는 맹세에 매여 있고 그가 개인 자격으로 떨어지는 경우에도 맹세에서 풀어줄 수 없기 때문일 것이다.

혹은 '조점관'이라는 이름이 직책의 등급을 나타내는 것이 아니라 지식과 기술을 가리키기 때문일 것이다. 예언자를 예언자가 아니게 만드는 것은, 마치 음악가를 음악가가 아니게 하거나 의사를 의사가 아니게 하는 것과 마찬가지일 것이다. 사람들이 직함은 빼앗을 수 있어도, 능력을 제거할 수는 없기 때문이다. 로마인들은 조점관의 원래 숫자를 유지하기 때문에 조점관들은 당연히 후계자를 지명하지 않는다.

100. 왜 섹스틸리스라 불렀던 아우구스투스 달 15일에 남녀불문하고 모든 노예를 놀게 하고, 특별히 로마인 여성들이 노예들의 머리를 씻고 깨끗하게 해주는가?

이날은 세르위우스왕이 포로가 된 여자 노예에게서 태어난 날[238]이었기에 노예들을 일에서 풀어주기 때문일 것이다. 머리를 씻어주는 것은 여자 노예의 일인데 노예들의 축제일이기에 그 일 자체가 자유민 여성에게 넘어갔기 때문일 것이다.

101. 왜 로마인은 불라이(*bullae*)라고 부르는 호부(護符)를 아이들의 목에 걸어주는가?

다른 많은 일처럼, 강제로 아내로 삼았던 사비네 여성들을 존중하기 위해 그녀들의 소생인 아이들에게 전통적인 장신구인 호부를 목에 걸어주었을 것이다.

---

238) 자세한 내용은 이 책, 「로마인의 운명에 관하여」 제10장 참조.

혹은 타르퀴니우스[239]의 남자다운 용기를 기리기 위해서였을 것이다. 그에 관해서 다음의 이야기가 전해진다. 그가 아직 어렸을 때, 라틴인과 에트루리아인의 연합과 로마가 싸우는 전투에서 그는 적진으로 바로 돌격했다. 그러다 말에서 떨어졌지만, 그는 용감하게 자신에게 달려드는 적들을 버텨내었다. 그렇게 해서 로마인에게 새로운 힘을 불어넣어주었다. 곧 적은 산산이 부서져 패주했고, 1만 6,000명의 적이 전사했다. 그는 아버지인 왕으로부터 용맹에 대한 포상으로 호부를 받았다.

초기 로마인은 한창때의 젊은 남자 노예와 사랑을 나누는 것[240]을 불명예스럽거나 수치스럽게 간주하지 않았는데, 이는 로마의 희극에서도 입증된다. 반면에 자유민 소년들과는 사랑을 나누는 것이 엄격하게 금지되었다. 그래서 그들이 벌거벗고 있을 때라도 불확실한 일이 없도록 하려고 로마인 소년에게 표지로 호부를 차게 했을 것이다.

혹은 불라이는 소년의 표지를 한 아이들 앞에서 어른이 창피한 일을 하지 않도록 하고 제대로 된 행동을 하도록 보증하는 것, 즉 일종의 무절제에 대한 고삐였을 것이다.

와로와 그의 학파 사람들이 하는 말은 믿기 어렵다. 그들에 따르면, 아이올리아(Aiolia)인은 '협의'(協議, boule)를 볼라(bolla)라고 하는데, 소년들은 훌륭한 협의의 상징으로 이 장신구를 한다는 것이다.

하지만 달 때문에 호부를 착용하지 않을 수도 있다는 점을 고려해야 한다. 상현(上弦) 때 달의 모습은 구체가 아니라 렌즈콩이나 고리

---

239) 로마의 다섯 번째 왕으로 알려진 루키우스 타르퀴니우스 프리스쿠스를 말한다. 일곱 번째이자 마지막 왕인 루키우스 타르퀴니우스 수페르부스와 헷갈리는 경우가 많다.
240) 동성애의 일종인 소년애, 즉 소년에 대한 사랑을 말한다.

처럼 생겼다. 엠페도클레스[241]가 생각한 것처럼 달을 구성하는 물질도 마찬가지다.[242]

102. 로마인은 소녀가 태어난 지 8일이 되는 날에 이름을 지어주는데, 왜 소년은 9일이 되는 날에 이름을 지어주는가?

소녀들이 앞서 이름을 받는 것의 원인은 자연일 수도 있다. 실제로 여성이 남성보다 먼저 자라고 성숙해지며 완전해지는 것이 사실이기 때문이다. 날짜에 대해 말하자면, 그들은 7일 이후에 이름을 지어준다. 신생아에게 7일째 되는 날은 여러 가지로 위험한데, 특히 탯줄 문제로 위험하기 때문이다. 대부분 탯줄은 7일째 되는 날에 떨어져 나간다. 탯줄이 떨어져 나가기 전의 아기는 동물이라기보다는 식물에 더 가깝다.

혹은 그들이 피타고라스학파 사람들처럼 짝수를 여성으로, 홀수를 남성으로 간주해서 그럴 것이다. 홀수는 생성적인데, 짝수에 홀수를 더하면 〔홀수가 되어〕 짝수를 지배하기 때문이다. 또한 숫자를 단위로 나눌 때, 짝수는 마치 여성처럼 그 사이에 빈 공간을 남겨 두지만, 홀수는 항상 정수 부분이 남는다. 그러므로 로마인은 홀수가 남성에게 어울리고, 짝수는 여성에게 어울린다고 생각한다.

---

241) Empedokles. 기원전 494년경에서 434년경까지 살았던 그리스의 철학자다. 그는 우주가 4원소로 이루어졌다는 학설을 내놓았다.
242) 상현달 모양이 호부와 비슷하기 때문에 그런듯하다. 다만 달과 모양이 비슷하다고 하여 호부를 착용하지 않는 점에 대해서는 추측하기 어렵다. 달의 신이 여신이기 때문일 수도 있다.

혹은 모든 숫자 중에서 9는 첫 번째 홀수[243]이자 완전한 삼각형의 제곱이고, 8은 짝수 2에서 나온 첫 번째 입방체이기 때문일 것이다. 남성은 튼튼하고 탁월하며 완벽해야 한다. 반면에 여성은 입방체처럼 안정적이고 가정적이며 자신의 장소에서 움직이기 힘들어야 한다. 그리고 다음의 사실도 추가되어야 한다. 8은 2의 입방체이며, 9는 3의 제곱인데, 여성은 두 개의 이름을 갖고 남성은 세 개의 이름을 갖는다.[244]

103. 왜 로마인은 아버지를 알 수 없는 아이들을 스푸리이 (*spurii*)라고 부르는가?

그 이유는, 그리스인들이 믿고 있고 법률가들이 법정에서 주장하듯이, 이 아이들이 일종의 난교에서 나온 것이 아니기 때문이다. 오히려 스푸리우스(Spurius)는 섹스투스(Sextus)나 데키무스(Decimus), 가이우스(Gaius) 같은 개인명이다. 로마인은 개인명을 모두 쓰지 않고 줄여 쓰는 경향이 있다. 한 글자로 줄인다면 예를 들어, 티투스(Titus)를 T.로, 루키우스(Lucius)를 L.로, 마르쿠스(Marcus)를 M.으로 쓴다. 두 글자로 줄인다면, 예를 들어 티베리우스(Tiberius)를 Ti.로, 그나이우스(Gnaeus)를 Cn.[245]으로 쓴다. 세 글자로 줄인다면, 예를 들어 섹스투스(Sextus)를 Sex.로, 세르위우스(Servius)를 Ser.로 쓴다. 그래서 스푸리우스는 그런 이름들처럼 두 글자인 Sp.로 줄여 쓴다. 로마인은

---

243) 3을 의미한다.
244) 로마 남성들의 이름은 대개 세 개다. 개인명, 씨족명, 가문명의 순서로 되어 있다.
245) 로마인은 그나이우스를 줄여 쓸 때 Gn.이 아니라 Cn.으로 쓴다.

아버지를 알 수 없는 아이들을 '시네 파트레'(sine patre) 즉, '아버지가 없는'이라고 하는데, 그 줄임말도 sp.다. 여기서 s는 '~이 없는'이라는 의미의 '시네'에서 딴 것이고, p는 '아버지'라는 의미의 '파트레'에서 딴 것이다. 이 사실이 실수를 유발하여 '시네 파트레'와 '스푸리우스'의 줄임말이 같아져버렸다.

필자는 다른 설명도 하려고 하는데, 이 설명도 어느 정도 터무니없는 면이 있다. 로마인은 사비네인이 여성의 생식기를 가리키는 데 스푸리우스라는 단어를 사용한다고 주장하는데, 이 단어는 후에 미혼의 여성에게서 태어난 아이를 마치 놀림감처럼 부르는 데 사용했다.

104. 왜 로마인은 바쿠스를 '리베르 파테르'(Liber Pater, 자유로운 아버지)라고 부르는가?

아마 바쿠스가 술꾼들에게는 자유의 아버지이기 때문일 것이다. 사람들 대부분은 취했을 때 대담해지고 솔직한 말을 많이 하기 때문이다. 혹은 신들께 바치는 헌주의 수단을 마련해주었기 때문일 수도 있다. 혹은 알렉산드로스[246]가 주장하듯이 보이오티아의 엘레우테라이(Eleutherai)에서 이름을 딴 디오니소스 엘레우테리오스[247]에서 나왔을 것이다.

---

246) 기원전 1세기 전반에 활동했던 그리스 출신의 로마 작가 알렉산드로스 폴리히스토르(Alexandros Polyhistor)를 말한다. 그는 포로가 되어 로마의 노예가 되었지만, 가정교사로 일하고 후에 자유를 얻었다. 다작의 작가였으나 단편들만 남아 있다.

247) Dionysos Eleutherios. 엘레우테리오스는 '해방자'라는 의미다.

105. 관습적으로 처녀는 공적인 축제일에 결혼식을 치르지 않고, 과부는 그날 결혼하는 이유는 무엇인가?

와로가 언급했듯이, 처녀는 결혼에 대해 슬퍼하지만 나이 든 여성은 기뻐하기 때문일 것이다. 또한 사람들은 축제일에 슬퍼하거나 억지로 결혼해서는 안 되기 때문일 것이다.

혹은 처녀가 결혼할 때에는 적지 않은 사람들이 식에 참석하는 것이 적절하지만, 과부가 결혼할 때는 많은 사람이 참석하는 것이 적절하지 않기 때문일 것이다. 첫 결혼은 부러움을 사지만, 두 번째 결혼은 비난을 받는다. 만약 첫 번째 남편이 아직 살아 있는데 두 번째 남편을 맞는다면 부끄러워해야 하고, 첫 번째 남편이 죽은 상황에서 그런다면 슬퍼해야 하기 때문이다. 그래서 과부는 행렬을 지어 다니는 요란한 결혼보다 조용한 결혼을 좋아한다. 축제일에 사람들 대부분은 축제에 마음이 흐트러져서, 결혼 문제에는 관심이 없다.

혹은 로마인이 과거 축제일에 사비네인의 딸인 처녀들을 결혼하려고 붙잡아 전쟁이 일어났기 때문에 축제일에 처녀가 결혼하면 나쁜 징조라고 간주하게 되었을 것이다.

106. 로마인은 왜 포르투나 프리미게니아(Fortuna Primigenia), 즉 '처음 태어난 운명의 여신'을 숭배하는가?[248]

여자 노예에게서 태어난 세르위우스 〔툴리우스〕가 운명의 여신 덕분에 로마의 명망 높은 왕이 되었기 때문일 것이다. 로마인 대부분이

---

248) 이 책, 「로마인의 운명에 관하여」 제10장 참조.

그렇게 추측한다.

혹은 운명의 여신께서 로마의 기원과 탄생에 〔능력을〕 부여하셨기 때문일 것이다.

혹은 운명의 여신께서 모든 것의 기원이시고 그 활동으로 자연이 견고한 틀을 얻게 되었기 때문일 것이다. 어떤 종류의 것들이 우연히 함께 어우러져 질서가 만들어진다는 것이 자연스럽고 철학적인 추론이기 때문이다.

107. 왜 로마인은 음악가와 배우들을 히스트리오네스(*histriones*)라고 부르는가?

클루위우스 루푸스[249]가 기록한 이유 때문일 것이다. 루푸스에 따르면, 아주 예전에 가이우스 술피키우스(Gaius Sulpicius)와 리키니우스 스톨로(Licinius Stolo)가 집정관을 지낼 때,[250] 로마에 전염병이 번져서 무대에 서는 사람들이 모두 사망했다. 그리하여 로마인의 요청으로 에트루리아에서 뛰어난 예술가가 많이 왔는데, 그중 가장 명성이 높고 극장에서 가장 오래 성공했던 이의 이름이 히스테르(Hister)였다. 따라서 그의 이름을 따서 모든 배우를 히스토리오네스라고 부르게 되었다.

---

249) Cluvius Rufus. 서기 1세기 중반에 활동했던 마르쿠스 클루위우스 루푸스를 말한다. 그는 집정관, 원로원 의원, 총독을 지냈으며 역사가이기도 했다.
250) 기원전 361년이다.

108. 왜 로마인은 가까운 친척 여성과는 결혼하지 않는가?

그들은 결혼을 통해 관계를 확장하고, 다른 이들에게 아내가 될 여성을 보내거나 아내를 맞아들여 친족의 수를 많이 늘리고 싶어 하기 때문일 것이다.

혹은 가까운 친척과의 결혼에서 나오는 불화가 타고난 권리마저 망가뜨릴까 봐 두려워하기 때문일 것이다.

혹은 여성들은 약하여 많은 보호자를 필요로 하는데, 가문 내에서 배우자를 구했을 때, 남편이 아내에게 잘못했더라도 친척들이 남편의 편을 들지도 모른다는 점을 알기 때문일 것이다.

109. 왜 로마인은 플라멘 디알리스라고 불리는 유피테르의 고위 사제에게 밀가루나 누룩을 만지지 못하게 하는가?

밀가루는 불완전하고 거친 음식이기 때문일 것이다. 밀가루는 밀이었던 상태로 머물러 있지도 않고, 앞으로 되어야 할 빵이 된 것도 아니기 때문이다. 즉, 밀가루는 씨앗의 싹트는 힘을 잃어버렸고, 동시에 아직 유용한 음식이 되지도 않았다. 그리하여 호메로스도 마치 밀가루가 맷돌 돌리기에 의해 죽거나 파괴했다는 듯이 보릿가루를 '밀레파토스' (갈려 죽은)[251]라는 별칭으로 비유했다.

누룩 역시 그 자체로 발효의 산물이고, 누룩이 섞여 들어간 반죽 내에서 발효 과정을 만들어낸다. 반죽은 흐늘흐늘해지고 늘어져서 발효 작용과 함께 일종의 부패인 것처럼 보이게 된다. 어쨌거나 발효가

---

251) 호메로스, 『오딧세이아』 제2권 355행 참조.

지나치게 되면 산패하여 밀가루를 망치게 된다.

110. 왜 플라멘 디알리스는 생고기를 만지는 것도 금지되는가?

이 관습은 사람들이 생고기를 먹지 않게 하기 위해 만들어졌을 것이다. 혹은 밀가루와 마찬가지의 이유로 신중하게 살코기를 거부하기 때문일 것이다. 생고기는 생물체도 아니고, 아직은 조리된 음식이 되지도 않았기 때문이다. 일종의 변화인 굽기와 삶기를 통해 이전의 모습은 사라진다. 생고기는 깨끗하고 더럽혀지지 않은 외양이 아니며, 새로 생긴 상처처럼 불쾌한 면이 있다.

111. 왜 로마인은 사제에게 개와 염소를 피하게 하며, 그것들을 만지지도 이름을 지어주지도 못하게 하는가?

그들이 염소의 음탕함과 악취를 싫어했기 때문일 것이다. 혹은 염소가 병에 걸리기 쉬운 것을 두려워해서였을 것이다. 염소는 다른 어떤 동물보다 간질에 쉽게 걸리며, 그 병에 걸려 있는 염소를 만지거나 그 고기를 먹는 사람을 감염시킨다고 사람들이 믿기 때문이다.[252] 그들에 따르면, 염소를 만지거나 고기를 먹으면 종종 기관(氣管)이 갑자기 수축하여 좁아지기 때문이라고 한다. 그들은 염소의 소리가

---

252) 하지만 플리니우스는 『자연사』(*Naturalis Historia*) 제27권 16장에서 간질에 걸린 사람에게 염소 고기를 준다고 말한다.

가는 것에서 이를 추론하고 있다. 따라서 사람의 경우, 간질 발작을 하는 동안 말을 하게 되면, 목소리가 염소 우는 소리와 비슷해진다.

개는 음탕함이나 악취가 좀 덜하다. 하지만 어떤 사람들은 개가 공개적으로 교미하기에 아테나이의 아크로폴리스(Akropolis)나 델로스 섬에 개를 들이지 않는다고 말한다. 소와 돼지, 말은 강제하지 않아도 벽이 있는 공간 내에서 교미하는데 말이다. 그러나 그렇게 말하는 이들은 제대로 된 이유를 알지 못하는 것이다. 개는 호전적인 생물이어서 로마인들은 탄원자를 위해 안전한 피신처로 제공되는 불가침의 신성한 성역에 들어오지 못하게 하는 것이기 때문이다. 따라서 유피테르의 사제는, 말하자면 신의 살아 있는 체현이자 신성한 이미지이기에, 그 역시 청원자와 탄원자를 자유롭게 보호하는 사람이다. 그러니 무엇이라도 그 사람들을 방해하거나 놀라게 해서 쫓아내서는 안 된다.

그런 이유로 사제의 침상은 사제관의 문간방에 놓여 있고, 보호를 받기 위해 무릎을 꿇는 자는 누구라도 종일 구타와 체벌을 면제받는다. 죄수일지라도 사제에게 갈 수 있으면 자유롭게 풀려나게 된다. 그의 사슬은 벗겨져서 성역 밖으로 던져지는데, 문밖으로가 아니라 지붕 너머로 던져진다. 만약 개가 사제 앞에 버티고 서서 피신처를 구하는 사람들에게 겁을 주고 내쫓는다면, 사제 본인이 아무리 점잖고 자비로워도 별 쓸모가 없게 될 것이다.

개는 올림포스의 어떤 신께도 희생물로 바쳐진 적이 없으므로, 실제로 나이 든 이들은 이 동물이 전적으로 순결하다고 생각하지 않는다. 교차로에서 지하의 여신 헤카테에게 개가 제물로 바쳐지는 경우[253]는 사악함을 피하고 속죄하기 위해 바치는 제물 중에 들어가

---

[253] 이 책, 「로마에 관한 의문들」 52장 참조.

있는 것뿐이다. 스파르타인들은 가장 잔인한 신 에냘리오스[254]에게 개를 희생물로 바친다. 보이오티아에서 열리는 공식 정화 의식은 두 동강 난 개의 사체 부분들 사이로 지나가는 것이다. 로마인은 정화의 달[255]에 열리는 늑대 축제 — 루페르칼리아라고 불리는 — 에서 개를 희생한다. 그러므로 지고하시고 가장 정결하신 신을 섬기는 직분에 이른 자들은 개를 반려동물로 삼아 집에서 데리고 사는 것이 금지되었고, 이를 어겨서는 안 된다.

112. 유피테르의 사제가 담쟁이덩굴을 만지거나, 나무에서 자라난 포도 덩굴이 늘어진 길을 걷는 것이 금지된 이유는 무엇인가?

이는 마치 훈계처럼 보이는 두 번째 의문[256]이다. 즉, "발판에 걸터앉아서 식사를 하지 마라", "됫박 위에 앉지 마라", "빗자루 위로 건너가지 마라" 같은 것들이다. 피타고라스학파 사람들은 이런 것들을 진정으로 두려워하거나 경계하지는 않았고, 다만 이 명령들을 통해 다른 것을 금했다. 사제가 술에 취하면 안 되는데, 포도 덩굴 아래를 걷는 것은 술에 취하는 것과 비슷하게 관계가 있다. 포도주가 취한 이의 머리 위에 있으므로, 취한 이는 포도주에 의해 압도당하고 그 아래로 들어가게 된다. 오히려 그들이 포도주 위에 서고, 언제든지 그 쾌락을 지배해야지 거기에 지배당하면 안 되는 데도 말이다.

로마인들은 담쟁이덩굴이 열매를 맺지 못하기 때문에 사람에게 쓸

---

254) 이 책, 「로마에 관한 의문들」 87장의 내용과 역주 참조.
255) 페브루아리우스 달을 말한다.
256) 첫 번째는 이 책, 「로마에 관한 의문들」 72장의 의문이다.

모가 없고, 허약함 때문에 지지할 다른 식물이 필요할 정도로 나약하지만, 사람들 대부분에게는 그 그림자와 초록색이 매혹적이라고 간주했기 때문일 것이다. 담쟁이덩굴은 지지대가 되어주는 식물에 유해하므로, 쓸데없이 집에서 기르거나 변변찮은 길 근처에서 비비 꼬이게 자라도록 허용해서도 안 되었을 것이다. 혹은 이 식물이 땅에 착 달라붙어 있어서였을 것이다.[257] 그리하여 올림포스 신들의 의식에서도 담쟁이덩굴은 사용하지 않고, 아테나이의 헤라 신전 혹은 테바이에 있는 아프로디테 신전에서도 찾아볼 수 없다. 하지만 아그리오니아 축제[258]와 닉텔리아 축제[259]에서는 있을 자리가 허용되었는데, 그 의식들은 대부분 밤에 치러진다.

혹은 이 역시도 바쿠스를 섬기는 축제[260]의 방탕함과 술잔치를 금지하는 상징적 행위일 것이다. 바쿠스 축제의 광란에 빠진 여성들은 담쟁이덩굴에 달려가 갈기갈기 찢고, 손에 움켜잡으며, 이로 물어뜯기도 한다. 그러니 담쟁이덩굴은 흥분하고 미치게 만드는 광기의 숨결을 가지고 있어서, 사람들을 미혹하고 흩뜨린다고 주장하는 사람들의 말이 전적으로 타당성이 없지는 않다. 또 일반적으로 정신적 고양을 위해 불안스럽게 행동하여, 술을 마시지 않고도 취하게 하며 흥분하는 일이 있다고 하는 것도 마찬가지다.

---

257) 지지대가 없으면 땅에 붙어 자라므로 하늘의 신들과는 멀다는 뜻이다.
258) Agrionia. 디오니소스 아그리오니오스(Dionysos Agrionios)를 섬기는 축제로서, 매년 보이오티아의 오르코메노스에서 치러진다. 검은 옷을 입은 디오니소스 사제들과 여성들만이 참여하는데, 축제는 밤에 이루어진다.
259) Nyktelia. 밤에 치러지는 디오니소스(로마에서는 바쿠스) 축제를 총괄하여 부르는 말이다. 디오니소스가 여인들에게 찢겨 죽고, 다시 부활했다는 신화를 바탕으로 이를 재현하는 의식이다. 3년마다 초봄에 열리며, 횃불 행렬, 음주, 난동 등이 이루어지므로 로마에서는 금지했다.
260) 로마의 바카날리아를 말한다.

113. 왜 유피테르의 사제는 관직을 갖거나 가지려 하는 일이 허용되지 않는가? 또 관직을 가지고 있지 않아도 호위병[261]들의 호위를 받고, 명예와 위로를 위한 고관의 의자에 앉을 권리를 가지는 이유는 무엇인가?

그리스의 일부 지역에서는 사제의 위계가 왕권과 거의 같은 경우들이 있는데, 로마인도 범상치 않은 이를 사제로 임명했을 것이다.

혹은 공직자의 의무는 여러 가지이고 정해져 있지 않은 반면, 사제는 정해진 의무를 행해야 하기 때문에, 이 의무들을 동시에 행해야 하는 경우에는 한 사람이 둘 다 감당한다는 것이 불가능하고, 두 가지 의무에 맞닥뜨리게 되면 종종 신에 대해 불경해지거나 아니면 동료 시민에게 해를 끼치게 되기 때문일 것이다.

혹은 인간의 통치에는 권한만큼이나 제약이 내포되어 있고, 히포크라테스[262]가 의사에 대해 말했듯이, 인민의 통치자는 견디기 어려운 것을 보고 또 다루어야 하며, 다른 이들의 죄악에 대해 자신의 고통스러운 감정을 삼켜야 한다는 것을 로마인들은 알았기 때문일 것이다. 만약 사제가 시민에게 사형 판결을 선고하는 데 관여했고, 때로는 브루투스[263]의 경우처럼 친척이나 가족에게 사형 선고를 하게 된다면, 그런 사람이 신들에게 희생제를 올리는 것이 불경하다고 로마인은 생각했기 때문일 것이다.

---

261) 장대 다발 끝에 도끼를 매단 것을 가지고 다니며 고위 행정관을 호위하는 릭토르를 말한다.
262) Hippokrates. 기원전 460년경에서 기원전 370년경까지 살았던 그리스의 의사이자 의학 저술가다. 예후와 병상의 관찰, 체계적인 질병의 분류, 체액 병리학의 구축 등으로 '의학의 아버지'로 불린다.
263) 루키우스 유니우스 브루투스를 말한다. 그는 자신의 아들 둘을 사형에 처했다고 한다.

그리스에 관한 의문들

1. 에피다우로스에서 '먼지투성이 발'(*konipodes*)과 '영도자들' (*artynoi*)이라고 불리는 이들은 누구인가?

에피다우로스에서는 국가를 영도하는 180명의 인원이 있었다. 에피다우로스인들은 이들 중에서 '영도자들'이라고 불리는 평의원들을 뽑았다. 하지만 주민 대다수는 시골에서 살았다. 그들은 '먼지투성이 발'이라고 불렸는데, 추측하건대 그들이 도시로 들어올 때마다 발이 먼지로 덮였던 것을 알았기 때문일 것이다.

2. 쿠마이(Kumai)에서 '당나귀를 탄 여자'(*Onobatis*)라고 불렸던 이는 누구인가?

쿠마이인은 간통을 저지르고 잡힌 어떤 여성을 시장에 데려와 모든 사람들에게 바로 보이는 돌 위에 앉혀놓았다. 다음에 그들은 비슷한 방식으로 그녀를 당나귀 위에 태우고 시내 전체를 한 바퀴 돌고

나서, 다시 같은 돌 위에 세웠다. 그녀는 남은 생 내내 수치스럽게 살아야 했고, '당나귀를 탄 여자'라는 별명을 갖게 되었다. 이런 일이 있고 난 뒤, 사람들은 그 돌이 부정하다고 믿었고, 정기적으로 그 돌에 정화 의식을 치렀다.

한편 쿠마이에는 경비관이라고 불리는 직책이 있었다. 이 직분을 맡은 이는 감옥을 감시하는 데 시간 대부분을 사용하지만, 야간 위원회 회의에 와서는 위원회가 비밀 투표를 진행하는 동안, 그들이 옳은 결정을 하든 그러지 않든, 왕의 손을 잡고 밖으로 나와 그들을 지키고 있었다.

3. 솔리[1]인 중에 '불을 붙이는 여성'(Hyperkkaustria)은 누구인가?

이는 솔리인이 아테나 여신의 여사제가 불운을 피하도록 하려고 행하는 희생제와 의식 때문에 그녀에게 붙인 이름이다.

4. 누가 크니도스의 '잘 잊는 이들'[2](Amnemones)이고, '잊어버리는 이'(Aphester)인가?

크니도스인은 귀족 중에서 60명의 남성을 뽑아 평생직으로 가장 중요한 문제에 대해 미리 준비하면서 조언하고, 그 일을 감독하는 이들로 임명했다. 그들이 '잘 잊는 이들'이라고 불렸는데, 추측해보면,

---

1) Soli. 키프로스섬에 있던 고대 그리스의 도시다.
2) '[생각한 바를] 입 밖에 내지 않는 이들'이라고 해석할 수도 있다.

자신의 행동에 책임을 지지 않았기 때문일 것이다. 그렇지 않으면, 너무 많은 것을 기억하고 있는 사람들이기 때문일 수도 있었다. 그들에게 의견을 물어보는 이를 '잊어버리는 이'라고 불렀다.

5. 아르카디아와 스파르타에서 '좋은 사람들'(Chrestoi)이라고 불리는 이들은 누구인가?

스파르타가 테게아와 타협을 이루었을 때, 그들은 조약을 맺고, 공동으로 알페이오스(Alpheios)강 옆에 기둥을 세웠다. 이 기둥에는 다른 조문들과 함께 다음의 내용이 새겨져 있었다.

"메세니아[3]인은 이 땅에서 쫓겨나야 한다. 그들을 '좋은 사람들'로 만드는 일은 위법이 될 것이다."[4]

아리스토텔레스는 이를 설명하면서 다음과 같이 말했다.

"누구라도 테게아에서 스파르타인을 돕는다고 해서 죽어서는 안 된다는 뜻이다."

---

3) Messenia. 펠로폰네소스 남서 지역을 말하면서 그곳에 있던 도시국가의 이름이기도 하다. 스파르타와의 전쟁에 져서 기원전 7세기부터 스파르타의 압제를 받았다. 기원전 4세기에는 테바이의 도움을 받아 독립에 성공했고, 그후에 스파르타는 메세니아의 견제를 받아 해외 원정을 떠날 수 없었다.
4) 메세니아와 스파르타가 원수지간이므로 메세니아인이 '좋은 사람들'이라고 하는 것은 역설적 표현이다.

6. 오푸스[5]에서 '보리를 골라내는 이'(Krithologos)로 불리는 사람은 누구인가?

아주 옛날에는 그리스인 대부분이 희생 제물로 보리를 사용했는데, 시민들은 추수한 것의 맏물로 보리를 바쳤다. 따라서 그들은 희생제를 주관하는 사제를 '보리를 골라내는 이'라고 부르고, 그에게 이 맏물을 가져갔다. 두 명의 사제가 있었는데, 하나는 신들에게 바치는 희생물을 주관하고, 다른 하나는 영들에게 바치는 것을 주관했다.

7. '떠다니는 구름'(Ploiades Nephelai)은 무엇인가?

테오프라스토스[6]가 『기상학』(Peri Metarsion) 제4권에서 말했던 것처럼, 그리스인은 특히 비가 올 것 같은 상태에 있고, 끊임없이 움직이는 구름을 '떠다니는' 구름이라고 부르곤 했다. 그 구절은 다음과 같다.

"또한 움직이지도 않고 색이 아주 하얀, 이 떠다니는 구름과 밀집한 구름은 물도 바람도 아닌 어떤 다른 물질로 이루어졌다는 것을 알 수 있다."

---

[5] Opous. 로크리아(Lokria)인이라고 불리는 그리스 부족의 주요 도시다. 오늘날의 아탈란티에 위치하고 있었다.
[6] Theophrastos. 기원전 371년경에 태어나 287년경까지 살았던 그리스의 철학자이자 아리스토텔레스가 세운 학당인 리케이온(Lykeion)에서 활동한 소요학파의 철학자다. 아리스토텔레스의 후계자답게 여러 방면에 걸친 저서를 남겼지만 대부분 산실되었다.

8. 보이오티아인 중에 '근처에 사는 자'(Platychaitas)는 누구인가?

보이오티아인이 아주 가까운 곳에 땅을 가진 이들을 나타내는 말로서, 아이올리아(Aiolia) 방언을 쓰는 사람 중에 〔보이오티아와〕 인접한 곳에 집이나 땅을 가진 이를 일컫는다. 필자는 법률의 수호자들을 위한 법령에서 나온 한 구절을 덧붙이고 싶다. 비록 여러 … 〔탈문(脫文)되었다〕.

9. 델포이에서 '봉납자'(hosioter)라고 불리는 것은 무엇인가? 또 왜 그들은 일 년 중에 어떤 달을 '비시오스'(Bysios)라고 부르는가?

델포이 사람들은 '성스러운 이'(hoios)가 지명될 때, 희생된 제물을 '봉납자'라고 부른다. '성스러운 이'는 다섯 명이며, 종신직이다. 그들은 신탁 해석자들과 협력하여 대단히 많은 일을 하며, 성스러운 의식에서도 한몫한다. 그들이 데우칼리온[7]의 후손이라고 여겨지기 때문이다.

많은 사람이 생각하는 바에 따르면, '비시오스' 달은 '생장'(피시오스, physios)의 달이다. 이달은 봄의 시작이며, 이 기간에 많은 식물이 성장하고 꽃을 피우기 때문이다. 하지만 이는 사실이 아니다. 마케도니아인은 필리포스, 팔라크로스, 페로니케를 빌리포스, 발라크로스,

---

7) Deukalion. 그리스 신화 속에서 데우칼리온은 프로메테우스의 아들로 테살리아의 왕이었다. 어머니는 클리메네(Klymene) 혹은 헤시오네(Hesione) 혹은 프로노이아(Pronoia)다.

베로니케로 발음하지만, 델포이 사람들은 '피'(φ) 발음 대신에 '베타'(β) 발음을 사용하지 않는다. 그러나 '파이'(π) 대신에 '베타'(β) 발음을 사용하기는 한다. 그래서 그들은 대부분 파테인(*patein*)을 바테인(*batein*)으로, 피크론(*pikron*)을 비크론(*bikron*)으로 발음한다.

따라서 '비시오스'는 '피시오스'(*pysios*)로서 신탁을 묻는 달이다. 이 달에 사람들은 신에게 질문하고, 신으로부터 답변을 받는다. 이는 합법적이고 전통적인 과정이다. 그래서 신탁은 보통 이달에 내려지고, 이달의 7일을 신[8]의 생일로 간주한다. 델포이 사람들은 이날을 '발화(發話)가 많은'(*Polyphthoos*) 날이라고 하는데, 그때 케이크(*phthois*)를 굽기 때문이 아니라, 신에게 많은 질문을 하고 또 여러 신탁을 듣는 날이기 때문이다. 비교적 최근에는 질문에 대해 매달 신탁이 내려온다. 하지만 칼리스테네스와 아낙산드리데스[9]에 따르면, 예전의 피티아들은 일 년에 한 번씩, 이날에만 답변을 했다.

10. '양에게서 피하는 것'(*pyximela*)은 무엇인가?

땅에 붙어 자라는 작은 식물의 한 종류인데, 풀을 뜯어 먹는 동물들이 여린 가지 끝을 잘라 먹거나, 부러뜨리곤 해서 성장을 방해한다. 하지만 이 식물이 어느 정도 자라서 뜯어 먹으려는 동물들에게서 해를 면하게 되면 '양에게서 피하는 것'이라고 불린다. 아이스킬로스가 이 식물에 대해 썼다.

---

8) 델포이에서 신탁을 내려주는 아폴론 신을 말한다.
9) Anaxandrides. 기원전 4세기에 활동했던 시인이자 희극 작가다.

11. '투석기에 격퇴된 자들'(Aposphendonetoi)은 누구인가?

에레트리아[10]인이 케르키라[11]섬에 가서 살았다. 하지만 코린토스의 장군인 카리크라테스(Charikrates)가 군대를 이끌고 왔고, 에레트리아인은 전쟁에 패했다. 그래서 그들은 배를 타고 고향으로 항해해 돌아갔다. 하지만 동포 시민들은 그들이 도착하기 전에 문제를 파악하고 그들의 귀환을 막았다. 그리고 투석기로 돌들을 비처럼 쏘아 그들이 하선하지 못하게 했다. 고향을 떠났던 이들은 수도 많고 냉혹한 동포들을 설득할 수도, 싸워 이길 수도 없어서 트라키아로 항해해 갔다. 그들은 그곳에 있는 땅을 점령했는데, 전승에 따르면, 그곳은 오르페우스[12]의 선조인 메톤(Methon)이 예전에 살던 땅이었다. 에레트리아인은 그곳에 세운 도시에 메토네(Methone)라는 이름을 붙였지만, 주변에 사는 이들은 그들을 '투석기에 격퇴된 자들'이라고 불렀다.

12. 델포이에서 '카릴라'(Charilla)는 무엇이었는가?

델포이인들은 8년마다 세 개의 축제를 차례로 벌이는데,[13] 첫 번째

---

10) Eretria. 그리스 에우보이아(Euboia) 지역의 한 도시국가로 기원전 6~5세기에는 상당히 번영했다.
11) Kerkyra. 코르키라라고도 한다. 이오니아해의 그리스섬이며 현대의 이름은 코르푸다.
12) Orpheus. 전설적인 시인, 음악가, 예언자. 그는 이아손의 동료로 황금 양털을 찾는 아르고호의 모험에 따라갔으며, 아내 에우리디케(Eurydike)를 찾기 위해 하데스의 지하 세계에도 다녀왔다.
13) 델포이의 아폴론 신전에 인접한 둥근 공터인 할로스(Halos)에서 축제들이 열

는 셉테리온(Septerion), 두 번째는 헤로이스(Herois), 세 번째는 카릴라다.

셉테리온은 아폴론과 피톤[14]의 싸움 및 그후로 피톤이 템페[15]로 도망친 것을 추적하는 것을 모의로 재현한 것이다. 어떤 이들의 말에 따르면, 아폴론이 살생을 많이 한 결과 정화가 필요해서 갔다고 한다. 하지만 다른 이들은 아폴론이 상처 입은 피톤이 도망친 길—지금은 '성스러운 길'로 불린다—을 따라갔다고 한다. 그러나 아폴론은 그 짐승이 죽은 직후에 도착했다. 즉, 아폴론은 티폰이 상처로 인해 죽고, 아들에 의해 매장된 다음에야 나타났다고 한다. 그들에 따르면 그 아들의 이름은 아익스(Aix)다. 그러므로 셉테리온은 이런 일 혹은 그와 비슷한 일의 재현이다.

헤로이스 축제의 대부분은 티아데스[16]만이 알고 있는 비밀스러운 의식이다. 하지만 공개적으로 거행되는 일부 의식으로 추측해보자면, 세멜레[17]를 부르는 것을 재현한 축제다.

델포이인이 말하는 카릴라 이야기는 다음과 같다. 가뭄에 이은 기근이 델포이를 짓누르자, 델포이 사람들은 탄원하기 위해 처자식을 데리고 왕의 궁정으로 갔다. 왕은 보리와 콩 일부를 좀더 저명한 시민들에게만 주었다. 모두에게 줄 만큼의 양이 되지 않았기 때문이다.

렸다.
14) Python. 그리스인이 예전에 델포이에 있었다고 믿었던 거대한 뱀이다. 중세와 르네상스 시기에는 드래곤으로 묘사되기도 했다.
15) Tempe. 그리스 북부 테살리아 지역에 있는 골짜기의 이름이다.
16) Thyades. 디오니소스의 열렬한 귀의자인 여성들로서 야간에 디오니소스 축제를 벌인다.
17) Semele. 그리스 신화에 따르면, 테바이의 창건자 카드모스(Kadmos)와 하르모니아(Harmonia)의 막내딸로서 제우스와의 사이에서 디오니소스를 가졌다.

그러다가 부모를 잃은 한 조그만 소녀가 왕에게 다가가 식량을 달라고 계속 애원했다. 왕은 샌들을 벗어 그녀를 때리고, 그 샌들을 얼굴에 던져버렸다. 비록 그 소녀는 가난하고 보호자도 없었지만, 자존심마저 없지는 않았다. 물러난 소녀는 허리띠를 풀어, 그것으로 목을 매었다.

기근이 더욱 심해지고, 그에 더해 역병까지 돌게 되자, 신탁을 담당한 여사제가 왕에게 신탁을 전해주었다. 자결한 소녀인 카릴라를 왕이 달래주어야 한다는 것이다. 그래서 조금은 어렵긴 했지만, 그때 얼굴에 샌들을 맞은 소녀의 이름이 카릴라라는 것을 델포이인이 알게 되었고, 그들은 정화 의식을 동반한 일종의 희생제를 치러주었다. 그들은 지금까지도 8년마다 그 의식을 치른다. 즉, 왕이 당당히 앉아서 시민과 거류 외인을 포함한 모든 사람에게 보리와 콩을 일부 나누어 준다. 그리고 인형 비슷하게 만든 카릴라의 형상을 그곳으로 들여온다. 그런 뒤 모든 사람이 보리와 콩을 받았을 때, 왕이 그 형상을 샌들로 때린다. 티아데스의 리더는 그 형상을 가지고 어떤 깊은 골짜기로 가지고 간다. 사람들은 그곳에서 형상의 목에 밧줄을 누르고, 그 형상을 카릴라가 목을 매고 죽은 이후 묻힌 곳에 묻는다.

13. 아이니아니아[18]인이 말하는 '거지의 고기'는 무엇인가?

아이니아니아인은 여러 번 이주를 했다. 처음에 그들은 도티스 평

---

[18] Ainiania. 아이니스(Ainis)라고도 부르는 테살리아 지방 남쪽의 조그만 구역이다.

원[19])에 자리 잡았지만, 라피타이인[20])에 의해 아이티키아[21])로 쫓겨났다. 그들은 아이티키아에서 뻗어나가 아우아스강[22]) 주변의 몰로시아 지역[23])을 점령했다. 그 때문에 파라우아이오이[24])라는 이름을 얻게 되었다. 이후 그들은 키라[25])를 점령했다. 그곳에서 신의 명령[26])을 받아 자신들의 왕인 오이노클로스(Oinoklos)를 돌로 쳐 죽였고, 그후 그들은 이나코스인[27])과 아카이아인이 살던 이나코스 주변 땅으로 내려갔다. 신탁에서는 만약 이나코스인이 자신들의 땅을 한 부분이라도 공짜로 주면 그들은 모든 땅을 잃을 것이고, 아이니아니아인이 자발적인 기부자에게서 땅을 조금이라도 받아내면 그 지역을 소유하게 될 것이라고 했다. 그래서 아이니아니아인 중 저명한 테몬(Temon)이라는 이가 누더기를 걸치고 바랑을 맨 다음 거지꼴로 이나코스인에게 갔다. 이나코스인의 왕은 흙을 조금 달라는 그를 경멸하고 비웃으며 그에게 약간의 흙을 주었고, 테몬은 그 흙을 받아 바랑에 넣으며, 그 선물을 만족스럽게 받았다. 그는 아무것도 더 청하지 않고 바로 물러났다. 이나코스의 장로들은 깜짝 놀랐지만, 신탁을 떠올리고는

---

19) Dotis. 테살리아의 도티온(Dotion) 인근 평원을 말한다.
20) Lapithai. 테살리아의 페네우스(Peneus) 골짜기와 펠리온(Pelion)산에 살았다고 전해지는 반전설적인 부족이다.
21) Aithicia. 테살리아의 한 지역으로 지금의 트리칼라에 있다.
22) Auas. 그리스 북서 지역과 알바니아 남서 지역을 흐르는 강으로 지금은 브오서(Vjosë)강으로 불린다.
23) Molossia. 고전기에는 에페이로스로 불리는 지역으로 마케도니아 남서쪽에 있었다.
24) Parauaioi. '아우아스강의 주변에 사는 자들'이라는 의미다.
25) Kirrha. 델포이의 외항 역할을 하던 포키스 연안의 소도시다.
26) 델포이 지역을 침공하여 아폴론이 노했고, 그래서 신탁을 내렸다고 한다.
27) Inachos. 이나코스는 원래 아르고스의 첫 번째 왕 이름이다. 그의 이름을 따서 아르고스 평원 서쪽 끝을 흐르는 강에 이나코스라는 이름이 붙었다. 이 지역에 사는 이들을 이나코스인이라고 한다.

왕에게 그 사람을 가벼이 여겨서는 안 되며, 도시를 빠져나가게 해서도 안 된다고 했다. 그때, 테몬은 그들의 의도를 알아차리고, 아폴론 신에게 황소 100마리를 바칠 것을 서약하고, 서둘러 도망쳤다.

이 일이 끝난 후, 두 왕은 일대일로 싸우게 되었다. 아이니아니아인의 왕 페미오스(Phemios)는 이나코스인의 왕 히페로코스(Hyperochos)가 개를 데리고 바로 뒤까지 추격해왔을 때, 전투 보조를 데리고 왔으니 불공평하다고 히페로코스에게 말했다. 그 말을 들은 히페로코스가 개를 보내려고 돌아섰을 때, 페미오스가 돌로 그를 쳐 죽였다. 이렇게 하여 아이니아니아인은 이나코스인과 아카이아인을 내쫓고 그 지역을 장악했다. 아이니아니아인은 그 돌을 성스럽다고 숭배했고, 희생제를 드렸으며, 희생물의 지방으로 그 돌을 감쌌다. 그들은 아폴론에게 황소 100마리의 제물을 바칠 때면 제우스에게도 황소를 한 마리 희생물로 바쳤다. 그들은 희생제를 지낼 때, 제물의 살코기 일부를 선별하여 테몬의 후손을 위해 챙겨두었는데, 그들은 이 살코기를 '거지의 고기'라고 부른다.

14. 이타케섬[28]의 주민 중 누가 '콜리아다이'(Koliadai)인가? 또 '파길로스'(*phagilos*)는 무엇인가?

오딧세우스가 구혼자들을 모두 죽이자,[29] 죽은 자들의 친척들이

---

28) Ithake. 호메로스가 지은 『오딧세이아』의 주인공인 오딧세우스의 왕국이었다. 현대 그리스어로는 이타키라고 부르며, 이오니아해에 있는 섬이다.
29) 트로이아 전쟁 이후 포세이돈의 분노로 인해 바로 고국에 돌아갈 수 없었던 오딧세우스가 지중해 일대를 헤매는 동안 왕비 페넬로페는 구혼자들에게 시달리고 있었다. 20년 만에 돌아온 오딧세우스는 그 구혼자들을 모두 죽였다.

그를 적대했다. 양측은 중재자로 네오프톨레모스[30]를 선임했다. 그는 오딧세우스가 케팔레니아(Kephallenia), 자킨토스(Zakynthos), 이타케에서 흘린 피 때문에 그 세 지역에서 추방되어 떠나야 한다고 판결했다. 그렇지만 구혼자들이 오딧세우스의 재산에 피해를 입혔으므로 구혼자들의 동료와 친척들이 매년 오딧세우스에게 보상을 해야 한다고도 판결했다. 그리하여 오딧세우스는 이탈리아로 떠나면서 공식적으로 그 보상을 아들[31]에게 넘겼고, 이타케의 주민들에게는 아들에게 보상을 치르라고 명령했다. 그 보상은 보리, 포도주, 벌집, 올리브유, 소금 그리고 파길로이(*phagiloi*)[32]보다 더 나이 든 희생용 짐승들이었다. 아리스토텔레스에 따르면, 파길로스는 어린 양을 뜻했다. 텔레마코스는 에우마이오스[33]와 그의 동료들을 해방하고, 시민으로 만들어주었다. 콜리아다이 씨족은 이 에우마이오스의 후손들이고, 부콜리다이(Bukolidai) 씨족은 필로이티오스의 후손들이다.

15. 로크리아(Lokria)인들 사이에서 '나무 개'라고 불리는 것은 무엇인가?

로크로스(Lokros)는 암픽티온[34]의 아들인 피스키오스(Physkios)의

---

30) Neoptolemos. 아킬레우스의 아들로서 데이다미아의 왕자다.
31) 텔레마코스(Telemachos)를 말한다.
32) 파길로스의 복수형이다.
33) Eumaios. 오딧세우스의 노예이자 친구로서 돼지치기였다. 그는 오딧세우스가 구혼자들을 죽일 때, 동료인 필로이티오스(Philoitios)와 함께 주인을 도왔다.
34) Amphiktyon. 그리스 전설상의 인물로 테르모필라이의 왕이었다가 나중에는 아테나이의 왕이 되었다. 하지만 어떤 전설에서는 로크리스의 지배자였다. 그는 프로메테우스의 아들 데우칼리온의 둘째 아들이다.

아들이다. 로크로스와 카비예(Kabye)의 아들이 오포에이스(Opoeis)였다. 오포에이스는 부왕과 싸우고 많은 시민을 모아 식민시를 세우러 떠나기 위해 신탁을 받으려 했다. 신은 그에게 나무로 만든 개에게 물리는 일이 일어나면 그곳에 도시를 세우라고 했다. 그는 바다를 건너며 떠돌다가, 어느 해안에 내리게 되었고, 그곳에서 들장미[35]를 밟았다. 그는 상처 때문에 고생하면서, 그 자리에서 여러 날을 묵었다. 그 시간 동안 주위를 살펴본 그는 소위 오졸리아 로크리아인[36]들이 사는 여러 도시를 세웠는데, 그중 피스코스(Physkos), 오이안테이아(Oiantheia)가 있다.

어떤 이들에 따르면, 로크리아인은 네소스[37] 때문에 오졸리아인[38]이라고 불렸다. 또 다른 이들은 큰 뱀인 피톤 때문이라고 말하기도 한다. 피톤의 사체가 바다에 의해 씻겨졌고, 로크리아인의 땅에서 썩어버렸기 때문이라는 것이다. 하지만 어떤 이들은 이 사람들이 양털과 염소 가죽을 걸치고 살며, 오랫동안 염소 떼와 지내기 때문에 안 좋은 냄새가 배게 되었다고 말한다. 하지만 어떤 이들은 반대로 그 땅에 꽃이 많이 피어서 달콤한 냄새라는 뜻에서 그 이름이 나왔다고 주장한다. 이렇게 말하는 사람 중에는 암피사[39]의 아르키타스[40]가 있어서 다음과 같이 썼다.

---

35) 원어로는 '퀴노스바토스'(kynosbatos)이며, '나무로 만든 개'라고 해석할 수도 있다.
36) 로크리아인의 일족으로 코린토스만 인근에 산다.
37) Nessos. 헤라클레스에게 살해된 유명한 켄타우로스다. 독을 머금은 그의 피 때문에 헤라클레스가 나중에 죽게 된다.
38) '강한 냄새를 지닌 사람들'이라는 의미다.
39) Amphissa. 현재는 그리스 델포이 지역 포키스주의 한 소도시다.
40) Arkytas. 기원전 300년경에 활동했던 그리스의 시인이다.

사랑스러운 마키나(Makyna), 포도송이로 만든 화관을 쓰고
좋은 냄새, 달콤한 향이 나네

16. 메가라[41]인들이 '아파브로마'(*aphabroma*)라고 부르는 것은 무엇인가?

니사이아[42]에서 이름을 따온 니소스(Nisos)는 메가라의 왕이었다. 그는 보이오티아의 하브로테(Habrote)를 왕비로 맞았는데, 그녀는 온케스토스(Onchestos)의 딸이고 메가라오스(Megaraos)의 누이였으며, 사람들이 보기에 매우 지성적이며 신중했다. 그녀가 사망했을 때, 메가라인들은 하나같이 그녀를 애도했다. 그녀에 대한 기억과 평판이 영원히 지속하기를 바랐던 니소스는 도시의 여성들에게 그녀가 즐겨 입었던 의복을 입으라고 명령했다. 그는 그 의복을 그녀의 이름을 따서 아파브로마라고 불렀다. 심지어 신마저도 이 여성의 평판을 지속시키려는 듯했다. 그후로도 종종 메가라 여성들이 의복에 변화를 주고 싶어 할 때마다 신탁을 내려 막았기 때문이다.

17. '창 친구'(*doryxenos*)란 무엇인가?

옛날에 메가리스 지역[43]에는 다섯 집단으로 나뉜 시민들이 촌락

---

[41] Megara. 아티카반도 서쪽에 있는 고대 도시다.
[42] Nisaia. 메가라의 사로니카만의 작은 항구도시다.
[43] Megaris. 아티카반도에서 서쪽이며, 펠로폰네소스반도의 코린토스 맞은편 지역이다. 이 지역의 중심이 되는 도시가 메가라다.

공동체를 이루어 정착했다. 그들은 헤라에이스(Heraeis), 피라에이스(Piraeis), 메가레이스(Megareis), 키노수레이스(Kynosureis), 트리포디스키오이(Tripodiskioi)로 불렸다. 코린토스인은 메가라를 손에 넣으려고 음모를 꾸며 그들 사이에 내전이 일어나도록 했다. 그래도 메가리스에 사는 이들은 공정한 성품으로 인해 점잖고 우호적으로 전쟁을 수행했다. 누구도 들에서 일하는 사람에게는 전혀 해를 끼치지 않았고, 누가 포로로 잡힌다면 일정 금액의 몸값만 치르면 되었다. 포로를 잡은 사람은 포로를 풀어주고 나서 몸값을 받았으며, 더 일찍 받지 않았다. 포로를 잡은 사람은 그 포로를 집에 데리고 와서 같이 소금과 음식을 나누어 먹은 후에 돌려보냈다. 따라서 몸값을 가져온 사람은 높이 평가받았고, 그후로는 계속해서 포로로 잡았던 사람과 친구가 되었다. 창에 의해[44] 포로가 되었기에, 그는 '창 친구'라고 불렸다. 하지만 몸값을 내지 않는 사람은 적뿐 아니라 동료 시민 사이에서도 정직하지 못하며 신의가 없다고 나쁜 평판을 얻었다.

18. '이자의 반환'(*palintokia*)이란 무엇인가?

메가라인들이 참주인 테아게네스[45]를 추방하고 아주 잠시는 통치가 온건하고 상식적이었다. 하지만 후에는 플라톤이 쓴 것[46]처럼, 민중 지도자들이 민중에게 지나칠 정도로 과한 자유를 퍼주었고, 민중은 완전히 부패하게 되었다. 놀라울 정도로 진행된 부자에 대한 민중의 부당 행위 중에는 가난한 자들이 부자들의 집에 마음대로 들어가

---

44) 주력 무기가 창이었기 때문에 무력으로 잡혔다는 의미다.
45) Theagenes. 기원전 7세기에 메가라를 통치했던 참주다.
46) 플라톤, 『국가론』, 562D 참조.

자신들을 대접하고 화려한 연회를 열어달라고 주장하는 것도 있었다. 자신들이 원하는 대접을 받지 못하면 폭력과 모욕을 가하면서 집 안 전체를 뒤집어놓았다. 마지막에는 채권자에게 갚아야 하는 이자를 되돌려받는 법령을 제정하고, 그 수단을 '이자의 반환'이라고 불렀다.

19. 델포이의 피티아 여사제의 신탁의 말에서 언급한 안테돈[47]은 무엇인가?

> 그대는 안테돈에 살지 않으므로
> 찌꺼기가 있는 혼탁한 포도주나 마시세요

보이오티아의 안테돈은 포도주를 많이 생산하지 못하는 곳이 아닌가?

옛날 사람들은 칼라우레이아[48]를 에이레네(Eirene)라는 이름으로 불렀다. 에이레네라는 이름은 전설에 나오는 여성인 에이레네에서 따온 것이다. 에이레네는 포세이돈과 멜란테이아[49] 사이에서 태어났는데, 멜란테이아는 알페이오스[50]의 딸이다. 하지만 나중에 안토스와 히스페라(Hyspera)의 동료들이 그곳에 정착했고, 그들은 그 섬을 안테도니아(Anthedonia)와 히페레이아(Hypereia)라고 불렀다. 아리스토

---

47) Anthedon. 그리스 보이오티아 지역의 에우보이아(Euboia)만에 자리 잡은 소도시로서 테바이의 항구 역할을 했다.
48) Kalaureia. 펠로폰네소스반도의 트로이젠(Troizen) 연안에 가까운 섬이다.
49) Melantheia. 강의 신 알페이오스의 딸로서 물의 요정인 나이아데스 중 하나로 여겨진다.
50) Alpheios. 그리스 신화의 강의 신으로서 티탄족인 오케아노스와 테티스의 아들이다.

텔레스에 따르면, 그 신탁은 다음과 같다.

> 그대는 안테돈에 살지 않으므로 찌꺼기가 있는
> 혼탁한 포도주나 마시세요
> 성스러운 히페라에서는, 아니요,
> 그대는 그곳에서 찌꺼기가 없는 포도주를 마시나니

이상이 아리스토텔레스가 전하는 바다. 하지만 므나시게이톤(Mnasigeiton)은 다음과 같이 말한다. 히페라의 남동생 안토스는 어렸을 때 집에서 사라졌다. 히페라는 동생을 찾기 위해 떠돌다가 페라이(Perai)로 가서 아카스토스(Akastos)의 집에 갔다. 마침 안토스는 그 집에서 노예로 일하면서 술잔을 담당하고 있었다. 연회 중에 누이를 알아본 안토스는 술잔을 그녀에게 가져다주면서 부드럽게 속삭였다.

> 그대는 안테돈에 살지 않으므로,
> 찌꺼기가 있는 혼탁한 포도주나 마시세요

20. 프리에네[51]에서 '떡갈나무 옆의 어둠'이라고 부르는 것은 무엇인가?

사모스와 프리에네가 전쟁 중일 때, 다른 경우에는 그저 서로 부상만 입히는 온건한 수준으로 싸웠지만, 큰 전투가 벌어졌을 때 프리에네인이 사모스인 1,000명을 학살했다. 6년 후, 그들은 떡갈나무라고

---

51) Priene. 그리스 이오니아 지방에 있던 도시국가다.

불리는 곳에서 밀레토스(Miletos)와 교전했고, 사실상 주요한 시민을 모두 잃은 것이나 마찬가지가 되었다. 이 시기 비아스[52]는 매우 유명했는데, 프리에네로부터 사모스에 특사로 파견되었다. 프리에네의 여성들은 패전으로 인한 다수의 전사를 참혹한 경험이자 비참한 재난이라고 여겨서, 중요한 문제를 '떡갈나무의 어둠'에 대고 맹세하는 것을 저주이자 맹세로 삼았다. 그들의 아들, 아버지, 남편이 그곳에서 학살당했기 때문이다.

21. 크레테에서 '태우는 자들'(katakautai)이라고 불리는 이들은 누구인가?

크레테인에 따르면, 티레노이인[53]은 렘노스[54]와 임브로스[55]에 살았을 때, 브라우론[56]에서 아테나이인의 딸과 아내들을 노략질해왔고, 나중에는 그곳에서 추방되었다. 그들은 스파르타로 가서 그곳 여성들과 교제했고, 아이를 낳기까지 했다. 하지만 의심과 잘못된 비난의 결과로, 스파르타에서도 떠나야 했다. 그들은 폴리스(Pollis)와 델포스(Delphos)라는 이들을 우두머리로 삼아 아내와 자식들을 데리고 크레테섬으로 갔다. 그리고 섬을 점유하고 있던 자들과 싸우는 동안 전투에서 죽은 많은 전사자가 매장되지 못해서 문제가 생겼다. 처음에

---

52) Bias. 기원전 6세기에 활동했던 인물로 프리에네 출신이며 고대 그리스의 7현인 중 한 명으로 알려져 있다.
53) Tyrrhenoi. 고대 그리스 작가들이 전반적인 의미로 비그리스인을 뜻할 때, 특히 해적을 칭할 때 쓴 용어다.
54) Lemnos. 에게해 북쪽에 있는 그리스의 섬을 말한다.
55) Imbros. 튀르키예에서 가장 큰 섬으로 에게해의 북북동쪽에 있다.
56) Brauron. 아티카반도의 지명이다.

는 전쟁과 위험 때문에 매장할 시간이 나질 않았고, 나중에는 시간이 지나서 썩은 시신을 만지기 싫었기 때문이다.

폴리스는 일정한 명예와 특권, 의무의 면제권을 만들고, 그중 일부를 사제들에게, 다른 일부를 시체를 매장하는 이들에게 부여했다. 그리고 이들이 그 일을 취소할 수 없도록 저승의 신격들을 모시는 데에 이 명예들을 부여했다. 이때 사제의 이름을 받은 이들이 한 무리, 명예 등을 부여받은 다른 이들 한 무리가 '태우는 자들'이다.

그 뒤, 폴리스는 델포스와 제비를 뽑아 무리를 맡아, 서로 구분하여 독자적인 나라를 통치했다. 그들은 다른 인도적인 규칙도 적용받았지만, 크레테인 사이에 몰래 일어나는 노략질로 해악을 입지 않게 보호받았다. 크레테인들은 티레노이 공동체에게 상해를 가하거나, 무언가를 훔쳐내지 못하도록 했기 때문이다.

22. 칼키스[57]에서 '아이 무덤'은 무엇인가?

크수토스(Xuthos)의 아들들인 코토스(Kothos)와 아이클로스(Aiklos)는, 아이올리아인이 에우보이아섬의 대부분을 점령하고 있을 때 그곳에 살기 위해 왔다. 코토스는 그 섬을 구매한다면 크게 성공하고 적으로부터 이득을 얻을 것이라는 신탁을 받았다. 그가 몇몇 사람과 그 섬에 도착했을 때, 바닷가에서 어린아이들이 놀고 있는 것을 보았다. 그는 아이들과 함께 어울리면서 외국에서 가지고 온 많은 놀잇감을 친절하게 보여주었다. 아이들이 그 놀잇감들을 가지고 싶어 하자, 아이들에게서 흙을 받는 조건으로 그것들을 주었다. 아이들은 땅에

---

57) Chalkis. 그리스 에우보이아섬의 주요 도시다.

서 흙을 주워 코토스에게 주고 놀잇감들을 받아서 헤어졌다. 보이오티아인들은 무슨 일이 벌어졌는지 알아차렸고, 적이 배로 쳐들어오자, 분노와 슬픔에 차서 그 아이들을 죽였다. 그 아이들은 칼키스에서 에우리포스(Euripos)로 가는 길옆에 묻혔다. 사람들은 그 장소를 '아이 무덤'이라고 부른다.

23. 아르고스에서 '동료를 만드는 이'(mixarchagetas)는 누구를 말하는가? 또 '퇴치자'(elasioi)는 누구인가?

아르고스인은 카스토르[58]를 '동료를 만드는 이'라고 부르고, 그가 아르고스 영토에 묻혔다고 생각한다. 반면에 폴리데우케스(Polydeukes)는 올림포스 신 중 하나로 숭배한다. 그들은 간질의 공격을 물리치는 능력으로 유명한 이들을 '퇴치자'로 불렀다. 그들은 이 사람들이 암피아라우스[59]의 딸인 알렉시다(Alexida)의 후예라고 생각했다.

24. 아르고스에서 말하는 '구운 고기'(enknisma)는 무엇인가?

친척이나 가까운 친구를 잃은 사람은 관습적으로 애도 기간이 끝

---

[58] Kastor. 그리스-로마 신화에서 카스토르와 폴리데우케스(라틴어로는 폴룩스 Pollux)는 쌍둥이 이부형제다. 어머니는 레다(Leda)이지만 아버지가 서로 달랐다. 카스토르는 스파르타의 왕인 틴다레오스(Tyndareos)의 아들로서 인간이며, 폴리데우케스는 제우스의 아들로서 신격을 지녔다. 이 둘을 통틀어 디오스쿠로이(Dioskuroi)라고 한다.

[59] Amphiaraus. 오이클레스(Oikles)의 아들로서 예언자이고, 소위 '테바이와 싸우는 7인' 중 한 명이다.

나자마자 아폴론[60]께 희생제를 올리고, 다시 30일 후에 헤르메스께 희생제를 올린다. 그들은 땅이 사체를 받아들이듯이 헤르메스가 영혼을 받아들인다고 믿기 때문이다. 그들은 아폴론의 사제에게 보리를 주고, 희생 제물의 고기 일부를 받는다. 그리고 그 고기를 굽다가 불을 꺼뜨리면, 불이 오염되었다고 믿고서 다른 집의 화로에서 불을 붙여 와서 이 고기를 계속 굽는다. 이 고기를 '구운 고기'라고 부른다.

25. '알라스토르'(*alastor*), '알리테리오스'(*aliterios*), '팔람나이오스'(*palamnaios*)라고 불리는 이는 누구인가?

우리는 기근일 때에 방앗간 주인을 감시하고 약탈하는 사람들이 '알리테리오이'[61]라고 불린다는 사람들을 믿지 말아야 한다.[62] 오랫동안 잊히지 않을 일을 해낸 사람이 알라스토르라고 불린다. 사악하기 때문에 우리가 피하고 조심해야 하는 사람이 알리테리오스다. 아르고스의 역사가 소크라테스는 이런 일들이 청동판에 적혀 있다고 말했다.[63]

---

60) 하데스가 아니라 아폴론인 이유는 정화의 신이기 때문에 그럴 것이라고 보는 학자들이 많다.
61) *aliterioi*는 *aliterios*의 복수이고, '위반하는 자들'이라는 의미를 갖는다.
62) 플루타르코스, 『모랄리아』, 「참견하기 좋아하는 자에 관하여」 16장에서는 반대로 이 설명을 받아들인다.
63) 팔람나이오스에 대한 설명은 없다. 필사 과정에서 빠진 듯하다.

26. 아이니스[64]에서 카시오파이아(Kassiopaia)의 경계선에 다다를 때까지 노래를 부르면서 황소를 이끌고 가는 남자들을 처녀들이 인도하는 관습의 의도는 무엇인가?

그대는 사랑하는 고향 땅에 다시 못 갈 수 있으려니.[65]

아이니아니아인은 라피타이[66]에 의해 쫓겨나게 되자, 처음에는 아이티키아 근처에 살았지만, 나중에는 몰로시아와 카시오파이아 근처에 살았다. 하지만 그 땅에서 별로 재미를 보지도 못했고, 게다가 인근의 사나운 부족들과도 싸워야 했기에, 그들은 왕인 오이노클로스의 지도를 받으며 키라이아 평원[67]으로 갔다. 하지만 그 평원에 있을 때 큰 가뭄이 들었고, 전해지기로는 그들이 신탁에 따라 오이노클로스를 돌로 쳐 죽였다고 한다. 그들은 계속 떠돌다가 지금 점유하고 있는 지역[68]으로 왔다. 이 지역은 모든 종류의 작물이 생산되는 좋은 땅이다. 그러므로 그들이 예전의 고향으로 다시 돌아가지 않고, 이곳에서 유복하게 살며 남아 있으면 좋겠다고 신들에게 기도할 만한 이유가 있다.

---

64) 이 책, 「그리스에 관한 의문들」 13장에 나왔던 아이니아니아의 다른 이름이다.
65) 호메로스, 『오딧세이아』 제18권 148행의 변형이다.
66) 이 책, 「그리스에 관한 의문들」 13장의 역주 참조.
67) Kirrhaia. 고대 포키스 지역 연안에 있는 소도시인 키라 인근의 평원이다.
68) 이 책, 「그리스에 관한 의문들」 13장의 내용에 따르면, 이나코스 주변의 땅이다.

27. 왜 로도스인 중에서 전령은 영웅 오크리디오노스(Okridionos)의 성역에 들어가지 못하는가?

오키모스[69]가 딸인 키디페(Kydippe)를 오크리디오노스와 약혼시켰기 때문일 것이다. 그러나 오키모스의 동생인 케르카포스(Kerkaphos)가 키디페와 사랑에 빠져 전령을 설득했다. 신부를 데려올 때 전령을 이용하는 것이 관행이었기 때문인데, 전령은 키디페를 데리고 가서 케르카포스에게 넘겨주었다. 이 일이 완수되자, 케르카포스는 키디페와 도망쳤다. 나중에 오키모스가 늙었을 때, 케르카포스는 다시 고향에 돌아왔다. 하지만 전령이 오크리디오노스에게 잘못된 일을 저질렀기에, 그의 성역에는 전령을 들이지 않는 관행이 정립되었다.

28. 왜 테네도스[70] 주민 중에 피리 연주자는 테네스[71]의 성역에 들어가지 못하며, 그 성역 내에서는 누구도 아킬레우스의 이름을 언급하면 안 되는가?

테네스의 계모[72]가 테네스가 자신을 겁탈하려 했다며 거짓 고발했

---

69) Ochimos. 그리스 신화에서 오키모스는 헬리아다이(Heliadai)의 맏이다. 헬리아다이는 태양신 헬리오스(Helios)와 로도스섬을 신격화한 여신 로도스(Rhodos)의 아들들을 말한다.
70) Tenedos. 에게해 북동쪽에 있는 튀르키예의 보즈카다섬이다.
71) Tenes. 그리스 신화 속의 영웅으로서 테네도스섬이 그의 이름을 땄다. 아폴론 신의 아들로 여겨지기도 하고, 콜로나이(Kolonai)의 왕 키크노스(Kyknos)의 아들로 여겨지기도 한다. 어머니는 프로클레이아(Prokleia)인데 트로이의 왕 라오메돈(Laomedon)의 딸 혹은 손녀다.
72) 키크노스의 두 번째 아내인 필로노메(Philonome)를 말한다.

을 때, 몰포스(Molpos)라는 피리 연주자가 그에게 불리한 거짓 증언을 했고, 이 일 때문에 테네스가 여동생[73]과 함께 테네도스로 도망쳐야 했기 때문일 것이다. 아킬레우스에 대해서는 다음의 이야기가 전해진다. 아킬레우스의 어머니 테티스(Thetis)는 아킬레우스에게 테네스가 아폴론의 아낌을 받고 있으니 그를 죽이지 말라고 했다. 그리고 집안의 노예 중 하나를 시켜 아킬레우스를 감시하도록 하고, 아킬레우스가 실수로라도 테네스를 죽이지 못하게 상기시키라고 명령했다.

하지만 아킬레우스가 테네도스섬을 침략하여 아리따운 처녀가 된 테네스의 누이를 뒤쫓을 때 테네스는 그녀를 지키기 위해 아킬레우스를 막아섰다. 그녀는 도망칠 수 있었지만, 테네스는 죽었다. 테네스가 땅에 쓰러질 때, 아킬레우스는 막아선 이가 테네스인 것을 알아차리고 그 노예를 죽여버렸다. 현장에 있었으면서도 자신에게 테네스라고 상기시켜주지 않았기 때문이다. 아킬레우스는 그를 그 자리에 묻어주었다. 현재는 그 자리에 테네스의 성역이 세워져 있는데, 피리 연주자는 그곳에 들어갈 수 없고, 그 안에서는 아킬레우스의 이름을 입에 담을 수 없다.

29. 에피담노스[74]인 중에 '파는 자'(*poletes*)는 누구인가?

에피담노스인은 주변에 살고 있는 일리리아인과 잦은 거래를 하다가 그들에게 물들어 점차 타락했다. 에피담노스인은 급격한 변화를 두려워하여, 시민 중에서 가장 저명한 이를 매년 한 명 뽑고 그에게

---

73) 헤미테아(Hemithea)다.
74) Epidamnos. 일리리아에 있던 고대 그리스인의 식민시로서 로마 시대에는 디라키움이라고 불렸고, 현재는 알바니아의 두레스다.

상업적 거래와 교환을 처리하도록 했다. 그는 이민족들을 방문하여 시장을 열고 모든 시민이 팔고자 하는 물건을 진열할 기회를 주었다. 그래서 사람들은 그를 '파는 자'라고 불렀다.

30. 트라키아에서 '아라이노스(Arainos)의 해안'이란 무엇인가?

안드로스[75]인과 칼키스인이 정착하기 위해 트라키아로 갔을 때, 그들은 동조하여 사네[76]시를 배신하고 그곳을 점령했다. 하지만 이민족이 아칸토스[77]를 버렸다는 사실을 알게 되자, 각기 한 명씩 두 명의 정찰병을 보냈다. 그들은 도시에 접근했고, 적이 모두 도망쳤다는 사실을 알게 되었다. 그래서 칼키스인 정찰병은 칼키스인들이 그 도시를 소유하기 위해 앞으로 달려나갔다. 하지만 안드로스인 정찰병은 경쟁자보다 빨리 뛰어 그 거리를 따라잡을 자신이 없어서 창을 집어던졌다. 그 창은 도시의 성문에 단단하게 꽂혔다. 그는 안드로스의 후손을 위해 창으로 그 도시를 얻었노라고 큰 소리로 외쳤다. 당연히 그 결과로 분쟁이 발생했다. 하지만 그 두 종족은 전쟁을 하지 않고, 에리트라이,[78] 사모스, 파로스[79]에 이 문제를 조정해달라고 위임했다. 에리트라이와 사모스는 안드로스 편을 들었지만, 파로스는

---

75) Andros. 그리스 키클라데스(Cyclades) 제도에서 가장 북쪽에 있는 섬이다. 에우보이아에서 남동쪽으로 10킬로미터 정도의 거리에 있다.
76) Sane. 칼키디케의 대표적 섬인 팔레네(Pallene)에 있던 고대 그리스 도시다. 멘데(Mende)와 포티다이아(Potidaia) 사이에 위치하고 있었다.
77) Akanthos. 아토스반도에 있던 고대 그리스의 도시다.
78) Erythrai. 소아시아에 있던 12개의 이오니아 도시 중 하나다.
79) Paros. 에게해 중앙부에 있는 그리스의 섬이다.

칼키스 편을 들었다. 이곳에서 멀지 않은 곳에 살고 있던 안드로스인은 앞으로 파로스인에게 여성을 시집보내지 않고, 마찬가지로 데려오는 일도 없을 것이라고 엄숙하게 맹세했다. 이 때문에 그들은 이 장소를 아라이노스[80]의 해안이라고 불렀다. 그 이전에 이 장소의 이름은 큰 뱀의 해안이었다.

31. 왜 테스모포리아[81] 축제에서 에레트리아 여성들이 불이 아니라 태양 빛으로 고기를 굽는가? 또 왜 칼리게네이아[82] 날에는 참석을 하지 않는가?

아가멤논이 트로이아에서 포로로 데려온 여성들이 이 장소에서 테스모포리아 축제를 열었기 때문일 것이다. 또 갑작스럽게 항해할 조건이 좋아져서 그들이 희생제를 다 마치지도 못하고 떠났기 때문일 것이다.

32. 밀레토스인 가운데 '지속적인 항해자들'(aeinautai)이라고 불리는 이들은 누구인가?

참주인 토아스(Thoas)와 다마세노르(Damasenor)의 통치가 전복

---

[80] 플루타르코스는 아라이노스라는 단어를 맹세 혹은 저주라는 의미로 쓴 듯하다.
[81] Thesmophoria. 데메테르와 페르세포네를 기리기 위해 열리는 축제로서 늦가을에 파종이 끝난 후 열리는 것이 일반적이다. 대체로 그리스 전역에서 열렸으며, 성인 여성만이 참여하는 축제다.
[82] Kalligeneia. 테스모포리아 축제의 세 번째 날이자 마지막 날이다.

된 후,[83] 두 개의 당파가 밀레토스의 국정을 휘어잡게 되었다. 그 중 하나는 플루티스(Plutis)라고 불리고, 다른 하나는 케이로마차(Cheromacha)라고 불렸다.[84] 따라서 영향력이 있는 자들이 주도권을 잡고 국정을 자신들 당파의 통제 아래에 들어가게 했다. 그들은 가장 중요한 문제들을 배에 타서 육지에서 상당히 떨어진 곳까지 가서 논의하곤 했다. 그리고 최종 합의가 이루어진 후에야 돌아왔다. 그래서 그들은 '지속적인 항해자들'이라고 불렸다.

33. 왜 칼키스인은 피르소피오스(Pyrsopios) 인근의 어떤 장소를 '젊은이의 집회'(Akmaion Lesche)라고 부르는가?

칼키스인에 따르면, 나우플리우스[85]는 아카이아인에게 쫓겨 탄원자로서 칼키스인에게 왔다. 그는 한편으로 자신에게 가해진 비난에 대해 변호하면서, 다른 한편으로는 아카이아인에 대해 반박했다. 칼키스인은 [아카이아인에게] 그를 내어줄 생각이 없었다. 또 그가 배신당해 죽는 것도 걱정이 되었기 때문에 한창때의 젊은이들을 그의 경호원으로 붙여주었다. 그 젊은이들은 이 장소에 모여 살면서, 나우플리우스의 경호원 노릇을 했다.

---

83) 기원전 600년경의 일이다.
84) 각각 '부유한 자들', '노동하는 자들'이라는 의미다.
85) Nauplius. 트로이아 전쟁에서 억울하게 죽었다고 알려진 팔라메데스(Palamedes)의 아버지로서 에우보이아의 왕이었다. 그는 자식의 복수를 위해 트로이아 전쟁이 끝나고 귀환하는 아카이아인들의 함대를 난파하도록 유도했다. 그로 인해 '난파시키는 자'라는 별명이 생겼다.

34. 은인을 위해 황소를 죽인 이는 누구였는가?

이타케섬에 한 해적선이 정박했는데, 그 배 안에는 역청이 든 토기들을 가진 노인이 붙잡혀 있었다. 피리아스(Pyrrhias)라는 이름의 이타케의 나룻배 사공이 노인의 사연을 듣고 동정심을 갖게 되어, 아무 보상도 바라지 않고 그 노인의 몸값을 내고 해방해주었다. 더욱이 그는 노인의 부탁을 받고, 토기들도 사들였다.

해적들이 떠나고, 더는 위험이 없어지자, 그 노인은 피리아스를 이끌고 토기들이 있는 곳으로 갔다. 노인은 토기 안의 역청들 속에 묻혀 있던 금은을 보여주었다. 이렇게 해서 피리아스는 갑자기 부자가 되었고, 그 노인에게 여러 가지 방법으로 잘 대접해주었다. 심지어 노인을 위해 황소를 잡아주었다. 그래서 사람들은 다음과 같은 표현을 사용하게 되었다.

"피리아스 말고는 누구도 은인에게 황소를 잡아주지 않지."

35. 왜 보티아이아인[86] 처녀들은 춤을 출 때, "우리를 아테나이로 보내줘요"라는 노래를 부르는 관습이 있었는가?

전하는 말로는, 크레테인은 맹세에 따라 델포이에 맏아들들을 보냈다. 하지만 보내진 이들이 먹을 식량이 충분하지 못해 그들은 델포이를 떠나 식민시를 건설하기로 했다. 그들은 처음에 이아피기아[87]

---

86) Bottiaia. 고대 마케도니아 보티아이아에 살았던 보티아이아인들은 고졸기의 어떤 시기에 마케도니아에서 쫓겨나 그리스 칼키디케 지방의 보티케(Bottike)로 이주하게 되었다.
87) Iapygia. 이탈리아반도 남동쪽 지역에 있으며 현대의 풀리아다.

에 정착했지만, 나중에는 트라키아의 이 지역[88]을 점령했다. 그들 중에는 아테나이 출신도 일부 섞여 있었다. 미노스왕이 아테나이에서 공납으로 받은 동남동녀를 죽이지 않고 옆에 두어 시동으로 썼기 때문이다. 그래서 이 아테나이인의 혈통을 가진 일부는 크레테인으로 간주되어 델포이로 보내졌던 것이다. 그리하여 보티아이아인의 딸들은 그들의 조상을 기억하여 축제에서 "우리를 아테나이로 보내줘요" 하고 노래 부르곤 했다.

36. 왜 엘리스 여성들은 디오니소스 송가를 부를 때, "황소의 발을 가지시고" 자신들에게 와달라고 하는가? 그 송가는 다음과 같다.

오소서, 영웅이신 디오니소스여
그대의 성스러운 엘리스로
우아함을 가진 신전
그대의 신전에로
황소의 발을 가지시고, 서두르시며

그리고 "훌륭한 황소여"라는 후렴을 두 번 노래한다.

이는 아마 '황소로 태어난' 혹은 '황소' 같은 그 신에 관한 이야기들 때문일 것이다. 혹은 사람들이 '황소의 발'을 '그대의 강력한 발을 가지고서'로 이해하거나, 심지어 시인이 '황소의 눈을 한'[89]을 '큰 눈

---

88) 보티아이아인이 사는 지역을 말하는 듯하다.
89) 호메로스, 『일리아스』 제1권 551행. "그러자 그에게 황소의 눈을 한 존경스러운 헤라가 말했다."

을 가진'으로, '허풍선이'[90)]를 '목소리 높여 떠드는 자'로 표현했기 때문일 것이다.

혹은 황소의 발은 해를 끼치지 않는 데 반해, 뿔 부위는 위험할 수 있기에, 그 신께서 점잖고 고통을 끼치시지 않은 채로 와주십사고 부르는 듯하다.

혹은 그 신께서 밭 갈고 씨 뿌리는 것을 시작하신 분이라고 많은 사람이 믿기 때문일 것이다.

37. 왜 타나그라[91)] 주민은 자신들의 도시 앞에 있는 장소에 아킬레이온[92)]이라는 이름을 붙였을까? 아킬레우스가 포이만드로스[93)]의 어머니 스트라토니케를 납치하고, 에피포스(Ephippos)의 아들인 아케스토르(Akestor)를 죽였기 때문에, 그는 실제로 이 도시와 우정보다는 적대 관계였다고 알려졌는데 말이다.

타나그라가 아직도 시골 사람들의 땅이었을 때, 에피포스의 아버지 포이만드로스는 아카이아인의 원정[94)]에 참여하기를 거절했기에 스테폰(Stephon)이라고 불리는 장소에서 아카이아인에 의해 포위되

---

90) *bougaios*. 같은 책, 제13권 824행. "아이아스, 서투른 허풍선이여, 무슨 말을 하는가?"
91) Tanagra. 보이오티아 지역의 한 소도시다.
92) Achilleion. '아킬레우스의 땅'이라는 의미다.
93) Poimandros. 카이레실라오스가 스트라토니케와(Stratonike)의 사이에서 낳은 아들이다. 타나그라시의 창건자다. 그의 두 아들은 레우키포스(Leukippos)와 에피포스(Ephippos)다.
94) 그리스인들의 트로이아 원정을 말한다.

었다. 하지만 그는 밤중에 그곳을 버리고 도망쳐 포이만드리아[95]를 요새로 만들었다. 하지만 건축가 폴리크리토스(Polykrithos)가 들어오면서 그가 만들어놓은 요새를 비웃고 조롱하면서 해자를 뛰어넘었다. 포이만드로스는 분노하여, 급하게 큰 돌을 집어 그에게 던졌다. 이 큰 돌은 옛날부터 그곳에 숨겨져 있던 것으로, 닉텔리아 의식에 쓰기 위해 챙겨둔 것이었다. 포이만드로스는 이 돌을 무심결에 집어 들고 던진 것이었다. 폴리크리토스는 돌에 맞지 않았으나, 포이만드로스의 아들 레우키포스(Leukippos)가 그 돌에 맞아 죽었다. 그는 법에 따라 보이오티아를 떠나야 했고, 신의 용서를 바라는 탄원자가 되어 떠돌아야 했다. 하지만 이것이 쉬운 일이 아니었으니, 아카이아인이 타나그라 영토에 침입했기 때문이다.

 포이만드로스는 아킬레우스에게 애원하기 위해 아들인 에피포스를 보냈다. 에피포스는 아킬레우스를 설득하여 그의 아버지에게 데려왔다. 그때, 헤라클레스의 아들 틀레폴레모스(Tlepolemos), 히팔크마스(Hippalkmas)의 아들 페넬레오스[96]도 아킬레우스와 힘께 왔다. 그들 모두는 서로 교분을 나누었다. 포이만드로스는 그들의 호위를 받아 칼키스로 갔고, 그곳에 있는 엘레페노르[97]의 집에서 자식 살해의 죄를 사면받았다. 그에 따라 포이만드로스는 이 영웅들에게 경의를 표하기 위해 그들 모두를 위한 성스러운 영역들을 따로 떼어놓았다. 이 영역 중 아킬레우스의 영역이 아직 그 이름을 가지고 있다.

---

95) Poimandria. 포이만드로스가 만든 장소 혹은 포이만드로스가 만든 요새 정도로 해석할 수 있다.
96) Peneleos. 트로이아 전쟁에 참여한 그리스 영웅 중 하나다.
97) Elephenor. 에우보이아 지역의 아반테스(Abantes)족의 왕이다. 그 역시 트로이아 원정에 참전했다.

38. 보이오티아인 사이에서 '프솔로에이스'(Psoloeis), '올레이아이'(Oleiai)로 불리는 이들은 누구인가?

민야스[98]의 딸들[99]인 레우키페(Leukippe), 아리스노에(Arisnoe), 알카토에(Alkathoe)는 사람의 살에 대한 열망에 사로잡혀 미쳐버렸고, 그들의 자식을 걸고 제비를 뽑았다는 이야기가 있다. 레우키페가 제비에 당첨되었고, 공물로 그녀의 아들 히파소스(Hippsos)를 조각내어 바치도록 되어 있었다. 깊은 탄식과 슬픔에 너절한 옷을 입고 있던 남편들은 '너절한 이들'(Psoloeis)이라고 불렸다.

미냐스의 딸들은 '올레이아이'로 불렸는데, 말하자면 '살인녀들'이다. 지금까지도 오르코메노스 주민들은 이 가문의 후예에게 그 이름을 붙인다. 그리고 매년 아그리오니아 축제에서는 디오니소스의 사제가 손에 칼을 들고 그들을 쫓고, 그들이 쫓기는 일이 재현된다. 사제가 누구라도 그중 한 사람을 붙잡으면 죽일 수 있는데, 우리 시대에도 사제 조일로스(Zoilos)가 그중 하나를 죽였다. 그 결과로 오르코메노스 주민들이 득을 보지는 않았다. 조일로스는 조금 아프다가 병에 걸려 오랫동안 괴로워한 끝에 죽었다. 오르코메노스 주민들은 자신들도 상해 사건 및 불리한 판결에 연루되었다는 것을 알게 되었다. 그래서 그들은 조일로스 가문에서 사제직을 압수하고, 그 직책에 어울릴 만한 사람을 모든 시민 중에서 선출했다.

---

98) Minyas. 보이오티아 지역 오르코메노스의 창건자다. 그와 그의 딸들에 관해서는 조금씩 다른 전설이 여러 가지가 있다.

99) 민야스의 딸들을 합쳐 미나데스(Minyades)라고 하는데, 디오니소스 경배를 소홀히 한 벌을 받았다는 전설이 있다. 알카토에는 알키토에(Alkithoe)라고도 하고, 아리스노에에 대해서는 아르시페(Arsippe)라고도 한다. 한편 클라우디우스 아일리아누스(Claudius Aelianus)는 아리스티파(Aristippa)라고 서술했다. 오위디우스는 레우키페 대신 레우코노이(Leuconoe)라고 했다.

39. 왜 아르카디아인은 자발적으로 리카이온[100]에 들어가는 자들은 돌로 쳐 죽이지만, 모르고 그랬다면 엘레우테라이[101]로 보내버리는가?

그들이 풀려나서 해방되기 때문에, 이 이야기는 믿을 만한 듯하다. 그리고 "엘레우테리아로 간다"는 말은 "안전한 장소로 들어간다"는 말과 같거나 "그대는 만족하는 장소로 갈 것이다"와 같은 듯하다.

혹은 전설에 따르면, 리카온[102]의 두 아들 엘레우테르와 레바도스(Lebados)는 제우스를 향한 음모에 가담하지 않았고, 보이오티아로 도망쳤다고 한다. 보이오티아에서는 레바데이아[103]인이 아르카디아인과 같은 시민적 권한을 행사할 수 있었다. 그래서 더럽혀서는 안 되는 제우스의 성역에 비자발적으로 들어간 자들을 엘레우테라이에 보냈을 것이다.

혹은 아르키티모스(Architimos)가 『아르카디아의 일들』에서 말했듯이, 아르카디아인들은 모르고 성역에 들어간 사람들을 플리아시아(Phliasia)인들에게 넘겨주었고, 그들은 다시 메가라인에게 넘겨주었

---

100) Lykaion. 처음에는 아폴론 리키에오스(Apollon Lykeios, 늑대신 아폴론)를 섬기는 신전이었다. 그후, 한동안 운동장으로 쓰였다가, 기원전 334년 아리스토텔레스가 그곳에 소요학파 학교를 세웠다. 이 학교는 계속 이어지다가 기원전 86년 로마 장군 술라가 아테나이를 공격할 때 무너졌다. 여기서는 아폴론 신전으로 쓰일 때를 말한다.
101) Eleutherai. 아티카반도 북쪽에 있으며, 보이오티아와 인접한 도시다. 엘레우테라이라는 단어의 뜻은 '해방자'다.
102) Lykaon. 아르카디아의 왕 리카온은 아들인 닉티모스(Nyktimos)를 죽여 그 살을 요리하여 제우스 신을 대접했다. 제우스가 전지하여 그 사실을 아는지 떠본 것이다. 제우스는 리카온을 늑대로 변신시키고 그의 후손을 죽였다. 다만 닉티모스는 다시 살려주었다.
103) Lebadeia. 그리스 중부의 도시다. 현대 그리스의 리바디아다.

고, 그들은 다시 엘레우테라이 근처에 살고 있는 테바이인에게 넘겨주었다. 그들은 비와 천둥 및 하늘로부터 오는 징조로 그곳에 멈췄고, 실제로 그래서 엘레우테라이라는 이름이 붙었다고 주장하는 사람들도 있다.[104]

비록 널리 믿어지는 이야기이기는 하지만, 리카이온에 들어서는 사람에게 그림자가 드리워지지 않는다는 말[105]은 사실이 아니다. 아마도 공기가 구름을 움직여, 그 구름이 들어가는 사람에게 어둡고 낮게 내려앉아서 그랬을 것이다. 혹은 들어간 사람은 죽음을 선고받았기 때문에, 또 죽은 자의 영혼은 그림자를 드리우지도, 그 그림자가 명멸하지도 않는다고 피타고라스학파 사람들이 선언한 것 때문일 것이다. 혹은 그림자를 만드는 것은 태양인데, 신의 권능이 들어간 자에게서 햇빛을 앗아버렸기 때문일 것이다.

그들은 "들어간 자는 '사슴'이라고 불린다"라고도 비유적으로 말한다. 엘리스가 아르카디아와 전쟁을 하고 있을 때, 아르카디아인 칸타리온(Kantharion)이 엘리스로 도망치면서 전리품을 가지고 신성한 성역을 가로질러 갔다. 양국이 화의를 맺었을 때, 그는 스파르타까지 도망갔지만, 스파르타인은 그를 아르카디아에 넘겨주었다. 신께서 '그 사슴'을 돌려주라고 명하셨기 때문이다.

---

104) 여기서 해방되었기 때문에 '해방자'라는 뜻의 엘레우테라이라는 이름이 붙었다는 의미다.
105) 파우사니아스(Pausanias), 『그리스의 묘사』(Hellados Periegesis), 제8권(아르카디아 편), 38장 6절. "리카이오스(Lykaios)산의 경이 중에서 가장 놀라운 것은 다음과 같다. 제우스 리카이오스의 성역에는 사람이 들어가지 못하게 되어 있다. 누구라도 그 규칙을 모르고 들어가면, 1년 이내에 반드시 죽는다. 게다가 그 경내에서는 짐승이건 사람이건 그림자를 드리우지 못한다는 전설이 있다."

40. 타나그라의 영웅 에우노스토스(Eunostos)는 누구였는가? 왜 여성들은 그를 기리는 작은 숲에 들어가지 못하는가?

에우노스토스는 케피소스[106]와 스키아스(Skias)의 아들인 엘리에오스(Elieos)의 아들이었다. 사람들의 말에 따르면, 그는 님페인 에우노스타(Eunosta)에게 양육되어 그런 이름을 얻었다고 한다. 그는 잘생기고 정의로웠을 뿐 아니라 덕을 갖추었고, 금욕적이었다. 전해지기로는, 콜로노스(Kolonos)의 딸 중 하나이며 조카딸인 오크네(Ochne)가 그에게 반했다. 하지만 에우노스토스는 〔그녀의 행동을〕 비난하면서 그녀의 접근을 뿌리치고, 오빠들에게 그 행동을 알리겠다고 하며 떠났다. 오크네는 그의 행동을 갚아주기 위해 서둘러 그를 앞질러 갔다. 그녀는 오빠들인 에케모스(Echemos), 레온(Leon), 부콜로스(Bukolos)에게 에우노스토스가 그녀를 강제로 범했다고 말하며, 그를 죽여달라고 부추겼다. 그래서 형제들은 매복하고 있다가 그 젊은이를 죽였다. 그러자 엘리에오스가 그들을 감금했다. 오크네는 후회하게 되었다. 그녀는 당황했고, 사랑의 고뇌에서 벗어나고 싶었으며, 동시에 오빠들에 대해 유감을 느꼈다. 그래서 그녀는 전말을 엘리에오스에게 털어놓았고, 엘리에오스는 콜로노스에게 그 사실을 알렸다. 콜로노스가 판결을 내려 오크네의 오빠들을 추방하자, 그녀는 절벽에서 뛰어내려 자살했다. 이상은 서정시를 쓰는 안테돈의 여류 시인 미르티스[107]가 읊은 내용이다.

에우노스토스의 성역과 작은 숲은 여성이 입장하거나 접근하는 것

---

106) Kephisos. 보이오티아에는 동명의 강이 있는데, 전설에 따르면 강의 신 케피소스가 이 강에 살았다고 한다.
107) Myrtis. 기원전 6세기의 시인으로서 테바이의 핀다로스, 타나그라의 코린나(Korinna)의 스승이었다. 보이오티아 지역 서정시인 중의 1세대 인물이다.

이 강하게 금지되었다. 그래서 지진이나 한발, 그밖에 하늘이 보여주는 다른 사건의 징조들이 일어나면 타나그라인은 어떤 여성이 들키지 않고 그 장소에 접근했는지 큰 관심을 갖고 열심히 찾곤 했다. 뛰어난 인물인 클레이다모스(Kleidamos)를 포함한 몇몇 사람은 신성한 영역 안에 한 여성이 발을 들여놓았고, 목욕하기 위해 바다로 가는 에우노스토스를 만났다고 말했다. 디오클레스(Diokles)[108] 역시 영웅들의 성역에 대한 소론에서 클레이다모스[109]가 적은 문제에 관련된 타나그라인의 칙령을 인용한다.

41. 어떤 이유로 보이오티아의 엘레온[110] 인근에 있는 강이 스카만드로스(Skamandros)라고 불리게 되었는가?

엘레온[111]의 아들이자 헤라클레스의 동료인 데이마코스(Deimachos)는 트로이아 원정에 참여했다. 하지만 전쟁이 길어지는 듯이 보였기에, 그는 자기 진영에서 스카만드로스의 딸인 글라우키아(Glaukia)를 기꺼이 맞아들였다. 글라우키아는 그와 사랑에 빠진 상태였고, 그는 그녀에게서 자식을 얻었다. 그리고 그는 트로이아인과 전투 중에 죽었다. 붙잡힐까 두려운 글라우키아는 보호를 받기 위해 헤라클레

---

108) 동명이인이 많아서 정확히 특정하기 어렵다.
109) 기원전 5~4세기에 활동한 그리스 작가로서 아테나이의 법률과 제도의 기원 등을 다룬 『아티스』(*Attis*)를 썼다고 하나, 지금은 전해지지 않는다. 이 사람이 바로 앞에서 서술된 뛰어난 인물 클레이다모스와 같은 사람인지는 불분명하다.
110) Eleon. 헬레온이라고도 한다. 『일리아스』에서도 함선 목록에서 언급된다. 현대의 아르마 인근에 위치한다.
111) 동명의 도시 엘레온의 창건자일 것이다.

스에게 가서 데이마코스와 사랑을 나누었으며, 아기를 가졌다는 사실을 밝혔다. 헤라클레스는 그 여성을 동정했고, 또 가까운 친구인 용감한 남자의 손이 끊기지 않았다는 사실을 기꺼워하며 자신의 함대에 글라우키아를 태웠다. 그녀가 아들을 낳자, 헤라클레스는 두 모자를 보이오티아의 엘레온에 데려다주었다. 그 아이는 스카만드로스라고 이름이 지어졌고, 그 나라의 왕이 되었다. 그는 이나코스(Inachos)강을 자기 이름을 따서 스카만드로스강이라고 부르고, 그 근처에 있는 다른 강은 어머니의 이름을 따서 글라우키아강이라고 불렀다. 아키두사(Akidousa)라는 샘은 그가 자기 부인의 이름을 딴 것이다. 그는 아키두사와의 사이에 세 딸을 두었는데, 엘레온 사람들은 지금까지도 그녀들을 '처녀들'이라는 이름으로 존중하고 있다.

42. "이것을 택합시다"라는 속담은 어디서 나왔는가?

타렌툼[112]의 데이논(Deinon)이 유능한 장군으로 직무를 수행하고 있을 때, 시민들이 그가 제시한 어떤 안건을 부결시켰다. 전령이 대다수의 의견을 알리자, 그는 오른손을 뻗으며 "하지만 이것이 더 나아!"라고 말했다. 이상은 테오프라스토스가 전한 이야기다. 하지만 아폴로도로스(Apollodoros)는 그 이야기를 보충하여 다음과 같이 말했다. 타렌툼의 전령이 "이것이 다수의 의견이오"라고 하자, 데이논은 "하지만 이것이 더 낫소"라고 말했고, 소수의 표를 받은 의견을 비준했다.

---

112) Tarentum. 남부 이탈리아에 있는 아풀리아주의 연안 도시다. 이탈리아어로는 타란토라고 한다. 기원전 8세기에 스파르타인들의 식민시로 도시 역사가 시작되었다.

43. 이타케인의 도시는 왜 알랄코메나이(Alalkomenai)라고 불리는가?

시시포스[113]가 아직 처녀였던 안티클레이아[114]를 범해 오딧세우스[115]를 임신하도록 했기 때문이다. 여러 작가가 그 부분에 관해 글을 썼다. 하지만 알렉산드리아의 이스트로스[116]는 비망록에서 추가로 다음의 내용을 기록했다. 즉, 안티클레아가 라에르테스와 결혼하고 그의 집으로 인도되었을 때, 보이오티아의 알랄코메니온(Alalkomenion) 근처에서 오딧세우스를 낳았다. 그래서 오딧세우스는 자신이 태어난 장소에 대한 기억을 환기하기 위해 이타케섬의 도시에 같은 이름을 붙여 불렀다.

44. 아이기나에서 '혼자 먹는 이들'(Monophagoi)이라고 불리는 이들은 누구인가?

트로이아 전쟁에 참전한 아이기나인 중에 많은 이가 전사했지만, 귀환 항해 도중에 폭풍을 만나 더 많은 이가 죽었다. 그래서 소수의 사람만이 살아남았고, 그들의 친척들이 집에서 반길 때, 다른 시민들

---

113) Sisyphos. 현재는 코린토스(Korinthos)로 알려진 에피라(Ephyra)의 창건자이자 왕이다. 그는 하데스에게 벌을 받아 영원히 언덕에서 바위를 굴려 올려야 했다.
114) Antikleia. 이타케의 왕 라에르테스(Laertes)의 왕비다.
115) 호메로스의 서사시에 따르면, 오딧세우스의 아버지는 라에르테스(Laertes)이고, 어머니는 안티클레이아다. 하지만 다른 전승에서는 그의 진짜 아버지가 시시포스다.
116) Istros. 칼리마코스의 제자이며, 알렉산드리아 대도서관에서 일했다.

은 애통과 비탄에 잠겨 있었다. 그 사실을 안 그들은 공공연하게 기뻐하거나 신들에게 감사의 희생제를 올리는 일은 적절하지 않다고 생각했다. 그래서 각자의 집에서 비밀리에, 그리고 개별적으로 성찬을 차리고 무사히 집에 돌아온 그들을 반겼다. 그 자리에는 전사들의 아버지, 혈족, 형제, 친척이 있었고, 가족 외의 사람은 참여가 허락되지 않았다. 그리하여 아이기나인은 이 모임을 본떠 포세이돈께 바치는 희생제를 열었는데, 그것을 '티아소이'[117]라고 불렀다. 티아소이는 가족들만 모여 침묵 속에서 16일간 벌이는데, 노예도 그 자리에 있지 못했다.[118] 아프로디시아(Aphrodisia) 축제를 열 때, 티아소이 축제를 끝냈다. 그런 이유로 그들은 '혼자 먹는 이들'이라고 불렀다.

45. 왜 카리아에 있는 제우스 라브란다[119] 신상은 홀(笏) 혹은 번개를 손에 쥐고 있지 않고 도끼를 쥐고 있는가?

헤라클레스가 히폴리테를 죽였을 때, 다른 무기들과 함께 그녀의 도끼를 취해 옴팔레[120]에게 선물로 주었기 때문이다. 옴팔레의 뒤를 이은 리디아의 왕들은 이 도끼를 신성한 왕권의 표지의 일부로 사용했다. 그러면서 계속 다음 대의 왕에게 전해주어 칸다울레스[121]에 이르렀다. 칸다울레스는 이 도끼에 별 가치를 두지 않았고, 한 친우에게

---

117) *thiasoi*. '모임 식사'라는 의미다.
118) 노예의 시중을 받지 않았다는 의미다.
119) Zeus Labranda. '제우스 스트라티오스'(Zeus Stratios)라고도 한다.
120) Omphale. 소아시아 리디아의 여왕이다. 전설에 따르면 그녀는 1년간 헤라클레스의 애인이었다.
121) Kandaules. 기원전 7세기 초의 리디아 왕으로서 687년경에 죽었다. 헤로도토스에 따르면, 헤라클레스 왕가의 마지막 인물이었다.

그것을 주었다. 그러다가 기게스[122]가 반란을 일으켜 칸다울레스와 싸우고 있을 때, 아르셀리스[123]가 밀라사[124]로부터 와 기게스의 동맹군으로 참전하여 칸다울레스와 그의 친우를 죽이고 다른 전리품과 함께 그 도끼를 카리아로 가져갔다. 그리하여 그는 제우스 신상을 건립하고 그 손에 도끼를 쥐여준 다음, 제우스 라브란다라고 불렀다. 리디아인들이 도끼를 라브리스라고 불렀기 때문이다.

46. 왜 트랄레스[125] 주민은 살갈퀴[126]를 '정화하는 것'(kathartes)이라고 부르면서 속죄와 정화를 위해 특별히 사용하는가?

옛날 렐레게스인[127]과 미냐이인[128]이 트랄레스인을 쫓아내고 그 도시를 점령했으나, 나중에 트랄레스인이 되돌아와서 그들과 싸워 이겼다. 죽임당하거나 도망치지 않은, 피로하고 허약한 많은 렐레게스인은 살고 죽는 것에 무관심했다. 그래서 미냐이인이나 렐레게스인을 죽인 트랄레스인은 살갈퀴 두 말을 재어 살해된 자의 친척들에게 주어야 한다는 법을 제정했다.

---

122) Gyges. 리디아어로는 쿠카스라고 한다. 기원전 680년경부터 644년까지 리디아를 통치했다. 리디아 메름나다이(Mermnadai) 왕조의 창건자다.
123) Arselis. 카리아의 왕자였다.
124) Mylasa. 오늘날 튀르키예 무글라 지방에 있다.
125) Tralles. 튀르키예 에게 지방에 있는 도시다. 오늘날의 이름은 아이딘이다.
126) *orobos*. 나비나물속의 식물이다.
127) Leleges. 그리스인이 도착하기 전 에게해 지역에 살았던 선주민이다.
128) Minyai. 마찬가지로 그리스인이 에게해 지역에 도착하기 전의 선주민이다.

47. 왜 엘리스인들 사이에서 "삼비코스(Sambikos)보다 더 고생하다"라는 속담이 있는가?

그 이야기는 다음과 같다. 동료를 많이 데리고 있는 삼비코스라는 어떤 엘리스인이 올림피아에 봉납된 청동상을 여럿으로 조각내어 팔아먹었다. 그리고 수호자 아르테미스의 성역을 약탈하기까지 했다. 이 성역은 엘리스 내에 있었고 아리스타크레온(Aristachreon)이라고 불리는 곳이었다. 그는 이런 신성모독을 범한 후, 곧 붙잡혀서 공범에 대해 털어놓으라고 1년간이나 고문을 당했다. 이렇게 고문을 당하고 죽었기 때문에, 그가 겪은 고초로 인해 그 속담이 생겼다.

48. 스파르타에서 레우키포스[129]의 딸들의 성역 근처에 왜 오딧세우스의 성역이 있는가?

니오메데스의 후손인 에르기노스(Erginos)는 아르고스에서 팔라디온[130]을 훔치자는 테메노스(Temenos)의 설득을 받아들였다. 그리고는 테메노스의 친구인 레아그로스(Leagros)의 도움을 받아 팔리디온을 훔쳤다. 하지만 레아그로스는 테메노스와 불화하게 되어 팔라디

---

129) Leukippos. 메세니아의 왕자다. 그는 메세니아의 왕 페리에레스(Perieres)와 메세니아와 스파르타의 여왕 고르고포네(Gorgophone) 사이에서 태어났다. 레우키포스의 딸들은 포이베(Phoibe), 힐라이라(Hilaira), 에리오피스(Eriopis)다.
130) 일리온(트로이아)과 로마의 안전을 지켜주는 팔라스 아테나 여신의 나무 조각상이다. 자세한 내용은 이 책, 「그리스와 로마의 대비 일화」 제17장의 역주 참조.

온을 가지고 스파르타로 갔다. 스파르타의 왕들[131]은 팔라디온을 열렬히 환영했고, 레우키포스의 딸들의 성역 근처에 자리를 내주었다. 그리고 팔라디온의 안전과 보존을 위해 델포이에 사람을 보내 신탁을 물었다. 그 신탁에서는 팔라디온을 훔친 사람 중 하나가 그것의 수호자가 되어야 한다고 했다. 스파르타인은 그 자리에 오딧세우스의 성역을 건설했다. 오딧세우스는 페넬로페[132]와 결혼했기에, 이 영웅이 스파르타와 밀접한 관계가 있다고 생각했기 때문이다.

49. 왜 칼케돈 여성들은 다른 남자, 특히 행정관을 만날 때면 한쪽 볼을 가리는 관습을 가지는가?

칼케돈인은 여러 종류의 일로 인해 촉발된 전쟁을 비티니아인과 치르고 있었다. 제이포테스(Zeipotes)가 비티니아의 왕이 되었을 때, 칼케돈인은 트라키아 동맹들의 군대까지 끌어모아 전력으로 비티니아 영토를 불과 칼로 유린했다. 제이포테스는 팔리온(Phalion)이라고 불리는 곳 근처에서 그들을 공격했다. 그들은 성급하게 움직였고 훈련도 부족했기 때문에 전투에 패했고, 8,000명이 넘는 인명피해를 입었다. 하지만 그들이 완벽하게 말살된 것은 아니었기에, 제이포테스는 비잔티온인에게 유리한 휴전 조약을 맺었다. 그에 따라 당시 [칼케돈]시에는 남성들이 매우 부족했고, 여성들 대부분은 해방노예나 거류 외인과 결혼해야 했다. 하지만 그런 식의 결혼을 하기보다는 차라리 독신을 고수하려는 여성들은 판관이나 행정관을 만나 행정적

---

131) 스파르타는 2왕제 국가였다.
132) Penelophe. 스파르타의 왕이었던 이카리오스(Ikarios)의 딸이다.

처리를 해야 할 때도 베일로 얼굴 한쪽을 가리고 만났다. 결혼한 여성들도 부끄러움 때문에 그런 방식을 따라 했고, 그녀들은 그런 방식이 더 낫다는 것을 느끼게 되어 그것이 [도시 전체의] 관습이 되었다.

50. 왜 아르고스인은 양들을 짝지어주고 싶을 때, 그 양들을 아게노르[133]를 기리는 작은 숲으로 몰고 가는가?

아게노르가 자신의 양 떼를 가장 잘 돌보았고, 다른 어떤 왕보다 더 많은 양 떼를 가졌기 때문이다.

51. 왜 아르고스 소년들은 어떤 축제에서 장난 삼아 자신들이 '서양배를 던지는 자들'(Ballakrades)이라고 자처하는가?

산매에서 살다가 이나코스왕을 따라 평원에 정착한 첫 번째 사람들이 소위 야생 서양배(akrades)를 주로 먹고 살았기 때문일 것이다. 또 그들에 따르면, 야생 서양배는 펠로폰네소스반도가 아직 아피아(Apia)로 불리던 시절에 거기 살던 그리스인이 처음 발견해서, 야생 서양배를 아피오이(apioi)라고 이름지었다고 한다.

---

133) Agenor. 전설적인 아르고스의 왕이다.

52. 왜 엘리스인은 암말을 당나귀와 짝지을 때 국경 밖으로 그 암말을 몰고 가는가?

모든 왕 중에 오이노마오스가 가장 말을 좋아했고, 그는 특히 이 동물의 사랑을 받았기 때문에, 엘리스에서 말을 교배하려는 자에게 많은 끔찍한 저주를 내렸다.[134] 그 저주를 두려워해서 엘리스인이 〔엘리스 경계 내에서〕 교배시키려 하지 않았을 것이다.

53. 왜 크노소스(Knossos)인은 관습적으로 사채업자들에게 돈을 빌릴 때, 돈을 낚아채는가?

만약 그들이 채무를 갚지 못하면 폭력적으로 공격당하기 쉬우며, 더 심하게 처벌받기 때문일 것이다.[135]

54. 사모스섬에서 사람들이 덱시크레온(Dexikreon)의 아프로디테에게 기원하는 이유는 무엇인가?

덱시크레온이 엄청난 사치와 방종에 빠져버린 사모스 여인들을 마술을 통한 정화 의식으로 풀려나게 해주었기 때문일 것이다.

혹은 덱시크레온은 선장이었으며 해상 무역을 하기 위해 키프로스

---

134) 헤로도토스, 『역사』 제4권 30장. "엘리스인들은 〔엘리스에서 노새가 태어나지 않는 것을〕 저주 탓이라고 했다."
135) 채무를 변제하지 못했을 때 받는 처벌이나 상해가 돈을 낚아채가는 범죄보다 더하기 때문일 것이다.

섬으로 갔는데, 짐을 배에 실으려는 때에 아프로디테께서 물만을 싣고, 가능한 한 빨리 배를 타고 떠나라고 명하셨기 때문일 것이다. 그는 그 명에 복종하여 많은 물을 싣고 바로 출항했다.

얼마간 시간이 지나자 바람이 멎었다. 그 결과 배는 바다 위에서 멈춰버리고 말았다. 그는 목말라하는 다른 배의 선장과 상인에게 물을 팔아서 많은 돈을 벌었다. 그리하여 그는 그 여신의 신상을 만들고 자신의 이름을 따서 그 신상을 '덱시크레온의 아프로디테'라고 불렀다. 이 일이 사실이라면, 여신께서는 한 사람을 부자로 만들어주시려고 한 것이 아니라, 그 사람을 통해 많은 이의 생명을 구하려 하신 것 같다.

55. 사모스인이 '기쁨을 주시는 이'인 헤르메스 신께 희생제를 올릴 때면, 도둑질을 하고 싶어 하는 사람에게 자신들의 의복을 훔치도록 허용해주는 이유는 무엇인가?

그들은 신탁에 따라 사모스에서 미칼레[136]로 가서 해적질을 하며 10년 동안 먹고살았고, 그후에 다시 사모스로 항해해와서 적들을 정복했기 때문이다.

---

136) Mykale. 오늘날 튀르키예의 숨순 다기와 딜렉 다기다. 사모스섬과 매우 가까운 곳에 있는 곳이며 같은 이름의 산을 말하기도 한다.

56. 사모스섬의 판하이마[137]라는 장소는 어디에서 이름을 따 왔는가?

아마존족이 디오니소스 신에게서 도망치려고 했을 때, 아마존족은 에페이소스인의 땅에서 사모스섬으로 항해해왔기 때문일 것이다. 하지만 디오니소스께서는 배를 만들어 건너와 그들을 따라잡고 전투를 벌여 이 장소 인근에서 많은 아마존족을 죽이셨다. 이 놀라운 광경을 본 사람들은 엄청나게 많은 피가 뿌려졌기에, 그 장소를 판하이마라고 불렀다. 아마존족이 데려온 코끼리 일부도 플로이온[138] 인근에서 살해되어 그곳에서 코끼리 뼈도 볼 수 있었다고 한다. 하지만 어떤 이들에 따르면, 그 코끼리들이 죽어갈 때 내지른 크고 날카로운 비명에 플로이온이 사모스섬에서 쪼개져 나갔다고도 한다.

57. 사모스섬에 '차꼬의 전당'(Pedetes)이라고 불리는 큰 전당이 있는 이유는 무엇인가?

데모텔레스[139]가 살해되고, 왕정이 무너진 후에, 지주(地主)들[140]이 나라 전체를 움직였다. 이 시기에 메가라인이 사모스의 식민시인 페린토스에 원정을 감행했다. 전해지기로, 그들은 포로를 잡으면 쓰려고 차꼬를 가져갔다고 한다. 사모스의 지주들은 이 사실을 알고, 최대한 빠르게 아홉 명의 장군을 임명하고 서른 척의 배에 수병들을 태

---

137) Panhaima. '모든 피'라는 의미다.
138) Phloion. 문맥상 사모스 인근의 작은 섬인 듯하다.
139) Demoteles. 사모스의 마지막 왕이다.
140) 원문에는 '게오모로이'(*geomoroi*)라고 되어 있다.

위 페린토스에 지원군을 파견했다. 그중 두 척의 배는 출발할 때 항구 바로 앞에서 번개에 맞아 파괴되었다. 하지만 장군들은 나머지 배들로 항해를 강행했고, 메가라인을 격퇴한 후, 600명을 포로로 잡았다. 그들은 승리에 고무되어 본국에 있는 지주들의 과두정을 뒤집어엎을 계획을 수립했다.[141] 그리고는 바로 그 정부의 담당 행정관들이 이 계획을 실행에 옮길 기회를 제공했다. 그들은 장군들에게 그 메가라인 포로들을 자신들이 가져온 차꼬에 묶어 본국에 이송하라는 명령서를 보낸 것이다. 그에 따라, 편지를 받은 장군들은 메가라인 일부에게 그 편지를 비밀리에 보여준 다음, 자신들과 합류하여 사모스를 해방하자고 설득했다. 양측은 이 문제를 협의하여 다음과 같이 결정했다. 즉, 차꼬를 조이는 고리를 때려서 느슨하게 만들고, 그 상태로 메가라인들의 다리에 채우되 허리띠에 끈을 매어 그 차꼬와 연결하는 것이다. 그렇게 해서 걸어가는 동안 다리가 벌어질 때, 차꼬가 미끄러지거나 떨어지지 않게 했다.

그들은 이런 방식으로 포로들에게 차꼬를 채우고 가가에 칼도 주어 사모스로 보내어 하선하게 했다. 그러고는 메가라 포로들을 이끌어 시장을 거쳐 실질적으로 지주들이 다 모여 앉아 있는 협의실로 가게 했다. 그후 신호가 주어지자 메가라인은 지주들을 공격하여 죽였다. 이렇게 그 도시는 해방되었다. 사모스인은 원하는 메가라 포로들에게 시민권을 부여했다. 그들은 커다란 건물을 지어 차꼬들(*pedai*)을 그곳에 봉납했다. 이로 인해 그 건물은 '차꼬의 전당'이라고 불렸다.

---

141) 투키디데스, 『역사』 제8권 21장에 따르면, 이 시기에 사모스에서는 민중파(인민파)와 지주파(과두파)의 대립이 격렬했다.

58. 왜 코스[142]인 중에 안티마케이아[143]에서 헤라클레스를 섬기는 사제는 희생제를 시작하기 전에 여성의 복장을 하고, 머리에는 여성의 머리 장식을 매는가?

헤라클레스는 트로이아에서 여섯 척의 배를 가지고 나오다가 폭풍을 만났다. 다른 배들은 부서졌지만, 그가 타고 있던 한 척은 남아서 강풍에 밀려 코스섬으로 갔다. 그는 라케테르(Laketer)라고 불리는 장소에 떠밀려 왔는데, 자신의 무기와 부하들 이외에는 어느 것도 건지지 못했다. 그는 양 떼를 모는 양치기를 만나서 숫양 한 마리만 달라고 요청했다. 안타고라스(Antagoras)라는 이름의 양치기는 힘이 세 보이는 한창때의 젊은이로 헤라클레스에게 한번 싸워보자고 제의했다. 헤라클레스가 자신을 내던질 수 있다면 양 한 마리를 주겠다는 것이다. 헤라클레스가 그와 격투할 때, 메로페스(Meropes)인들이 와서 안타고라스를 도왔고, 그리스인들은 헤라클레스를 도왔다.

그들은 곧 큰 싸움을 치르게 되었다. 전해지는 말에 의하면, 헤라클레스는 많은 적과 싸우다가 지치게 되어 한 트라키아 여성의 집으로 도망쳤다고 한다. 그는 그 집에서 여성의 복장으로 변장하고, 들키지 않고 탈출할 수 있었다. 하지만 나중에 메로페스인들을 다시 만나서 그들을 정복하고 정화 의식을 치른 후에, 헤라클레스는 칼키오페[144]와 결혼하면서 화려한 색상의 의복을 입었다. 이 때문에 사제는 그 싸움이 일어났던 곳에서 희생제를 올리며, 신랑은 신부를 맞이할 때 여성의 의복을 입는다.

---

142) Kos. 에게해 남동부에 있는 그리스의 섬이다.
143) Antimacheia. 코스섬의 한 지역 이름이다. 헤라클레스 신전이 있었다. 오늘날 그리스어로는 이라클레이데스라고 한다.
144) Chalkiope. 코스의 왕 에우리필로스(Eurypylos)의 딸이다.

59. 메가라에서 '수레를 전복시키는 자들'(Hamaxokylistai)이라 불리는 씨족은 어디에서 왔는가?

대금업자에게서 이자를 되돌려받고, 신전에 모독을 가하는 일이 허용되는 방종한 민주정이 있던 시기에 델포이로 가는 순례단이 메가라 변경을 지나고 있었다. 그러다가 그들은 아이게이라(Aigeira)에서 호수 옆에 〔자리를 잡고〕 노숙하게 되었다. 수레에는 아내와 아이들이 타고 있었다. 그때, 메가라인 중에서 호전적인 자들이 술에 취해서 무례하고 사납게 굴며 수레들을 전복시키고 호수에 밀어넣어버렸다. 그래서 순례단 중 많은 인원이 익사했다. 당시 국정이 안정되지 않았기에 메가라인들은 이 범죄를 몰랐다. 하지만 이 순례단의 목적이 성스러운 것이었으므로 인보동맹 협의회가 그 사건을 알게 되자, 연루된 범죄자 일부는 추방하고 남은 이들은 사형에 처했다. 이들의 후손들을 '수레를 전복시키는 자들'이라고 부른다.

옮긴이의 말

이 책은 플루타르코스가 쓴 『모랄리아』의 현존하는 78편 가운데 그리스와 로마의 역사에 관한 소론 5편을 골라 옮긴 것이다. 『모랄리아』 제1권은 지혜에 관련된 5편을 엮었고 거기에 『모랄리아』 제2권을 더하니 10편을 옮기게 되었다. 마음 같아서야 전편을 모두 옮기고 싶지만, 여러 사정으로 인해 2권으로 마무리하게 되었다.

서양고대사를 전공하기 위해 대학원에 진학한 직후부터 느껴왔던 불만인 고전 번역서가 거의 없다는 점을 해소해보고자 지난 30년 정도를 번역에 몰두했다. 결과가 그저 몇 권의 번역서였지만, 조금이나마 후학들에게 도움이 되었으면 좋겠다.

사실 우리나라에서 번역서, 그것도 고전을 번역한다는 것은 가성비가 좋은 작업은 아니다. 교수로서 연구업적 점수도 매우 낮고, 그렇다고 고전들이 많이 팔려 집안 살림에 보탬이 되지도 않는다. 미련스러운 행동을 오랫동안 해온 것은 오롯이 젊은 날 자신과의 약속을 지키려던 것이었다. 다만 연전에 돌아가신 어머니께서 책이 새로 나올 때마다 기뻐해주셨던 것은 큰 보람이었다. 새 책을 들고 가서 어머니께 읽어드렸던 일을 더는 할 수 없게 되었으니 아쉽기 그지없다. 이 책을 돌아가신 어머니의 영전에 바친다.

2025년 3월 개신동 연구실에서
윤진

찾아보기

ㄱ

가라이티온(Garaition) 166
가비우스(Gabius)시 41
가이아(Gaia) 219, 220
가이우스(Gaius) 28, 31, 35, 46, 56, 155, 167, 219, 268, 292
가자(Gaza) 공략전 66, 123
감찰관(*censor*) 96, 132, 241, 284, 285
게가니아(Gegania) 50
게네타 마나(Geneta Mana) 242
게드로시아(Gedrosia) 73, 122
게리온(Geryon) 181, 204
그라니코스(Granikos)강 65, 123, 152
기게스(Gyges) 338

ㄴ

네소스(Nessos) 311
네오프톨레모스(Neoptolemos) 310
넵투누스(Neptunus) 179

노네스(*nones*) 40, 210-213
누마(Numa) 30, 33, 43-47, 202, 206, 210, 245
누미토르(Numitor) 41, 179
누케리아(Nuceria) 176
눈디나이(*nundinae*) 234
니사(Nysa) 217
니코메데스(Nikomedes) 106
니코스트라테(Nikostrate) 247
니키아스(Nikias) 155
닉텔리아(Nyktelia) 297, 329

ㄷ

다레이오스(Dareios) 64, 77, 90, 110, 113-116, 119, 120, 123, 128, 130, 134, 152, 153
다이몬(*daimon*) 38, 53, 74, 198, 241, 242, 270, 271, 302
다티스(Datis) 139

데르킬로스(Derkylos) 159, 182
데마라토스(Demaratos) 77, 158
데메트리오스(Demetrios) 111
데모디코스(Demodikos) 158
데모스트라토스(Demostratos) 158, 171
데모크리토스(Drmokritos) 25
데모텔레스(Demoteles) 344
데이논(Deinon) 335
데이아네이라(Deinaneira) 250
데켐베르(December) 206, 223, 224
데키무스 브루투스(Decimus Brutus) 223
데키우스(Decius) 27, 160
덱시크레온(Dexikreon) 342, 343
델포이(Delphoi) 100, 105, 120, 184, 210, 303-307, 314, 326, 327, 340, 347
도로테오스(Dorotheos) 163, 167
도미티아누스(Domitianus) 240
도시테오스(Dositheos) 161, 172, 176, 177, 181, 183
독재관(*dictator*) 31, 55, 267
두리스(Duris) 69
디아나(Diana) 189, 190
디오게네스(Diogenes) 73, 86-88
디오니소스(Dionysos) 87, 89, 150, 160, 161, 257, 290, 327, 330, 344
디오니시오스(Dionysios) 81, 82, 95, 96, 98, 112, 141, 265
디오메데스(Diomedes) 131, 165, 197, 339

딱따구리 40, 208, 209

ㄹ

라누위움(Lanuvium) 155
라렌티아(Larentia) 225, 226
라르(Lar) 50, 241, 242
라우렌툼(Laurentum) 177
라이오스(Laios) 175
레무스(Remus) 179, 208, 216
레수스(Rhesus) 167, 168
레오니다스(Leonidas) 144, 145
레오스테네스(Leosthenes) 107
레우코테아(Leukothea) 204
레우키포스(Leukippos) 329, 339, 340
레욱트라(Leuktra) 전투 265
레테(Lethe) 223, 282
레피두스(Lepidus) 37
렉스 사크로룸(*rex sacrorum*) 252
로마-카르타고 전쟁 46
로물루스(Romulus) 30, 33, 39, 40, 42, 43, 46, 174, 179, 202, 206, 208, 216, 225, 238, 244, 248, 255, 279
록사네(Roxane) 90, 113
루마(*ruma*) 40, 248
루미나(Rumina) 248
루미날리스(Ruminalis) 40, 248
루스티우스(Rustius) 167
루카르(*lucar*) 276
루키나(Lucina) 264
루키우스(Lucius) 141, 166, 167, 170
루타티우스 카툴루스(Lutatius Catulus)

151
루페르칼리아(Lupercalia) 257, 296
루페르키(Luperci) 178, 256, 257
리베르 파테르(Liber Pater) 290
리비티나(Libitina) 210
리시마코스(Lysimachos) 111
리시포스(Lysippos) 100, 101
리위우스(Livius) 59, 211, 241
리케이온(Lykeion) 70
리코스(Lykos) 165
리콘(Lykon) 99
리쿠르고스(Lykurgos) 29, 222, 275
리파라(Lipara) 266
릭토르(*lictor*) 255, 267
림나이오스(Limnaios) 135

ㅁ

마라칸다(Marakanda) 123, 125
마라돈(Marathon) 139
마르켈루스(Marcellus) 27, 33, 168
마르티우스(Martius) 205, 206
마리우스(Marius) 28, 31, 162
마메르쿠스(Mamercus) 169
마이우스(Maius) 221, 274, 275
마자이오스(Mazaios) 115
마카레우스(Macareus) 170
마켈라(*macella*) 244, 245
마투타(Mattuta) 203
만리우스(Manlius) 58, 154, 278
메가라(Megara) 312, 313, 332, 344, 345, 347

메난드로스(Menandros) 32
메닐로스(Menyllos) 156, 169
메디아(Media) 80
메디오스(Medios) 113
메르쿠리우스(Mercurius) 274
메젠티우스(Mezentius) 236, 265
메텔루스(Metellus) 31, 140, 155, 227, 228
메토네(Methone) 132, 149, 305
메티우스 푸페티우스(Metius Fufetius) 148
멜레아그로스(Meleagros) 107, 109, 168
무사이(Musai) 97, 249
무키우스 스카이올라(Mucius Scaevola) 28
무틸루스(Mutilus) 45
미노스(Minos) 176, 327
미다스(Midas) 146
미손(Myson) 272
미트리다테스(Mithridates) 32, 54, 65
밀티아데스(Miltiades) 131, 140

ㅂ

바고아스(Bagoas) 110, 120
바카날리아(Bacchnalia) 161, 297
바쿠스(Bacchus) 161, 217, 290, 297
박코이(*bakchoi*) 87
법무관(*praetor*) 188, 252, 268, 269
보나 데아(Bona Dea) 207
보이오티아(Boiotia) 148, 154, 156,

219, 290, 296, 303, 312, 314, 318,
  329-331, 334-336
부불쿠스(Bubulcus) 232
부시리스(Busiris) 126, 181
부케팔리아(Bukephalia) 75
불라(*bulla*) 243
불라이(*bullae*) 286, 287
브라시다스(Brasidas) 132
브레위스(Brevis) 261
브렌누스(Brennus) 34, 156
브루투스(Brutus) 152, 153, 223, 224,
  298
블레토네시이(Bletonesii) 270
비시오스(Bysios) 303, 304
비잔티온(Byzantion) 111, 179, 340

ㅅ

사르다나팔로스(Sardanapalos) 64, 82,
  104, 105
사르디스(Sardis) 171, 172, 243, 244
사비네(Sabine) 30, 157, 190, 191, 221,
  273, 286, 290, 291
사비누스(Sabinus) 36
사투르날리아(Saturnalia) 224
사투르누스(Saturnus) 150, 151, 199,
  200, 224
산다노스(Sandanos)강 149
살라미스(Salamis) 169
살리아(Salia) 184
살리우스(Salius) 184
삼니움(Samnium)족 144, 154, 180

상크투스(Sanctus) 220
성도(聖道, Via Sacra) 283
세게스타(Segesta) 182
세르위우스(Servius) 47-51, 190, 226,
  261, 262, 286, 289
세르토리우스(Sertorius) 52
세멜레(Semele) 306
세미라미스(Semiramis) 104
섹스틸리스(Sextilis) 205, 227, 286
셀레우케이아(Seukeia) 75
셉티몬티움(Septimontium) 257
소그디아(Sogdia) 72, 75, 125
소라누스(Soranus) 250
소크라테스(Sokrates) 70-72, 74, 80,
  82, 91, 92, 159, 216, 242, 319
소포클레스(Sophokles) 31, 73
소피스트(*sophist*) 71, 81, 131
솔론(Solon) 131, 132, 194, 254
솔리(Soli) 300
수부라(Subura) 283
수시아(Susia) 73
수엘리우스(Suellius) 232
술라(Sulla) 31, 32, 45
술피키우스 갈루스(Sulpicius Gallus)
  201
스미르나(Smyrna) 164, 171, 172
스카우루스(Scaurus) 31, 33, 241
스키피오(Scipio) 27, 32, 37
스타시크라테스(Stasikrates) 101
스타테이라(Stateira) 113
스테로페(Sterope) 183

스테심브로토스(Stesimbrotos) 153
스트로피오스(Strophios) 180
스파르타(Sparta) 29, 53, 100, 109, 143,
    144, 151-154, 177, 178, 202, 218,
    243, 275, 296, 301, 316, 332, 333,
    339, 340
스푸리우스 카르윌리우스
    (Spurius Carvilius) 201, 244, 249
스푸리이(*spurii*) 289
스피트리다테스(Spithridates) 65
시밀리우스(Similius) 167, 168
시바리스(Sybaris) 163
시빌리나(Sibyllina) 신탁집 270, 271
시시포스(Sisyphos) 336
실로(Silo) 45
실와누스(Silvanus) 165
실위아(Silvia) 39, 41, 168
10인 위원회(*decemviri*) 245

ㅇ
아가멤논(Agamemnon) 84, 129, 130,
    180, 324
아게노르(Agenor) 143, 341
아게실라오스(Agesilaos) 130, 141,
    142, 152, 171
아그리오니아(Agrionia) 297, 330
아니오(Anio) 184
아라코시아(Arakosia) 72, 122
아레타데스(Aretades) 153, 169
아레테(Arete) 23-26, 28, 29, 32, 33,
    39, 42, 43, 84, 88, 89, 101, 103,

104, 108-110, 112, 115, 116, 119,
    125, 126, 130, 131, 134-136, 333
아르게아다이(Argeadai) 왕가 87
아르고스(Argos) 120, 143, 216, 221,
    222, 242, 318, 319, 339, 341
아르벨라(Arbela) 64, 115
아르케스트라토스(Archestratos) 95
아르케실라오스(Arkesilaos) 71
아르켈라오스(Archelaos) 96, 97
아르콘(*arkon*) 120, 230
아르타크세륵세스(Artaxexes) 65, 74,
    122
아르테미스(Artemis) 179, 189, 339
아르테미시온(Artemision) 141
아리다이오스(Aridaios) 106, 109
아리스테이데스(Aristeides) 131, 141,
    144, 145, 147, 153, 154, 158-161,
    165, 167, 173, 178, 180, 183, 184
아리스토데모스(Aristodemos) 178
아리스토불로스(Aristobulos) 69, 124,
    128, 174
아리스토클레스(Aristokles) 168, 171,
    185
아리스토텔레스(Aristoteles) 70, 76,
    85, 193, 243, 301, 310, 315
아리스티노스(Aristinos) 192
아리스티포스(Aristippos) 80
아리오바르자네스(Ariobarzanes) 153
아마조네스(Amazones) 176
아모르고스(Amorgos) 해전 111
아문(Amun) 82, 118, 126

아물리우스(Amulius) 179
아민타스(Amyntas) 68
아사케니아(Assakenia) 123
아스드루바스(Asdroubas) 140, 141
아스클레피오스(Asklepios) 281
아스테로스(Asteros) 149
아우구스투스(Augustus) 37, 38, 227, 286
아우토프라다테스(Autopradates) 117
아웬티누스(Aventinus) 190
아이곤(Aigon) 120
아이기판(Aigipan) 165
아이네아스(Aeneas) 197-199, 232, 236, 265
아이니아니아(Ainiania) 307-309, 320
아이밀리우스(Aemilius) 30, 147, 182, 183
아이스쿨라피우스(Aesculapius) 281
아이스킬로스(Aischylos) 98, 280, 304
아이아스(Aias) 169
아이아코스(Aiachos) 167, 169
아카데메이아(Akademeia) 70
아크라가스(Akragas) 182
아크몬(Akmon) 233
아킬레우스(Achillus) 85, 130, 321, 322, 328-330
아테나이(Athenai) 41, 53, 68, 74, 120, 132, 139-142, 159, 173, 176, 214, 235, 295, 297, 316, 326, 327
아테아스(Ateas) 97
아테포마루스(Atepomarus) 172

아토스(Atos)산 102
아토싸(Atossa) 120
아트레우스(Atreus) 175
아파레우스(Aphareus) 183
아펠레스(Apelles) 100, 103
아프릴리스(Aprilis) 225, 274
아후라 마즈다(Ahura-Mazda) 115
악티온(Aktion) 47
안니우스(Annius) 184
안타이오스(Antaios) 126
안테돈(Anthedon) 314, 315, 333
안토니우스(Antonius) 36-38
안트로 쿠리아티우스(Antro Curiatius) 190
안티게네스(Antigenes) 116, 117
안티고나(Antigona) 117, 118
안티마코스(Antimachos) 233
안티스테네스(Antisthenes) 103
안티오코스(Antiochos) 52, 53, 122
안티파트로스(Antipatros) 123
안틸루스(Antylus) 159
알렉산드로스(Alexandros) 29, 60, 63, 64, 67, 70-78, 80-92, 95, 96, 98-102, 105-128, 130-134, 152, 253, 290
알렉산드리아(Alexandria) 75, 336
알리아(Allia)강 55, 212
알코투스(Alkothous) 169
알크만(Alkman) 130
알키비아데스(Alkibiades) 72, 91, 235
알타이아(Althaia) 168

암피아라오스(Amphiaraos) 147
암피테아(Amphithea) 170
암픽티온(Amphiktyon) 310
야누스(Ianus) 46, 150, 151, 206, 207, 231, 232
에게리아(Egeria) 43
에냘리오스(Enyalios) 276, 296
에레보스(Erebos) 230
에레크테우스(Erechtheus) 162
『에리고네』(Erigone) 150
에리만토스(Erymanthos)강 179
에비우스 톨리에익스(Ebius Tolieix) 176
에스퀼리누스(Esquilinus) 48
에완데르(Evander) 222, 232, 247, 249, 263, 277
에우노스토스(Eunostos) 333, 334
에우로타스(Eurotas)강 29
에우리아나싸(Euryanassa) 175
에우리피데스(Euripides) 73, 162, 166, 168, 275
에우마이오스(Eumaios) 310
에우몰포스(Eumolpos) 162, 173
에우보이아(Euboia) 148, 169, 317
에우에노스(Euenos) 183
에일리오네이아(Eilioneia) 242
에트루리아(Etruria) 28, 42, 45, 142, 149, 153, 155, 170, 184, 205, 236, 244, 287, 292
에파메이논다스(Epameinondas) 134, 153

에페이로스(Epeiros) 147, 148
에포나(Epona) 171
에피카르모스(Epicharmos) 104
엔토리아(Entoria) 150
엘라이우스(Elaious) 185
엘레온(Eleon) 334, 335
엘레우테라이(Eleutherai) 290, 331, 332
엘레우테리아(Eleutheria) 172
엘리에오스(Elieos) 333
엠페도클레스(Empedokles) 288
오네시켈리스(Onesikelis) 171
오네시크리토스(Onesikritos) 68, 86
오딧세우스(Odysseus) 127, 131, 185, 309, 310, 336, 339, 340
오레스테스(Orestes) 180
오르코메노스(Orchomenos) 173, 330
오아르세스(Oarses) 106, 110, 120
오이노마오스(Oinomaos) 183, 342
오이노클로스(Oinoklos) 308, 320
오이오노스(Oionos) 277
오이칼리아(Oichalia) 154
오코스(Ochos) 65, 106
오크리디오노스(Okridionos) 321
오크리시아(Ocrisia) 49
오트리아데스(Othryades) 143
오포에이스(Opoeis) 311
오푸스(Opous) 302
올린토스(Olynthos) 149
옴팔레(Omphale) 337
와로(Varro) 188, 190, 191, 201, 216,

277, 287, 291
왈레리우스(Valerius) 147, 155, 164-166, 234, 250, 266
우라노스(Uranos) 233
울카누스(Vulcanus) 50, 238
월스키(Volsci)족 34
웨네랄리아(Veneralia) 236
웨누스 윅트릭스(Venus Victrix) 180
웨스타(Vesta) 155, 159, 271, 282
웨이이(Veii) 55, 244
위스카타(Viscata) 261
유노(Iuno) 57, 178, 179, 264, 274, 276, 279
유바(Iuba) 190, 210, 249, 265, 276
유피테르(Iupiter) 144, 146, 229, 235, 240, 264, 279, 293, 295, 296, 298
율리우스 프로쿨루스(Iulius Proculus) 174
이노(Ino) 203, 204
이다스(Idas) 183
이데스(ides) 210-213
이소스(Issos) 전투 66, 123
이스트로스(Istros)강 127
이아누아리우스(Ianuarius) 151, 205, 206, 245
이오니아(Ionia) 80, 91
이올레(Iole) 154
이카리오스(Ikarios) 150
이타케(Ithake)섬 309, 310, 326, 336
이피게네이아(Iphigeneia) 156
이피클레스(Iphikles) 278

일로스(Ilos) 159
일리리아(Illyria) 65, 68, 127, 324
『일리아스』(*Illias*) 70
일리온(Ilion) 159, 165

ㅈ

제논(Zenon) 73, 75, 76
제우스(Zeus) 82, 83, 101, 112, 126, 129, 143, 146, 189, 309, 331, 337, 338
조로아스터교 215
조영관(*aedile*) 188
조점관(*augur*) 148, 155, 259

ㅋ

카르네아데스(Karneades) 71
카르멘타(Carmenta) 246, 247, 249
카르미나(*carmina*) 247
카르윌리우스(Carvilius) 201, 244, 249
카르타고(Kartago) 29, 52, 53, 73, 145, 155
카릴라(Charilla) 305-307
카릴로스(Charillos) 109
카밀루스(Camillus) 27, 34, 55, 56, 59
카산드라(Kassandra) 180
카스토르(Castor) 198, 263, 318
카시우스 브루투스(Cassius Brutus) 152
카우카소스(Kaukasos) 52, 75, 102
카이로네이아(Chaironeia) 32, 68, 204
카이사르(Caesar) 35-38, 259

카토(Cato) 228, 239
칼렌다이(*calendae*) 206, 210-213
칼리마코스(Kallimachos) 140
칼리보니온(Chalybonion) 126
칼리스테네스(Kallisthenes) 149, 173, 304
칼키스(Chalkis) 317, 318, 323-325, 329
칼키오페(Chalkiope) 346
칼푸르니우스(Calpurnius) 165, 170
케레스(Ceres) 169
케레오네스(Cereones) 188
케르베로스(Kerberos) 277
코나투스(Conatus) 147
코드로스(Kodros) 159
코리올라누스(Coriolanus) 34
코미니우스 수페르(Comminius Super) 177
코미티움(*comitium*) 253
콘수알리아(Consualia) 238
콘트루스쿠스(Contruscus) 170
쿠르티우스(Curtius) 146
쿠리아티우스(Curiatius) 158, 190
쿠마이(Kumai) 299, 300
퀴리날리아(Quirinalia) 276
퀴리티스(Quiritis) 276
퀸틸리스(Quintilis) 205, 212
크니도스(Knidos) 153, 169, 300
크라수스(Crassus) 166, 259
크라테로스(Krateros) 107, 118
크라테스(Krates) 105

크로노스(Kronos) 166, 233
크로미오스(Chromios) 143
크리산타스(Chrysantas) 229
크리시포스(Chrysippos) 171, 175, 241
크리톨라오스(Kritolaos) 148, 151, 158
크리티아스(Kritias) 72
크세노크라테스(Xenokrates) 86, 92
크세륵세스(Xerxes) 78, 120, 141, 142, 145, 151
클레아르코스(Klearchos) 112
클레오파트라(Cleopatra) 38
클레이토스(Kleitos) 111
클레이토폰(Kleitophon) 72, 156
클루시아(Clusia) 155
클루위우스 루푸스(Cluvius Rufus) 291
클리엔테스(*clientes*) 49
키네게이로스(Kynegeiros) 139, 140
키니라다이(Kinyradai) 121
키니라스(Kyniras) 164
키로스(Kyros) 65, 115, 119, 122, 130, 229
키르케(Kirke) 185
키아네(Kyane) 161
키아니포스(Kyanippos) 160, 163
키케로(Cicero) 37, 223
키톤(*chiton*) 79
킨나(Cinna) 173
킨키나투스(Cincinnatus) 27
킬리키아(Cilicia) 65
킴브리아(Cimbria) 전쟁 31, 33

킴브리(Cimbri)족 53, 162

ㅌ
타나퀼(Tanaquil) 49, 50, 226
타루티우스(Tarrutius) 226
타르퀴니우스(Tarquinius) 30, 49, 50, 153, 220, 226, 287
타르페이아(Tarpeia) 157, 183
타리아스(Tarrias) 116, 117
타티우스(Tatius) 157, 238
탄탈로스(Tantalos) 175
탈라수스(Talasus) 220
탈라시우스(Talasius) 221
탈란톤(*talanton*) 69, 86, 92, 95, 99, 128, 151
테네스(Tenes) 321, 322
테르모필라이(Thermophilai) 145
테르미날리아(Terminalia) 202
테르미누스(Terminus) 202, 203
테르산드로스(Thersandros) 143
테몬(Temon) 308, 309
테미스(Themis) 247
테미스토클레스(Themistokles) 41, 42, 74, 75, 141, 213, 214
테바이(Thebai) 68, 128, 153, 175, 265, 332
테세우스(Theseus) 176, 177
테스모테타이(*thesmothetai*) 120
테스모포리아(Thesmophoria) 324
테우토네스(Teutones)족 53
테탈로스(Thettalos) 99

텔라몬(Telamon) 167, 169
텔레고노스(Telegonos) 185
텔레시누스(Telesinus) 45
토가(*toga*) 197, 198, 239, 267
투니카(*tunica*) 239, 240, 270
투스키누스(Tuscinus) 168, 169
투키디데스(Thukydides) 93
툭시움(Tuxium) 180
툴루스 호스틸리우스(Tullus Hostilius) 148, 149
트라키아(Trakia) 111, 159, 160, 166, 173, 305, 323, 327, 340, 346
트레로이(Treroi)족 80
트로이아(Troia) 84, 166, 180, 193, 284, 324, 334, 335, 337, 346
틀레시마코스(Tlesimachos) 174
티그라네스(Tigranes) 54, 106
티레아(Thyrea) 143
티로스(Tyros) 115, 250
티모테오스(Timotheos) 51, 97
티부르(Tibur) 245, 246
티폰(Typhon) 125, 306

ㅍ
파라시오스(Parrhasios) 179
파레우시움(Phareusium)강 184
파르메니데스(Parmenides) 263
파르메니온(Parmenion) 116-118
파리스(Paris) 85
파브리키우스(Fabricius) 27, 266
파비아(Fabia) 181

파비우스(Fabius) 27, 144, 145, 180
파스케스(*fasces*) 269
파시아데스(Pasiades) 111
파우누스(Faunus) 182, 207
파우사니아스(Pausanias) 151
파우스투스(Faustus) 150, 179
파이드라(Phaidra) 176
파테르 파트라투스(*pater patratus*) 251, 252
파트레스(*patres*) 248
파트리스(Patris) 170
파트리키우스(Patricius) 189
파트리키이(*patricii*) 248
파피리우스(Papirius) 58, 170
판(Pan) 257
판사(Pansa) 37
팔라디온(Palladion) 159, 339, 340
팔라리스(Phalaris) 182
팔라티누스(Palatinus) 29, 48
팔레리이(Falerii) 178
페네스텔라(Fenestella) 47, 232
페네스트라(*fenestra*) 226
페넬로페(Penelophe) 340
페라이(Pherai) 96, 315
페라이비아(Perraibia) 209
페르디카스(Perdikkas) 128
페르세우스(Perseus) 30, 87
페르시아(Persia) 29, 42, 53, 64, 68, 72-74, 77, 78, 105, 110, 113-116, 126, 127, 134, 139-142, 144, 145, 151, 152

페리클레스(Perikles) 130, 132
페미오스(Phemios) 309
페브루아리우스(Februarius) 223, 256
페이시스트라토스(Peisistratos) 173
페이토(Peitho) 189
페트로니우스 왈렌티누스(petronius Valentinus) 181
페티알리스(*fetialis*) 251
펠로프스(Pelops) 175, 176
펠로피다스(Pelopidas) 134
펠릭스(Felix) 32, 150
포로스(Poros) 89, 134
포룸(*forum*) 146, 266, 270, 278
포르나칼리아(Fornacalia) 277
포르센나(Porsenna) 45, 142, 143, 149
포르키우스(Porcius) 232
포르투나 옵세쿠엔스(Portuna Obsequens) 신전 48
포르투나 프리미게니아(Portuna Primigenia) 신전 48
포르티스(Fortis) 33, 35
포스투미우스(Postumius) 58, 144
포이보스(Phoibos) 112, 132
포코스(Phokos) 167
폴리네이케스(Polyneikes) 147
폴리도로스(Polydoros) 166
폴리메스토르(Polymestor) 166
폴리비오스(Polybios) 58
폴리젤로스(Polyzelos) 139, 140
폴릭세나(Polyxena) 96
폼페이우스(Pompeius) 35-37, 106

푸르키페리(*furciferi*) 258
푸블리우스(Publius) 152, 160, 201
푸블리콜라(Publicola) 234
풀위우스 스텔루스(Fulvius Stellus) 171
프라이네스테(Praeneste) 185
프라이스티테스(*praestites*) 241, 242
프락시테아(Praxithea) 162
프로프타시아(Prophtasia) 75
프리네(Phryne) 105
프리니스톤(Priniston) 185
프리스쿠스(Priscus) 30, 226
프리아모스(Priamos) 166
프리에네(Priene) 315, 316
프사마테(Psamathe) 167
프톨레마이오스(Ptolemaios) 69, 122, 135
플라멘 디알리스(*flamen dialis*) 229, 235, 293, 294
플라미니우스(Flaminius) 255
플라톤(Platon) 25, 71, 72, 74, 82, 86, 223, 313
플로렌티아(Florentia) 170
피나리이(Pinarii) 249, 250
피라이크메스(Pyraichmes) 148
피란드로스(Pyrandros) 173, 180
피로스(Pyrrhos) 147, 148
피론(Pyrrhon) 86, 266
피르무스(Firmus) 176
피사이온(Pisaion)산 174
피쿠스(Picus) 208

피타고라스(Pythagoras) 70, 82, 198, 260, 282, 288, 296, 332
피티아(Pythia) 161, 218, 304, 314
핀다로스(Pindaros) 30, 47
필라르코스(Philarchos) 128, 172
필레우스(Phyleus) 218
필로타스(Philotas) 116-118
필록세노스(Philoxenos) 91, 97, 98
필리포스(Philippos) 52-54, 68, 70, 77, 83, 98, 100, 117, 118, 127, 130, 149, 303

ㅎ
하데스(Hades) 215
하르마(Harma) 147
한니발(Hannibal) 53, 80, 145, 166, 167
헤라(Hera) 189, 264, 297
헤라클레스(Herakles) 39, 60, 87, 99, 125, 126, 148, 154, 181, 182, 204, 205, 217, 218, 222, 225, 249, 277-279, 329, 334, 335, 337, 346
헤라클레이다이(Herakleidai) 120
헤르메스(Hermes) 319, 343
헤시오도스(Hesiodos) 233
헤카베(Hekabe) 96, 166
헤파이스티온(Hephaistion) 91, 107, 118, 119
헥토르(Hektor) 127, 130
호라(Hora) 237
호라티우스(Horatius) 28, 149, 158

호르타(Horta) 237
호메로스(Homeros) 70, 84, 129, 251, 252, 293
호민관(*tribunus plebis*) 241, 267-269
히드라(Hydra) 125
히르티우스(Hirtius) 37
히멘(Hymen) 221

히스테르(Hister) 292
히스토리오네스(*historiones*) 292
히포다메이아(Hippodameia) 175, 176
히폴리테(Hippolyte) 176, 337
히폴리토스(Hippolytos) 176, 177
힘누스(Hymnus) 150

지은이 플루타르코스(Plutarchos, 46~119?)

제정기 로마의 속주였던 그리스 출신의 철학자이자 정치가다.
그가 활동할 당시 그리스 지식인들은 로마의 통치를 어느 정도
받아들이고 순응했다. 그도 로마 시민권을 취득하고 다양한 관직을 맡았다.
신탁이 정확하다고 소문난 델포이의 아폴론신전에서 80킬로미터 정도
떨어진 소도시 카이로네이아가 플루타르코스의 고향이다.
명문가에서 태어난 그는 플라톤학파 철학자 암모니오스에게 수학했다.
그의 가장 유명한 저작은 흔히 『플루타르코스 영웅전』으로 불리는
『대비 열전』이다. 『대비 열전』 외에 그의 작품 78편이
현존하는데, 이것들을 모아 엮은 것이 『모랄리아』다.
이 책은 그중 그리스·로마의 역사와 관련된 다섯 편을 담았다.
플루타르코스는 생애 말년의 30년 정도를 아폴론신전의 신관으로 봉직하며 델포이의
성역을 재건하는 데 큰 역할을 했다. 델포이와 카이로네이아의 주민들은
존경의 표시로 아폴론신전에 그의 흉상을 만들어 세웠다.
그는 실로 그리스(교육)와 로마(권력)의 관계를 대표하는 저술가였다.

옮긴이 윤진(尹進)

고려대학교 사학과를 졸업하고 동 대학교 대학원에서 『헬레니즘 時代 '스파르타 革命'에 관한 硏究』로 박사 학위를 받았다. 2003년 충북대학교 사학과에 전임교수로 임용되었다. 한국서양고대역사문화학회 및 호서사학회에서 여러 일을 맡았으며, 2024~2025년에는 고등학교 세계사 검정위원장직을 수행했다. 지은 책으로 『헬레니즘』, 『아테네인, 스파르타인』, 『스파르타인, 스파르타 역사』, 『서양 문화 산책』 등이 있고, 옮긴 책 『모랄리아』를 비롯해 『스파르타』(험프리 미첼), 『서양 고대문명의 역사』(루카 드 블로와·로바르터스 반 데어 스펙), 『알렉산드로스 대왕 전기』(쿠르티우스 루푸스), 『알렉산드로스 대왕 원정기』(아리아노스)가 있다. 서양 고대사에 관한 논문을 26편 썼다.

HANGIL GREAT BOOKS 195

모랄리아 2

지은이 플루타르코스
옮긴이 윤진
펴낸이 김언호

펴낸곳 (주)도서출판 한길사
등록 1976년 12월 24일
주소 10881 경기도 파주시 광인사길 37
홈페이지 www.hangilsa.co.kr
전자우편 hangilsa@hangilsa.co.kr
전화 031-955-2000~3 **팩스** 031-955-2005

부사장 박관순 **총괄이사** 김서영 **관리이사** 곽명호
경영이사 김관영 **편집주간** 백은숙
편집 박홍민 노유연 배소현 임진영
관리 이주환 이희문 원선아 이진아 **마케팅** 이영은
디자인 창포 031-955-2097
CTP출력·인쇄 예림 **제책** 경일제책사

제1판 제1쇄 2025년 4월 10일

값 30,000원

ISBN 978-89-356-7897-6 94080

• 잘못 만들어진 책은 구입하신 서점에서 바꿔드립니다.

한길그레이트북스 인류의 위대한 지적 유산을 집대성한다

1 관념의 모험
앨프레드 노스 화이트헤드 | 오영환

2 종교형태론
미르치아 엘리아데 | 이은봉

3·4·5·6 인도철학사
라다크리슈난 | 이거룡
2005 『타임스』 선정 세상을 움직인 100권의 책
『출판저널』 선정 21세기에도 남을 20세기의 빛나는 책들

7 야생의 사고
클로드 레비-스트로스 | 안정남
2005 『타임스』 선정 세상을 움직인 100권의 책
2008 『중앙일보』 선정 신고전 50선

8 성서의 구조인류학
에드먼드 리치 | 신인철

9 문명화과정 1
노르베르트 엘리아스 | 박미애
2005 연세대학교 권장도서 200선
2012 인터넷 교보문고 명사 추천도서
2012 알라딘 명사 추천도서

10 역사를 위한 변명
마르크 블로크 | 고봉만
2008 『한국일보』 오늘의 책
2009 『동아일보』 대학신입생 추천도서
2013 yes24 역사서 고전

11 인간의 조건
한나 아렌트 | 이진우
2012 인터넷 교보문고 MD의 선택
2012 네이버 지식인의 서재

12 혁명의 시대
에릭 홉스봄 | 정도영·차명수
2005 서울대학교 권장도서 100선
2005 『타임스』 선정 세상을 움직인 100권의 책
2005 연세대학교 권장도서 200선
1999 『출판저널』 선정 21세기에도 남을 20세기의 빛나는 책들
2012 알라딘 블로거 베스트셀러
2013 『조선일보』 불멸의 저자들

13 자본의 시대
에릭 홉스봄 | 정도영
2005 서울대학교 권장도서 100선
1999 『출판저널』 선정 21세기에도 남을 20세기의 빛나는 책들
2012 알라딘 블로거 베스트셀러
2013 『조선일보』 불멸의 저자들

14 제국의 시대
에릭 홉스봄 | 김동택
2005 서울대학교 권장도서 100선
1999 『출판저널』 선정 21세기에도 남을 20세기의 빛나는 책들
2012 알라딘 블로거 베스트셀러
2013 『조선일보』 불멸의 저자들

15·16·17 경세유표
정약용 | 이익성
2012 인터넷 교보문고 필독고전 100선

18 바가바드 기타
함석헌 주석 | 이거룡 해제
2007 서울대학교 추천도서

19 시간의식
에드문트 후설 | 이종훈

20·21 우파니샤드
이재숙
2005 서울대학교 권장도서 100선

22 현대정치의 사상과 행동
마루야마 마사오 | 김석근
2005 『타임스』 선정 세상을 움직인 100권의 책
2007 도쿄대학교 권장도서

23 인간현상
테야르 드 샤르댕 | 양명수
2007 서울대학교 추천도서

24·25 미국의 민주주의
알렉시스 드 토크빌 | 임효선·박지동
2005 서울대학교 권장도서 100선
2012 인터넷 교보문고 MD의 선택
2012 인터넷 교보문고 MD의 선택
2013 문명비평가 기 소르망 추천도서

26 유럽학문의 위기와 선험적 현상학
에드문트 후설 | 이종훈
2005 서울대학교 논술출제

27·28 삼국사기
김부식 | 이강래
2005 연세대학교 권장도서 200선
2012 인터넷 교보문고 필독고전 100선
2013 yes24 다시 읽는 고전

29 원본 삼국사기
김부식 | 이강래 교감

30 성과 속
미르치아 엘리아데 | 이은봉
2005 『타임스』 선정 세상을 움직인 100권의 책
2012 인터넷 교보문고 명사 추천도서
『출판저널』 선정 21세기에도 남을 20세기의 빛나는 책들

31 슬픈 열대
클로드 레비-스트로스 | 박옥줄
2005 서울대학교 권장도서 100선
2005 연세대학교 권장도서 200선
2008 홍익대학교 논술출제
2012 인터넷 교보문고 명사 추천도서
2013 yes24 역사서 고전
『출판저널』 선정 21세기에도 남을 20세기의 빛나는 책들

32 증여론
마르셀 모스 | 이상률
2003 문화관광부 우수학술도서
2012 네이버 지식인의 서재

33 부정변증법
테오도르 아도르노 | 홍승용

34 문명화과정 2
노르베르트 엘리아스 | 박미애
2005 연세대학교 권장도서 200선
2012 인터넷 교보문고 명사 추천도서
2012 알라딘 명사 추천도서

35 불안의 개념
쇠렌 키르케고르 | 임규정
2012 인터넷 교보문고 필독고전 100선

36 마누법전
이재숙·이광수

37 사회주의의 전제와 사민당의 과제
에두아르트 베른슈타인 | 강신준

38 의미의 논리
질 들뢰즈 | 이정우
2000 교보문고 선정 대학생 권장도서

39 성호사설
이익 | 최석기
2005 연세대학교 권장도서 200선
2008 서울대학교 논술출제
2012 인터넷 교보문고 필독고전 100선

40 종교적 경험의 다양성
윌리엄 제임스 | 김재영
2000 대한민국학술원 우수학술도서

41 명이대방록
황종희 | 김덕균
2000 한국출판문화상

42 소피스테스
플라톤 | 김태경

43 정치가
플라톤 | 김태경

44 지식과 사회의 상
데이비드 블루어 | 김경만
2002 대한민국학술원 우수학술도서

45 비평의 해부
노스럽 프라이 | 임철규
2001 『교수신문』, 우리 시대의 고전

46 인간적 자유의 본질·철학과 종교
프리드리히 W.J. 셸링 | 최신한

47 무한자와 우주와 세계·원인과 원리와 일자
조르다노 브루노 | 강영계
2001 한국출판인회의 이달의 책

48 후기 마르크스주의
프레드릭 제임슨 | 김유동
2001 한국출판인회의 이달의 책

49·50 봉건사회
마르크 블로크 | 한정숙
2002 대한민국학술원 우수학술도서
2012 『한국일보』 다시 읽고 싶은 책

51 칸트와 형이상학의 문제
마르틴 하이데거 | 이선일
2003 대한민국학술원 우수학술도서

52 남명집
조식 | 경상대 남명학연구소
2012 인터넷 교보문고 필독고전 100선

53 낭만적 거짓과 소설적 진실
르네 지라르 | 김치수·송의경
2002 대한민국학술원 우수학술도서
2013 『한국경제』 한 문장의 교양

54·55 한비자
한비 | 이운구
한국간행물윤리위원회 추천도서
2007 서울대학교 추천도서
2012 인터넷 교보문고 필독고전 100선

56 궁정사회
노르베르트 엘리아스 | 박여성

57 에밀
장 자크 루소 | 김중현
2005 서울대학교 권장도서 100선
2000·2006 서울대학교 논술출제

58 이탈리아 르네상스의 문화
야코프 부르크하르트 | 이기숙
2004 한국간행물윤리위원회 추천도서
2005 연세대학교 권장도서 200선
2009 『동아일보』 대학신입생 추천도서

59·60 분서
이지 | 김혜경
2004 문화관광부 우수학술도서
2012 인터넷 교보문고 필독고전 100선

61 혁명론
한나 아렌트 | 홍원표
2005 대한민국학술원 우수학술도서

62 표해록
최부 | 서인범·주성지
2005 대한민국학술원 우수학술도서

63·64 정신현상학
G.W.F. 헤겔 | 임석진
2006 대한민국학술원 우수학술도서
2005 연세대학교 권장도서 200선
2005 프랑크푸르트도서전 한국의 아름다운 책100
2008 서우철학상
2012 인터넷 교보문고 필독고전 100선

65·66 이정표
마르틴 하이데거 | 신상희·이선일

67 왕필의 노자주
왕필 | 임채우
2006 문화관광부 우수학술도서

68 신화학 1
클로드 레비-스트로스 | 임봉길
2007 대한민국학술원 우수학술도서
2008 『동아일보』 인문과 자연의 경계를 넘어 30선

69 유랑시인
타라스 셰브첸코 | 한정숙

70 중국고대사상사론
리쩌허우 | 정병석
2005 『한겨레』 올해의 책
2006 문화관광부 우수학술도서

71 중국근대사상사론
리쩌허우 | 임춘성
2005 『한겨레』 올해의 책
2006 문화관광부 우수학술도서

72 중국현대사상사론
리쩌허우 | 김형종
2005 『한겨레』 올해의 책
2006 문화관광부 우수학술도서

73 자유주의적 평등
로널드 드워킨 | 염수균
2006 문화관광부 우수학술도서
2010 동아일보 '정의에 관하여' 20선

74·75·76 춘추좌전
좌구명 | 신동준

77 종교의 본질에 대하여
루트비히 포이어바흐 | 강대석

78 삼국유사
일연 | 이가원·허경진
2007 서울대학교 추천도서

79·80 순자
순자 | 이운구
2007 서울대학교 추천도서

81 예루살렘의 아이히만
한나 아렌트 | 김선욱
2006 『한겨레』 올해의 책
2006 한국간행물윤리위원회 추천도서
2007 『한국일보』 오늘의 책
2007 대한민국학술원 우수학술도서
2012 yes24 리뷰 영웅대전

82 기독교 신앙
프리드리히 슐라이어마허 | 최신한
2008 대한민국학술원 우수학술도서

83·84 전체주의의 기원
한나 아렌트 | 이진우·박미애
2005 『타임스』 선정 세상을 움직인 책
『출판저널』 선정 21세기에도 남을 20세기의 빛나는 책들

85 소피스트적 논박
아리스토텔레스 | 김재홍

86·87 사회체계이론
니클라스 루만 | 박여성
2008 문화체육관광부 우수학술도서

88 헤겔의 체계 1
비토리오 회슬레 | 권대중

89 속분서
이지 | 김혜경
2008 대한민국학술원 우수학술도서

90 죽음에 이르는 병
쇠렌 키르케고르 | 임규정
『한겨레』 고전 다시 읽기 선정
2006 서강대학교 논술출제

91 고독한 산책자의 몽상
장 자크 루소 | 김중현

92 학문과 예술에 대하여·산에서 쓴 편지
장 자크 루소 | 김중현

93 사모아의 청소년
마거릿 미드 | 박자영
20세기 미국대학생 필독 교양도서

94 자본주의와 현대사회이론
앤서니 기든스 | 박노영·임영일
1999 서울대학교 논술출제
2009 대한민국학술원 우수학술도서

95 인간과 자연
조지 마시 | 홍금수

96 법철학
G.W.F. 헤겔 | 임석진

97 문명과 질병
헨리 지거리스트 | 황상익
2009 대한민국학술원 우수학술도서

98 기독교의 본질
루트비히 포이어바흐 | 강대석

99 신화학 2
클로드 레비-스트로스 | 임봉길
2008 『동아일보』 인문과 자연의 경계를 넘어 30선
2009 대한민국학술원 우수학술도서

100 일상적인 것의 변용
아서 단토 | 김혜련
2009 대한민국학술원 우수학술도서

101 독일 비애극의 원천
발터 벤야민 | 최성만·김유동

102·103·104 순수현상학과 현상학적 철학의 이념들
에드문트 후설 | 이종훈
2010 대한민국학술원 우수학술도서

105 수사고신록
최술 | 이재하 외
2010 대한민국학술원 우수학술도서

106 수사고신여록
최술 | 이재하
2010 대한민국학술원 우수학술도서

107 국가권력의 이념사
프리드리히 마이네케 | 이광주

108 법과 권리
로널드 드워킨 | 염수균

109·110·111·112 고야
훗타 요시에 | 김석희
2010 12월 한국간행물윤리위원회 추천도서

113 왕양명실기
박은식 | 이종란

114 신화와 현실
미르치아 엘리아데 | 이은봉

115 사회변동과 사회학
레이몽 부동 | 민문홍

116 자본주의·사회주의·민주주의
조지프 슘페터 | 변상진
2012 대한민국학술원 우수학술도서
2012 인터파크 이 시대 교양 명저

117 공화국의 위기
한나 아렌트 | 김선욱

118 차라투스트라는 이렇게 말했다
프리드리히 니체 | 강대석

119 지중해의 기억
페르낭 브로델 | 강주헌

120 해석의 갈등
폴 리쾨르 | 양명수

121 로마제국의 위기
램지 맥멀렌 | 김창성
2012 인터파크 추천도서

122·123 윌리엄 모리스
에드워드 파머 톰슨 | 윤효녕 외
2012 인터파크 추천도서

124 공제격치
알폰소 바뇨니 | 이종란

125 현상학적 심리학
에드문트 후설 | 이종훈
2013 인터넷 교보문고 눈에 띄는 새 책
2014 대한민국학술원 우수학술도서

126 시각예술의 의미
에르빈 파노프스키 | 임산

127·128 시민사회와 정치이론
진 L. 코헨·앤드루 아라토 | 박형신·이혜경

129 운화측험
최한기 | 이종란
2015 대한민국학술원 우수학술도서

130 예술체계이론
니클라스 루만 | 박여성·이철

131 대학
주희 | 최석기

132 중용
주희 | 최석기

133 종의 기원
찰스 다윈 | 김관선

134 기적을 행하는 왕
마르크 블로크 | 박용진

135 키루스의 교육
크세노폰 | 이동수

136 정당론
로베르트 미헬스 | 김학이
2003 기담학술상 번역상
2004 대한민국학술원 우수학술도서

137 법사회학
니클라스 루만 | 강희원
2016 세종도서 우수학술도서

138 중국사유
마르셀 그라네 | 유병태
2011 대한민국학술원 우수학술도서

139 자연법
G.W.F 헤겔 | 김준수
2004 기담학술상 번역상

140 기독교와 자본주의의 발흥
R.H. 토니 | 고세훈

141 고딕건축과 스콜라철학
에르빈 파노프스키 | 김율
2016 세종도서 우수학술도서

142 도덕감정론
애덤 스미스 | 김광수

143 신기관
프랜시스 베이컨 | 진석용
2001 9월 한국출판인회의 이달의 책
2005 서울대학교 권장도서 100선

144 관용론
볼테르 | 송기형·임미경

145 교양과 무질서
매슈 아널드 | 윤지관

146 명등도고록
이지 | 김혜경

147 데카르트적 성찰
에드문트 후설·오이겐 핑크 | 이종훈
2003 대한민국학술원 우수학술도서

148·149·150 함석헌선집 1·2·3
함석헌 | 함석헌편집위원회
2017 대한민국학술원 우수학술도서

151 프랑스혁명에 관한 성찰
에드먼드 버크 | 이태숙

152 사회사상사
루이스 코저 | 신용하·박명규

153 수동적 종합
에드문트 후설 | 이종훈
2019 대한민국학술원 우수학술도서

154 로마사 논고
니콜로 마키아벨리 | 강정인·김경희
2005 대한민국학술원 우수학술도서

155 르네상스 미술가평전 1
조르조 바사리 | 이근배

156 르네상스 미술가평전 2
조르조 바사리 | 이근배

157 르네상스 미술가평전 3
조르조 바사리 | 이근배

158 르네상스 미술가평전 4
조르조 바사리 | 이근배

159 르네상스 미술가평전 5
조르조 바사리 | 이근배

160 르네상스 미술가평전 6
조르조 바사리 | 이근배

161 어두운 시대의 사람들
한나 아렌트 | 홍원표

162 형식논리학과 선험논리학
에드문트 후설 | 이종훈
2011 대한민국학술원 우수학술도서

163 러일전쟁 1
와다 하루키 | 이웅현

164 러일전쟁 2
와다 하루키 | 이웅현

165 종교생활의 원초적 형태
에밀 뒤르켐 | 민혜숙·노치준

166 서양의 장원제
마르크 블로크 | 이기영

167 제일철학 1
에드문트 후설 | 이종훈
2021 대한민국학술원 우수학술도서

168 제일철학 2
에드문트 후설 | 이종훈
2021 대한민국학술원 우수학술도서

169 사회적 체계들
니클라스 루만 | 이철·박여성 | 노진철 감수

170 모랄리아
플루타르코스 | 윤진

171 국가론
마르쿠스 툴리우스 키케로 | 김창성

172 법률론
마르쿠스 툴리우스 키케로 | 성염

173 자본주의의 문화적 모순
다니엘 벨 | 박형신
2022 대한민국학술원 우수학술도서

174 신화학 3
클로드 레비스트로스 | 임봉길
2022 대한민국학술원 우수학술도서

175 상호주관성
에드문트 후설 | 이종훈

176 대변혁 1
위르겐 오스터함멜 | 박종일

177 대변혁 2
위르겐 오스터함멜 | 박종일

178 대변혁 3
위르겐 오스터함멜 | 박종일

179 유대인 문제와 정치적 사유
한나 아렌트 | 홍원표

180 장담의 열자주
장담 | 임채우

181 질문의 책
에드몽 자베스 | 이주환

182 과거와 미래 사이
한나 아렌트 | 서유경

183 영웅숭배론
토마스 칼라일 | 박상익

184 역사를 바꾼 권력자들
이언 커쇼 | 박종일

185 칸트의 정치철학
한나 아렌트 | 김선욱

186 클라우제비츠 전쟁론 완성하기
르네 지라르·브누아 샹트르 | 김진식

187 미쉬나 1: 제라임
권성달

188 미쉬나 2: 모에드
김성언

189 미쉬나 3: 나쉼
이영길

190 미쉬나 4: 네지킨
최영철·김성언

191 미쉬나 5: 코다쉼
전재영

192 미쉬나 6: 토호롯
윤성덕

193 인간의 유래 1
찰스 다윈 | 김관선
2007 대한민국학술원 우수학술도서

194 인간의 유래 2
찰스 다윈 | 김관선

195 모랄리아 2
플루타르코스 | 윤진

196 고백록(근간)
아우구스티누스 | 성염

197 비잔티움 문명 1(근간)
앙드레 기유 | 김래모

198 비잔티움 문명 2(근간)
앙드레 기유 | 김래모

199 손자참동(근간)
이지 | 김혜경

●한길그레이트북스는 계속 간행됩니다.